步平　王建朗　主编

中国抗日战争史

A HISTORY OF
THE CHINESE WAR OF RESISTANCE AGAINST
JAPANESE AGGRESSION

第八卷

战后处置与战争遗留问题

步平　著

社会科学文献出版社
SOCIAL SCIENCES ACADEMIC PRESS (CHINA)

目 录

前　言

1945 年 8 月 15 日，日本在盟国强大压力下宣布无条件投降，中国的抗日战争迎来了最后的胜利，反法西斯的第二次世界大战亦告结束。

战场上的刀兵相向结束了，但真正结束战争的一系列工作才刚刚开始，而这些战后处置工作，不仅直接影响战争是否能真正“结束”，亦对相关国家战后关系及地区形势有着重大影响。

美国在日本投降之前即已制定了处置日本的周密计划。反法西斯战争后期已开始显露的美英与苏联的矛盾，使美国对日本采取了强势的“独家”占领模式，而不是如盟国对德国的分区占领模式。对日作战之各盟国可以派兵参与对日占领，但须置于盟军最高司令官麦克阿瑟（Douglas MacArthur）指挥之下。苏联虽提出以北海道及其以北为苏占区，由其单独占领处置，但为美国拒绝；苏联亦不愿将自己的军队置于美国人的指挥之下，故未派兵参与对日占领，而是直接占据了库页岛及“北方四岛”。对日作战主战场的中国，受制于内部矛盾冲突及随后爆发的国共内战，蒋介石政权既无力亦无心派兵参与对日占领，最后只是以“军事代表团”名义，象征性地参加了对日占领。美国牢牢掌握了对日本战后处置的主导权。

在美国的主导下，对战争罪犯的责任追究工作迅速展开。由参与对日作战及遭日本侵略国家法律人士组成的远东国际军事法庭设立，并高效开展工作，25 名甲级战犯被确认，经法庭审判，7 名战犯被判处死刑，其他各犯被判处刑期不等的有期徒刑。中国以及遭日本侵略的东南亚地区一些国家也在自己的国家对日本战争罪犯进行了审判。在中国南京进行的审判，对在日军侵占南京时纵容部队制造了“南京大屠杀”的日军师团长谷寿夫，以及“百人斩”凶手向井敏明、野田毅等处以死刑。无论是当时还是70年后的今天，东京审判得到人们普遍肯定。这是一次正义的审判，为遭受日军侵略的国家及其民众伸张了正义。同时在国际法上，东京审判对将“侵略有罪”确定为国际法原则等亦发挥了积极作用。然而，战后国际形势的变化，美苏矛盾及两个阵营对峙形势的初现，反映在美国主导的东京审判，亦有在当时即为有识之士所批评的“瑕疵”，如未追究天皇及日本国家的战争责任，以及对日军的化学战、细菌战的犯罪未予追究等。尤其是对天皇战争责任的豁免，对日本国家战争责任没有明确的界定和追究，使对战争责任的追究与认识产生种种的歧义。

东京审判之后，从法律上与日本终结战争状态的工作提上日程。1951年9月8日，在美国强力推进下，“旧金山和约”签订。在没有中国参加，苏联、波兰、捷克斯洛伐克等国虽参加但拒绝签字的情况下，美国主导完成了战胜者与战败者在法律上对战争的“终结”。随后，亦在美国的压力下，日本与台湾当局谈判签订了所谓“日华和约”，亦在所谓法律上终结了双方的战争状态。

还在东京审判进行的同时，比较能够反映侵略国家之战争责任的赔偿问题，也在进行之中。然而，由美国人鲍莱（Edwin W. Pauley）制订的赔偿计划，与中国等遭受日本侵略、生命财产损失惨重的“胜利国”之期望相去甚远，且在实际执行过程中，就是这样一个远远不能弥补被侵略国家损失的计划还大打折扣，不断缩减，中国最后只是象征性地从日本拆运回一些旧机器设备！到了日本与台湾蒋介石政权谈判所谓“日华和约”时，迫于美国的压力，蒋介石不得不放弃战争赔偿权。蕴含对发动侵略战争罪行予以惩罚、对战争责任予以追究的赔偿问题，就这样草草了事了！

美国为抗衡苏联为首的社会主义阵营，同时为减轻自己占领日本的财政上的负担，不顾遭受日本侵略、蒙受巨大战争损失国家的强烈反对，支持日本经济重建与独立，终止对日本国家及一些政界人士战争责任的追究，一力扶持日本对抗东亚以中国为首的社会主义力量。正是这样的没有彻底、明确地清算日本侵略战争责任的“战争终结”，隐伏了此后一系列历史问题及其关联问题的“种子”。

经过美国主导的这一番处置，就形式而言，结束战争的法律程序完成了，战争从法理上来说结束了。但“战争”真的结束了吗？遭受战争巨大灾难的被侵略国家与侵略国日本之间真正达成和解了吗？日本国内各阶层、日本民众对于侵略战争的责任有了真正的认识了吗？

自日本战败投降起，围绕日本的战争责任，日本国内就有不同的认识。真正认识到应对日本作为国家发动的侵略战争责任予以追究的人并不占多数；相当一部分日本人只是认为应对国家及军队指导者发动战争的责任予以追究；还有一部分只在追究战争失败的责任。更有甚者，有一些人始终顽固坚持军国主义和"皇国史观"、不承认侵略战争的责任。战后初期，美国尚能对顽固坚持军国主义及"皇国史观"者加以抑制，审判战争罪犯及褫夺与战争有关人员之公职等，亦可说是对日本战争责任的追究。然而如前所述，很快美国即从自身利益及抗衡社会主义阵营出发，制裁日本的政策一改而成扶持日本的政策，这样使得对日本国家战争责任模糊、充满分歧的认识，不仅未能朝着正确的方向演进，相反，随着冷战的加剧，对于战争责任问题的认识越来越复杂化。日本教科书中出现对侵略战争的否认、淡化倾向，对正确反映日本侵略事实的教科书，却要求修改，靖国神社合祀甲级战犯，而明知此事的一些政界要人仍前往参拜，歪曲、美化战争的言论时有出现，有些甚至出自政治家之口，等等。这种种情况，对于曾遭受日本侵略的中国等国家来说显然是无法接受的，围绕这些问题的分歧和对立也就是自然的了。中日历史问题遂成为中日两国间一大无法绕开、时隐时现、产生多重影响的复杂问题。而且，随着冷战的结束、中国改革开放的深入、中日经济社会发展的结构性变化，中日历史问题越发凸显出来。

中日历史问题对中日两国关系乃至对东亚地区和平发展之重要性，已日益引起人们的重视。还在战后初期，日本国内即有对日本侵略战争责任持有正确认识的有识之士，对顽固坚持军国主义及"皇国史观"的右翼、极右翼的否定、美化侵略的言论予以批判，在教科书问题上，则有家永三郎的"教科书诉讼"案。而在政府层面，考虑周边国家及国际社会的影响，有关于教科书问题的"宫泽谈话"，关于"慰安妇问题"的河野谈话，以及在战后50周年之际的"村山富士"的谈话。这些均对中日历史问题的缓解发挥了积极的作用。进入21世纪，在日本市民组织、进步学者的推动下，中日民间的"共同历史研究"正式启动，并于2005年以中日韩三种语言在三国同时出版《东亚三国的近现代史》，以后又有《超越国境的东亚近现代史》的出版。在共同编撰近现代历史读物的同时，三国民间组织还每年举办“历史认识和东亚和平”论坛以及“中日韩三国青少年历史体验夏令营”，以增进对历史的正确认识，树立正确的历史观。在民间共同历史研究进行的同时，2006 年中日政府层面的“共同历史研究”启动，由此将中日历史问题的解决提升到更高的层面。经过参加共同历史研究的两国学者的努力，最终形成并发表了共同研究报告。尽管共同研究及报告并没能解决中日围绕历史问题的所有分歧，在有些问题上对立的意见还很尖锐，但毕竟在原则问题即日本侵略问题上还是取得了一致，在一些具体问题上亦有共同的见解，其意义应充分肯定。

本书写作具体分工为：步平负责撰写第一章、第二章、第三章第一节第一目、第四章、第五章、第六章、第七章；袁成毅负责撰写第三章的第一节第二目、第二节、第三节。

第一章
战后初期的战争处理

日本投降后，以美国为首的盟军开始实施对日本的占领。作为盟国主要成员的中国，也开始计划派军队参与对日本的占领。而 1931 年九一八事变发生后，日本在战争的泥潭里越陷越深，不仅是军队，而且全社会都被绑上侵略战争的战车。因此，在 1945 年 8 月 15 日日本宣布投降后，立即面对的问题便是如何处理派往国外的大量的军队与移民。

第一节 日本投降与中国参与对日占领问题

一 日本关于《波茨坦宣言》的答复

1945 年 7 月，对于日本来说，失败的结局已经不可逆转。早在 1945 年初，曾任首相的近卫文麿就意识到战争已经难以为继，向天皇递上奏折，主张早日结束战争，实现“和平”。那时，就将所谓的“和平”定位在“护持国体”，即维护天皇制这一基本的前提。

1945 年 7 月 26 日，中、美、英三国发布了敦促日本投降的《波茨坦宣言》（亦称《波茨坦公告》）。在东京时间 7 月 27 日上午 5—6 时，日本外务省和同盟通讯社收到了美国从西海岸用短波发出的广播。外务省将《宣言》翻译成日文后，外相东乡茂德立即举行外务省干部例会，讨论如何应对《宣言》，参加者有外务次官松本俊一、政务局长安东义良、条约局长涩泽信一。

熟悉条约问题的涩泽信一抱着侥幸的心理，觉得从《宣言》内容中看不出要求日本无条件投降，而且似乎比要求德国投降的条件更宽松一些。

他还特别强调说:“关于如何对待天皇制,我的直感是盟国似乎没有考虑废除天皇制或是限制天皇权力的问题。”① 安东义良也认为《宣言》没有触及最令日本人担心的天皇制问题。东乡茂德当然意识到这些只不过表达了日本人的一厢情愿,但是考虑到当时外务省正与苏联进行谈判,而苏联当时还没有加入该《宣言》,所以东乡对同苏联的谈判还抱有一丝期待,② 由此决定在同苏联的交涉没有得到结果之前不发表任何意见,而由报纸原封不动地发表宣言。外务省的讨论其实是没有结果的。

上午 11 时,东乡拜谒天皇,呈上《宣言》的译文,向天皇进行了说明。在此之前,东乡已经向天皇报告了盟国首脑在波茨坦举行会议的情报,所以天皇对此并不感到意外。尽管东乡解释了《宣言》对日本的不利和其中的疑问,但当时天皇也没有表现出对接受《宣言》从而早日结束战争的“积极性”。于是,东乡最后表示:“我国对该宣言的处置必须慎重。应注意到:如果断然拒绝,一定会引起重大的后果。因为与苏联的交涉今后还在继续,所以想再确认宣言的真实意思。”③

之后,东乡参加最高战争指导会议,在会上又将同样的内容向会议成员做了报告,竭力说服会议成员接受外务省确定的不发表意见的主张。军令部部长丰田副武表示不发表意见会影响军队与民众的战斗情绪,主张向同盟国表示这一宣言“岂有此理”的立场,但是之后在东乡的说服下放弃了自己的主张。这与以前军队不可一世的态度大不相同,可见形势已经发生了变化。

在下午的内阁会议上,东乡再次提出在苏联的态度明朗之前,尽量不要刺激盟国,等待苏联的决定。内阁同意东乡的主张,即下一阶段的判断由外务省决定。

28 日,根据日本内阁情报局的命令,日本各大报均以援引来自瑞士苏黎世报道的名义,在极不起眼的位置发表了《波茨坦宣言》。但各报纸得到的《波茨坦宣言》的内容,已被情报局删去了第一至第四条,理由是不能影响国民的战斗意志。各报纸还被告之不得表示任何政府的见解,对外

---

① 田中伸尚『ドキュメント昭和天皇 第5巻 敗戦下』緑風出版、1988、419 頁。

② 当时,苏联尚未参加波茨坦会议,斯大林也没有在《波茨坦宣言》上签字。

③ 下村海南『終戦秘史』講談社、1985;田中伸尚『ドキュメント昭和天皇 第5巻』423 頁;半藤一利『昭和史』上、平凡社、2006、464 頁。

显示出“政府对这一宣言不屑一顾”的姿态，[①] 以尽量淡化《宣言》的冲击力。

同日下午 4 时，首相铃木贯太郎会见记者。迫于军队方面的压力，他表示：所谓的《波茨坦宣言》不过是 1943 年《开罗宣言》的翻版，日本政府不认为其有何价值，所以应予“默杀”，将战争继续进行下去。尽管铃木后来将“默杀”解释为“不予评论”，但是从其谈话的前后逻辑及日本当时的基本态度来看，这一姿态被理解为“拒绝宣言”是合乎逻辑的。[②]

美国其实对日本顽固抵抗的态度有所预料，所以在《波茨坦宣言》公布之前的 7 月 24 日，杜鲁门（Harry S. Truman）总统就已经批准了使用原子弹的计划。当然，日本对《波茨坦宣言》的态度，无疑也促使美国坚定了向其投放原子弹的决心。日本虽然在对《波茨坦宣言》的“默杀”中又挺了 10 天，但已经失去了损失最小的投降时机。

8 月 6 日上午 8 时 10 分，美国的 B－29 轰炸机投放的原子弹在日本广岛上空约 570 米的地方爆炸，在爆炸中心 500 米的周围形成高达 3000—4000 摄氏度的高温区，大片地区瞬间化成一片灰烬，死伤超过 10 万人。8 日下午 5 时，当日本还在对来自美国的能量巨大的炸弹打击感到晕头转向的时候，苏联外交人民委员莫洛托夫（Vyacheslav Mikhaylovich Molotov）召见日本驻苏大使佐藤尚武，交给他一份苏联对日宣战书，宣布参加《波茨坦宣言》，苏联从 8 月 9 日起同日本处于战争状态。

与此同时，苏联驻东京大使马立克也将苏联政府这一宣言通知了日本政府。9 日 0 时，苏联军队开始越过中苏边境，向驻中国东北的关东军发起了全面进攻。

苏联对日作战既是履行在雅尔塔会议上所承担的在德国投降后两或三个月参加对日作战的对同盟国的承诺，也是苏日矛盾发展的必然结果，完全打破了日本对苏联的幻想。期待通过苏联的中介实现“和平”的铃木首相，在得到苏联出兵的消息后受到极大冲击，意识到在这样的形势下，日本的战争已经走到了尽头，内阁只有总辞职一条路可以走；不过 9 日上午

① 東郷茂德『時代の一面：大戦外交の手記』中央公論社、2004、354 頁。

② 当时重庆的中央通讯社发出的消息为：“今日截获之东京广播称，日首相铃木已拒绝盟方所提之投降最后通牒。昨日铃木对日记者表示‘日政府继续作战之决心’”，可见盟国将日本的态度视为拒绝投降。见 1945 年 7 月 30 日的重庆《中央日报》、《大公报》。

10 时 30 分仍然按照原来的计划召开了最高战争指导会议，与会者除首相铃木外，还有外相东乡茂德、陆军大臣阿南惟几、海军大臣米内光正、参谋总长梅津美治郎、军令部部长丰田副武 5 人。①

会议一开始，首相铃木就在诸多高层军人参会的情况下明确表示：广岛的原子弹爆炸以及苏联的参战，表明战争已经无法再进行下去，日本除了接受《波茨坦宣言》结束战争外，没有别的选择。② 这一次，会议成员虽然没有像前一次会议那样坚决反对接受《波茨坦宣言》，但是除了外相东乡和海军大臣米内主张只要“不改变天皇在国法上的地位”就应接受《波茨坦宣言》之外，其他 3 名军人仍然顽固地认为不能全盘接受《波茨坦宣言》，特别提出：不改变天皇制；盟军对日本的占领应控制在最小范围、极短时间和极少兵力；解除武装及处理战犯应由日本人来进行。③ 由于双方各执一词，会议形成僵持局面，两度休会，直到晚上 10 时 30 分仍无任何结果。而这一天上午 11 时 2 分，美国飞机又在长崎投放了第二枚原子弹。

当天下午，连续召开两次内阁会议，陆军大臣阿南惟几仍然坚持他所主张的四项条件，并且还得到内阁中一些成员的支持。由于两种意见不相上下，所以直到晚上 10 时 30 分，仍然没有做出任何决议。首相铃木只好寄希望于天皇在御前会议上发表意见。

当晚 11 时 50 分，在皇宫中的大本营地下防空洞召开了天皇参加的御前会议。最高战争指导会议成员及枢密院议长平沼骐一郎、陆海军省军务局长、书记官长迫水久常和池田纯久等 11 人参加会议。铃木首相首先向天皇报告了外务大臣与军人所持的两种意见，期待天皇做出“圣断”。以前，天皇虽然出席御前会议，但是一般不讲话，任由大臣们提出种种主张并进行讨论。当然，在多数情况下，由于能够形成一致的意见，所以也并不需要天皇在对立的意见中做出选择。但是这一次情况特殊，在相当紧迫的形势下出现如此对立的主张，天皇无论如何也要表示自己的意见了。听了铃木首相的报告后，天皇终于表示“同意外务大臣的意见”，也就是说，天

---

① 关于此次会议，军令部部长丰田副武（『最後の帝国海軍』国本隆、1984）及外相东乡茂德的回忆录（『時代の一面：大戦外交の手記』）均有详细记载。

② 半藤一利『昭和史』上、474 頁。

③ 半藤一利『昭和史』上、476 頁。

皇决定接受《波茨坦宣言》结束战争的主张。但是同时，他又对“忠勇”的军队进行鼓励和抚慰，称要像明治天皇忍受1895年三国干涉还辽的耻辱那样。[①]

天皇对结束战争做出上述表态，已经是8月10日2时30分了。虽然参加会议的军人仍然顽固地坚持，但是在天皇做出决定后便不再对抗。[②]所以，日本政府于1945年8月10日早上即通过日本驻中立国瑞士、瑞典的公使分别向中国、美国、英国和苏联等盟国发出照会，表示：已经了解到《波茨坦宣言》中不包含改变天皇统治国家大权的要求，因此接受《波茨坦宣言》的各项规定。不过，日本政府并未将此情况告知国民，而是严格地向国民保密。

表面上看日本发出的是接受《波茨坦宣言》的照会，但是特地提到“已经了解到《波茨坦宣言》中不包含改变天皇统治国家大权的要求”，似乎是在强调将这一要求作为投降的条件，即改变无条件投降的基本原则，所以美国在接到上述日方的答复后感到有些困惑。在立即通知英、中、苏等盟国的同时，美国政府成员也就日本的态度进行了讨论。包括陆军参谋长史汀生（Henry Lewis Stimson）及美国原驻日大使格鲁（Joseph C. Grew）在内的一批官员认为，鉴于美军在冲绳的登陆作战中付出的巨大代价，接受日本的投降要求可以避免继续流血。与这一重大决定相比，是否保留天皇制其实是小问题。但是以国务卿贝尔纳斯（James Francis Byrnes）为代表的更多的人，则不同意将日本的这一要求作为其投降的条件。他们认为迄今为止已经多次宣告要求日本无条件投降，这一原则绝不能改变。所以他们主张坚持《波茨坦宣言》所提出的无条件投降的原则。

对于美国的询问，中国与英国都迅速地给予了回答，认为早日结束流血战争是第一位应考虑的事情。1945年8月11日，蒋介石电复美国杜鲁门总统，表明同意联名答复日本政府：天皇及日本高级将领必须签署投降条款及发布命令才使投降生效；同时关于天皇制的问题，应在日本投降后依照日本人民自由表示之意愿来解决。蒋介石还强调：“此固为余数年来

---

① 半藤一利『昭和史』上、480頁；迫水久常『大日本帝国最後の四か月』オリエント书房、1973、196頁；田中伸尚『ドキュメント昭和天皇　第5巻　敗戦下』503—504頁。

② 据记载，在会议结束各成员走出会场的时候，陆军军务局长吉积正雄手握军刀站在铃木首相面前表示不满，被陆军大臣劝阻了。

所主张之条件也。”①

苏联方面不久也同意联名答复日本政府，并明确提出：“苏联要求日本严格遵守波茨坦的决定和苏联对日宣战时同意的无条件投降最后通牒。必须明了波茨坦无条件投降最后通牒，绝不允许任何玩弄文字的花样。”

于是，美国国务卿贝尔纳斯 11 日代表四国政府答复日本，表示允准日本无条件投降。关于日本天皇的地位问题，贝尔纳斯在答复中指出：“自投降之时刻起，日本天皇及日本政府统治国家之权力，即须听从盟国最高统帅之命令，最高统帅将采取其认为适当之权力，实施投降条款。日本天皇必须授权并保证日本政府及日本帝国大本营能签字于必须之投降条款，俾波茨坦宣言之规定能获实施，且须对日本一切陆海空军当局以及彼等控制之下之一切部队（不论其在何处）实施号令停止积极行动，交出武器，此外并须发布盟国最高统帅在实施投降条款时所需之其他命令。日本政府在投降之后，应立即将战俘及所扣侨民运至指定之安全地点，俾能速登同盟国之运输船只。按照波茨坦宣言，日本政府之最后形式将依日本人民自由表示之意愿确定之。同盟国之武装部队将留于日本，直至波茨坦所规定之目的达到为止。”②

这一答复并没有明确表示接受日本方面关于保留天皇制的特别要求，但是也没有明确表示要废除天皇制。关于这一问题，答复中强调的“日本政府之最后形式将依日本人民自由表示之意愿确定之”是《波茨坦宣言》确定的原则。也就是说，日本只能无条件接受《波茨坦宣言》，但是也为天皇制的继续保留和存在预留了可能性。当然，这种可能性也是此前罗斯福（Franklin Delano Roosevelt）与蒋介石在开罗会议期间讨论过的关于天皇制的主张。

12 日 0 时 45 分，收到答复的日本外务省将其中“日本天皇及日本政府统治国家之权力，即须听从盟国最高统帅之命令”一句翻译为“日本天皇及日本政府统治国家之权力受制于（Subject to）盟国最高统帅之命令”，认为可以接受盟国提出的原则。但是军部则将这句话理解为“日本天皇及

① 秦孝仪主编《先总统蒋公思想言论总集》卷 37《别录》，台北，中国国民党党史会，1984，第 307 页。

② 张宪文、吕晶编《见证与记录——南京大屠杀史料精选（中方史料）》，江苏人民出版社，2014，第 517 页。

日本政府统治国家之权力隶属于盟国最高统帅之命令”，认为这就违背了盟国答应的“日本政府之最后形式将依日本人民自由表示之意愿确定”的原则，对此表示坚决抵制。①

在13日召开的最高战争指导会议上，军部表示不能接受盟国的答复，因为那是“对作为国体根源的天皇尊严的冒渎，会导致我国国体的破灭与皇国的灭亡”。军部要求外务省继续向盟国询问是否保证日本的国体和天皇的人身安全。东乡外相则认为只询问是否能够保证天皇的皇位一事尚属可能，若超出这一范围，在外交上意味着交涉的破裂。然而军部无论如何也不接受。②

铃木首相表态支持外务大臣的见解，认为“虽然直到今天，我们都决心将战斗进行下去。但正如诸位所看到的，形势发生了重大变化，我们的想法也不得不改变”。③ 但由于军部领导人的阻挠，直到下午继续召开的内阁会议上，也始终没有做出是否对盟国的意见予以答复的决定。

军部首脑之所以阻挠接受盟国的答复，其实是与军队内部秘密策划通过发动政变推翻铃木内阁而由军部组阁的阴谋有关，一些人企图将战争继续进行下去。策划这一阴谋的核心人物包括以陆军省军事课长荒尾兴功为代表的少壮派军人。13日，他们向陆军大臣阿南惟几明确表明了要在14日上午10时进行政变的意图，即：

> 1　在盟国没有接受日本提出的要求之前，希望得到天皇的批准而继续进行交涉。
>
> 2　计划使用近卫第一师团及东部军管区的兵力。
>
> 3　在东京都下达戒严令，奏请天皇批准保护要人，同时拥护天皇改变圣虑。
>
> 4　以陆军大臣、参谋总长、东部军管区司令官与近卫第一师团长的全体同意为前提。④

---

① 半藤一利『昭和史』上、482—483頁。

② 豊田副武『最後の帝国海軍』196—197頁。

③ 鈴木一編『鈴木貫太郎自伝』時事通信社、1985、456—457頁。

④ 林三郎「終戦ごろの阿南さん」『世界』1951年8月号、167—168頁。

少壮派军人期待天皇认可他们提出的反对无条件投降而接受有条件投降的主张，其基本条件是：由日本自行解除武装和将占领限制在最小范围。这与9日陆军大臣阿南惟几提出的原则是一致的。所以，阿南惟几对少壮派的主张既不表示同意，也不表示反对，暧昧地称将在与参谋总长会谈后第二天答复，这其实给了少壮派以“暗中同意”的印象。①

陆军大臣阿南惟几和参谋总长梅津美治郎等人不动声色地与外务省周旋，少壮派则筹划着政变。在13日最高战争指导会议和内阁会议召开的时候，政变的策划也紧锣密鼓地进入了最后阶段。当时，陆军省及参谋本部的办公地点均在东京的市之谷的同一座大楼内，参谋本部在一层，陆军省在二层。14日上午7时左右，荒尾兴功向陆军大臣阿南惟几和参谋总长梅津美治郎报告要动员军队发动政变的计划，虽然梅津表示反对，阿南也同意梅津的意见，② 但少壮派仍然决定孤注一掷。

但是，也就是在日本迟迟不向盟国表示明确答复的情况下，美国军队的B－29轰炸机从13日傍晚起就飞临东京上空，与往常不同的是，这次投下的不是炸弹而是大量的传单。传单披露了日本政府9日确定的给盟国的答复，明确告诉日本民众：日本政府必须根据9日给盟国的答复，无条件投降。14日上午，这些传单在东京市内各地散发，对于绝大多数尚对战争局面并不清楚的日本人来说，这些传单的威力绝不亚于炸弹产生的冲击波。所以宫内省大臣木户幸一一早就约上首相铃木共同拜谒天皇，决定由天皇出面，召集最高战争指导会议成员及内阁全体成员和枢密院议长开会，商论日本的态度。

14日上午10时20分，天皇召见刚刚从广岛赶来的日本第二总军司令官、元帅畑俊六、杉山元和永野修身，询问三人对是否接受《波茨坦宣言》的意见。永野和杉山表示“还有余力对登陆的敌人进行抵抗”，而畑俊六则认为，无论如何抵抗都至少要保留10个师团作为保卫天皇的近卫军。天皇再次表示继续战争则局势越来越恶化，现在需要拯救国家。他认为三位元帅担心的国体问题无须顾虑，只是需要军队做出卧薪尝胆的准

① 『敗戦の記録：参謀本部所蔵』原書房、1967、369頁；田中伸尚『ドキュメント昭和天皇 第5巻　敗戦下』558頁。

② 半藤一利『昭和史』上、486頁。

备。天皇的这一表态，被认为是军队中少壮派发动政变的“制动器”。[①]

14 日上午 10 时 30 分，最高战争指导会议成员及内阁全体成员和枢密院议长等 23 人在皇宫内的防空洞中举行会议，将近 11 时，天皇来到会场。铃木首相说明了 9 日御前会议的经过与结论，称内阁虽并非全体一致，但已经有 80% 以上的人同意答复盟国的主张，并指明主要的反对者是阿南、梅津和丰田，希望天皇做出最终的决断。天皇在听了 3 人的反对意见后，做了冗长的讲话，基本意思是：听了反对的意见，我的考虑没有变化。对现在的世界及国内的局势进行充分的检讨后，我认为再把战争进行下去是很勉强的。接着，天皇继续表示对国体的问题并不担心，需要的是军队有卧薪尝胆的准备。天皇还称：此前，我一直是站在麦克风前面号召国民（进行战争）的，而对于不了解情况的国民来说，突然听到（结束战争的）决定肯定会产生巨大震动，陆海军人受到的冲击会更大。平复这种情绪虽然相当困难，但希望陆海军大臣无论如何都要理解我的心情，共同努力，把局面处理好。必要的时候，由我亲自解释也未尝不可。因为这时必须公布诏书，希望政府立即准备起草。[②] 这是继 8 月 10 日天皇就结束战争表态后的再次表态，表明日本终于确定了向盟国投降的原则。

14 日下午 1 时，日本外务省要求驻瑞士公使加濑俊一（当时在柏林）将接受《波茨坦宣言》的正式意见向美国及其他盟国传达，同时直接发电四国政府，称天皇将发布接受《波茨坦宣言》的诏书，并命令日本一切军队停止战斗行为，根据盟军最高司令官的要求交出武器。14 日下午 7 时，杜鲁门总统在会见记者时宣布了日本接受无条件投降原则的消息。

二 中国对惩处日本政策的战略思考、制定及其实施

早在 1943 年 11 月，中国与美国、英国首脑在开罗会议上讨论关于远东问题的时候，对日政策就是讨论的主要内容。会议的主题之一就是下一阶段对日战略和对日惩处办法，包括有关战后亚洲国际秩序的问题。罗斯福与蒋介石两人之间就广泛议题进行过两次长时间的私下会谈。会谈的结果对盟国以后实施的对日政策影响深远。

---

① 田中伸尚『ドキュメント昭和天皇　第 5 巻　敗戦下』565—566 頁。

② 田中伸尚『ドキュメント昭和天皇　第 5 巻　敗戦下』568—569 頁。

虽然当时的抗日战争尚处于艰巨的对峙状态中，但可以看出中美两国首脑已经看到了胜利的曙光，并且在思考与规划战后对日处理的一系列问题。[①]

蒋介石在他的日记中记载了会谈的主要内容。[②] 此时他关于日本天皇及天皇制的表态与罗斯福基本一致，可以说是最早关于天皇的表态，也直接影响此后国民政府的战后处理政策。1944 年 7 月 31 日，国防最高委员会第 141 次会议通过了中央设计局的《复员计划纲要》，其中外交部分第 1 条称：对日讲和条件“根据我国利益、开罗会议决议及国际现状，对日本的领土、政治、经济、军备、赔偿及战犯审判等问题，分别提出”。[③]

随着日本天皇停战诏书的发布，中国确定的对日基本政策在日本投降之际得到了实施，但同时随着新形势的出现，政策也在发生相应的变化。

1945 年 8 月 10 日夜，在重庆的蒋介石收到日本投降的消息。在确认了日本投降的事实后，蒋介石致电何应钦总司令，指示其迅速处理有关日军投降事项。蒋介石在电报中提出：

> 敌已无条件投降，令敌驻华最高指挥官转饬所部，即就现态势停止一切军事行动，不得破坏物资、交通，扰乱治安秩序，听候所在地

---

① 在蒋介石参加开罗会议前，王宠惠曾为其准备了有关节略。其中，包括设立美、英、中、苏四国机构及筹设联合国机构问题，关于过渡期间国际安全问题，关于德国投降问题，关于远东问题等四项。在第四项关于远东问题中，设想了“日本溃败时对日处置问题”，包括处理日本战犯、朝鲜战后重建、归还中国领土和日本赔偿问题等。秦孝仪主编《中华民国重要史料初编——对日抗战时期　第三编　战时外交》(3)，台北，中国国民党党史会，1981，第 354 页。

② 蒋的日记记载：“今晚所谈之要旨：1. 日本未来之国体问题；2. 共产主义与帝国主义问题为重心，余甚赞罗对俄国共产主义之政策已得到初步效果为贺，惟希望其对英帝国主义之政策亦能运用成功，以解放世界被压迫之人类，方能报酬其美国此次对世界战争之贡献也；3. 谈领土问题，东北四省与台湾，澎湖群岛应皆归还中国，惟琉球可由国际机构委托中美共管，此由余提议，一、以要美国之心；二、以琉球在甲午以前已给日本；三、此区由美国共管比归我专有为妥也；4. 日本对华赔偿问题；5. 新疆及其投资问题；6. 俄国对倭参战问题；7. 朝鲜独立问题，余特别注重引起罗之重视，要求其赞助余之主张；8. 中美联合参谋会议；9. 安南问题，余极端之主张，战后由中美扶助其独立并要求英国赞成；10. 日本投降后对其三岛驻军监视问题，余首言此应由美国主持，如需要中国派兵协助亦可，但彼坚主由中国为主体，此其有深意存也，余亦未便明白表示可否也，今晚所谈者尽此而已。”(《蒋介石日记》，1943 年 11 月 23 日)

③ 秦孝仪主编《中华民国重要史料初编——对日抗战时期　第七编　战后中国》(4)，第 354 页。

中华民国陆军总司令或战区长官之处置，并限二十四小时内答复。

各战区应注意下列各项：（甲）对敌可能之抵抗的阻扰，应有应战准备。（乙）并应警告辖区以内敌军，不得向我已指定之军事长官以外任何人投降缴械。（丙）对封锁地伪军应策动反正，并迅即确保联络掌握，令其先期包围集中之敌，先期控制敌军撤离后之要点要线，以待国军到达。（丁）对投降之敌军及俘虏，不得危害，并剀切通令所属官兵。（戊）各战区除以主力挺进解除敌军武装外，应酌留必要部队维持当地治安。（己）国军之整编，得由各战区长官斟酌状况暂缓实施。（庚）该总司令对敌后各要点、要线之挺进占领，及令敌军分区集结、监视、缴械办法，仰即日拟具详细计划呈核。[①]

1945 年 8 月 11 日上午 6 时 45 分，美国驻华大使赫尔利（Patrick J. Hurley）收到白宫的指示，令其将电报送给蒋介石。这封电报向中国方面介绍了日本在维护其天皇制国体的前提下接受《波茨坦宣言》的态度，为此征求中国方面的意见。

关于日本提出的国体问题，美国方面其时已经有了基本的主张，即天皇及日本大本营应一起在投降文书上签字；天皇及日本政府应在盟军总司令部的管理下，实施各项投降条款；关于日本国体，最终应由日本人民的自由意志决定。[②] 而这一主张与 1943 年开罗会议上蒋介石向罗斯福表示的态度是一致的。

7 时 20 分，赫尔利大使将电报交给蒋介石。7 时 30 分，蒋托赫尔利将回函致杜鲁门总统，表示赞成美国意见，特别是关于国体由日本人民自由意志决定这一点，称其为“我数年来表明的条件”。[③]

同一天，蒋介石在国民党中央常务委员会第 6 次会议与国防最高委员会第 165 次常务会议的临时联席会议上做报告，并得到认可。[④] 由此便形

① 秦孝仪主编《先总统蒋公思想言论总集》卷 37《别录》，第 306 页。

② *Foreign Relations of the United States: Diplomatic Papers (FRUS), 1945: The Far East-China*, Vol. 7, p. 492.

③ *Foreign Relations of the United States: Diplomatic Papers (FRUS), 1945: The Far East-China*, Vol. 7, p. 493.

④ 秦孝仪主编《中华民国重要史料初编——对日抗战时期 第七编 战后中国》（4），第 9 页。

成了提交国防最高委员会审议的文件，即《日本处理问题意见书——民国三十四年八月十二日 国防最高委员会审定资料》。

该意见书在原则部分归纳了对日本的政治问题如“天皇存废”、“日本神道”、“日本军事制度”、“日本民主建设”的基本原则，也叙述了对日本的经济、教育、法律等问题的基本态度。关于日本天皇的存废问题，与此前蒋介石主张的“由日本人民自由意志决定”有所不同，主张原则上应根据联合国的共同意见，并强调应修改宪法，将权力归于人民。这一变化与战后中国社会舆论中存在着要求日本废除天皇制，并将天皇作为战犯进行审判的强烈愿望有关。另外，该意见书还明确提出了日本的赔偿问题，指出应向军国主义的日本要求战争赔偿。①

中共方面也时刻关注日本对《波茨坦宣言》的态度。早在8月9日，即苏联宣布对日作战的当时，毛泽东就以中国共产党中央委员会主席名义就苏联对日宣战发表了《对日寇的最后一战》的声明。8月10日得到日本投降的消息，中共迅速做出反应。8月10日24时，第十八集团军总司令朱德以延安总部名义向各解放区发出命令：“各解放区任何抗日武装部队均得依据波茨坦宣言规定，向其附近各城镇交通要道之敌人军队及其指挥机关，送出通牒，限其于一定时间向我作战部队缴出全部武装”，“如遇敌伪武装部队拒绝投降缴械，即应予以坚决消灭”，“我军对任何敌伪所占城镇交通要道，都有全权派兵接收，进入占领，实行军事管制，维持秩序，并委任专员负责管理该地区之一切行政事宜，如有任何破坏或反抗事件发生，均须以汉奸论罪”。②

15日，朱德以中国解放区抗日军总司令的名义，命令日本驻华派遣军总司令官冈村宁次停止一切军事行动，“听候中国解放区八路军、新四军及华南抗日纵队的命令”，向中方投降。③ 同时，朱德还就八路军、新四军接受日军投降一事向美、英、苏三国驻华大使发出说帖，提出：解放区、沦陷区的抗日武装力量有权接受被我军包围之日伪军队的投降，收缴其武器资材，负责实施同盟国在受降后之一切规定，并会派代表参加将来关于

---

① 秦孝仪主编《中华民国重要史料初编——对日抗战时期 第七编 战后中国》(4)。

② 《解放日报》1945年8月11日。

③ 《朱德选集》，人民出版社，1983，第185页。

处理日本的和平会议及联合国会议。[①]

三　美军占领日本与中国参与占领日本

在反法西斯战争接近胜利的时候，美国总统罗斯福因大面积脑出血在1945年4月12日去世。继任的原副总统杜鲁门的对日政策与其前任有所不同。特别是在日本投降后，在占领日本的问题上，罗斯福曾经考虑的与盟国共同占领日本的思路和政策开始逐渐发生变化。

日本战败后，苏联也曾想参与对日本本土的占领。1945年8月11日，莫洛托夫外长向美国大使哈里曼（William Averell Harriman）建议在占领日本时盟国最高司令应设2人，并建议将苏联远东最高司令华西列夫斯基（Aleksandr Vasilevsky）元帅也任命为最高司令，与美方的麦克阿瑟并列，但这项建议遭到美方拒绝，最后盟国同意由美国的麦克阿瑟将军担任盟军最高司令官，并由中、美、苏三国各派高级将领1人参加盟军总司令部。

在对日军受降区域的划分上，美国也尽量做出有利于其单独占领日本的安排。8月13日美国将其拟定的《总命令第一号》向盟国征求意见，该命令规定中国以及北纬16度以北的印度支那北部地区由中国政府军受降；在中国东北、朝鲜北部（北纬38度线以北）、库页岛由苏军受降；东南亚和印度支那南部地区由英澳军受降；日本本土、菲律宾、朝鲜南部由美国陆军受降；太平洋上其他地区的日军由美国海军受降。8月16日，斯大林（Joseph Vissarionovich Stalin）致电杜鲁门，就上述方案提出修正意见，首先要求千岛群岛应归苏军受降，其次要求北海道的北半部也由苏联远东最高司令管辖。斯大林还特别强调，如果“俄国军队在日本本土上没有任何占领地区，俄国的利益将受到严重的损害”。对于斯大林提出的修正案，杜鲁门只接受了第一点，坚持在日本本土由麦克阿瑟做安排。8月16日，当美苏首脑还在交涉之中的时候，苏军已迅速在千岛群岛登陆，并占领了包括南千岛的国后岛、择捉岛以及北海道的色丹岛和齿舞群岛，日俄间的“北方四岛”问题由此产生。[②]

---

① 《解放日报》1945年8月16日。

② 以上相关论述均可参见步平主编《中日历史问题与中日关系》，团结出版社，2015，第37—38页。

日本宣布接受《波茨坦宣言》后，美国任命太平洋军总司令麦克阿瑟为驻日盟军最高司令官，负责整个日本的投降事宜。1945 年 8 月 27 日，美国海军第三舰队正式进入日本东京湾，标志着美军开始进驻日本本土。28 日，由 150 人组成的美军先遣人员乘飞机抵达东京西南的厚木机场。30 日，麦克阿瑟以盟军最高司令官名义，率随员飞抵厚木空军基地，[①] 随即前往横滨。当日美第六、第八军和第三、第五舰队及空军等部先后在东京附近和横须贺、佐世保等港口登陆，至 9 月 6 日，美军共 46 万人陆续进驻日本，控制了日本各大城市和战略中心，至 10 月初，占领整个日本的工作大致完成。

驻日盟军总司令部（General Headquarters of the Supreme for the Allied Powers，GHQ），以麦克阿瑟为盟军最高司令官（Supreme Commander of the Allied Powers）。不过，表面上是盟军的占领，实际上除了英国的第八军以外，都是美国的军队。在驻日盟军总司令部中，盟军总司令部参谋长处理对日问题最多，在其领导的参谋部下设立了四个部门，即 G1、G2、G3、G4，担任负责职务的军人及文职人员也几乎都是美国人。在这样的部署下，美国与麦克阿瑟在占领日本的过程中具有特别的权力，对日占领的相关盟国即使不满盟军最高司令官麦克阿瑟的决定，也不能提出任何建议案来加以制衡，所以形成了美国对日本的实际独占局面。

8 月 29 日，驻日盟军总司令部收到了美国政府制定的《日本投降初期美国对日政策》文件，指出美国对日政策的“终极目标”，一是确保日本今后不再成为美国及世界和平的威胁；二是最终建立和平与负责的政府。文件明确盟国对日本本土诸岛进行军事占领，但强调一切占领部队皆将由美国指派的最高司令官指挥，各盟国之间如有意见不一之处，应以美国的政策为准。[②]

---

① 多数资料记载麦克阿瑟是在 8 月 30 日乘飞机从菲律宾首都马尼拉飞抵东京厚木机场的。其实，当时的 C－54 型运输机的巡航距离不可能支持如此远距离的直飞，需要在冲绳中转加油。根据美军记录，麦克阿瑟的飞机在 29 日即抵达冲绳机场，30 日晨，其武装先遣队先行抵达厚木机场，下午 2 时 5 分，麦克阿瑟到达。在大量占领军尚未进驻的情况下，麦克阿瑟抵达东京属于勇敢行为。见袖井林二郎『マッカーサーの二千日』中央公論社、1974、75—76 頁。

② 《日本投降初期美国对日政策》（1945 年 8 月 29 日杜鲁门签署），〔英〕休·博顿等：《国际事务概览 1939—1946 年：1942—1946 年的远东》（下），复旦大学外文系英语教研组译，上海译文出版社，1979，附录文件 10。

1945 年 9 月 6 日，美国在公布的对日投降后各项初步政策中表示，欢迎参与对日作战的各国军队与美国一起占领日本，但重申要服从美国的指挥。中国外交部部长王世杰在遵照蒋介石指示进行全面研究后，于 10 月 8 日拟就了《对“美国对日投降后各项初步政策”之意见书》，表示理解美国提出这一政策的初衷是不希望在远东再出现盟国在欧洲共同管制德国时那样的“扯皮”现象，认为美军在对日作战中的作用使其拥有代表盟军占领并管制日本的合理性。但《意见书》同时认为美国的提案不妥，“事实上已引起美苏间之分歧”，所以建议采取折中措施，即美、苏、英、中四国共同管制日本。① 孙科后来也表示：“苏联提出四国共管日本的主张，中国应百分之百的支持。”②

鉴于盟国的压力，美国不得不掩饰单独占领日本的意图，表示欢迎中、英、苏派军队参与对日占领。9 月 22 日，美国参谋长联席会议出台《美国对日本投降后的处置政策》，宣布：(1) 欢迎并期望盟国参与对日派遣占领军。(2) 各国部队抵达日本后，必须接受盟军最高司令官的调度指挥。(3) 各国政府必须负责自身部队的补给和日常维持经费。③ 美方还宣布了盟国占领军的规模，预计美军为 12 个师 20 万人（含朝鲜半岛的 2 个师 3 万人），中、英、苏三国各派 1 个师作为占领军。

于是，英国从 1946 年 1 月起派出 3000 人的部队，进驻吴市、广岛、高松、山口等处，受美军节制。苏联本来想介入对北海道的占领，但遭到美国拒绝。而在美国占领整个日本之后，苏联认为再派出部队象征性参与占领已无实际意义，更不愿把自己的军队置于美军司令的指挥之下，因而没有派出占领部队。因此，美国在 1946 年 1 月宣布苏联政府“郑重声明不愿派遣任何部队往日本实行占领”。④

日本投降后，由澳大利亚、加拿大、中国、法国、印度、荷兰、新西兰、菲律宾、苏联、英国与美国代表在华盛顿组成了“远东咨询委员会”

---

① 《对“美国对日投降后各项初步政策”之意见书》，中国第二历史档案馆藏，全宗号 18，卷号 3085。

② 《新华日报》1945 年 11 月 6 日。

③ 宋毅军、杨晓编著《抗战侧影：鲜为人知的历史细节》，广东教育出版社，2015，第 181 页。

④ 中国第二历史档案馆编《中华民国史史料长编》第 68 卷，南京大学出版社，1993，第 398 页。

(The Far Eastern Advisery Commission，FEAC)，从 1945 年 10 月 30 日到 12 月 25 日召开了 10 次会议，讨论对日本以解除其武装与废除其军备为第一任务的工作，明确了盟军对日本本土实施军事占领的原则，确定各国占领部队由美国指派的最高司令官指挥，最高司令官具有决定实施投降条款、执行占领及管制日本各项政策的一切权力。由于苏联对美国具有当然发言权的咨询性质的委员会不感兴趣，希望在苏、美、英、中四大国管制日本方面有更大的权力，于是在 12 月 27 日由美、英、苏三国征得中国同意，在莫斯科签署协议，成立了设在东京的“盟国对日管制委员会”和设在华盛顿的“远东委员会”。苏、美、英、中四大国在远东委员会的表决程序中拥有否决权，而盟国对日管制委员会形式上是盟国在日本的唯一行政权威，由美、苏、中、英（同时代表联合澳大利亚、新西兰和印度）四国各派一名代表构成，至少每隔两周开会一次。美国代表由驻日盟军最高司令官（或其代理）充任，并担任盟国对日管制委员会主席，在取得与各国成员意见一致的前提下，发布并且实施与日本投降有关的条款及命令，对日本进行占领及管制。

虽然苏联获得了在远东委员会中的否决权，美国在远东委员会不能随意通过一项政策，但是美国也可以用自己的否决权阻止任何不利于其的决议通过，而且驻日盟军最高司令官还被远东委员会的章程赋予了发布临时指令的权力。所以美国在占领日本方面依然保持绝对的优势。

不过，中国作为盟国对日管制委员会成员，在占领日本过程中的责任与义务还是相对加大了。1946 年 2 月，国民政府任命中将朱世明作为中国方面代表参加盟国对日管制委员会，由中国驻日代表人员组成中国驻日代表团，团长为朱世明中将（后为商震上将、何世礼中将），副团长（首席顾问）为沈觐鼎，秘书长为李秉汉。代表团下设军事组，组长王武，副组长王承；政治组，组长吴文藻，副组长徐逸樵；经济组，组长吴半农，副组长林士潢；文教组，组长徐道涛，副组长张凤举。另设立侨务、后勤、商业、副官、新闻、电信、法律 7 个处及 40 人组成的宪兵队。代表团团址设在东京都麻布区。中国驻日代表团属外交部管辖的外交机构，所有官员、专家均由外交部任命，使用外交护照。因为代表团还参与对日占领和管制等军事性质的活动，所以也有许多军人。

麦克阿瑟从一开始就认为盟国对日管制委员会束缚驻日盟军总司令部

的手脚，所以只将其作为陪衬。在第一次会议的开幕词中，麦克阿瑟称："盟国对日管制委员会只具有顾问及咨询作用，不能分担驻日唯一行政权威——最高司令的繁重责任。"① 对他的态度，中国驻日代表团副团长沈觐鼎后来回忆说："麦帅对本国政府都不甚买账，对远东委员会也阳奉阴违，自然更藐视盟委会。但本会近水楼台，苏、澳代表伺机企图咬麦帅的后胫，而他不能一脚就踢到他们。所以他似最讨厌本会。后来在他的回忆录，评它为无理取闹。"② 可见，在美国独揽占领和管制日本大权的情况下，代表团对于管制日本实际上并没有什么权力，仅具有象征意义。

四　盟军占领日本的整体计划和中国派出驻日军队计划搁浅

在战争后期，为迫使日本投降，美国方面曾经拟订通过强攻对日本实施占领的方案，即由美国参谋长联席会议下的"参谋作战计划联席会议"（Joint War Plans Committee）制定编号为 385 - 1 的《日本以及日本领土的占领方案》。该方案计划将被占领的日本划分为四个占领区：苏军进驻北海道及东北地区；中国军队驻扎落后农业区四国岛和近畿地区；工业相当发达的九州岛交由英国军队占领；拥有发达的基础设施的本州中心区域及其他地区全部由美军占领。东京则由四国军队共同占领。该占领计划分三个阶段，即第一阶段以 23 个师计 85 万美军对日本占领，3 个月完成；第二阶段以 82 万兵力，由美军（31.5 万）、苏军（21 万）、英军（16.5 万）和中国军（13 万）组成，持续 9 个月；第三阶段将上述兵力缩减为 11 个师 36 万人。其中，美军 4 个师 13.5 万人；苏军 3 个师 10 万人；英军 2 个师 6.5 万人；中国 2 个师 6 万人，直至军事占领结束。③ 显然，这一占领方案借鉴了盟军对德国的占领方案。

开始的时候，盟军中国战区参谋长魏德迈（A. C. Wedemeyer）根据这一计划在 7 月致蒋介石的备忘录中，要求中国准备 10 个师和 1 个空军混成旅作为占领日本的军队，蒋介石也于 7 月 27 日指示军政部和军令部对占领

① *Verbatim Minutes*, First Meeting, Allied Council for Japan, April 5, 1946.

② 沈觐鼎：《参加驻日代表团的回忆》，秦孝仪主编《中华民国重要史料初编——对日抗战时期　第七编　战后中国》（4），第 652 页。

③ 五百旗頭真『米国の日本占領政策：戦後日本の設計図』下、中央公論社、1985、216—218 頁。

日本和派兵做相应的准备。不过，那时蒋就考虑到国内问题的压力，所以对美国的要求有所保留，指示先以 3 个师的青年军组成中国驻日占领军。①

1945 年 8 月 11 日中国国民党中央常务委员会第 6 次会议与国防最高委员会第 165 次常务会议的临时联席会议上，决定由国民政府军事委员会负责参与对日本的占领及管理事宜。② 于是军事委员会开始考虑参与占领日本的部队的组建问题。

8 月 17 日，魏德迈向美国政府报告说已经与蒋介石讨论过，蒋介石表示希望派 3 个师到日本参与占领。③

10 月 19 日，美国陆军参谋长马歇尔（George C. Marshall）在致国务卿关于对日占领军地位的备忘录中也称，蒋介石曾对魏德迈表示将向日本派遣 3 个师（3 万人）。不过马歇尔从派遣工作一再推迟的情况分析：蒋介石可能要优先考虑国民政府军确保在中国接受日本军队的投降和接收的问题，然后才能考虑派军队参与占领日本的问题。④ 马歇尔已经发现，蒋介石与共产党之间在接受日军投降及接收日军占领区的问题上分歧越来越明显，所以对向日本派遣占领军的态度开始慎重起来。

不过马歇尔在备忘录中还提出，盟国现在还没有对占领日本提出正式方案。但如果依盟军最高司令官麦克阿瑟将军的主张，应保证美国在占领中具有优越地位的话，那么，美国军队在占领军中至少要占一半。有鉴于此，马歇尔主张剩余的一半由英国、中国与苏联各派出 3 万人的军队构成。⑤

到了 11 月 10 日，魏德迈又向美国政府报告说：由于中国国内局面不稳定，近几个月内不能奢望中国向日本派出占领军。不过魏德迈也报告说：蒋介石对不能马上派遣军队参与占领日本感到遗憾，但国内形势一旦

---

① 秦孝仪总编纂《总统蒋公大事长编初稿》卷 5（下），台北，中国国民党党史会，1978，第 771 页。

② 秦孝仪主编《中华民国重要史料初编——对日抗战时期 第七编 战后中国》（4），第 10 页。

③ *Foreign relations of the United States: diplomatic papers, 1945, The British Commonwealth, the Far East*, Vol. 6 (Washington, D. C.: U. S. Government Printing Office, 1969), p. 854.

④ *Foreign relations of the United States: diplomatic papers, 1945, The British Commonwealth, the Far East*, Vol. 6, pp. 762 – 763.

⑤ *Foreign relations of the United States: diplomatic papers, 1945, The British Commonwealth, the Far East*, Vol. 6, p. 763.

明朗，他仍将考虑派出。[①]

12 月末是美国国务院向国会提出占领日本的军队具体计划和预算的时候。但由于此前盟军最高司令官麦克阿瑟仅仅提出在派驻日本的盟军中美国军队至少占一半以上的原则，并没有提出具体的数字，所以此时美国国务院感到十分头痛。25 日，美国国务院照会国民政府，希望中国能尽快派兵赴日参与占领。在蒋介石的授权下，中国军令部部长徐永昌与魏德迈迅速拟订两个方案：甲案即抽调 1 个完整师配以必要政务人员及特种兵约 1.5 万人；乙案即以步兵 2 个团为基干，配以政务人员及特种兵混合编组为 1 个支队，约 1 万人。

蒋介石最初批示选择乙案，但后经与魏德迈讨论，又改为实行甲案。其实，无论实行哪一方案，与美国驻日军队的数量、质量相比，中国的力量都是微弱的，比蒋介石原来表示的派遣 3 万人也少了一半。这样的象征性的军队当然不可能影响美国掌控日本全局的形势，所以中国的赴日计划很快为美国所接受。这时，国民政府确定派驻守香港的新一军第三十八师为驻日占领军。

4 月 1 日，由陆军中将朱世明率领驻日代表团第一批成员 12 名、军人 4 名，以及被中国政府选派担任远东国际军事法庭法官的梅汝璈等人抵达日本。但是，第三十八师因武器精良而被派往与中共关系紧张的中国东北应对即将开始的国共内战的新变局，驻日部队则改为由驻越南北部的荣誉第二师和荣誉第一师合并而成的第五十三军第六十七师。

荣誉师的建制始于 1939 年，由抗战中伤愈官兵组成，其目的在于鼓励战功卓著的部队将士。当时荣誉师共有两个师。杜聿明、李弥曾先后任第一师师长。该师在昆仑关战役中打过硬仗，后作为中国远征军参加滇西反攻战。荣誉第二师师长戴坚，战时为中国陆军总司令部直辖部队，曾赴中印公路东段抗战，参加滇西战役，攻克松山、腾冲等重镇，所以战争后期该师地位显赫，装备精良。调派这样的部队代表中国进驻日本，显然是很有象征意义的举动，显示出国民政府在对日处置上的积极态度。

1946 年 5 月，麦克阿瑟的盟军总司令部与中国驻日代表团之间进行了

---

① *Foreign relations of the United States: diplomatic papers, 1945, The British Commonwealth, the Far East*, Vol. 6, p. 763.

联络，讨论向日本派遣1.5万名中国军人的细节问题，两国政府间达成了进一步的协议。[①] 美方就盟军总司令部为派遣驻日占领军所拟协定草案征询中国方面意见，中国政府则答复："经复研究表完全同意。"[②] 于是，第六十七师赴日本参与占领的计划开始启动。

蒋介石对此次美国主动邀请表现颇为谨慎，先是要求相关部门只发表派遣消息，但不宣布派遣数量及编制，同时对美国重申中国派兵有现实困难。他强调此次美国邀请中国派兵，必须帮助国民政府解决若干问题，否则"派遣不克实行，则（中国）在国际上即失去信用"。蒋介石所谓问题有二：一是中国无法承担空运及海外驻兵的经费；二是适合代表中国执行占领任务的部队难以寻觅。

罗斯福在任期间，美国政府是积极主动邀请中国派兵参与占领日本的，杜鲁门继任后尚未完全改变罗斯福总统对中国的态度，但是与积极态度相比，还是有所变化。特别是美国政府并没有向刚刚取得抗战胜利但财政上捉襟见肘的中国国民政府提供财力支持，中国对外派兵之财政问题难以解决。加上麦克阿瑟为首的盟军总司令部也认为没有向美军以外的盟国军队提供后勤支持的义务，要求中国占领军必须建立自己的后勤补给系统，不愿意让中国占领军利用美国占领军的条件。所以，驻日代表团团长朱世明在筹划中国赴日军队的后勤服务时困难重重。

6月18日，南京美国大使馆参事官史密斯（Robert L. Smyth）向美国国务院发出报告：中国方面向日本派出的是以第六十七师（原第五十三军荣誉第二师）为主的军队，共12367名。这支军队分别在上海、香港与海丰集结，等运输船只到达后，乘船前往日本。[③]

6月中旬，回国述职的朱世明团长再次率领第六十七师先遣队出发，抵达拟占地区名古屋。先遣队在名古屋接收了占领军所需的营房、仓库、港口、车场及游乐场所等设施，为第六十七师设营布防做了全面准备。在先遣队的准备工作基本完成之时，朱世明电告南京政府，请即令中国驻日占领军出发，正式进驻日本。为解决经费与运输的问题，1946年6月底，中国方面援引美国的《中美租借法案》与美方谈判，美国陆军部同意自

---

① *Foreign Relations of the United States: Diplomatic Papers* (*FRUS*), *1945*, Vol. 8, pp. 238 - 239.

② 《会同盟国管制日本工作节略》，中国第二历史档案馆档案，全宗号18，卷号2575。

③ *Foreign Relations of the United States: Diplomatic Papers* (*FRUS*), *1945*, Vol. 8, p. 254.

1946 年 6 月底至 1949 年 6 月底从美国援华经费中调拨，以支持中国驻日占领军所需装备和补给。

7 月 20 日，中国驻日代表团团长朱世明与麦克阿瑟的代表米勒（Paul J. Mieller）就中国派遣军的任务等达成《中国驻日占领军备忘录》并签字。根据这一备忘录，中国军队乘坐的船只将抵达名古屋港，登陆后负责管辖当地的爱知县。协议还进一步明确了中国驻日占领军的任务、地位、权益以及与各国占领军之间的关系。① 上述备忘录签署后，美国方面认为已经没有问题，所以麦克阿瑟估计中国军队将于 1946 年 8 月底到达日本。但正当中国代表团也期待着中国占领军到来的时候，中国国内的形势却发生了巨大变化。

1946 年 6 月下旬，国共两党的军队在中原地区爆发大规模的武装冲突，长达三年多的全国内战就此开始。正在上海待命前往日本的第六十七师接到了国民政府急电，令其迅速过江进攻苏鲁豫解放区。蒋介石向正在日本苦等中国军队到来的驻日代表团团长朱世明表示，一俟国军在鲁南或江苏泰兴得手，即可将第六十七师调回并按原计划进驻日本，但最终成为“空头支票”。

第六十七师到达苏中后，被分解充实第六十五师和第六十九师，归属第一绥靖区司令官汤恩伯（7 月中旬由李默庵担任）指挥。在与粟裕、谭震林指挥的华中野战军激战一个半月后遭受重创，基本被消灭。

中国作为对日作战的主要国家，以战胜国的身份派军队参与对日本本土的占领，遵循的是近代以来的国际法与国际惯例，因为战胜国对战败国的占领是结束战争的手段之一。但是，中国却最终未能派出占领日本的军队，可以说是参与战后处理的失利。

第二节　遣送日本军队与侨民方针的确立及其实施

一　战后中国遣返日本军队和侨民的基本态度与方针

到日本战败战争结束的 1945 年 8 月，滞留在日本本土以外的包括军队

---

① *Foreign Relations of the United States: Diplomatic Papers*（*FRUS*），*1945*，*Vol. 8*，pp. 329 – 332.

在内的日本人（日本将这些人称为“在留邦人”）有700万左右，其中军人、平民各占50%。也就是说，在日本投降之际，大约有700万人面临撤回日本国内的问题。[①]

上述滞留在海外的日本人分布在世界各地，若根据同盟国划定的军管区统计，在不包括中国东北的中国军管区（包括中国大陆、台湾及北纬16度以北的印度支那）里有约200万人，占总人数的30%；在包括中国东北及朝鲜、库页岛及千岛群岛等地在内的苏联军管区，约有272万人，占总人数的41%；在东南亚军管区（包括印尼与太平洋上部分岛屿）里有75万人，占11%；在澳大利亚军管区（包括新西兰及所罗门群岛）里有约14万人，占2%；美国军管区（包括小笠原群岛、菲律宾）里有约99万人，占15%。[②] 根据日本厚生省的统计，留在中国的日本军人及居留民有358万人。[③] 可见，战后滞留在日本本土以外的日本人一半以上在中国境内。对于中国政府来说，遣返这些人是迫切需要解决的问题。

在日本天皇宣布接受《波茨坦宣言》的同时，蒋介石向国内外发表了广播讲话，阐明了中国对抗战胜利及对日本的基本态度。蒋介石在讲话中肯定了中华民族为抗战胜利所做出的牺牲，也对民族精神有所表彰，但是与后来美国、苏联领导人的讲话相比，在表达取得独立与解放时的民族自豪感方面则有较大的不同。讲话强调了中国对待战后日本应具有“不念旧恶”“与人为善”的中华民族的至高德行，呼吁对已经投降的日本不要报复，而应采取宽大为怀的政策。[④] 蒋介石的态度后来被归结为宽恕战败日本的“以德报怨”。到1946年3月，蒋介石自己也明确地将对日态度概括为“以德报怨”，并以此指示中国参与盟国对日管制委员会的首席代表朱

① 日本外务省关于在外日本人数量的统计，在日本战败前后有这样几个数据：（1）1945年10月12日外务省给驻外使领馆的文件中称有军人320万、平民380万，共700万；（2）同年11月19日给各驻外使领馆的文件称在外日本人共713万；（3）1946年6月27日，外务省关于撤回海外日本人的文件称有军人362万、平民328万，共690万；（4）厚生省1978年编写的资料中称有军人353.4万（其中陆军308.5万，海军44.9万）、平民306.6万，共660万。

② 若槻泰雄『戦後引揚の記録』時事通信社、1991、51頁。

③ 古川万太郎『中国残留日本兵の記録』岩波書店、1994、はじめに、3頁。

④ 蒋介石：《抗战胜利告全国军民及全世界人士书》（1945年8月15日），秦孝仪主编《先总统蒋公思想言论总集》卷32《书告》，第121—122页。

世明。“以德报怨”正式成为战后中华民国确立的对日政策的基本理念。[①]

日军中国派遣军在8月18日决定了向国民政府军投降的方针，并确定了《对支处理纲要》，以总参谋长小林浅三郎的名义于20日通令全体官兵遵照。《纲要》表示：“协助重庆中央政府达成统一”，“进一步有助于中央政府充实武力”。依照《纲要》，日本中国派遣军总司令部改为“中国战区日本官兵善后总联络部”，负责日本军队与国民政府之间的联络。国民政府当时给予该联络部以最大的宽待，允许日本军官佩刀，对解除武装的军人不称为战俘，而称为“徒手官兵”，甚至允许日本军队保持原有的部队指挥体系，在各地集中营集中。投降的日军官兵被集中监视、教育、管理，等待遣返，在集中营中不得携带武器（执勤人员除外），非经允许不得外出，逃亡者应予追捕法办。中方对集中营中的日本军人进行教育，清算军国主义的毒害，灌输和平意识，也让他们从事一定的体力劳动，如参与修复通信设施及战时被毁工程等。

日军一般都拒绝向中共的武装力量投降，这样做符合蒋介石的需要，消除了他对中共的最大担心。日军在投降问题上密切配合了蒋介石的部署，这使得国民党战时控制区“主要交通线及重要都市能够确保无恙”。[②]所以，蒋介石对投降的日军也投桃报李地给予了超常的宽大处理。这就是由蒋介石宣布的、由国民政府实施的对战败的日本持“以德报怨”态度的主要原因，也被视为处理战败日本问题的基本信念。[③] 总的来说，所谓“以德报怨”的态度主要表现在对待日本是否维护天皇制国体、是否阻止苏军进驻占领日本及遣返留在中国的日本军民、放弃战争赔偿要求等问题上。[④] 可见，蒋介石及国民政府之所以对战败的日本军队采取那样的态度，有当时国际环境以及各方压力的原因，也有出于同共产党在接收日本军队

---

① 叶健青编《蒋中正总统档案·事略稿本65》（民国35年3—5月），台北，“国史馆”，2012，第136页。

② 〔日〕古屋奎二：《蒋总统秘录：中日关系八十年之证言》第1册，“中央日报”社译印，1986，第10—13页。

③ 朱汇森主编《中华民国史事纪要（初稿）》（1945年8月至9月），台北，“国史馆”，1988，第300页。日本学者家近亮子则认为，“以德报怨”是日本的新闻媒体对蒋介石广播讲话的概括。家近亮子『日中関係の基本構造：2つの問題点・9つの決定事項』晃洋書房、2003、131頁。

④ 林金茎：《战后中日关系之实证研究》，中日关系研究会，1984，第46页。

控制地区竞争的考虑，并不能简单地从字面上来理解“以德报怨”。①

1945 年 8 月 11 日，在日本准备接受《波茨坦宣言》的情报传到美国后，美国陆军参谋长马歇尔就开始考虑如何将解除了武装的日本军队遣返的问题，并与当时担任中国战区美军司令部（USFCT）司令兼中国战区最高司令蒋介石的参谋长的魏德迈互通电报，讨论这一问题。

8 月 12 日，马歇尔致电魏德迈，提醒他要尽快考虑在日本投降后，将滞留中国大陆的日本军人和民间人士遣返的问题，提出应从中国的各港口利用日本的船舶进行遣返。魏德迈 14 日回电表示赞成，同时提出：考虑到国民党军队进驻日本占领地的能力不足及存在与共产党军队竞争的现实，拟向蒋介石提议配合国民党军的进驻，分阶段解除日军武装。②

根据马歇尔的提醒，魏德迈很快就与蒋介石商议了关于接受日本军队投降及处理滞留在中国的日本军队及民间人士的问题，并与蒋介石达成了一致的“降服日本”计划：国民党军将进驻日本占领区，接受日本军队投降，解除日军武装；日军复员，重建地方政府，调查逮捕战争罪犯等。③

8 月 21 日，美国陆军部根据来自中国战区美军司令部的报告，制订了遣返 350 万日本人的初步计划。④

战后初期，国民党的基本战略方针是恢复交通，将其军队向全国各地推进，在解除日军武装的同时与共产党争夺有利战略地位。由于恢复铁路

---

① 何应钦在战后发表的言论中，强调了蒋介石对天皇制的努力维护、中国没有派军队参加占领日本、遣返日本军民等几个方面（参见何应钦《中国与世界前途》，台北，正中书局，1974，第 158—159 页）。比较全面系统研讨蒋介石对日“以德报怨”政策的当数黄自进先生发表的《抗战结束前后蒋介石的对日态度：以德报怨真相的探讨》（见台北《中央研究院近代史研究所集刊》第 45 期，2004 年 9 月），该文一方面界定了“以德报怨”政策的内涵，将国民党在 1952 年放弃对日本的战争赔偿要求排除于“以德报怨”内涵之外；另一方面对此政策的功过得失也做了不少新的解读。日本学者的研究中也有涉及蒋介石“以德报怨”的，如大久保传藏《以德报怨——一页不可忘的历史》（台北，正文书局，1972），家近亮子在『日中関係の基本構造：2 つの問題点・9 つの決定事項』一书中也有专章讨论“以德报怨”问题。

② Larry I. Bland and Sharon Ritenour Stevens, *The Papers of George Catlett Marshall*: *Volume* 5 “*The Finest Soldier*” *January 1*, *1945 – January 7*, *1947*, Maryland: The Johns Hopkins University Press, 2003, pp. 270 – 271.

③ “USFCT Planning for Participation in the Repatriation of Japannes Nationals”，美国国家档案馆藏，档案号：RG493/Box29/Folderl/P3。

④ Larry I. Bland and Sharon Ritenour Stevens, *The Papers of George Catlett Marshall*: *Volume* 5 “*The Finest Soldier*” *January 1*, *1945 – January 7*, *1947*, p. 3.

交通需要时间，国民党方面与美国交涉，希望在空运与海运方面得到美国的帮助。[①] 从8月末开始，为解除日军武装，国民党军队向各地的移动已经得到中国战区美军司令部的支持与配合。

1945年9月3日，中国陆军总司令部颁布《中国境内日侨集中管理办法》，规定："凡散处于中国境内（东三省除外）的日侨，均由各地中国陆军受降主官指定时间、区域集中，交由当地省市政府管理"，[②] 并授权各受降战区长官督导各省市政府按既定步骤成立管理日侨的机构，负责各地日侨的集中管理与遣送。接着，根据中美在重庆举行的关于遣送中国战区日本人会议的精神，确定了各地区运送日本人出境的港口。其中平津张家口区自大沽及秦皇岛运出。同时还发布了《日本在中国私人企业暂行处理办法》，规定日侨产业以公司会社形式经营者、战争中以强力占有者、中国法律所禁止者，应由政府接收；个人小本产业登记封存；个人财产，除生活必需品外，每人准带法币5000元，其余款项存入中国政府银行作为将来赔款之一部。此外，还颁布了《中国境内日籍员工暂行征用原则》，规定各事业部门中事业不能中断且技能无人接替者、技术为中国缺乏者、需征用为业务上之清理者，可以征用日籍员工，发给生活费。[③]

9月9日上午9时，在南京黄埔路中国陆军总司令部前方司令部举行了日本中国派遣军受降仪式，国民党军开始大规模向华中、华南等地进驻。由于中共控制了华北地区的察哈尔与热河两省的大部及冀、鲁、晋、绥的相当广泛的农村，国民党军无法有效控制这些地区，并且也无法越过这些地区向东北运动。担心东北落入中共控制下的蒋介石向美国要求提供大量飞机与船只，以便在9—10月将国民党军全部运送到京津、河北及东北地区。中国战区美军司令部与第七舰队便积极参与了国民党军队的运输。[④]

---

① 曾任蒋介石侍从室主任的唐纵8月12日拟订《日本投降后我方处置之意见具申》，提到与美国就空运和海运进行交涉的意见，后得到蒋的批准。见《在蒋介石身边八年——侍从室高级幕僚唐纵日记》，群众出版社，1991，第686页。

② 中国陆军总司令部编《中国战区中国陆军总司令部处理日本投降文件汇编》下卷，编者自印，1945，第177—178页。

③ 《中国陆军总司令部训令》（政字第21号，1945年9月30日），《中国战区中国陆军总司令部处理日本投降文件汇编》下卷，第177—182页。

④ Larry I. Bland and Sharon Ritenour Stevens, *The Papers of George Catlett Marshall*: *Volume* 5 "*The Finest Soldier*" *January 1*, *1945 – January 7*, *1947*, p. 7.

在国民党军队向各地运动的过程中，解除日本军队武装和遣返等问题也被迫切地提上了日程。但是，遣返日本军队及民间人士的数量比运送国民党军的数量大得多，而当时中国国内交通状况并不理想，无法预知有多少船舶可资利用，也只好依赖美国提供运输。为讨论这一问题，9 月 12 日，在重庆召开了第一次中美联合委员会会议，委员会由中国战区美军司令部、中国国民政府军政部、军事委员会代表构成。[①] 会后，中国战区美军司令部司令魏德迈飞往东京，就上述问题及落实马歇尔意见等，与盟军总司令部商讨。因为魏德迈认为：在如此复杂的环境下进行如此大规模的遣返，仅由中国战区美军司令部承担是不可能的，需要在盟军总司令部的指挥下，协调各方面力量。

10 月 25—27 日，在上海召开关于遣返日军会议，美国方面参会者为盟军总司令部、中国战区美军司令部、第三水路两栖军团、第七舰队、驻华美军联络团；中国方面为国民政府军事委员会、陆军总司令部。会议确定了《中国战区日本官兵与日侨遣送归国计划》。虽然中国东北地区的日本投降官兵与日侨的数量更多，但因当时苏军尚未撤离，所以上述计划不涉及东北地区，美国也还没有考虑与苏联交涉遣送在东北的日俘日侨的问题。

《中国战区日本官兵与日侨遣送归国计划》确定后，中国方面开始向有关港口集中遣返的日本人，盟军方面则开始调集运送遣送人员的船只。但是其间遇到了许多问题，包括与苏联的关系和东北问题。

国民政府方面在将遣返人员集中后，由于没有船只，仍无法立即实施遣送，但又不得不为集中起来的日本人筹备必要的粮食。与此同时，中国战区美军司令部在筹措船只时也发现其职能有限。于是，魏德迈在 11 月 20 日向陆军部提交报告（同时也提交给了麦克阿瑟、美国太平洋方面军司令、第七舰队司令、第三水陆两栖军团司令、驻华美军联络团团长），报告分析了中国东北的局势，认为尽管情况不明朗，但国民政府的脆弱性已经表现出来，美军今后若不能迅速从中国撤离而继续留驻的话，就要支持国民政府，并且加速完成日本人的遣返工作。而完成这一工作，还需要改

---

① Larry I. Bland and Sharon Ritenour Stevens, *The Papers of George Catlett Marshall*: *Volume* 5 "*The Finest Soldier*" *January 1*, *1945 - January 7*, *1947*, p. 4.

变中国战区美军司令部的权限。①

以美国国务卿、陆军部部长、海军部部长三人为首组成的三部门协调委员会在讨论魏德迈的报告后，认为排除苏联在东北的影响是当下迫切的任务。美军需要改变此前避免与苏联发生冲突的做法，在支援国民党军进入东北的同时，正视加速遣返在东北的日本人问题。

11 月 21 日、22 日，蒋介石连续致电杜鲁门，提出苏联违背了《中苏友好同盟条约》精神，阻止国民党军进入东北，协助共产党扩张势力，导致东北局面恶化，就此要求美国协助。杜鲁门 27 日会见驻美大使魏道明，约定加强中美合作关系，对中国的政策开始转换到支持国民政府的方面。随后，马歇尔作为特使被派往中国。魏德迈表示：以马歇尔来华为契机，美国将开始新的政策，即将东北日本人的遣返问题提上日程。

12 月 14 日，美国宣布调整魏德迈的权限，将中国战区的范围扩大，在原有的基础上，明确将中国东北、台湾、海南岛、印度支那北部纳入。将中国战区美军司令部改名为中国战区指挥中心（The Commanding General China Center)，其任务也从原来单纯军事支援中国军队对日作战改为支援国民政府军解除包括东北在内的“残留”日本人的武装和遣返日本人，同时还担负中国复兴的任务。

12 月 15 日，杜鲁门正式发表讲话，表明将积极参与中国事务，为使中国早日稳定，派出马歇尔特使，调停国共冲突，同时将可能成为中国社会不稳定因素的日本军队以外的超过 200 万的日本人遣送回国。随后，美国开始在日本动作，于 12 月 27 日命令船舶运营会用一个月时间改装贷给日本的 213 艘美国船只（LST 战时标准船)，保证船员、燃料与粮食按时到位，以承担运输遣返日本人的任务。

1946 年 1 月 15—17 日，在东京召开关于遣返的会议，共 9 个单位参加，即盟军总司令部、美国太平洋舰队、中国战区指挥中心、西太平洋美国陆军、美国第五舰队、美国第七舰队、美国第八军、美国第二十四军团、日本商船管理局。会议讨论了包括中国东北地区在内的各地区日本人的遣返问题，决定由美国第七舰队与在华美军使用的船只负责国民政府军队的运送，同时负责中国以外的南朝鲜、菲律宾、太平洋区域、冲绳的日

① Albert C. Wedemeyer, *Wedemeyer Reports!*, The Devin-Adair Company, 1958, pp. 447 - 458.

本人的遣返，以及从日本遣送朝鲜人，从朝鲜遣送中国人，由此建立了太平洋区域遣送日本人的综合性的运输机构。会议结束后，以 213 艘贷给日本的美军船舶为中心开始进行遣送工作。[①]

二 关内日军及居留民的遣返

自 1945 年 10 月底起，除东北以外的各地日本人的遣返工作开始进行。

中国国民政府方面负责遣送中国战区（包括台湾、香港及北纬 16 度以北的印度支那北部等地）的日本投降士兵（日俘）及日侨，原则上依照先日俘、后日侨的顺序，自内陆各地运送到港口集中地（天津塘沽、青岛、连云港、上海、厦门、汕头、广州、海口、三亚、海防、基隆、高雄 12 个港口），由美国第七舰队与日本商船管理局负责中国大陆、台湾与日本之间的运送。运送规模达每月 15 万人。[②]

1946 年 2 月 6 日，中、美、日三方又在东京议定了遣返日俘及日侨的纲领性文件《中国战区遣送计划》，对中美双方在遣返工作中的任务、责任与实施中的实际问题，如出境登记、病疫检查、搜捕战犯、财政管理、补给办法、所需船只数量及地点、启航通报、行李邮件等做了明确规定。

大批日侨一旦集中，其日常所需的煤火费、膳食费、遣散费及临时费数目之大当可想见，而当时中国正值战后重建初期，山河破碎，百废待兴，中央和地方财政均捉襟见肘。11 月 29 日，陈诚曾致电蒋介石称：

> 查日俘日侨，业经先后分区集中，短期内尚难遣送回日，所需粮食，亟应另为预筹，拟先按集中前日方总联络部表列日军人数一百三十万零九千余人，日侨人数四十八万九千余人，预筹三个月食量，两者共需米一百二十八万二千余大包，并调查确切人数，核实补给。上项食粮，每包按八千元单价估计，共需款一百零二亿五千七百四十三万二千元，拟先在本军政部前奉拨购粮专款二百亿元内划拨三十亿

① 引揚援護局編印『引揚援護の記録』1950、31 頁。据该资料记载，在整个遣返期间，使用的船只有日本旧海军舰船 172 艘，商船 55—75 艘，美军贷给船只 213 艘。

② Larry I. Bland and Sharon Ritenour Stevens, *The Papers of George Catlett Marshall*: *Volume* 5 "*The Finest Soldier*" *January* 1, 1945 – *January* 7, *1947*, p. 4.《中国战区日本官兵与日侨遣送归国计划》（1945 年 10 月），《中国战区中国陆军总司令部处理日本投降文件汇编》下卷，第 224—227 页。

元，本粮食部奉拨本年筹购军粮专款二百六十亿元内划拨七十亿元，共一百亿元，作为筹办此项粮食之用。[①]

华北地区是遣返任务相对较重的地区。日军投降后，所有日侨开始在各地登记，然后由乡镇逐渐向小都市，再向大都市集中。在设有管理处（所）的地方，利用废弃的工厂厂房或仓库等规模较大的建筑物充作日侨集中营，并将集中营内的房舍均先期清扫、修整，设诊疗室、公共浴室、理发室、厕所等，以便来自各地的日侨随时可以入住。如丰台第一管理所将原日军粮库的库房作为集中营，长辛店第二管理所将附近铁路工厂的内部空房作为集中营，石家庄第三管理所将和平路南兵营作为第一集中营，日本国民学校作为第二集中营，铁路局住宅作为第三集中营。该地区近40万名日侨[②]中六成多为妇女、儿童和老人及无职业者，其中有职业者多是在日本发动侵略战争时期，受到日本政府的所谓“开拓中国”的鼓动，从日本各地来到华北的，以距华北地区最近的日本九州地区的人为多。为解决日侨的运送、临时居住、饮食、安全等问题，华北各相关省市政府成立了主管遣侨事务的机构。

原日本华北派遣军司令部改称天津日本官兵善后联络部，由原日本华北派遣军总司令根本博任部长，隶属于中国战区日本官兵善后联络总部，在遣返日俘日侨工作中负责与中美双方的联络。山东省于济南成立德日意侨民管理处，青岛市也成立了日侨集中管理处，由警察局局长孙秉贤兼任管理处主任。北平市于1945年11月19日成立日侨集中管理处，在城外的西郊、西苑和城内的东城，设立了三个日侨集中管理所，由市警察局局长陈焯兼任该处处长。河北省在1945年12月15日成立日侨集中管理处，由温辑五任处长，下设丰台、长辛店、石家庄三个日侨集中管理所和石景山的一个办事处。天津在1946年1月8日设立日侨管理处，以市长张廷谔为处长。另外，山西省于1945年秋成立山西省日侨管理处，原日本统治的所

① 陈诚：《电呈委员长蒋拨发一百亿元备日俘日侨三月食粮》（1945年11月29日），《陈诚先生回忆录——抗日战争》（下），台北，“国史馆”，2005，第907页。

② 遣返前，预计华北地区日侨人数为32万人左右。据遣返机关发布的资料统计，1946年8月大规模遣返完毕时，经塘沽、青岛、秦皇岛及连云港遣送回国的日侨约有38万人，各地留用日侨9561人，所以华北地区日侨总数约有39万人。

谓蒙疆地区成立内蒙古东部地区遣送日侨事务委员会，负责当地日侨向港口输送的任务。[①] 各地管理处首先根据《中国境内日侨集中管理办法》的规定，要求分散在本地的日侨在指定的地点和期限内集中，由管理处对其身份进行甄别。1946 年 10 月，内政部公布了《处理日人入籍办法》，规定“日人于日军在华占领区域内入中华民国国籍者非经内政部核准一律无效，日本女子已为中国人妻者，应依照中国国籍法之规定为取得中华民国国籍之声请，国籍法关于外国人声请归化中国之规定对于日本人暂时停止适用”。[②]

1946 年 1 月，蒋介石指示第十一战区司令长官部，要求除负有特殊任务之日军人员外，“所有日俘日侨应一律拘禁敌伪集中营，不得在任何地区自由活动”，“从事秘密图谋之日方人员均予逮捕查照”，“对日俘官兵应严加看管，勿使逃远以免滋扰平民” 等。[③]

1945 年 10 月 20 日，首批集中在天津的日侨 3400 人经塘沽登船返回日本，该船从日本开来时载运了被强行征用到日本的中国劳工。[④] 河北省日侨自 1946 年 1 月 7 日起开始遣送。

在很短的时间内顺利地遣返数百万军人和居留民，对当时刚刚经历了战乱、政治局势尚未明朗、经济相当拮据、社会极不安定的中国是极大的考验。

各地在仓促间设立的日侨集中管理处一下子要为突然集中起来的日侨提供包括住房、食粮甚至教育等，存在相当大的困难。由于房屋紧张，管理处一般要求两三个日侨家庭合住在一间房中，单身日侨则集中居住。由管理处向日侨提供主副食，条件与日俘待遇相同。日方曾提出侨民每人每日的伙食需要量标准，尽管标准不算很高，但满足其要求，也是当地政府的一大难题。[⑤] 特别是在日侨集中的营地，还要设置与日侨生活习惯相吻

---

① 米卫娜、申海涛：《战后河北省对日侨的集中管理与遣返》，《抗日战争研究》2007 年第 4 期；米卫娜：《抗战胜利后北平市对日侨的集中与管理》，《北京社会科学》2007 年第 6 期；胡荣华：《战后天津暨华北地区日俘日侨遣返研究》，《抗日战争研究》2008 年第 3 期。

② 《处理日人入籍办法》，北京市档案馆藏，档案号：J183 - 2 - 34085。

③ 《为奉委座电令规定日俘日侨管理办法》，天津市档案馆藏，卷宗号：J2/450。

④ 《天津日本侨民首批搭轮返国》，重庆《大公报》1945 年 10 月 22 日，第 2 版。另据天津市日侨管理处的报告称，首批日侨遣返的时间是 1945 年 10 月 22 日。参见天津市临时参议会编印《天津市临时参议会第一次大会会刊》，1946，第 123 页。

⑤ 日方提出的标准是每人每日食品（粮食、蔬菜、肉类等）重量 655 克。

合的厕所、诊疗室、公共浴室、理发室等，[①] 实施起来相当困难。如平津地区，由于经济困难，粮食短缺，市场供应已经捉襟见肘，市民怨声四起。两市政府一边整顿粮政，建立配给制度，控制售粮数量；一边通过向粮食部北平市粮政特派员办公处、河北省田粮管理处拨借，及与中共方面协商调剂等筹措粮食。中共方面调拨的食粮由张家口及冀中解放区运至平津。虽然普遍面临财政困难的问题，但华北各地方政府在日侨给养费的筹措上，仍分别出台了一些办法。天津市日侨管理处根据行政院要求制定的食粮标准为每人每天 780 克，远高于日方要求。在北平的西苑等一些较大的管理所内，甚至建立了医院、新闻室、露天商场、菜市场及酒馆茶肆。[②]

按规定，日侨遣返前要接受严格的卫生检疫，防止其待船和登艇期间暴发疾病。鉴于每年春天系中国北方各类传染性疾病多发季节，驻华美军联络团致函军政部部长陈诚，建议华北日侨在遣返登船前接种牛痘和斑疹伤寒预防针第一针，到达日本后再注射第二针。另外，针对患病日侨的遣返，在塘沽和青岛两港配备了专门运送患病日侨的船只，日侨行李均用 DDT 喷洒消毒。针对国内部分地区出现的疫情，对遣返人员进行检疫，如无疫情发生才允许登船。[③] 由于华北地区各日侨主管单位对日侨集中区内的疫病防控得当，在整个遣返期间，像北平、天津和青岛等日侨集中较多的营地内未见有大的疫情发生。

日侨在登艇前要经过中美双方人员的严格检查，特别要检查是否有战犯混入其中潜逃。根据行政院 1945 年 11 月颁布的《收复区敌伪产业处理办法》及其后续文件的规定，日侨在华所有财产均被视为敌产。故日侨登船时准许携带自用的行李、日用品、7 天的干粮和 1000 日元现金（日军官 500 日元、士兵 200 日元）。行李重量开始时规定为每人 30 公斤（不包括被褥服装），在 1946 年 2 月 6 日东京会议后，改为“每人携带其能自行携带之行李为限，不另规定重量”。虽然不准分二次搬运上船，且不准雇用苦力帮忙搬运，但由于放松了重量限制，遣返人员携带的行李增多，有的甚至达到 90 公斤。另外，还准许女性携带刻有自己姓名的结婚戒指，男性

---

① 河北省日侨集中管理处编印《河北省日侨集中管理处工作概况汇编》，1946，第 17 页。

② 《北平日侨集中营设备齐全　俨然一小社会》，重庆《大公报》1945 年 11 月 29 日。

③ 《办理日侨检疫事项》，天津市档案馆藏，档案号：J13－1－73。

可携带一支铅笔和自来水笔，也准许医生、学生携带书籍。①

运送遣返人员本来使用的是日本方面调拨的商船，从日本开来时，一般都装载了回中国的劳工等。船只在海上航行6—7日可抵达日本港口。开始的时候，日本商船是隔日一班，但由于等待遣返的日本人太多，经中国战区美军司令部负责遣返工作的魏特曼上校在天津与塘沽港口运输司令部司令刘雪松协商，决定从1946年3月起增派美国海军船只加速遣返。在华北地区的遣返过程中，美军共使用了90多艘登陆舰（Landing Ship Tank）。这是当时美国海军配备最多的登陆舰，内部可装载40辆坦克，几乎相当于两个篮球场，经改装后，可容纳1200人。② 登陆舰可以达到每日开航数艘，使遣返日本人速度大大加快。

表1-1 经天津市集中遣送日侨数（1945年10月20日—1946年8月10日）

区别	在津集中人数	已遣送人数	留用人数
总计	237305	236883	422
天津区*	96307	95885	422
北平张家口区	96631	96631	—
山西河北区	44185	44185	—
其他地区	182	182	—

* 天津区日侨包括唐山、塘沽等处日侨在内。天津本地日侨原有94055人。

资料来源：天津市政府统计室编《天津市政统计月报》第1卷第3期，1946年8月号。

在滞留中国大陆的日本人被遣返的同时，大量滞留在台湾的日本人也陆续被遣返。10月25日，日本军队在台湾投降后，中美于12月18日宣布实施在台湾的日本军队的遣返措施。25日，第一艘船开出基隆。31日，台湾行政长官公署发布，从3月起在台日本居留民也开始遣返。③

从当年11月起到1946年4月20日，已经遣返日本军人78万人，占应遣返124万人的63%；遣返侨民66万人，占应遣返78万人的85%；还有58万人待遣返。④ 印度支那北部遣返工作于4月21日完成，台湾的日本

① 《中国战区中国陆军总司令部处理日本投降文件汇编》下卷，第179页。

② 《加强遣送日俘工作》，天津《大公报》1946年2月19日。

③ 加藤聖文「台湾引揚と戦後日本人の台湾観」台湾史研究部会編『台湾の近代と日本』中京大学社会科学研究所、2003。

④ 《中国战区中国陆军总司令部受降报告书》，附表7。

人遣返工作于4月23日完成。在那之后，4月25日、7月11日和8月11日，华南、华中及华北地区的日本人遣返工作结束。

1946年7月，滞留中国内地的大批人员遣返工作结束后，仍有部分日本人留了下来。其中有一部分是被留用人员，有的属于自愿，有的则是出于国民政府的要求。这些人加上他们的家属有10000余人。[①] 他们后来也陆续被遣返。1946年7—12月，从上海遣返3000人，塘沽、广州各遣返1000人，青岛遣返400人，台湾遣返10000人以上。到7月初，未被遣返的日本军人还有被确定为战犯嫌疑但问题尚未查明者，如在上海有冈部直三郎大将和以下高级将领及宪兵1117人，在汉口、广州、河南等地留下宪兵1000人。

1949年新中国成立后，国内仍滞留有约34000名日侨。在当时中日之间尚未建立外交关系的情况下，中国政府为解决战后遗留问题，委托中国红十字总会与日方接洽，自1953年起，中方确定天津、秦皇岛和上海三个港口为愿意回国之日侨集中和登船地点，截至1965年，多数日侨回到了日本。[②]

三　东北地区日本军人与居留民的遣返

当抗日战争接近胜利时，国共双方都在考虑战后在东北的地位问题，这是因为当时的东北属于中国经济最发达的地区。蒋介石认为："国民党命运在东北，盖东北之矿产、铁路、物产均甲冠全国，如东北为共产党所有，则华北亦不保。"[③] 而中共对东北问题也同样十分关注，毛泽东曾指出："东北是一个极其重要的区域……如果东北能在我们的领导之下……我们的胜利就有了基础，也就是说确定了我们的胜利。"[④] 国共双方对东北战略地位的这种认识，表现在战后对东北的接管政策和行动上，同时也对遣返滞留在东北的日本人的活动产生了影响。

---

① 若槻泰雄『戦後引揚の記録』85頁。

② 中国红十字总会编《中国红十字会历史资料选编：1950—2004》，民族出版社，2005，第39页。

③ 刘武生主编《从延安到北京——解放战争重大战役军事文献和研究文章专题选集》，中央文献出版社，1993，第88页。

④ 毛泽东：《在中国共产党第七次全国代表大会上的结论》（1945年5月31日），《毛泽东文集》第3卷，人民出版社，1996，第410页。

苏联在1945年8月8日对日宣战后，抗联教导旅即配合苏军进入东北。在许多城市，抗联军人担任副司令员，为中共大部队顺利进入并占领东北打下了基础。紧邻东北的中共冀热辽军区以曾克林率领的十六军分区为首的部队越过长城进入东北，占据山海关，阻断了国民党军队进入东北的道路。中共也得以顺利地实施争夺东北的战略方针。9月15日，中共中央决定由彭真、陈云等组建东北局，并陆续组建各分局及地方党委。10月9日成立东北军区，不久将部队改称东北人民自治军。10月31日派林彪担任总司令，组建了东北的最高军政机关，大部队也由陆路与海路陆续进入东北。同国民党军队进入东北的速度相比，共产党军队显然快得多。

日本宣布投降后，在8月31日举行的国民党六届中常会第九次会议暨国防最高委员会第169次会议上，通过了《收复东北各省处理办法纲要》，决定在长春设立军事委员会委员长东北行营（1946年8月22日，东北行营改称“国民政府主席东北行辕”）。9月1日，熊式辉被任命为东北行营主任，开始在重庆组建行营筹备处。10月9日，东北行营副参谋长董彦平等抵达长春打前站；10月12日，熊式辉作为东北行营主任进驻长春，开始与苏军交涉。①

这样，国共两党两军对东北的关注及实际举措发生了冲突，而这一冲突的背后，则是美国与苏联的影响。

本来，苏军出兵东北是根据雅尔塔会议上与美国的协商，以反法西斯同盟国的身份参与战后处理的。但是，由于美国历来关注中国东北，并不甘心让苏联重掌曾经的势力范围，当然更不能允许苏联独占东北的利益，所以在美国总统罗斯福去世后，苏美关系开始发生微妙的变化。日本投降后，因已经不存在共同的敌人，影响苏美关系的意识形态因素开始占据主导地位，妥协逐渐让位于对立。而苏美关系的这种变化也深刻地投射在国共两党的关系上。东北的形势在苏美国共四方力量的角逐下变得极为复杂。

国民政府与苏联在8月14日签署了《中苏友好同盟条约》，并确认苏联军队自日本投降3个月后从中国东北撤出。苏联本来提出的从中国撤兵的时间为12月3日，为在苏军撤退前占据东北，国民党军计划10月下旬从大连、丹东、营口、葫芦岛登陆，同时希望在苏军撤退之前，对大量日

① 洪朝辉编校《海桑集——熊式辉回忆录》，香港，明镜出版社，2008，第486—493页。

本俘虏与日本平民实施遣返。熊式辉等到长春后马上就会见驻东北的苏军总司令马利诺夫斯基（Rodion Yakovlevich Malinovsky），提出国民党军在东北登陆、向各地进驻及恢复当地交通、接收行政机关等问题。苏军方面虽然没有对国民党军队接收东北表示反对，但也没有做出积极明确的答复，相反，对东北地区的反苏组织问题更为关注，这就对中共军队进入东北提供了方便。所以，国民政府反而担心苏军撤退后出现东北被中共完全占据的局面。

由于此时苏美在战后处理日本的问题上产生了矛盾，所以苏联不同意使用美国军舰的国民党军从大连登陆东北。尽管国民政府一再向苏联方面解释，称利用美国船只是由于中方缺乏运输工具，不希望苏联产生误会，但没有得到苏联方面的谅解。此后，国民党军只有在美军协助下从营口、葫芦岛登陆。国民党方面意识到苏联“不愿我方有大批军队入东北”,① 同时也感叹由于苏美关系的僵化，国民政府方面“丝毫不能得第三者协助”。②

由于国民党军不能大量进入东北，国民政府的影响只能在以长春为中心的极其狭小的范围内。考虑到内外各方面的因素，蒋介石决定采取“以退为进”的方针，“将东北问题暂时搁置，留待将来解决”,③ 11 月 15 日命令东北行营撤退到山海关。

苏联考虑到与中国条约的约束和复杂的苏美关系，在东北行营撤退后，开始同国民政府交涉，调整与国民政府及中共的关系。11 月 19 日，国民政府外交部向苏联驻华大使彼得罗夫（Apollon Alexandrovich Petrov）表示：苏联若协助国民党军接收东北，则撤退期限延长至 1946 年 1 月 3 日。后来又同意推迟到 2 月 1 日，以造成形式上在苏军的保护下国民党军逐渐接收东北各大城市的局面。于是，从 12 月开始，拥有美式装备的国民党军队陆续运抵东北，国民政府又开启接收东北城市的进程。22 日接收长春，1946 年 1 月接收了包括哈尔滨、齐齐哈尔、四平等若干城市。不过，

---

① 张嘉璈：《东北接收交涉日记》（1945 年 10 月 13 日），秦孝仪主编《中华民国重要史料初编——对日抗战时期　第七编　战后中国》（1），第 122 页。

② 《外交部长王世杰在重庆与苏联驻华大使彼得洛夫交涉接收东北报告》（1945 年 11 月 26 日），秦孝仪主编《中华民国重要史料初编——对日抗战时期　第七编　战后中国》（1），第 214 页。

③ 《剿匪战术之研究与高级将领应有之认识》（1945 年 11 月 16 日），秦孝仪主编《先总统蒋公思想言论总集》第 2 册，第 1787 页。

因为中共军队控制了东北大部分地区，所以国民政府的接收大员其实只能停留在城市中，并不可能在城市的周围开展进一步的接收活动。但这样一来，中共与国民党之间围绕东北的矛盾就更加突出了。

东北地区的遣返工作，由于苏美及国共四方的复杂关系，所以开始得晚一些。据估计，滞留在东北的日本人总数为145万，其中国民党控制区80万，共产党控制区35万，苏军控制区27万。

1946年1月6日，中美双方在上海召开第二次关于遣返的会议，中国战区美军司令部负责遣返日俘日侨组长魏特曼上校提出："关于满洲之组织，至少需要使用两港口，其一预计为葫芦岛，若获得允许，另一港将为大连。……希望于沈阳成立美军输送总部，也需有一中国机构。中国军队需于哈尔滨、长春及齐齐哈尔设立遣送队，俾使日本人按时自内地抵达港口区。此等机构应于4月1日左右开始工作，最迟不晚于5月1日。"① 会议同意了美军的这一意见，国民政府行政院开始计划遣返东北地区滞留的日本人。

1946年初，东北行营经济委员会主任张嘉璈传达行政院关于遣返东北日侨的指示，成立东北行营日侨俘管理处，处长李修业，副处长刘佩伟、齐云阶、彭可复（均为少将），各市县成立日侨俘管理所，所长由当地军政要员担任。日侨俘管理处开始时称"东北保安司令长官部日侨俘管理处"，1946年6月转隶东北行营，同年9月改称"东北行辕日侨俘管理处"。在各地建立相应的遣送日本人办事机构，还制定和签署了《东北各省市日侨管理通则》。当时计划的是将滞留东北的日本侨民与俘虏先在各地集中，后转至葫芦岛港上船，因大连港尚在苏军控制中。对集中在各地的日本人，一般以50人编成一小队，6小队（300人）编为一中队，5中队（1500人）编为一大队。每一大队内设指挥班，其中有总务、经理、涉外等相关人员及医生、护士等。各地滞留人员以大队为单位，乘坐火车前往葫芦岛港。

根据规定，遣返日本人每人可携带1000日元及总重量在30公斤以内的随身行李（行李重量的限制后来有所放宽）；医生、学生可携带必要的教科书、参考书等，但军用品、外币、工业化学药品、贵重金属及照相

① 辽宁社会科学院编《葫芦岛百万日侨俘大遣返》，五洲传播出版社，2005，第86页。

机、望远镜等贵重物品不允许携带。

遣返人员离开时必须携带身份证明书和预防接种证明书等相关资料，佩戴胸章和袖章等标识，进行严格的检疫，遣送前要全部接受霍乱、斑疹伤寒及牛痘疫苗的预防注射，最少须做 7 天的健康隔离后，才被准许上船和在日本本土登陆。

为了推动遣返工作，东北日侨俘管理处当时出版了日文版的《东北导报》，从 1946 年 3 月 7 日开始发行，3 日 1 期，每期 4 版；从 5 月 6 日起又改为日报，到 1947 年 9 月 5 日，共发行了 498 期。《东北导报》的内容均与遣返工作有关，其中“遣送便览”栏目详细介绍了遣返过程，包括相关消息、规定等。

1946 年 5 月 7 日，两艘船搭载 2489 人从葫芦岛出发，遣返工作正式开始。当时出版的《东北导报》发表了《致日侨》一文，称：

> 诸君即将离开苦难的东北，回到久别的祖国。此时此刻，诸君定然感慨万分。自战争爆发以来，诸君不仅精神与肉体备受摧残，同时经济上也遭受了无可估量的损失，这完全是日本军阀称霸东北的野心造成的。
>
> 中国人民同全世界人民一样，都是热爱和平的大众。二次世界大战以来，特别是战火在东北点燃的数十年来，中国大众生活在水深火热之中。可是，吾等相信日本军阀是真正的敌人，非日本民众，期间日本民众也深受其害，对此我深表同情。此为今日败战的日本无法改变的事实。此种心情，诸君回国后，请向国内人民转达，希望中日将来能够友好下去，并请看到东北现状的母亲们以此来教育孩子，以免误导未来的孩子。
>
> 重建日本的重任落在诸君的肩上，未来使命是改造军阀统治下的日本，建设民主自由的国家。诸君在败战后的一年来，也都深有体会，望诸君排除万难，为建立民主和平的日本，实现中日善邻友好而努力。了解东北民众的诸君，把吾等的真心和对日本友爱的真情带回到日本国土，作为登陆的第一步改造日本的计划，实现中日善邻友好而努力。
>
> 打倒日本军阀，建设民主日本，不仅仅是中日关系，也是东南亚

地区乃至世界和平安全的保证。

回归盼望已久的祖国，闻苍松翠柏之清香定然是一件令人欣慰的事情。

此后，每当一批遣返人员乘车或登船时，日侨俘管理处的负责人都会前往送行，发表热情的送别词。

当时的东北地区存在国民党与共产党两个对立的政权，还有部分地区完全在苏军控制下。但是所有遣返人员均须集中到葫芦岛港，所以协调三地日侨俘的遣返工作是很繁重的任务。当时拟订的共 4 期遣返计划如表 1－2 所示。

表 1－2　东北地区日侨俘遣返计划表

期别	地区	日侨人数	所需车辆	期别	地区	日侨人数	所需车辆
第一期	锦州	55000	631	第三期	德惠	1000	12
	海城	12000	124		哈尔滨	145000	1812
	鞍山	70000	967		安达	500	6
	辽阳	16000	172		阿城	5000	62
	沈阳	235000	2161		凤凰城	1000	13
	铁岭	10000	163		安东	75000	938
第二期	开原	9000	108	第四期	齐齐哈尔	40000	500
	四平	22000	226		海拉尔	1000	13
	公主岭	15000	188		宁墨地区	7000	88
	长春	205000	2574		北安	6000	75
	本溪	15000	179		松花江	12000	150
	抚顺	80000	735		佳木斯	1500	19
	辽源	10000	125		勃利、林口	1000	12
	吉林	31000	388		牡丹江	5000	62
	拉法	6000	62		图佳线	5000	62
	敦化	4000	60		珲春	2000	25
	延吉	7000	83		通化	55000	688
	图门	4000	42		大连	270000	
					瓦房店	10000	

资料来源：《葫芦岛百万日侨俘大遣返》，第 91 页。

1946 年 1 月 10 日，由中共、国民党与美国三方组成的军事调处执行部[①]三人小组［叶剑英、郑介民、饶伯森（C. H. Robertson）］讨论了东北日侨俘遣返的整体部署，并拟订了工作原则，即决定具体工作由属于国民政府派出机构的东北行营与属于中共系统的东北民主联军组织落实，派军调部东北执行小组协调。三人小组还决定：自 1946 年 5 月始，由东北行营负责，先遣返沈阳及其周边地区的日侨俘；中共控制区的日侨俘则先由东北民主联军负责集中，8 月以后在陶赖昭、拉法两地向国民党当局移交后，经沈阳向葫芦岛港口输送；安（丹）东地区日侨俘 75000 人由东北民主联军负责组织，由陆路经朝鲜，海路则从鸭绿江口登船；大连日侨俘则由苏军负责直接遣返。

在中共控制区成立了东北民主联军总司令部遣送日人办事处，处长为李敏然（李立三）。

1946 年 3 月 12 日，苏军撤离沈阳后，中共代表饶漱石偕同美方代表白鲁德（Henry Byroade）少将等抵达沈阳，与国民党东北行营方面协商东北停战和日侨俘的遣返问题。4 月 7 日，成立了军调部东北执行小组，由东北保安司令长官部赵家骧参谋长暂代执行小组组长，美方成员为德梯格（Raymond R. Tourtillott）上校，中共代表为饶漱石中将。

4 月，美军在葫芦岛港口设立遣送组，负责美军与中国方面的联络、卫生、船舶、通信、给养、情报等工作。国民党东北行营在葫芦岛设立港口运输司令部，何世礼中将担任司令。5 月 4 日，中美双方协商在锦州设立葫芦岛港口输送司令部办事处。7 日 18 时 30 分，搭载来自锦西、葫芦岛的第一批日侨俘 2489 人，乘坐两艘遣返船驶离葫芦岛港，开始遣返东北日侨俘。第一批遣返了来自锦州、盘锦、阜新地区的 55000 人，接着遣返地区的顺序是：沈阳、鞍山、抚顺、本溪、四平、公主岭、长春、辽源。到 8 月 20 日，共遣返 560485 人。从葫芦岛出发的船只将滞留的日本人运送到日本的港口佐世保、博多与舞鹤。

1946 年 4 月，东北行营与中共代表饶漱石、伍修权在沈阳商定：军调

① 1945 年 12 月，美国总统特使马歇尔受命来中国“调解国共军事冲突”，于 1946 年 1 月 10 日成立由张治中、周恩来、马歇尔组成的三人军事小组，以及国民党代表郑介民、共产党代表叶剑英、美方代表饶伯森组成的北平军事调处执行部，负责调处国共双方的军事冲突。军事调处执行部下设 36 个“调处小组”，分赴各军事冲突地点进行调处。

处执行部美方代表遣返官裴尔（Bell）上校赴哈，与东北民主联军司令部遣送日人办事处处长李立三讨论共产党控制区日侨俘遣返事宜，草签了《遣送东北中共管制区日人之协定书》。该协定书约定："在遣送期间及当日人行经中共及政府方面之前线时，所有军事冲突均应停止"，"任何一方不得利用遣送过程向对方进兵，并不得在以遣送为目的之地区及其附近，新构筑障碍物、阻路工事及碉堡，更不得利用为履行遣送条约所需之设备（如车辆、船只等），作为军事用"，同时"保证日人所在地出发，至葫芦岛登船，沿途不受到强奸、掠夺、侵犯、抢劫、勒索、恐吓或其它任何不法举动，其生命财产不受到侵犯"。[①]《协定书》还规定：在国共两军对峙的拉法地区和交界的松花江，设立由三方人员组成的执行小组，加以协调处理。

根据《协定书》，中共方面负责每天从北部的哈尔滨方面运送 7500 人抵达松花江北岸；国民党军方面每日准备 100 艘船只及船夫（每船 10 人，每小时往返一次），运送 7500 人及行李渡过松花江，再准备 3 列运送 2500 人之车辆，于上午 12 时，下午 3 时、6 时各开出一列，当日将所有日本人运送到南岸，然后运送到葫芦岛港。美军驻哈尔滨联络官先将生病人员数量通知对方，以便准备车辆、船只和相关设施，以运送患病人员。另外，根据协议，美军驻哈尔滨联络官向中共方面提供遣送经费：日本人运送费 5000 万东北流通券；遣送行政费 1000 万东北流通券。

1946 年 7 月 25 日，李立三率东北民主联军代表团抵达沈阳，与国民党方面进行会谈。确认上述协定书，特别是日侨俘交接时间、地点、经费等问题。次日返回时，携带了装有 6000 万东北流通券的箱子，由东北日侨俘管理处财务组长王尔纯转交。

中共控制下的地区，也相应制定了遣返的规定，如吉林省主席周保中、政委陈正人发布遣送日侨俘联合命令，规定应尽量遵照协定，各地在接命令后，立即分批分期开始遣送，所有遣返日本人均免费乘车，其他费用自备。各转运站、收容所准备粮食以便购买，特别困难者先在日本人之间调剂，根据日程，发给困难者每人每天粮食 1.5 斤，菜金 15 元。还要求各地政府、驻军负责保护日本人安全，对每一列车均派出武装班押车，维

① 《葫芦岛百万日侨俘大遣返》，第 86 页。

持秩序，防止发生事故。

根据这一命令，各县成立遣送日人办事处，从8月21日起，重点遣返东北民主联军控制区的日侨俘。为了协调国共控制区之间的关系，在吉林南北各成立办事处，保证于9月8日前全部将遣返人员送至蛟河或新站。这一时期，蛟河至新站，每天三次往返。客运列车停运，列车全部用于转运遣返人员。

经过紧张的集中和转运，到9月下旬，除留用人员外，遣送日侨俘182222人。[①] 其中：

松哈地区	101985人
齐齐哈尔地区	40456人
牡丹江地区	5108人
北安地区	2415人
延吉地区	32258人

1946年10月10日，在东北地区遣返日本人第一期计划即将结束时，东北行辕日侨俘管理处处长李修业撰文，称："东北百余万日侨俘的遣送是一桩历史性的大事。本处承担这桩历史性的重任，秉承最高领袖蒋主席及我政府宽大为怀的政策，对待日本侨俘不采取任何报复手段。我们执行这种政策……是希望用我们民族的精神文明及三民主义的'仁德'、'和平'、'博爱'来感化、教育他们，根治他们侵略的心理，使他们认识我最高领袖的伟大，中华民族的伟大，并彻底纠正他们过去对我国家民族的错误看法，得到一个明确的认识，带回他们的国度里改造他们自己的国家。"[②]

经过国共双方的共同努力，从1946年5月7日至12月31日，经葫芦岛遣送滞留日本人共158批，计1017549人，基本完成了遣返工作。美国为此调拨船只120艘，航行800余次。

经苏军控制的大连港出发的遣返工作启动比较晚。1946年12月3日，在苏军司令部负责遣返工作的军人指挥下第一艘遣返船起程了，遣返费用由苏联军队支付。此后，苏军要求被遣返的日本人提供经费，但多数人因

① 《东北日报》1946年9月29日。

② 《东北日报》1945年11月17日。

生活贫困而难以支付。后来得到财界代表及普通人募捐的资金支持，共有22万人撤回日本。[①]

四 留用日本人的遣返及遣返后的联络组

日本战败后，中国方面开始接收原日本人控制的企业、机构。当时，很多在技术领域从事技术工作的日本人一旦离开，一时难以找到可替代的技术力量。所以国民政府从国家复兴的角度考虑，希望留用一部分日本技术人员。许多部门也希望留用从事技术工作的日本人。本着“以德报怨”的大国胸襟，国民政府对于全体日侨，尤其是日籍技术人员持宽容态度。1945年9月30日，国民政府制定了《中国境内日籍员工暂行征用通则》，规定各事业部门中凡事业不能中断但技能无人接替者，或者技术特殊但中国国内缺乏者，或者为事业的持续发展所需要的必不可少之技术人员者，均可以继续征用日籍员工，发给生活费。[②] 1946年2月，国民政府颁布《日籍技术员工征用实施办法》，规定各地留用的日籍技术人员只做技术工作，不担任行政职务，与中国同级职员享受同等待遇。陆军总司令部随即指示各企业、事业单位在自愿前提下酌情留用日籍技术人员。

1945年9月13日陆军总司令部电令日军：“中国沿海各港口亟待开放，所有扬子江由宜昌、汉口至南京，及长江下游（含温州湾及舟山群岛）、厦门、海南岛及台湾之基隆、高雄等地日海军所敷水雷，及其他障碍物，统限于（九）月三十日以前清扫完毕。”[③] 这种征用实际是依据1907年在海牙签署的《陆战法》第6条之规定，用劳役的方式尽快恢复因战争而被破坏的交通通信设施。针对羁留在中国一时不能回国的投降的日本军人（当时称“日本徒手官兵”），陆军总司令部于1945年10月15日颁布了《中国战区日本徒手官兵服役办法》，[④] 命令投降的日军在等待船只接运归国前，可参与修复战时破坏的交通通信及各项建设工程，要求各受降区主官转告地方省政府或市政府，设立工程处，拟订修复计划，并要求

---

① 石堂清倫『大連の日本人引揚の記録』青木書店、1997。

② 《中国陆军总司令部训令》（政字第21号，1945年9月30日），《中国战区中国陆军总司令部处理日本投降文件汇编》下卷，第177—182页。

③ 中国第二历史档案馆编《中国战区受降纪实》，江苏人民出版社，2005，第159页。

④ 《中国陆军总司令部训令》（补字第47号，1945年10月20日），《中国战区中国陆军总司令部处理日本投降文献汇编》上卷，第84—85页。

受降指挥官征用日本徒手官兵参与建设，以及指导工程之实施。《办法》规定日本徒手官兵在服役期间，除由各受降区发给主副食外，凡修复过去日本破坏之一切建设均不给工资，但对工作勤劳、“著有成绩者”给予奖金。

留用日籍技术人员的目的是以其技能和经验来协助中方工作或经营，但一些日侨为了逃避遣返，假冒专家骗取留用证书，有些又在留用之后强烈要求回国。鉴于此，国民政府对于留用日本人的政策开始严密。1946 年初国防部发出公函：“凡征用之日籍技术人员，应在本年底解征遣送返日，但经确查系正式技术人员且有志愿留在我国继续服务者，应上交志愿书报请国防部核办”，“继续留华服务日籍技术人员直接向残留日侨互助会申请”，经物资接收管理处核办。

1946 年 2 月 13 日，上海社会局发布公告，“我国所需要者为技术人员，各机关工作为因一时无人接替，准继续征用日籍技术人员，前颁《中国战区日籍人员暂行征用通则》规定报请各受降主官核准后征用，然后报本部核备，应分愿意留华及不愿意留华两种，愿意留华者可长期征用，不愿意留华者则应于最后一批运输时遣送回国……征用技术人员之眷属理应遣送回国，唯有因生活问题或影响工作时，可由征用机关斟酌实际情况暂准其眷属留华，但给养住宿由征用机关负责”。

但是，当时国际社会特别是美国对大量日本人留华持否定态度，认为那样一来不能彻底清除中国境内日本人之势力。1946 年 7 月 6 日，美国大使馆曾照会国民政府，称大量留用日侨有可能使日本势力在当地复活，是十分危险的措施，所以主张为遵守《波茨坦宣言》及免除中国境内日本恶势力可能复活之危险，应将大多数日侨从速遣送回国，对于留用日本人应十分谨慎。美国认为留用者“仅限于若干赋有职务上或技术上专长而中国政府一时无适当人才接充之日侨”，并且“过去记录能证明彼等并不危害中国之和平与安全者，尤其是此等允许居留之专家，应能确切证明彼等并无所有主或重要之管理人地位，彼等在中国并无实际财产利益，亦未能代表是项利益，同时彼等并非极端军国主义会社之社员”。

据日本官兵善后联络总部统计，到 1946 年 6 月末，在北平、天津、保定、南京、武汉、广州、海南岛等地，被留用、征用的日俘总数为 829 人；日侨（包括家属）总数为 36500 人。

在中国东北，留用的日籍技术人员相对更多。国民政府负责接收东北的“统一接收委员会”还特地讨论留用日籍技术员工的问题，将留用人员分为“留用”、“缓送”和“临时”三种情况，制定了相应的实施办法。据东北行营日侨俘管理处1946年6月23日发表的统计数字，当时沈阳及其周边地区各机关企业留用的日籍技术人员达3146名，另外，还有3813名为暂时留用缓送人员，临时性质的人员还有7841名，共计14800名。[①]长春地区留用的日籍技术人员2600余名，还成立了东北日侨科学技术联络会。[②]据当时负责这一工作的东北行营日侨俘管理处报告，当时全东北的留用日籍技术人员约5万名。

在大批滞留日本人被遣返之际，由于有来自美国的压力，所以国民政府对日籍人员的留用政策经历了从开始相对宽松到后来较为严谨的演变过程。大批滞留人员被遣返后，国民政府对留用日籍技术人员的情况进行了检讨，决定除了特别需要并且留用人员工作态度好的以外，其余人员可以随大批遣返人员一起集中返回。原来被确定为“临时”或“缓送”的一些日籍技术人员被解除留用，随大批人员一起遣返了。1946年底，由于东北各地滞留日本人的遣返工作进入最后阶段，留用日籍技术人员的遣返问题也被提上日程。到1947年1月，东北行辕留用日籍技术员工管理处统计的日籍技术员工只余下8893人，加上家属20131人，共有29024人未被遣返。东北日侨善后联络总处主任平岛敏夫在致日本外务大臣电报中称尚有3.3万人滞留在国民党控制区，中共控制区也还有3万—5万人。

由于从1947年起，盟军总司令部已不再负责提供往来于葫芦岛港和日本的、担负运输滞留日本人任务的船只，所以针对这些未被遣返的技术员工，东北行辕日侨俘管理处希望从塘沽到日本各港口间执行运送遣返人员任务的日本船只绕道葫芦岛，接上东北的遣返人员后再回日本，并制定了新的分期遣返方案。

从1947年6月25日到8月5日，完成了第一期遣返滞留日籍技术人员及其家属的工作，共18521人被遣返；从9月27日到10月25日，完成了第二期遣返滞留日籍技术人员及其家属的工作，共11106人被遣返。到

① 沈阳《前进报》1946年6月23日，第3版。

② 长春《前进报》1946年6月19日，第3版。

1948年，尚有4000余人未被遣返，集中在沈阳、抚顺、锦州、长春、吉林等城市。由于此时东北形势发生了巨大变化，这些人已无法被转到葫芦岛等港口登船，所以东北行辕日侨俘管理处在得到南京国民政府国防部同意后，利用向沈阳运送军用物资的飞机，在回程的时候，将应遣返的日籍技术员工从沈阳运送到锦州，然后从锦州转到葫芦岛上船返回日本。1948年6月4日至9日，用飞机运送了2501人到锦州，经葫芦岛港乘日本派来的山澄丸号前往佐世保港。8月7日至9日，又有870人从沈阳、长春被空运至锦州，与锦州当地滞留的日本人一起，于15日乘高砂丸号前往舞鹤。[①] 此后，由于东北国共内战，飞机在锦州已无法降落，剩余的约300多名日籍技术员工在10月被空运至天津，从塘沽港登船返回日本。[②] 这样，经空运遣返的日本人大约有3600人。

日本投降后，有一些滞留的日本人在中共控制的地区加入了中共方面的军队或参加了地方政权机构的活动，其总数在8000—10000人。其中3000人直接参加了八路军或人民解放军，一直在最前线及后方活跃着。参加了解放军的日本人中，有许多人在了解了共产党的理念与活动后，认识发生了变化，理解了中国革命的意义，逐渐成为解放战争和新中国建设的积极分子，完成了从“帝国军人”到“革命战士”的转变。留在后方的日本人有的成为劳动模范，甚至获得全国性的表彰。这些人在后来的数十年中，每年陆续有人回国，多的一年有130人，少的5人，平均每年60—70人。但从1953年到1958年，除1957年外，每年达1000人，集体性地归国共21次。[③]

1945年8月末，阎锡山以第二战区受降官身份回到太原，主持解除日军武装工作。当时，该地日军为第一军，司令官为澄田睐四郎。在阎锡山的鼓动下，该军中有近10000人表示愿意留在当地，即以个人身份加入阎锡山军队，编成日本人部队，所谓自愿留用。[④] 是年末，由于美国全面介入在华日本军民的遣返，在山西的日本人则以“特务团”的方式“残留”，

---

① 上述相关论述均参见辽宁省档案馆藏档案，卷宗号为JE1/18。

② 《中央日报》1948年10月23日，第3版。

③ 古川万太郎『中国残留日本兵の記録』はじめに、4頁。

④ 中央档案馆、中国第二历史档案馆、吉林省社会科学院合编《日本帝国主义侵华档案资料选编·河本大作与日军山西“残留”》，中华书局，1995，第193—196页。

制订了“特务团编成计划”。1946 年 2 月，阎锡山命令第一军司令官澄田睐四郎将 11000 人编成特务团，引起在华美军、国民政府中央、日本官兵善后联络总部及中共的警惕。

1946 年 3 月，原日本中国派遣军参谋宫崎舜市中佐到太原要求阎锡山根据中国陆军总司令部发布的命令，将日本军民送还，中止组建特务团的活动。4 月，中共通过军调部“三人小组”向阎锡山施加压力，迫使阎锡山解散特务团。1946 年 4 月，特务团虽解散，但仍有 2600 人被留用，多数被编入阎锡山指挥的山西省保安总队，1947 年暂编为独立第十总队。留用的人中包括了曾制造在皇姑屯炸死张作霖事件的河本大作。在国共内战中，该总队的日本军人陆续归国，1948 年在晋中战役中被俘 300 人，在解放太原战役中被俘 200 人。这些人开始在山西永年训练团接受教育审查，1952 年被转移到太原战犯管理所，一部分被送到农业部管理的河北省易县西陵农场，后来又陆续有人回国，到 1956 年，留在中国的尚有 130 人。这些人后来经中国最高人民检察院院长张鼎丞宣布免于起诉后也回国了。

日本军队占领南京后，1939 年将中山路上原国民政府外交部的四层楼房占据，作为日本中国派遣军总司令部。日本军队投降后，根据中国陆军总司令部的命令，将日军中国派遣军总司令部改称为“中国战区日本官兵善后联络总部”，担任“除中国本土外，包括驻在台湾和北部印度支那的日本军官兵及一般侨民的遣返工作以及处理其它一切善后事务”，① 由冈村宁次担任长官。1945 年 11 月，中国战区日本官兵善后联络总部迁到鼓楼对面原日本大使馆处。

1946 年 6 月，在华日侨大部分遣返完毕后，7 月 1 日，善后联络总部接到中国国防部命令：联络总部日本人应被遣返回国。于是，原日本中国派遣军总司令部大部分人员陆续抵达上海，7 月 5 日从上海乘船返回日本。总参谋长小林浅三郎中将则搭 10 日最后一班船回国。

原日本中国派遣军总司令部遣返后，留在南京的仍有 14 人，作为总联络组，租住在原日本大使馆后面金银街 4 号两栋民宅中。总联络组由总司令官冈村宁次大将、副总参谋长今井武夫及副官、参谋组成，中国国防部特派黄金发大尉作为日语翻译。另外，驻北平、太原、汉口、青岛、上

① 《今井武夫回忆录》，天津市政协编译委员会译，中国文史出版社，1987，第 253 页。

海、广州、台北7处原各日军司令部则分别招募10—20名志愿者组成当地联络组。联络组的任务为与被扣留的战犯取得联系，传送物品；准备战犯审判的辩护等事宜；收容和运送散居在偏僻地方未遣返而希望回国的日本人；处理其他悬而未决的事情等。

1946年12月16日，总联络组离开南京前往上海，于12月28日归国。华中、华南联络组全体成员及大部分留下的日本侨民于次年1月也从上海归国。

日军投降后，部分军人被确定为战犯嫌疑人，但这些人中除部分被指为战犯外，大多与联络组一起归国。总联络组中，冈村宁次大将则与上海地区第十三军司令官松井太久郎中将、山东第四十三军司令官细川忠兴中将等战犯一起被留下来。此时，台湾总督安藤利吉大将自杀，第六方面军司令官冈部因脑出血死亡，作为战犯处理的还有酒井隆中将等17人。不过，在总联络组撤销时被秘密告知：战犯审理工作到次年6月结束，除被判死刑人员外，全部在日本国内服刑。[①] 所以日本人认为：我们把这个决定看成是最后的礼物。

与其他有关国家相比，中国遣返战俘的工作确实有值得总结的经验。冈村宁次在他1950年代撰写的回忆录中对顺利遣返的原因总结如下：驻日美军提供了大量的坦克登陆舰（LST）；中国政府动员了全部水陆交通部门的力量，甚至影响了一般的交通运输，造成经济恶果；中国方面允许日军保持指挥机能直到上船为止；蒋介石发表的对日态度的命令等。[②]

中国处理战俘的措施与当时其他同盟国的政策明显不同。

1945年8月23日，斯大林命令将数十万日军官兵作为俘虏押送到苏联从事强制劳动。在以苏联国家防卫委员会主席的名义发给内务人民委员贝利亚（Lavrenty Pavlovich Beria）的第9898号决定中，斯大林就作为俘虏的官兵的生存条件、押送地点以及让其从事的劳动等做出了详细的指示。

> 挑选50万名在肉体上能够适应在远东、西伯利亚环境下劳动的日本俘虏；

---

① 《今井武夫回忆录》，第295页。

② 稲葉正夫編『岡村寧次大将資料上戦場回想篇』第5章。

在押送苏联之前，编制由俘虏组成的1000人单位的建设大队；

内务人民委员部俘虏问题总局将日本人俘虏派往以下的劳动现场：（a）贝加尔—阿穆尔铁路干线……（b）沿海地方……（c）哈巴罗夫斯克地方。[①]

根据这一指示，在苏联占领下的中国东北和朝鲜北部等地缴械投降的日军官兵，被重新编成建设大队后集体上了货车。警察、公务员、报社的干部等非军事人员也被另外关押并拉走。押送从9月初开始进行。

根据亲历者的证言，在押送时苏联当局告之“送回日本”，实际上却把这些人送到了西伯利亚、中亚细亚、蒙古等苏联领属或苏联统治的地区，其中大部分人被关进了强制拘留所，被迫从事繁重的劳动。

据日本厚生劳动省统计，被扣留的日本人总数达57.5万人（包括在蒙古被扣留的1.4万人），其中5.5万人死亡（在蒙古死亡2000人）。[②]

斯大林在1945年9月2日的胜利演说中说，对日参战是为了“清洗”日俄战争失败的“污点”，直言不讳要对日本清算历史旧账。同时，利用战俘作为补充因大战而失去的劳动力。显然，这都是出于苏联自身利益的考虑。

遣返战俘一直是美苏两国代表在盟国对日管制委员会发生激烈冲突的问题。截至1947年底，鉴于滞留在苏联控制地区的日本战俘还有76.1万人，美国要求苏联修改每月遣返5万名战犯的方案，接受驻日盟军总司令部的提议，提供足够的船只，争取在5个月内完成遣返工作。苏联代表认为这个问题的解决不属于盟国对日管制委员会的权限范围，苏联只遵守既有的方案，即每月仅遣返5万名战俘。[③] 所以，直到滞留在中国的日本人绝大部分得到遣返时，仍有近60万日本军人滞留在苏联。

---

① 本处引文及相关论述均参见日本读卖新闻战争责任检证委员会撰《检证战争责任：从九一八事变到太平洋战争》，郑钧等译，新华出版社，2007，第259—260页。

② 死亡人数统计不确，也有6.2万人或9.2万人之说。

③ Allied Council for Japan, International Organization Vol. 2, No. 1, Fed. 1948, p. 152.

第二章
战后审判与日本对战争责任的逃避

作为战后处理的重要一环，对战争罪犯责任的追究的目的是从根本上消灭制造罪恶战争的源头。同盟国早就关注对发动战争的战争罪犯的审判与处罚。审判、惩罚战争犯罪，是第二次世界大战期间反法西斯同盟国的共同意志。所以在战争结束后，立即启动了针对战争犯罪的审判，即在德国的纽伦堡审判和在日本东京的审判。这两个审判无疑是正义的审判，在国际法的发展史上具有重大贡献，特别是对破坏和平罪即侵略罪的起诉和管辖权的行使，对将侵略有罪确立为国际法的重要原则，发挥了重要作用。不过，东京审判也在最大程度上寻求法律与政治的平衡。政治因素对东京审判产生的影响，正面要大于负面。但在美国的主导下，产生的问题也被日本的右翼与保守势力所利用。

第一节　国际审判的原则与远东国际军事法庭的筹备

一　惩处发动侵略战争的战争指导者思路的形成

第二次世界大战开始后，对发动战争的战争罪犯的审判与处罚问题，始终为反法西斯同盟国所关注。1942 年 1 月，被德国占领了国土的欧洲 9 个国家（比利时、捷克斯洛伐克、法国、希腊、卢森堡、荷兰、挪威、波兰、南斯拉夫）流亡政府的代表会集伦敦，讨论对轴心国战争犯罪的制裁问题，发表了处罚战争犯罪宣言，即《圣詹姆斯宫宣言》。[①]

《宣言》提出：文明诸国认为对被占领国一般市民的暴行属于政治犯罪，应制定审判手续、对战争犯罪者进行审判并将其作为主要的战争目

① 以英国君主的正式王宫圣詹姆斯宫（Court of St. James's）的名字命名。

的。这一宣言表明：发动战争是反人类文明的行为，必须作为重大的犯罪行为进行审判。从确立审判战争犯罪原则的角度来看，这一宣言可以说是具有重要历史意义的。作为观察员参加宣言签字仪式的中国代表金问泗当时曾表示："这一原则将来应用于占领中国的日本。"① 后来，苏联与中国也表示了对该宣言的赞同。②

1942 年 10 月，英国大法官西蒙（John Allsebrook Simon）到美国，专门与罗斯福总统讨论设立盟国战争犯罪调查委员会（UNWCC）的问题，并建议召开同盟国各国代表会议，共同讨论建立战争犯罪调查委员会的问题。这一建议得到了各同盟国的赞同，中国政府也认真讨论了建议，由国民政府军事委员会参事室拟定了建立日军罪行委员会的节略。③ 此时同盟国虽然主要关注德国的战争犯罪问题，但是也开始注意到日本在亚洲的战争罪行。美国连续发表了抗议日本虐待美国俘虏与平民的声明，罗斯福总统还谴责了日本军队违背国际公约对中国使用化学武器的行为。

1943 年 10 月，美、英、苏三国外长举行会议，20 日，宣布在伦敦成立盟国战争犯罪调查委员会，三国首脑发表了系列《莫斯科宣言》，④ 其中就有《苏美英三国关于德国暴行的宣言》。这是关于战争犯罪审判的重要的一环。该宣言提出："已从多方面获得关于希特勒军队在他们曾经蹂躏过而今正被步步逐出的许多国家中所犯的暴行、屠杀以及冷血无情地执行集体死刑的罪证。"在德国有可能建立允许停战的政府的时候，"凡曾经负责或同意参加上述暴行、屠杀或执行死刑的德国军官、兵士和纳粹党徒将被解回他们犯下可恶罪行的国家，以便依照这些被解放的国家以及在这些国家中建立起来的自由政府的法律审判惩处"；同时还明确指出，"凡是曾参与枪杀大批意大利军官，或把法国、荷兰、比利时或挪威的人质或克里特岛农民处死，或曾参加杀戮波兰人民，或曾杀戮在现在敌人正在被扫荡

---

① Neil Boister・Robert Cryer『東京裁判を再評価する』粟屋憲太郎・藤田久一・高取由紀監訳、日本評論社、2012、24 頁。

② 豊田隈雄『戦争裁判余録』泰生社、1986、26—27 頁。

③《军事委员会关于英国建议同盟国组织战犯罪行委员会致参事室代电》、《参事室拟具日军罪行委员会节略及组织纲要呈》，胡菊蓉编《南京审判》，张宪文主编《南京大屠杀史料集》(24)，江苏人民出版社、凤凰出版集团，2006，第 8—10 页。

④ 当时通过的有《中苏美英四国关于普遍安全宣言》、《苏美英三国关于意大利的宣言》、《苏美英三国关于奥地利的宣言》、《苏美英三国关于德国暴行的宣言》等。

干净的苏联领土内的人民的德国人应当知道：他们将被解回到犯罪地点，并在当地由曾受他们凌虐的人民予以审判。”①

从这一宣言中可以看出，同盟国对于在战争中实施暴行的德国军人及纳粹分子的犯罪行为的认定已经形成明确的认识。当然，这时对纳粹罪行的认定原则仍主要根据的是 1899 年海牙和平会议上通过的《陆战法规惯例公约》及其附件《陆战法规惯例章程》。

该陆战法规要求缔约国在军事需要所许可的范围内应考虑减轻战争祸害，所以确定了交战国之间以及交战国与居民之间的一般行为规则，这些规则来源于文明国家间制定的惯例、人道主义法规和公众良知的要求。具体的原则如战俘“必须得到人道的待遇”；遵照《日内瓦公约》履行对交战国病者和伤者的义务；禁止使用毒物或有毒武器；不得杀、伤已经放下武器或丧失自卫能力并已无条件投降的敌人；不得使用足以引起不必要痛苦的武器、投射物或物质；禁止以任何手段攻击或轰击不设防的城镇、村庄、住所和建筑物；尽可能保全不做军事用途而专用于宗教、艺术、科学和慈善事业的建筑物，历史纪念物，医院和病者、伤者集中场所；不得未经预先审判而惩处间谍；由交战一方授权给另一方进行联系并持白旗前来的军使享有不受侵犯权利；等等。

从第一次世界大战开始，违背《陆战法规惯例公约》上述原则的战争犯罪，被称为“通例的战争犯罪”，应根据公约受到惩处。不过，“通例的战争犯罪”只是针对具体的战争犯罪，而不能将发动战争导致大量伤害产生的战争指导者的犯罪行为囊括进去，所以可以说是相对狭义的战争犯罪的原则。

到 1943 年，同盟国就通过国际军事审判的方式审判轴心国发动战争的战争指导者即“首恶元凶”逐渐达成共识，但是对于将哪些人认定为“首恶元凶”尚有不同的意见，并未一致。1944 年 1 月 18 日盟国战争犯罪调查委员会第一次会议的任务是确定该委员会的职责，即收集、记录和整理有关战争犯罪的资料，收集并制作战争犯罪人名单，向有关国家政府提出建议。当时并没有赋予委员会对战犯进行审判和对有关国家政府加以约束的权力。不过，在这次会议上，捷克斯洛伐克、比利时、南斯拉夫等国家

① 法学教材编辑部审订《国际关系史资料选编》上册，武汉大学出版社，1983，第 721 页。

的代表与英美等大国的代表对委员会的权限及对战争犯罪人的调查等问题的认识产生了分歧。

到了第二次世界大战的后期，同盟国已经发现制裁发动侵略战争的战争指导者比制裁“通例的战争犯罪”还重要，因为一旦破坏了和平，会造成大规模的战争伤害。所以在《莫斯科宣言》的最后一部分，特别申明：“上述宣言不涉及首恶元凶的案件，他们所犯的罪行并不限于特殊地区，他们将依盟国政府的共同决定加以惩处。”① 从这一表述可以看出：这时同盟国已经开始注意到对发动战争的战争指导者的处罚的重要性，也逐渐明确了将破坏和平的犯罪与“通例的战争犯罪”加以区别的认识，意识到对破坏和平的犯罪应予以更严厉的国际性的惩处。根据这一犯罪认定的原则，无论是政府官员、政治家、统帅部的军人还是其他的官民，只要被认定是战争指导者，即使没有违反“通例的战争犯罪”的原则，也应承担相应的个人的刑事责任。这一原则与《陆战法规惯例公约》认定的“通例的战争犯罪”原则不同，是广义的战争犯罪的原则。明确了这一原则后进行的国际审判会发生根本性的变化。

将战争指导者破坏和平、发动战争的责任及在战争中的残虐行为的责任区分开，强调前者的战争责任与后者“通例的战争犯罪”的责任都要受到审判，是对战争犯罪认识的重大突破。这一突破反映了“指导者责任观”与“国民责任观”认识在冲突中的协调。

在战争开始的时候，反法西斯同盟就宣称：将轴心国的指导者与一般国民分别对待，对前者应予以严厉惩治，但对后者，则应予以宽大处理。所以，不追究一般国民的战争责任，是反法西斯同盟国一贯的政策。当然，之所以强调这一原则，同盟国也有出于战争策略上的考虑。因为德国与日本的统治层都向国民渲染来自同盟国的危险，声称同盟国企图消灭轴心国的整个民族，奴役其所有的人民。它们这样宣传的目的当然是企图将全体国民紧紧地绑在纳粹和军国主义的战车上。因此，如果同盟国不在策略上注意指出“指导者责任观”与“国民责任观”的差异，就容易为轴心国政治家的宣传提供口实。

1945 年 6 月伦敦会议上，美、英、法、苏四国代表深入讨论了对战争

① 《国际关系史资料选编》上册，第 721 页。

犯罪的审判问题。8月8日，四国代表缔结了《关于追究与处罚轴心国主要战争罪犯的四国协定》，同时通过了附属的《国际军事法庭宪章》，成为战后审判德国与日本的重要法律依据。

《国际军事法庭宪章》包括七部分，详细阐述了法庭的组成、管辖权、权力和程序。

第一部分“国际军事法庭的设立”规定法庭的所有决定都由多数票做出，在票数相等的情况下，庭长的投票起决定性作用，但是对于至关重要的定罪和判刑问题，则必须具有至少三名法官的多数票。

宪章最核心的部分是关于法庭的“权限和一般准则”，明确规定，法庭有权审理和惩处所有战犯，“不论审判对象为个人或为某一组织或集团的成员”；还明确了三项可起诉的罪行，即“破坏和平罪”、“违反人道罪”和“战争罪”（即“通例的战争犯罪”）。

“破坏和平罪”的罪名是由苏联代表提议确定的，“违反人道罪”这一术语则出自英国法律专家的建议。美国则在“破坏和平罪”的罪名下明确了“共谋”（“共同谋议”）的概念，即“策划、准备、发动或进行侵略战争……或为实现上述行为而参与共同计划或共谋”的行为均属于“破坏和平罪”。这就是说，破坏和平的罪责，往往不是单独的个人行为，而是由一些人或一批人共同讨论后确定实施的行为。这一概念强调在发动侵略战争的过程中，参与制订战争整体计划的活动就属于战争犯罪，尽管这一活动并不构成具体的一般性战争犯罪的主观要件。

1945年7月26日，盟国发布的《波茨坦宣言》第6项指出：“欺骗及错误领导日本人民使其妄欲征服世界之威权及势力，必须永久剔除。盖吾人坚持非将负责之穷兵黩武主义驱出世界，则和平安全及正义之新秩序势不可能”；在第10项中提出：盟国“无意奴役日本民族或消灭其国家，但对于战罪人犯，包括虐待吾人俘虏者在内，将处以法律之严厉制裁。日本政府必须将阻止日本人民民主趋势之复兴及增强之所有障碍予以消除，言论宗教及思想自由以及对于基本人权之重视必须建立”。①

与《开罗宣言》相比，《波茨坦宣言》对惩罚战争犯罪的表述更加明确，其中“欺骗及错误领导日本人民使其妄欲征服世界之威权及势力”即

① 《国际关系史资料选编》上册，第739页。

指日本军国主义者的“破坏和平罪”，而“虐待吾人俘虏者”即指直接的战争犯罪，包括“违反人道罪”和“通例的战争犯罪”。后者虽然并未明确规定战争犯罪的具体范围与处罚方法，但是能够看得出来，此时对战争犯罪的认定，已经明确了在“通例的战争犯罪”之外的战争指导者的责任。在此后的审判中，经常使用的战犯级别，就是由此而来的。“作为领袖、组织者、鼓动者或从犯，策划、执行计划或秘密计划发动侵略战争或违反国际条约之战争”的罪犯为甲级战犯，这些人位于掌握决策权力的军队或政府的上层；“下令、准许或容许虐待战俘或平民”“故意或鲁莽疏忽责任，未有阻止暴行”而犯下“通例的战争犯罪”的罪犯为乙级战犯；犯有“违反人道罪”，实际执行杀害或虐待者为丙级战犯。其实，在实际审判中，除了甲级战犯有比较明确的范围外，乙、丙级战犯实际不容易区分，并且在审判实践中对乙、丙级战犯也并未严格区分。

以上即是战争结束后纽伦堡国际军事审判与东京（远东）国际军事审判的法律准备过程。

二 对审判日本战争犯罪的考虑

盟国考虑对日本战争犯罪的处理，比考虑对德国的战争犯罪处理略晚一些，这是战场发展情况使然。

继《莫斯科宣言》之后，针对日本战争犯罪的处罚，中、美、英在1943年12月1日发表了《开罗宣言》。后者明确提出惩罚日本的主张，称：“我三大盟国此次进行战争之目的，在于制止及惩罚日本之侵略”，并表示要坚持长期作战，直到“日本无条件投降”。[①] 不过，关于处罚日本的具体内容，在开罗会议上似乎并未讨论。所以，就处罚战争犯罪的考虑，《开罗宣言》不如《莫斯科宣言》具体。这可能是因为就当时的战争局面来说，日本虽然开始处于守势，但还不能说已经进入了必然失败的局面。

进入1944年后，局面发生了重大变化，日本的败象已经十分明显。所以盟国对日本战败后要处理问题的考虑摆上日程，也开始了各种促使日本投降的工作。[②]

---

① 《国际关系史资料选编》上册，第725页。

② 竹前栄治『対日占領政策の形成と展開』『岩波講座日本歴史22 現代1』1977。

鉴于伦敦会议后成立了盟国战争犯罪调查委员会，1944 年 5 月，中国提议在重庆设立盟国战争犯罪调查委员会远东太平洋分会。根据美国的提议，分会搜集与讨论的关于日本策划与推行战争的战争罪犯的资料，在整理后送给在伦敦的总委员会。盟国战争犯罪调查委员会远东太平洋分会第一次会议于 11 月 29 日在重庆召开，有 17 个国家的代表参加了会议。① 此后，该委员会每隔两三周便召开一次会议。从 1945 年开始，就处罚日本的战争犯罪问题进行了证据资料的搜集和法律方面的讨论。② 该委员会分会在重庆共召开了 23 次会议。1946 年 6 月分会会议地点由重庆转移到南京，又召开了 15 次会议。经常出席会议的有美国、英国、荷兰与中国的代表。1947 年第 36 次会议曾确认对日本殖民统治台湾的战争犯罪的处罚措施。

该分会在确定战后应被追究与审判的日本战犯名单方面起了基础性作用。1945 年 7 月，分会提出了 26 份共计 3147 人的日本战争罪犯具体名单。这一名单与伦敦的盟国战争犯罪调查委员会提出的有所不同，基本涉及了战场上有直接战争犯罪行为的罪犯，但不包括发动战争的战争指导者。在这个名单中，美国提出了 218 人，澳大利亚提出了 18 人，法国提出了 345 人，英国提出了 43 人，中国提出了 2523 人。该名单后来分送伦敦盟国战争犯罪调查委员会和东京的盟军总司令部。此后，各国根据这一名单分别逮捕战争犯罪嫌疑人，并分别进行审判。③

三　日本对盟国的战争犯罪审判的早期应对

1944 年 6 月，塞班岛战役后，日本方面的一些人特别是政治家开始积极地应对盟国的战犯审判政策，中心人物是原首相近卫文麿和内大臣木户幸一等。这些人与一般日本人的主要区别是能够了解战局发展的真实情况，也就是说，能够认识到日本在军事上大势已去的现实。所以，被称为“和平派”的这些人更关心的是如何在维持国体，即保留天皇制的情况下

---

① Neil Boister · Robert Cryer『東京裁判を再評価する』26 頁。17 个国家分别是：澳大利亚、比利时、加拿大、中国、捷克斯洛伐克、法国、希腊、印度、卢森堡、荷兰、新西兰、挪威、波兰、南非、英国、美国和南斯拉夫。

② *Foreign Relations of the United States*: *Diplomatic Papers* (*FRUS*), *1945*, *Vol. 5*, pp. 898 - 902.

③ 粟屋憲太郎『東京裁判への道』上、講談社、2006、64 頁。这些人多数是在战后的中国法庭上被审判并判刑的，其中死刑 36 人，无期 13 人，有期 38 人，无罪 45 人，调查中 1128 人。

结束战争。在既要维护天皇制，又不能不接受对战争责任追究的时候，这些人企图把战争责任完全推到军部身上。于是，战后和平、战争责任、天皇问题就这样被结合在一起了。

1944 年 6 月，日本就开始出现尝试推翻东条内阁的“和平派”的活动，其目的在于找到能够代表日本完全承担战争责任的人。“和平派”试图建立的逻辑是：一切事情（指战争的扩大）都是东条英机搞糟的，所以所有的责任都应让东条来承担。他们认为如果内阁的责任被模糊了的话，人们就会把战争责任引向天皇与皇室，而那是危险的。战后初期担任过首相的东久迩进一步解释说：如果让“敌人”将东条英机与希特勒（Adolf Hitler）相提并论，将之视为战争元凶的话，攻击的目标就会集中到他们身上。但此时如果再出现其他的责任者，就会模糊战争责任的归属，其结果有可能将责任引向皇室。[①]

将战争责任引向军部和东条英机的方针，在 1945 年 2 月的“近卫上奏”[②] 中表达得十分明确。近卫力图使天皇接受这样的说法，即日本之所以从满洲事变走向与美国开战的大东亚战争，是因为军部中的一部分军人（其背后是一部分官僚与右翼）的推动，他们伪装成左翼，提出“共产革命”。现在，在战争发展到今天的时候，这些人仍然宣扬“一亿玉碎”，企图利用混乱达到革命的目的。所以，如果要防止“共产革命”和维护天皇制的日本国体，就一定要将战争责任推到军部革新派的身上。

“和平派”将战争责任完全推到军部身上，但也无法无视国际社会对天皇及天皇制的严厉批判的态度，当然也不敢宣称天皇对战争没有任何责任。所以，他们要制造出所谓根据天皇的“圣断”才能够结束战争的“神话”。为此，他们还提出：天皇也可以承担一定的战争责任，即一般的战败责任，但是要使天皇避开发动侵略战争的责任。为了维护天皇制的日本国体，“和平派”还故意以守为攻地提出昭和天皇退位的主张。

不过，日本内部的这些关于战争责任的种种讨论与观点，当时还只限

---

① 『近衛日記』共同通信社、1968、10—11 頁。

② 1945 年 2 月 14 日，原首相近卫向天皇提出奏文，称日本在此次战争中已经必败无疑，目前急需的是在警惕共产主义危险的同时，为了维护国体尽早与英美实现和平。为了防止共产主义革命和对和平的危害，要对军部予以肃清，应当将战争的扩大解释为军队内部革新派的阴谋。1945 年 10 月 4 日，近卫与麦克阿瑟会谈也涉及这一问题。

于权力中枢机构的极少数人中，并且是以十分隐蔽的形式进行的。表面上看，直到东条英机下台后的小矶国昭、铃木贯太郎内阁，还仍然在强调为了维护国体要把战争进行到底。军队中的主战派更是始终保持着狂热的姿态，鼓吹要在日本“本土决战”，不惜“一亿玉碎”，在日本社会制造与对手决战到底的气氛。在当时的日本社会中，不用说议论战争责任，就是有稍许的反战、厌战情绪或表达希望结束战争的想法都是不可能的，也是绝对不允许的。

在这样的背景下，美国方面努力进行“指导者责任观”的宣传，以防形成日本举国一致的抵抗局面，相对的，日本的统治阶层则进行反宣传，强调美国人空袭的残忍，一旦接受无条件投降的主张，则日本整个民族就会成为美国的奴隶，被强制送到美国从事劳役，竭力在国民中制造“战败恐惧感”，鼓动民众继续支持战争，阻止民众中产生结束战争的意愿，把民众牢牢地绑在军国主义战车上。

不过不容忽视的是，民众对政府与军部的信任感确实在降低，国民整体的作战意识也急剧减弱，消极的战败认识与战争责任的意识开始萌芽，对战争指导者的不信任甚至批判也在增强。当然，这一变化并不是美国的“指导者责任观”宣传的直接结果。那是因为战争后期战争带给日本社会的种种弊端表现得越来越明显，战争时期的统制经济出现了巨大的破绽：粮食紧张，黑市泛滥，人们对社会不公的不满在蔓延。于是，多数日本人将对美国空袭带来的灾难的谴责更多地发泄在对政府的不满上。所以，日本政府对于盟国强调战争指导者责任的宣传十分紧张。

盟国对德国的战争责任的认识和对德国进行国际审判的态度，通过当时日本派驻中立国的外交官传到了日本。

驻瑞士公使加濑俊一在 1945 年 6 月 29 日曾向外务大臣东乡茂德递交了一份关于欧洲如何议论战争犯罪的报告，称德国投降后，欧洲各地都在热议如何处置战争罪犯的问题，也热议对战争罪犯的审判问题。特别是东欧，由于左翼势力的抬头，人民审判的意识加强，对战争犯罪的肃清与社会革命结合了起来。①

加濑还向国内报告了在伦敦成立了盟国战争犯罪调查委员会的消息，

---

① 粟屋憲太郎『東京裁判論』大月書店、1989、43 頁。

并特别说明由于成立了委员会，对于战争犯罪的处罚，就不仅仅是根据国内法进行的一国之内的行动，而将审判作为国际性行为；盟国战争犯罪调查委员会提出，除了在本国实施战争犯罪的人以外，还有几种属于国际性的战争罪犯，首先是纳粹分子，另外就是对占领地民众实施犯罪的占领军军人；委员会认为应设立国际审判法庭，对上述国际性战争犯罪予以审判。

加濑也向国内报告了美国成立了“战争犯罪人审查委员会”的情况，称该委员会委员长杰克逊（Robert Houghwout Jackson）在访问欧洲后向杜鲁门提交了报告，其中提出纳粹骨干分子及德国政府首脑是将世界卷入战火的主要责任者，所以属于国际性犯罪，还提出由于根据各国国内法不能对这些人的战争犯罪予以定罪，所以当务之急是建立新的国际审判法庭，依据国际正义的概念对这些人定罪。报告列举属于这种犯罪的罪犯是德国旧政权人员及军队、财政方面的主要干部，盖世太保和纳粹团体成员等，对此，不能仅仅追究他们个人的犯罪责任，而应当追究他们制定纳粹政纲及政策的责任。加濑还报告说美国已经就成立国际审判法庭一事向英、法、苏提出建议，英国已经同意，法、苏态度尚不明朗，四国准备在伦敦的会议上讨论并确定成立国际审判法庭一事。

加濑在报告中特别谈到了至 1945 年 6 月末盟国关于战争犯罪问题的政策，强调了盟国准备成立国际审判法庭的情况，他还指出盟国基于“国际正义”的观念，要对德国的战争犯罪进行国际性的审判，不仅仅追究德国的战争指导者的个人行为，还要追究纳粹的政策政纲的制定。

加濑如此具体地介绍盟国对德国的态度，其实是在提醒日本政府：盟国有可能对日本也沿用对德国的政策。在《波茨坦宣言》公布后，日本政府立即意识到盟国的确是以对待德国的原则来对待日本的，因而相当紧张，立即下令外务省对其中的条款进行分析，以便摸清盟国的对日基本态度。

外务省条约局长下田武三遂起草了《关于美英苏中波茨坦宣言的检讨》的报告，分析了宣言所规定的战争责任的概念，并提出了相关应对建议。根据下田的建议，外相东乡茂德上奏：天皇不要对《波茨坦宣言》表示拒绝，争取在维护国体的情况下接受《波茨坦宣言》。8 月 1 日，日本驻瑞士公使加濑俊一再次给外相东乡茂德发来电报，认为与盟国对德国的态度相比，《波茨坦宣言》对日本的态度更为缓和，而之所以缓和，是因为希望在苏联参战前解决日本的问题。[①]

但是，当时以陆军省大臣阿南惟几、参谋总长梅津美治郎等为首的军人集团提出要有条件地接受《波茨坦宣言》，而不能全盘接受，且特别指出：在不改变天皇制的情况下，还要针对《波茨坦宣言》中关于占领日本、解除武装和处理战犯三点提出条件，即盟军对日本的占领应控制在最小范围、极短时间和极少兵力；解除武装及处理战犯应由日本人“自主”来进行。[②] 这是日本方面最初提出的所谓“自主审判”的主张。但是，擅长外交交涉的东乡茂德对形势的看法则比较悲观，他认为不可能提出那么多的条件，特别是解除武装和自主审判更是不可能取得同盟国方面的理解，日本只提天皇的地位问题即可。

考虑到种种因素，当时天皇还是通过所谓“圣断”采纳了东乡的主张，而没有采纳军部的主张。但是后来的日本政府仍然对是否可能进行“自主审判”抱有幻想。

在麦克阿瑟 9 月 11 日发出逮捕令，逮捕了东条内阁的大部分成员及一些外籍嫌疑人后，日本政府终于意识到日本将同德国一样面临盟国的军事审判，于是在 12 日召开终战处理会议。日本最担心的是一旦与德国一样处于被告的地位，天皇将首当其冲地成为战犯。所以，这次会议做出的第一个决定就是要求内阁向盟军总司令部提交“天皇没有战争责任”的说明书。同时，会议讨论并确定了实施“自主审判”和在审判时候的辩护方针。

关于“自主审判”，会议认为盟国对日本的战争犯罪进行审判已是无法阻拦的了，纵然如此，尽管日本也相信盟国审判的公正性，但仍然要积极进行调查，进行“自主审判”。即通过所谓的“自主审判”削弱国际审判的意义。

关于辩护，会议认为要防止在对每个战犯嫌疑人的审讯中触及天皇的战争责任，所以应由日本政府出面组织辩护团，以进行优先于个人辩护的“国家辩护”，最重要的是不要涉及天皇的战争责任。

会后，外相重光葵立即将“自主审判”的构想向盟军总司令部提出

---

① 田中伸尚『ドキュメント昭和天皇　第 5 巻　敗戦下』439 頁。

② 半藤一利『昭和史』上、476 頁。

来。虽然盟军总司令部没有接受，但是日本政府还是召开了临时内阁会议，表示日本政府应对战争犯罪人进行公正审判，并决定对外发表声明。12 日下午，首相东久迩向天皇奏报内阁决议，天皇出于谨慎，要求内阁再议。13 日，重光葵将与盟军总司令部交涉的结果上报天皇。

在这一过程中，日本政府也筹划着进行“自主审判”，当然不过是走形式，以应付盟国的严肃审判，所以纯粹是一场闹剧。日本政府的所谓“自主审判”其实只有两个案例。一是针对曾在台湾、越南的西贡和印度尼西亚的西里伯斯岛等地发生的日本军人的杀人事件，一共涉及 8 个人；二是对在“巴丹死亡行军”中负有责任的本间雅晴予以取消待遇的问责。

直到 1946 年 2 月 19 日，盟军总司令部发布《关于刑事审判权的备忘录》，明确提出根据《波茨坦宣言》的精神，日本法庭不得审理对盟军的战争犯罪。这样，日本政府的“自主审判”闹剧只能草草收场了。

四 远东国际审判法庭的设立与美国的主导权

当日本刚刚宣布投降时，麦克阿瑟以美国太平洋军总司令的身份被任命为驻日盟军最高司令官，就在 1945 年 8 月 16 日接到了陆军参谋长马歇尔的函件，指示他在处理日本的问题上要参照盟国处理德国的实践经验。8 月 26 日，美国国务卿贝尔纳斯也致函美国驻英大使和麦克阿瑟，告诉他们：根据《国际军事审判法庭宪章》第 6 条对甲级战犯审判的规定，将像在德国纽伦堡设立国际军事法庭那样，在日本东京设立审判日本甲级战犯的远东国际军事法庭。

1945 年 8 月 28 日，美国军队的先遣队抵达厚木机场，接着，被任命为盟军驻日本总司令部最高司令官的麦克阿瑟在 8 月 30 日抵达东京，随即开始逮捕战犯嫌疑人和筹备建立国际军事法庭，这也是作为美国对战后日本的初期改革的一环来考虑的。根据麦克阿瑟的命令，成立了调查战犯嫌疑人的工作组。

尽管 1943 年在伦敦成立了盟国战争犯罪调查委员会，美国也是成员之一，但是，考虑到日本投降后的许多问题特别是审判战争犯罪的问题在美国战后处理中的位置越来越重要，为了消除国务院和陆、海军部多元介入容易产生分歧的问题，上述三部门组成了协调委员会（SWNCC），其下还专门设立有远东小组。该委员会在后来制定并实施对日政策与决策的过程中，成为具有重要作用的机构，也是审判日本战争犯罪的主要指导机构。但这一机构与盟国战争犯罪调查委员会的分歧也时有发生。

1945 年 9 月 12 日，三部门协调委员会远东小组通过了关于在远东针对各级战犯在内的战争犯罪人的逮捕、处罚基本方针，即“SWNCC57－3 方针”。[①] 该方针提出了关于国际军事审判及各种军事审判的“一揽子计划”，在 10 月 2 日三部门协调委员会第 26 次会议上得到通过，后又经杜鲁门总统的批准，由美国参谋长联席会议（JCS）在 10 月 6 日向麦克阿瑟发出了关于确认、逮捕、审判及处罚日本主要战争罪犯的指示。

根据这一指示，成立由盟军最高司令官领导的检察机构，“负责调查战争罪行的报告；收集、分析证据；安排逮捕、迅速审判嫌疑犯；准备、监督和起诉将在国际军事法庭上受审判的嫌疑人，并向最高统帅建议哪个人及何种组织将被起诉，在何种法庭接受审判；何人将作为证人作证”。[②] “指示”中还将国际军事审判法庭的设置、主要成员的任命、战犯的调查与逮捕、起诉和审判等权限均委以驻日盟军最高司令官麦克阿瑟，这一决定预示着美国在审判的开始阶段就考虑了掌控审判中的主导权，但是同时保持了同盟国共同实施审判的名义。这一问题与后来远东委员会的成立也有密切关系。[③]

10 月 18 日，美国国务卿贝尔纳斯约见在日本投降书上签字的英、中、苏、澳、荷、加、法、新西兰驻华盛顿的外交机构负责人，通报“SWNCC57－3 方针”中美国关于对远东战争犯罪人的逮捕、处罚政策，同时也转达了麦克阿瑟的意见，即希望各国向远东国际审判法庭派遣要员，军人或文人不限，但希望能够使用英语，英、中、苏三国各 5 人，其他国家各 3 人，麦克阿瑟将在其中选择适当人士作为检察官。[④] 贝尔纳斯

① *Foreign relations of the United States: diplomatic papers, 1945, The British Commonwealth, the Far East*, Vol. 6, pp. 926－936.

② *Foreign relations of the United States: diplomatic papers, 1945, The British Commonwealth, the Far East*, Vol. 6, p. 930.

③ 见本书第一章，1945 年 12 月 27 日，美、英、苏三国在征得中国同意后，由三国外长在莫斯科签署协议，成立了设在东京的盟国对日管制委员会和设在华盛顿的远东委员会。苏、美、英、中四大国在远东委员会的表决程序中拥有否决权。

④ *Foreign relations of the United States: diplomatic papers, 1945, The British Commonwealth, the Far East*, Vol. 6, p. 947.

还说：虽然关于战犯的逮捕、处罚方式等需要在远东咨询委员会上讨论决定，但是考虑到时间紧迫，希望各国尽快提出上述人选，以便迅速处理战后事宜。

美国的上述行动表明：一方面要根据纽伦堡审判的模式进行在东京的远东国际军事审判；另一方面要在审判的准备、法庭的设置、运营等方面确保驻日盟军最高司令官即麦克阿瑟的权限。其实，麦克阿瑟在9月11日已经发出了对日本战犯的第一批逮捕令。

麦克阿瑟之所以被赋予在审判中的相当大的权力，其中很重要的原因是在纽伦堡审判中担任检察长的美国大法官罗伯特·H. 杰克逊的建议。

1945年8月8日，苏、美、英、法四国政府在伦敦正式缔结了关于控诉和惩处欧洲轴心国主要战犯的协定，通过了《国际军事法庭宪章》，对设置法庭的目的、任务及法庭的机构、管辖权等一系列问题做出明确规定。此后就开始了对德国战争罪犯审判的准备工作（11月20日，纽伦堡国际军事法庭正式开庭）。

杰克逊根据筹备设立纽伦堡军事法庭的经验，向美国助理国务卿艾奇逊（Dean Gooderham Acheson）提出了建议，称在日本的审判固然也应根据德国纽伦堡审判的基本原则，但是在纽伦堡审判中存在各国间协调沟通比较困难的问题，所以在设置法庭、实施规则与规定战争犯罪的概念等问题上，与其等待各国之间的协定，不如授权麦克阿瑟迅速决定为好。艾奇逊对杰克逊的建议十分重视，并且也认为应让麦克阿瑟拥有从选择检察官到设置法庭的所有的权限。与此同时，美国陆军部也强烈要求给予作为盟军总司令部长官的麦克阿瑟以相应的权力，提出各国提名的检察官应由麦克阿瑟直接任命。于是，麦克阿瑟在远东国际审判中的权威就这样建立起来了。

对于美国的这种做法，盟国成员在开始的时候并不认可。设在伦敦的盟国战争犯罪调查委员会就对美国的做法提出质疑。本来，盟国战争犯罪调查委员会认为在日本投降后，就可以顺利地对日本战犯进行追究与审判，所以，作为主席的澳大利亚人莱特（Wright）急切地希望早日确定对日战犯的处置政策。但是，美国委员霍金斯则以日本的投降条款尚未明确为由，阻挠委员会工作的开展。直到8月29日，委员会才通过了《关于日本战争犯罪及残虐行为的报告》。[①]

报告提出：为处罚日本的战争犯罪，应在盟国设立共同的中央机构，进行战争犯罪的调查与证据的搜集，制作战犯名单。为此，盟国战争犯罪调查委员会应与盟国各国政府合作，积极推进，以确定战犯名单。报告还向英国外交部部长贝文（Ernest Bevin）提议：尽快召开国际会议以实施报告提出的计划。但是美国代表在通过报告时提出：因任命审判法庭要员的权限掌握在驻日盟军最高司令官手中，建议报告删除有关内容，而将之表述得更抽象一些。英国政府也认为需要与美国的步调一致才能使该报告具有可操作性。

但是，莱特是一位意志十分坚定的人，他坚持要求实现该报告的宗旨，并表达本国政府的主张，明确指出应将天皇列为战犯。9 月 25 日，莱特提出应在东京设立盟国战争犯罪调查委员会的分委员会。10 月 31 日，他再次敦促英国政府邀请盟国成员召开政府级别的会议。

但是英美两国政府对莱特和盟国战争犯罪调查委员会的提案极为消极，千方百计地推托，以致报告提出的所有计划均未能实现。直到 1946 年，澳大利亚代表仍然提出认定战犯的最终权限应在盟国战争犯罪调查委员会及其背后的远东委员会，但遭到美国代表的极力反对。而此时审判战犯的权限实际上已掌握在麦克阿瑟的手中了。

五　中国作为战胜国参加远东国际军事法庭审判

1945 年 11 月 29 日，杜鲁门总统任命季南（Joseph Keenan）为搜查、起诉日本战争指导者战争犯罪法律顾问团团长，也就是远东国际军事法庭的检察长。12 月 6 日，季南率由美国检察官组成的 38 人代表团前往东京，当他们到达时，发现最后一批甲级战犯嫌疑人的逮捕工作已于同日完成。[②] 8 日，季南被麦克阿瑟任命为盟军总司令部直属的国际检察局（IPS）局长。

12 月 28 日，美国国务院向英、中、澳、荷、加、法、新西兰各国

---

① *Foreign relations of the United States: diplomatic papers, 1945, The British Commonwealth, the Far East*, Vol. 6, pp. 913 - 918.

② 根据梅汝璈先生的回忆，盟军总司令部对日本战犯嫌疑人一共进行了四次抓捕，最后一次在 1945 年 12 月 6 日。参见梅汝璈《远东国际军事法庭》，法律出版社，1988，第 128—143 页。但根据美国外交文件的记载，1946 年 1 月 17 日麦克阿瑟逮捕了最后一批共 110 名战犯嫌疑人，绝大部分都是乙级和丙级战犯嫌疑人。

（29日给苏联）驻华盛顿外交机构送交了一份备忘录，内称：有必要尽快以“破坏和平罪”名义审判日本的主要战犯，所以，已经给予驻日盟军总司令部以设置远东国际军事法庭、确定法庭实施规则、任命检察官和法官的权限。审判的途径将与纽伦堡审判采取同样的方式，但要与远东国际环境相适应。备忘录还通报说，已经任命盟军总司令部直属的国际检察局局长季南为检察长，其他陪席检察官则由上述8国加上印度和菲律宾来指定人选，由盟军总司令部任命。法官3—9人，由在日本投降文件上签字的9国指定人选构成，包括首席法官，均仍由盟军总司令部任命。因盟军总司令部预定在1946年2月1日提出起诉状，所以希望上述8国在1月5日前指定检察官、法官各一名。从内容上可以看出：名为备忘录，其实就是美国单方面向8国报告既定事实。

这时，同盟国各国正在与美国讨论设立远东委员会，确立对日本战后处理的权力机构的问题。由于纽伦堡审判是在美、英、法、苏四国参与下进行的，所以，当时的同盟国成员也对参与远东国际军事审判抱有很大的期望。莫斯科三国外长会议就在远东设立对日机构的问题达成协议后，随即讨论并确定对日本的战争犯罪进行审判的基本方针。美国单方面发出这样的备忘录，并未征求各国意见，与当时的形势不相符。但是，考虑到对日本战犯的审判已经被耽误，如不尽快开始审判，就难以获得国际社会的关注。所以各国还是应美国的要求，陆续指定了检察官和法官的人选。12月28日，美国又向印度和菲律宾发出了委派陪席检察官的邀请。印度还强烈要求不仅指定检察官，也要求指定法官参与审判。

1946年2月2日开始，英国、中国、加拿大、澳大利亚、新西兰的陪席检察官团相继来到东京。

中国国民政府在接到美国致有关各国的备忘录后，开始物色参与远东国际军事审判的人选。经商议，决定派法学家梅汝璈、向哲浚二人前往，分别担任法官和检察官。[①] 梅汝璈当时是立法委员，代理外交委员会委员长，兼任立法院立法委员会召集委员，国防最高委员会外交专门委员。他毕业于美国芝加哥大学，获得法学博士学位，回国后曾在武汉大学、南开大学、复旦大学等任教。向哲浚当时是上海高等法院检察长，毕业于美国

① 《申报》1946年1月5日。

耶鲁大学法学院，后在中央大学任教，曾担任过最高法院检察官、苏州法院院长等。

开始时，国民政府对于此次国际审判的意义认识似乎不足，所以中国检察官只带了两名秘书。

1 月下旬，向哲濬、梅汝璈先后乘机到上海，2 月初前往日本东京。当时的报纸很详细地报道了有关人员的动向。[①]

向哲濬到东京后，发现中国方面的力量十分薄弱，难以承担对长期遭受日本侵略的中国方面受害证据的搜集、整理工作，以至于中国方面的许多受害事件的调查由检察长或其指定的美国人来担任，中国方面则只是从旁协助。[②] 随着审判工作的进展和各方面的请求呼吁，为了配合中方法官与检察官的工作，国民政府后来选拔了一批熟悉法律和英语的人才前往日本协助工作。其中担任检察官国际法顾问的有东吴大学法学教授倪征燠、南京中央大学法学教授吴学义、上海律师桂裕和鄂森等，以倪征燠为首席顾问。[③] 这些人本拟立即赴东京，但了解到当时关于中国部分的审讯已告一段落，可利用这一段时间多做准备。所以倪征燠与鄂森到北平取证。他们在北平先去设在陶然亭附近的第一监狱，然后赴华北地区，搜集日本战争犯罪的种种罪证；在北平曾访吴佩孚故居，获得华北沦陷时日特工头目土肥原贤二屡次强迫吴佩孚出任伪职之证据多件。2 月 8 日，吴学义、桂裕由南京到上海，接着转乘美国飞机前往东京，协助法庭加速进行日本战犯审判工作。[④]

---

① 如《申报》1946 年 2 月 9 日报道："上海高等法院检察署首席检察官向哲濬，已于今日偕秘书裘劭恒抵达此间，就任盟军统帅部国际军事法庭中国副检察官，会同审讯日战犯，该项审讯不久即将开始。"3 月 17 日又报道说：记者叩问关于远东国际军事法庭之组织及最近情形。向谈道：东京军事法庭，为盟军总部所组织，被邀参加者有中、美、英、苏、法、加拿大、澳大利亚、新西兰八国，每国派检察官、审判官各一人，会同组织。凡日本主要战犯有：（1）违反和平，（2）违反战争法规，（3）违反人道等罪行之一者，均将由国际军事法庭提审，于下月开始。

② 《梅汝璈日记》，梅小璈等编《梅汝璈东京审判文稿》，上海交通大学出版社，2013，第 205 页。

③ 据倪征燠回忆，"1946 年初冬，我回国不久，当时在东京任远东国际军事法庭中国检察官的向哲濬回国述职……他不仅是例行地汇报工作，而是前来要求增派人员去东京支援，且急如星火"。

④ 《申报》1947 年 2 月 11 日。倪征燠：《东京审判的回忆》，上海交通大学东京审判研究中心编《东京审判文集》（1），上海交通大学出版社，2011。原文载倪征燠《淡泊从容莅海牙》，法律出版社，1999。

中方参与审判的人员到东京后，还发现语言方面亟须增加力量，于是又迅速在国内招收一批既懂法律又精通英语的人担任翻译。4 月测试，5 月 10 日前后即从上海到东京。计有五人：高文彬（上海东吴大学，5 级）、周锡卿（向哲浚妻弟，交大铁道管理专业毕业，美国宾夕法尼亚大学硕士，7 级）、张培基（圣约翰大学英语系毕业，6 级）、刘继盛（重庆东吴法学院，5 级）、郑鲁达（上海东吴大学，5 级）。①

中国方面的力量虽然得到充实，但仍有缺陷。不过，与除苏联以外的其他各国相比，中国方面“也还算是人力充足的”。②

作为大国的苏联并没有及时地派代表前往东京，而且对美国无视其他各国要求的片面举动表示了极大的怀疑和担心。1946 年 1 月 10 日，苏联副外交人民委员洛佐夫斯基（Solomon Abramovich Lozovsky）向美国驻莫斯科的临时代办凯南（George F. Kennan）表示，可根据美国的要求数日后提供检察官与法官名单。

但是，后来苏联以美国通报的东京审判情况至今不明为由，向美国表示不满，也对国际检察局的作用、季南首席检察长的权限等表示了疑问。不过，到 1 月 8 日，苏联还是向美国通报，指定克伦斯基（Alexander Fyodorovich Kerensky）为检察官、扎里亚诺夫（Zalianov）为法官，数日后将到达东京。但是，1 月 19 日，麦克阿瑟发布了《远东国际军事法庭宪章》，苏联认为这一宪章与纽伦堡审判法庭宪章在重要部分存在差异，所以上述人员并没有及时出发，直到 4 月 13 日才到达东京。

第二节 远东国际军事法庭的组成和审判准备

一 《远东国际军事法庭宪章》

盟军总司令部国际检察局成立后，美国的检察官以纽伦堡国际军事法庭的条例为范本，起草远东国际军事法庭的宪章。

1946 年 1 月 19 日，驻日盟军最高统帅麦克阿瑟发布成立远东国际军事法庭的特别宣言，同时以盟军总司令部一般命令第一号的名义，公布了

① 向隆万编《东京审判 · 中国检察官向哲浚》，上海交通大学出版社，2010，序言一。

② 《梅汝璈日记》，梅小璈等编《梅汝璈东京审判文稿》，第 205 页。

由5章17条构成的《远东国际军事法庭宪章》(*Charter of the International Military Tribunal for the Far East*)。[①]

第一章规定了法庭的固定地址为东京，法官由盟军总司令部在日本投降书上签字国家提出的人选中任命，庭长由盟军最高司令官指派；还规定了开庭的法官的法定人数为6人以上11人以下，全体法官过半数构成法定人数，以出席法官多数票为表决结果的原则等。

第二章是宪章的核心，明确了法庭审判的主要罪行，即法庭的管辖权，除对“违反战争法规或战争惯例之犯罪行为”进行审判外，还要对“破坏和平罪”和“违反人道罪”进行审判。关于“破坏和平罪”，宪章明确为：“策划、准备、发动或执行一种经宣战或不经宣战之侵略战争，或违反国际法、条约、协定或保证之战争，或参与上述任何罪行之共同计划或阴谋”；关于“违反人道罪”，指战争发生前或战争进行中对任何“和平人口”之杀害、灭种、奴役、强迫迁徙，以及其他不人道行为，或基于政治上的或种族上的理由而进行之迫害行为或该法庭管辖范围内任何罪行之迫害行为，无论这种行为是否违反行为地国家的国内法，凡参与上述任何罪行之共同计划或阴谋之领导者、组织者、教唆者与共谋者，对于任何人为实现此种计划而做出之一切行为，均应负责。

这一章还特别规定，“被告在任何时期所曾任之官职，以及被告系遵从其政府或上级长官之命令而行动之事实，均不足以免除其被控所犯任何罪行之责任”；此外，由盟军最高司令官指定一人为检察长，“任何曾与日本处于战争状态之联合国家”得派一人为陪席检察官。

第三章对诉讼过程中的辩护问题进行了规定，基于对被告进行“公正审判”的原则，“对于每一被控诉之罪行应有清晰、精确及充分之说明”，“每一被告皆有权自行选任其辩护人”，“被告有权由其本人或由其辩护人进行辩护”等。

第四章对法庭权力与审讯程序进行了详细规定，虽然远东国际军事法庭与其他法庭在权力及程序方面有许多相同之处，但宪章还是强调“尽最大可能采取并适用便捷而不拘泥于技术性的程序，并得采用本法庭认为有

---

① Charter本可译为“根本法规”或“组织法”，此处依据当年中国参与审判的法官和检察官的习惯，译为宪章。

作证价值之任何证据。被告之一切自供或陈述，均得采用”，同时还规定“检察及被告辩护双方均可各自提出证据，但证据是否被采纳应由法庭决定之”。这一规定是该审判产生大量证据资料的重要原因，同时也说明了审判的认真程度。

第五章规定了与判决和刑罚有关的原则，即法庭可对被告判处包括死刑和有期徒刑等“有罪之判决”，“判决应于法庭内公开宣布，并应说明其所根据之理由”，“盟军最高统帅对判处刑罚得随时减轻或予以某种变更，但不得加重”。

1946 年 4 月 25 日，审判法庭基于《远东国际军事法庭宪章》第 7 条的规定，又公布了《远东国际军事法庭程序规则》。26 日，又以盟军总司令部第 20 号一般命令的方式，公布了对上述宪章的修正，明确增加印度和菲律宾的法官参与审判，使法官人数达 11 人。①

《远东国际军事法庭宪章》在起草的过程中虽然基本参考纽伦堡审判法庭的原则，但是在组织形式上有重要的差别。

第一，在法官的设置上，纽伦堡审判法庭的法官是由美、英、法、苏四国各委派一人，同时各任命一名预备法官。做出判决时，四名法官均须在场，如有缺席，由预备法官出席。每次审理前推举一人主持，原则上每次轮换审理。远东国际军事法庭的法官则是由参与远东委员会的 11 国各派出一名，没有预备法官，只要过半数即可开庭。②

第二，两个法庭虽然均遵循少数服从多数的原则，但纽伦堡审判法庭在做出有罪认定和量刑的时候，需要 3/4 法官的同意。远东国际军事法庭则只要取得出席法官半数以上的同意即可，在可与否意见相当的情况下，由首席法官定夺。

第三，在检察官的设置上，纽伦堡审判法庭的检察官由美、英、法、苏四国各委任一名主任检察官构成检察委员会，以少数服从多数为原则，委员会议长原则上由四国轮流担任。远东国际军事法庭则由驻日盟军总司令部任命一名检察长，其他有关国家指派的陪席检察官仅仅作为检察长的辅佐。

第四，明确“破坏和平罪”是指“策划、准备、发动或执行一种经宣

① 美国本来是反对印度法官参与审判的，但是由于英国的坚持，遂决定同时增加菲律宾法官。

② 粟屋憲太郎『東京裁判論』55 頁。另外，印度与菲律宾法官都是在审判开始后才抵达东京的，所以审判从一开始就存在缺席法官的问题。

战或不经宣战之侵略战争”，因为日本发动九一八事变及卢沟桥事变的时候，均未正式向中国宣战。虽然破坏和平是公认的战争犯罪，并且在纽伦堡审判中已实际对破坏和平的战争责任进行了追究，但是，通过法庭宪章明确地将其列入管辖范围，则是从远东国际军事法庭开始的。战后国际司法的实践证明这是具有历史意义的。

第五，《宪章》特别规定，“被告在任何时期所曾任之官职，以及被告系遵从其政府或上级长官之命令而行动之事实，均不足以免除其被控所犯任何罪行之责任”，在这里明确指出“任何时期所曾任之官职”，但是删除了“国家元首”的概念，就为此后免除天皇的战争责任提供了可能性。

另外，在法官回避、缺席审判禁止再审等方面，《远东国际军事法庭宪章》与纽伦堡审判法庭的原则也有差异。这些差异均与保证美国在审判中的主导权有直接的关系，说明盟军国际检察局在起草宪章的时候，其实是深受美国国务院和陆、海军三部门协调委员会远东小组“SWNCC57－3方针”的影响，所以在审判开始阶段就受到苏联方面的批判，以至于苏联方面的代表团直到4月13日才到达东京。

麦克阿瑟在1月19日公布了《远东国际军事法庭宪章》后，又在2月15日任命了各国提名的法官，并同时任命澳大利亚法官韦伯（William Flood Webb）为首席法官。①

二　逮捕战犯嫌疑人

早在1945年8月14日，即在美国政府有关战犯审判的政策出台前，麦克阿瑟就有关战犯政策致电陆军部和参谋长联席会议，寻求相关指示。8月16日，参谋长联席会议主席马歇尔致电麦克阿瑟，告诉他“有关战犯

① 各国法官分别是：美国麻省最高法院首席法官约翰·帕特里克·希金斯（John P. Higgins），1946年7月改为密朗·G. 克莱墨尔（Major-General Cramer）；中国立法院立法委员梅汝璈（吴学义为法律顾问）；英国苏格兰最高法院法官帕特里克·德富林勋爵（Hon Lord Patrick）；苏联最高军事法院成员伊凡·密切叶维支·扎拉亚诺夫（Major-General I. M. Zarayanov）；加拿大最高法院法官爱德华·斯图尔特·麦克杜格尔（Edward Stuart McDougall）；法国巴黎首席检察官及军事法官亨利·柏尔纳尔（Henri Bernard）；澳大利亚最高法院法官威廉·韦伯；荷兰乌特勒支大学法学教授贝尔特·罗林（Professor Bert Roling）；印度加尔各答大学法学院讲师拉达宾诺德·帕尔（Radhabinod Pal）；新西兰军法处长艾里玛·哈维·诺斯克罗夫特（Harvey Northcroft）；菲律宾律政司、最高法院成员德尔芬·哈那尼拉（Colonel Delfin Jaranilla）。

的指令正在制订中。在收到指令之前，可参照 JCS 1023 文件中有关逮捕和拘留（德国）战犯的规定执行”。该文件认定的罪行包括违反国际法、战争法和发动侵略战争及基于宗教、种族的暴行等，同时强调“这里的罪犯包括犯下前面提到任何罪行的人，不管其国籍或是犯罪时的职务”。[①]

根据该文件的精神以及麦克阿瑟原先的设想，美国单独审判向美国发动侵略战争的东条内阁及虐待美国战俘的战犯。麦克阿瑟在 8 月 30 日抵达东京后，将逮捕战犯嫌疑人作为日本初期改革的一环来考虑，命令成立调查战犯嫌疑人的工作组。9 月 11 日，盟军总司令部发出逮捕令，宣布逮捕东条内阁的大部分成员及一些外籍嫌疑人，共 39 名。这其中有 27 名日本人和 12 名外国人。[②] 逮捕令要求接到命令的战犯嫌疑人主动到盟军指定的地点报到，但对其中部分人则派出警察宪兵前往实施逮捕。

第一批逮捕的战犯嫌疑人，包括发动袭击珍珠港事件时日本的内阁成员、日军驻菲律宾的指挥人员、日本内地负责俘虏收容事宜的有关人员、在东京国际广播电台就职的外国人、德国驻日使馆有关人员、所谓大东亚各国（缅甸、菲律宾、泰国等）驻日机构负责人。这些人中有原首相东条英机、原国务大臣兼军需省次官岸信介、原外相东乡茂德等，除日本人外，还涉及菲律宾、澳大利亚、德国、荷兰、缅甸、泰国、美国等国人。从这批战犯的构成可看出，美国因素是判断战犯嫌疑人的重要根据。

第一批被逮捕的战犯中有许多人与侵略中国的活动密切相关。

如作为第一名战犯的原首相东条英机，1935 年曾在侵略中国东北的关东军中任宪兵司令官，1937 年任关东军参谋长，1938 年 5 月至 12 月任近卫文麿内阁陆军省次长，1940 年 7 月至 1941 年 2 月任近卫文麿内阁陆军省大臣，1941 年 12 月至 1944 年 7 月组阁，是袭击珍珠港后日本扩大战争的主要责任者。

---

① *Foreign relations of the United States: diplomatic papers: the Conference of Berlin (the Potsdam Conference), 1945*, Vol. 1 (Washington, D. C.: U. S. Government Printing Office, 1960), pp. 580 - 581.

② 关于第一次逮捕令涉及的人数，有几种说法，即 36 人、39 人、43 人，不过涉及日本方面的战犯嫌疑人都为 23 人。涉及外国战犯嫌疑人的数字不一致，主要有菲律宾伪总统劳莱尔（Laurel）、菲律宾驻日伪大使瓦格斯（Vargas）、菲律宾国民议会议长阿奎诺（Aquino）、德国驻日大使斯达马（Stahmen）及大使馆中将武官克莱茨玛（Kreischmer）、缅甸驻日本伪大使茂（Mau）、泰国驻日本大使伍伊齐德等。

战犯嫌疑人岸信介在伪满洲国曾任实业部总务司司长、产业部次长和总务厅次长等职，与当时在中国东北的关东军参谋长东条英机、伪满洲国总务厅厅长星野直树、满铁总裁松冈洋右、满洲重工业开发株式会社会长鲇川义介并称“满洲五巨头”。1939年调回日本后，岸信介历任阿部信行内阁、米内光政内阁、近卫文麿内阁的商工省政务次官，1941年在东条英机上台后，任内阁商工大臣、军需省次官等，全面负责战时统制经济，指挥军需生产和战争物资的调配，是东条英机的得力干将。

另外，有的战犯嫌疑人因当时在日本政府或军队中所处的位置，其活动与制定、实施侵略中国的战略难以脱离干系。

由于美国对与自己有关的日本人的战争犯罪更为关注，所以罪犯中有较多是在珍珠港事件之后积极参与战争过程的。如黑田重德（陆军中将、原菲律宾方面军司令官）、村田省藏（原驻菲律宾大使）、原企画院总裁、国务大臣铃木贞一、原兴亚院政务部部长长浜彰（陆军大佐，菲律宾宪兵司令官）、太田清一（陆军中佐，对在马尼拉的暴行负责任者）以及菲律宾伪总统劳莱尔、菲律宾驻日伪大使瓦格斯、菲律宾国民议会议长阿奎诺、德国驻日大使斯达马及大使馆中将武官克莱茨玛、泰国驻日本大使伍伊齐德等。

盟军总司令部发布的第一批战犯逮捕令中提到的战犯并非所有的都是甲级战犯。就在逮捕令发布的次日，美国国务院和陆、海军三部门协调委员会远东小组通过了在远东对战争犯罪人（包括乙级、丙级战犯在内）的逮捕、处罚基本方针，即“SWNCC57－3方针”。这一方针明确规定，今后盟军最高司令官可以自行决定，也可以根据盟国的要求逮捕乙级和丙级战犯，但甲级战犯的逮捕权掌握在美国，主要是根据美国战争罪行局（United States War Crime Office）提供的名单实施逮捕。根据这一规定，在国务院、陆军部和海军部的协助和同意下，该局于9月14日，将45名甲级战犯名单发给盟军最高司令官，在9月27日的一份电报中，代理国务卿贝尔纳斯还强调，该份名单“是不完整的，随时会进行增减”。实际上，该局分别于9月21日和28日发出补充名单，共18人。这一名单与盟军总司令部已经逮捕的第一批日本战犯嫌疑人名单虽然并不相同，但有很大程度的重叠。

为了尽快落实美国战争罪行局提出的战犯名单，盟军总司令部在第一次逮捕后，又于10月15日和22日相继逮捕了与侵害美国利益有关，且证据确凿的战犯。如“巴丹死亡行军”[①] 的责任者、品川战俘营的管理者、三名美国飞行员被害的责任人、帕奈号事件[②]的责任人等。

11 月 11 日盟军总司令部发布第二次逮捕战犯嫌疑人的命令，共逮捕 11 人。其中原陆军大臣、文部省大臣、陆军大将、极端的军国主义者荒木贞夫；九一八事变时任关东军司令官、后任枢密院顾问的本庄繁；九一八事变时任陆军大臣、曾任关东军司令官的南次郎；1937 年 12 月进攻南京制造了南京大屠杀的日军指挥官松井石根；曾担任过满铁总裁，签署日、德、意三国联盟协议的松冈洋右；黑龙会主要人物葛生能久等都与侵略中国有直接关系。此外，原首相、陆军大臣小矶国昭，原言论报国会理事长、参加秘密团体、国家主义运动推动者鹿子木员信，陆军大将、少壮派军人核心人物真崎甚三郎，原政友会总裁久原房之助，原驻意大利大使白鸟敏夫等也在被逮捕人员之列。

这一批人的地位与罪行“都够得上称为‘甲级战犯’或‘主要战犯’”。[③]

12 月 2 日，盟军总司令部发布第三次逮捕战犯嫌疑人命令，共涉及 59 人。其中有两名原首相，即广田弘毅、平沼骐一郎，以及曾在 1939—1941 年任中国派遣军司令官的陆军大将西尾寿造，1941—1944 年任中国派遣军司令官的陆军元帅、原陆军大臣畑俊六，卢沟桥事变时任华北派遣军司令官的陆军大将河边正三，曾任华北派遣军总司令官和参谋本部次长的陆军大将多田骏，卢沟桥事变发生时日军现场最高指挥官、陆军中将牟田口廉也，关东军最后一任参谋长秦彦三郎，曾任台湾总督的小林跻造，任伪满洲国重工业开发株式会社总裁的鲇川义介，曾任伪满洲国总务厅长官的星野直树等，此外还有原内务省大臣安藤纪三郎、大东亚省大臣青木一男、大藏省大臣池田成彬等。

与以往不同的是，这次公布的逮捕令中，还包括了皇族梨本宫守正王。此人是日本陆军士官学校第 7 期毕业生，没有上过陆军大学。但因为是皇族，早在 1923 年就被破格授予大将军衔。不过，他虽然当过联队长、

---

① 1942 年 4 月 9 日，在菲律宾向日军投降的 78000 名美军在被强行押解到 100 公里外战俘营的途中，因无食无水及日军的刺杀、枪杀，约 4 万人死亡。

② 指 1937 年 12 月 12 日日本飞机轰炸在南京附近长江上的美国帕奈号军舰的事件。

③ 《远东国际军事法庭》，梅小璈等编《梅汝璈东京审判文稿》，第 253 页。

旅团长、师团长，也有神宫祭主、大日本武德会总裁等名誉称号，但在日本军队中枢机构中却没有职务。其实，他的叔父闲院宫载仁亲王倒是在1931—1940 年担任参谋总长，主持日本大本营活动，给日本军队发出的与侵华有关的命令，几乎都由他签字，但是他在日本战败前已经去世，所以唯有梨本宫守正王作为皇族成员被逮捕了。逮捕梨本宫使皇室拥有的绝对权威受到了巨大的威胁，甚至连天皇也开始感到紧张。

从 1945 年 9 月起到 1947 年，天皇曾与麦克阿瑟会面 11 次。在 1945 年 9 月 27 日第一次 37 分钟的会面中，天皇就主动谈到了战争责任问题。麦克阿瑟在 1964 年出版的回忆录中记载道，天皇明确承认对战争负有全部的责任，还说“我本人愿意接受您所代表的各国的裁决”。[①] 虽然在与麦克阿瑟第一次会面的时候，天皇主动提到了自己的责任问题，但日本政府及天皇的周围仍然在竭力为回避天皇的战争责任做种种努力。其中也包括通过为天皇做翻译的御用挂[②]寺崎英成的秘密渠道的努力。

天皇周围的人设法接近盟军总司令部的军官，甚至直接接触麦克阿瑟，设法探听同盟国各方对天皇的战争责任及天皇制的态度。日本政府探听到麦克阿瑟不坚持天皇一定退位的看法时，曾感到放心。但在盟军总司令部宣布了对梨本宫的逮捕令后，政府与天皇又开始紧张起来。

12 月 6 日，麦克阿瑟发布第四次战犯嫌疑人逮捕令，共逮捕 9 人，包括原首相近卫文麿、原内大臣木户幸一及日本驻德国大使大岛浩等。

原首相近卫文麿曾三次在日本组阁，在战争中是很活跃的“风云人物”。在他担任首相期间，日本开始对中国发动全面进攻；加入与德国和意大利的三国同盟；向法属印度支那扩张；通过了旨在进行全面战争的国家动员法；取消日本政党，创建大政翼赞会并担任第一任会长。在战争刚刚结束的时候，他也仍然跃跃欲试地企图重登政治舞台，四处活动。艾奇逊曾强烈主张逮捕近卫文麿，认为近卫仍然活跃在投降后日本的政坛是不可思议的事情，他还认为不必顾虑近卫的贵族身份，“他的被捕对目前政

① 这次会见的见证人只有作为翻译的外务省参事官奥村胜藏一人，他当时直接做了记录。该记录至少有一份保存在外务省，一份保存在当时的宫内省，但至今仍未公开。作家儿岛襄在 1975 年 11 月号的『文藝春秋』杂志上公开了奥村胜藏的记录要点，却没有直接谈到天皇讲了承认负全部责任的话，因此在研究者中引起了争论。2002 年，天皇另一名翻译松井明的笔记被『朝日新聞』公开，松井的笔记全文转记了奥村胜藏记录的全文。

② 御用挂，系日本宫内省中的职务，专门为天皇服务。

府可能产生的影响”。[①] 美国《纽约时报》曾在一篇社论中称：如果近卫被列为战犯受审，世界上不会有任何一人反对。[②] 由于该报能够在很大程度上反映美国民众的意见，盟军总司令部也不能不予以重视。逮捕近卫的命令发出的时候，近卫还在轻井泽的别墅中。接到命令后，近卫返回东京。根据逮捕令的规定，被逮捕者应在逮捕令宣布后 10 天内自动前往监狱报到，若超过 10 天，宪兵将前往强制逮捕。在最后期限到来之前的 15 日晚，近卫还与家人论家常，后又与儿子近卫通隆长谈，坦白自己对卢沟桥事变后的局面有重大责任。翌日晨 3 时，他被发现服用了氢氰酸自杀身亡。

在宣布逮捕近卫的同时，盟军总司令部也发布了逮捕天皇近臣即内大臣木户幸一的命令，要求他向盟军总司令部报到。关于逮捕木户的理由，艾奇逊认为他的内大臣身份直接控制天皇的信息来源，其权力“在某种程度上比首相还要大”，更难逃脱向美英及荷兰发动战争的干系，所以强烈向麦克阿瑟建议将其作为“破坏和平罪”战犯嫌疑人加以逮捕，接受调查和审判。

这样，自盟军总司令部发布对战犯嫌疑人的逮捕令以来，已经有 100 人以上被捕。这些人开始时被关押在横滨的拘留所，后来转移到大森的原陆军俘虏收容所，[③] 1945 年 12 月 8 日后，又都被转移到巢鸭收容所。[④] 不过，上述被列入名单的那些人，有提前得到消息者在被逮捕前自杀，如原参谋总长杉山元、原首相近卫文麿等，有的已经被苏联方面提前逮捕，如关东军参谋长秦彦三郎等。

至此，在日本根据麦克阿瑟发布的逮捕令逮捕和检察局直接逮捕的甲级战犯嫌疑人达 103 人。其中 4 人在被捕前自杀。

三 国际检察局对木户幸一和田中隆吉的取证

1945 年 12 月 6 日，季南带领包括法律工作者和工作人员在内的 39 人

---

① *Foreign relations of the United States: diplomatic papers, 1945, The British Commonwealth, the Far East*, Vol. 6, p. 973.

② 《远东国际军事法庭》，梅小璈等编《梅汝璈东京审判文稿》，第 261 页。

③ 1942 年设在东京大田区的俘虏收容所，到 1945 年 8 月 15 日，共收容 8 个国家 606 名俘虏。俘虏在这里受到虐待，甚至被用于日本细菌战的人体试验。

④ 巢鸭收容所是战前专门关押信仰共产主义的思想犯和反战运动分子的拘留所，美军占领后将其作为专门关押甲级战犯的拘留所。

美国检察团抵达东京。盟军最高司令官麦克阿瑟立即在8日宣布成立以季南为检察长的国际检察局，开始了选定审判被告的工作。美国方面的成员后来还陆续增加。在其他国家的检察官抵达之前，检察局的工作就开始了。根据被告的不同背景与犯罪事实，季南在检察局中设立了8个小组，从A组到H组，具体的分工是：

A组　1930年到1936年1月

B组　1936年2月到1939年7月

C组　1939年8月到1942年1月

D组　财阀

E组　扩张主义的超国家主义团体

F组　陆军军阀

G组　官僚

H组　日本政府资料

上述A、B、C三个组以年代划分，负责搜集整理各时期与“破坏和平罪”有关的人员的资料，选定相关时期的作为审判对象的日本方面的战争指导者。D—G组则从不同的范围，与前三组配合，选定被告对象。H组没有具体的选定被告对象的任务，但是需要从日本政府方面相关的资料中选择确认被告的证据。①

日本政府与军部对即将到来的失败和被占领的局面是有所预料的，所以自决定接受《波茨坦宣言》起到美国军队的先遣队抵达厚木机场前的大约两个星期里，军队、宪兵及内务省都向各地所属部门，包括各市町村及报社、通讯社发出了销毁文件的命令。所以，等到美军占领的时候，几乎所有重要的文件资料都已被销毁殆尽。缺少证据资料是执行委员会成立后遇到的第一个困难。所以执行委员会首先以主要精力讯问被逮捕的战犯嫌疑人和搜集各方面的证据资料。② 这样一来，就为处心积虑地维护以天皇制为核心的日本政府高层的一批人提供了有利的机会。

另外，由于缺少资料，所以在正式审判前不得不大量地传讯各界证人。在这期间，内大臣木户幸一和陆军省兵务局长田中隆吉两人的供述被

① 粟屋憲太郎『東京裁判論』84頁。

② 吉田裕『昭和天皇の終戦史』岩波書店、1992、175—178頁。

检方认为是最重要的证据来源。两人在得到了可被免除追究责任的保证后，在维护日本国体的基础上积极配合检方，提供证言。事后证明，这几个证人的证言，在一定程度上影响了对战犯责任的认定和判决。

木户幸一是日本明治维新元勋之一木户孝允的孙子，从1940年6月起开始就在天皇身边担任内大臣，直到1945年日本战败，他一直是继西园寺公望之后的对推荐后任首相最有影响力的人物，是最靠近天皇的重臣，所以也是美国占领军认为必须加以逮捕的人物。

盟军总司令部在1945年12月6日对木户幸一发出逮捕令，让其在10日内前往巢鸭监狱报到。木户的被捕当然预示着天皇也有被追究的可能，所以他声称对自己被逮捕早有觉悟，只是对天皇是否被追究战争责任感到担心。在第二天答记者问的时候，木户则特别强调天皇没有战争责任。10日，天皇特地在皇宫召见木户，称“被美国认为是罪犯的人，在我国看来是有功劳的”，所以将其喜爱的砚台赠送给他，并向木户表示他是完全了解自己心境的人，希望木户能够充分说明自己的想法。[①] 木户对天皇的表示心领神会。

木户从皇宫出来后，与当时正在协助盟军总司令部工作的亲戚、美国哈佛大学博士并担任讲师的都留重人见面。因工作的关系，都留在盟军总司令部结识了许多人，所以了解到一些美国方面对木户及天皇战争责任的看法。木户本来认为：为了不累及天皇，从内大臣的立场承担责任是十分必要的。但是都留告诉他，美国的逻辑恰恰相反：“内大臣若无罪，天皇也无罪；内大臣若有罪，天皇也有罪。”[②] 由此，木户就决心也要为自己进行辩护。他后来始终强调政府与统帅部的责任，称以东条英机为首的“军部始终独断专行”；同时内大臣的职责与战争无关。[③] 木户的这一原则，虽然与日本政府确定的辩护原则有很大的不同，但是在推卸天皇战争责任的问题上是完全一致的。

12月16日，木户依照逮捕令上规定的最后时间去巢鸭监狱报到，这

① 木戸日記研究会校訂『木戸幸一日記　下巻』東京大学出版会、1966、1256頁。

② 『木戸幸一日記　上巻』東京大学出版会、1966。

③ 作田高太郎『天皇と木戸』平凡社、1948、2頁。木户对为自己辩护的律师作田高太郎表示：（1）政府与统帅部应是要负责任的战犯；（2）天皇没有任何责任，问题是政府，特别是军部的独断专行；（3）内大臣的职责与政务、军务无关，所以没有战争责任。

一天恰好是他的结婚纪念日。在那之前的14日，都留重人专门拜访了同为哈佛大学毕业的检察长季南，达成了就战争责任问题讯问木户的共识。

从12月21日初次讯问直到3月16日，对木户幸一的讯问平均两天进行一次，每次一般持续两小时，有时则更长，共进行了30次，地点多数是在巢鸭监狱中。对木户的30次讯问的英文记录达800页，加上木户提供的日记，首先成为盟军总司令部逮捕战犯嫌疑人和在检察官执行委员会上确定甲级战犯的重要依据，同时也成为判断天皇是否有战争责任的重要依据。

对木户30次讯问的内容以1936年的二二六事件为界，可大致分为前后两个阶段。第一阶段以讯问什么人应对战争负责为重点，这是与东京审判有直接关系的问题；第二阶段则主要讯问各时期和各事件中天皇的态度。

在这些讯问中都涉及了哪些问题，木户究竟是如何回答的呢?

第二次讯问开始触及木户的经历，所以他竭力说明自己只为天皇服务，与阁僚相比远离日本政治，且地位也不及其他大臣。其实，他故意掩盖了自西园寺公望去世后，他所具有的包括推荐首相在内的重要的责任和政治影响。

在回答日本社会如何将天皇神格化问题的时候，木户称从1931年九一八事变后，一些国学家和军部就开始强调天皇是神，并从小学校开始就灌输此观念。对于什么人是天皇神格化的推动者的问题，木户开始称已经记不得，在被一再追问下，他回答说第一人物是荒木贞夫，[①] 并且辩解说天皇并不认为自己是神。但检察官立即追问：既然天皇不认为自己是神，那么为什么政府高官要对日本民众宣传天皇是神的观念？木户意识到自己的说法有漏洞，就又把所有的责任推给军部，称任何人都无法与军部抗衡。

第三次讯问涉及1931年未遂的政变“三月事件”。[②] 木户认为在这一事件中的主要人物是“小矶国昭（当时的陆军省军务局长）、建川美次

---

① 木户在后来的文字资料中称：从1930年到1931年强烈主张日本对外扩张的主要人物是宇垣一成和荒木贞夫，仍然把自己排除在外。

② 1931年3月，桥本欣五郎等樱会骨干及小矶国昭等陆军高官策动武装政变，企图建立以宇垣一成为首的军事政权。由于内部认识不一致和上层支持者不多而失败，但直至战败，军部仍对此事保密。

（当时的参谋本部第二部长）、二宫治重（当时的参谋次长）、桥本欣五郎（中佐）、重藤千秋（中佐）等部分陆军军官”和担任陆军大臣的宇垣一成等，也包括在民间积极活动的极端主义分子大川周明等人。木户特别强调桥本与重藤在陆军中秘密组织的樱会[①]，对满蒙问题产生重要的影响。

对木户进行第四、五、六次讯问的重点是围绕九一八事变问题。

关于是什么人改变了九一八事变后政府的不扩大政策的问题，木户称是关东军参谋人员，特别强调石原莞尔是事变中重要的军方责任人，而大川周明则是民间反对政府不扩大政策的主要人物。关于日本政府将九一八事变中爆破铁路的罪责嫁祸于中国人的阴谋，木户称他自己并不知道，是从报纸上得到有关消息的。其实，当时的报纸根本没有关于这一事件原委的记载，木户完全是在说谎。当检察官讯问木户是否知道在九一八事变中起了重要作用的土肥原贤二属于当时的武力解决派还是和平解决派[②]时，木户居然说不知有土肥原其人。

综合几次讯问，检察官得到的印象是：木户认为在九一八事变中行使武力并在国内的陆军体制中具有政治霸权力量的中心人物是南次郎、荒木贞夫、真崎甚三郎、桥本欣五郎、根本博、石原莞尔及板垣征四郎。

到第七、八、九次讯问时，话题转到1932年的上海事变。

在回答1932年将战争扩大到上海的责任时，木户认可将小矶国昭加入主张侵略战争的名单中。接着在回答日本国内军部势力的强化问题时，木户主要指出的是“皇道派”真崎甚三郎和荒木贞夫、小矶国昭。他还认为那时的海军不像陆军那样具有侵略性。在介绍二二六事件责任者的时候，木户仍然强调真崎甚三郎和荒木贞夫的作用，又提及了永田铁山、铃木贞一、林铣十郎、松井石根和冈村宁次。木户对军队中的所谓“统制派”与“皇道派”的区别并不强调，但是对真崎甚三郎明显十分厌恶。然而，在法官讯问日本政府中哪些人追随军部的时候，木户却避而不谈。

在上述讯问中，经常会涉及天皇的战争责任问题，木户在回答中则使

---

① 1930年由桥本欣五郎等发起的以日本少壮派军官为主构成的组织，鼓吹国家改造和建立军部政权，主张以武力解决“满蒙问题”，曾与日本右翼势力阴谋发动政变。政变虽均未成功，但对日本走向军国主义起了推动作用。

② 这里，美国检察官其实先入为主地提出了两派的概念，想当然地认为政府是“和平派”，军部则是“扩大派”。这样一来，也给了木户开脱自己的机会。

出浑身解数，努力为天皇辩解。

如在 1 月 23 日的第五次讯问中，针对九一八事变中天皇的战争责任，就有如下的问答：

问：哪些事情证明天皇缓解了驻满洲日军的侵略？

答：陛下劝告要防止事态扩大，但陆军大臣南次郎没有处理好事态。陛下担心日本军队越过长城一线向中国本土进攻，所以亲自命令陆军次官（杉山元）停止进攻，参谋次长二宫治重命令停止向中国本土进攻。陛下为防止事变的扩大已经尽了最大力量。

问：这么说天皇也担心陆军越过满洲向中国本土进攻了？

答：是的。

问：那么，在事态十分严重的时候，天皇确实有明确的态度了？

答：并不十分清楚。陛下虽然没有直接下达命令，但我想是通过参谋次长下达了那样的命令。

木户意识到这一问题很关键，所以采取了模糊的回答。

问：现在不说中国本土，我想问天皇为了表达抑制陆军在满洲的进攻活动，派什么人去过满洲吗？

答：关于停止满洲事变的问题，陛下没有说过什么。

问：也就是说天皇认为日本陆军不应进入中国本土，但对于陆军在满洲的行动没有表示什么态度。是不是天皇对在满洲发生的事情不在乎，只是因为发生了向中国本土扩大的问题才开始注意了呢？

答：是的。

从以上的讯问中可以看出，木户固然是竭力为天皇辩护，但是不能不得出这样的结论：天皇只是对 1937 年向中国内地的进攻表示了不扩大的意思，但是对九一八事变后发生的问题没有表示反对。

在 1 月 24 日第六次讯问中，关于天皇的责任问题有如下对话：

问：对于在满洲建立由日本支配的独立的国家，天皇的态度如何？

答：天皇对那一情况确实不大赞成，但我当时没有与陛下接触，所以不大清楚。

问：如果说天皇不赞成，那么他是否对日本退出国联表示反对并施加了其影响呢？

答：没有特别听到什么，但听说陛下希望日本不要从国联退出。

问：根据日本的政治制度，如果天皇真的是那样考虑的，不能有更积极的态度吗？既然天皇能在1945年事态已经处于绝望的状态下做出结束战争的决断，可见是能够就终结战争表态的。那么，为什么天皇（在满洲问题上）没有更加积极的态度呢？

答：天皇陛下之所以做出结束战争的决断，是因为国民的生命处于危急的情况下。在那之前，天皇陛下一般是要承认内阁的提案，那已经成为习惯了。可以断言：天皇陛下拒绝内阁提出法案的事没有发生过。

对于木户竭力表明的天皇的和平倾向，美国检察官其实也持怀疑态度。

在后来的讯问中，涉及日本少壮派军人发动的二二六事件，日本发动太平洋战争前的政治形势等问题，木户在其回答中，特别强调对战争应负责的有：陆军省军务局长佐藤贤了、武藤章，海军省军务局第二课长石川信吾大佐等。对于日本的“南进政策”，木户认为除了东条英机外，主要的责任还在当时的外相松冈洋右。木户明确提出松冈的过激立场就是“侵略”，在木户指责的军人以外的文官中，松冈是最主要的人物。与对松冈的态度相反，当美国法官讯问东条英机内阁商工大臣岸信介的情况时，同为长州出身，且同时进入农商务省的木户则竭力为其辩护，称岸信介不是东条的老朋友，只是其内阁成员；岸信介也不是右翼，是政府中的进步力量。

在讯问的最后阶段，木户向检察官提出了对战争最应负责的7个人，即东条英机、松冈洋右、石原莞尔、真崎甚三郎、铃木贞一、武藤章、佐藤贤了。① 不过，美国方面还想进一步确认积极推动日本在南洋作战的人

① 粟屋憲太郎『東京裁判への道』上、125—136頁。

物，于是木户在第25次讯问中再次提及了一系列人，有陆军的东条英机、武藤章、板垣征四郎、真崎甚三郎、荒木贞夫、杉山元，第三次近卫内阁的海军大臣及川古志郎、外相丰田贞次、企画院总裁铃木贞一等，特别强调的是东条与武藤两人。

在对木户讯问之前，检察官对于日本政府内部的情况了解并不多，特别是对战争中日本各种力量的表现，以及各种人物的态度并不十分清楚。所以，愿意积极配合调查的木户的讯问资料立即成为美国判断日本人战争责任的重要依据，特别是木户同意提供其日记，美国方面更觉得如获至宝，对此充分加以利用。应当说，木户提供的资料的确能够说明一部分日本人的战争责任，但是，其提供的资料与对讯问的回答，也受其他方面因素的影响，反映了木户本人的战争责任观及他对当时政府及军部主要人物的好恶。如木户厌恶真崎甚三郎和石原莞尔就是典型。从这一角度看，美国对木户的讯问及其日记的充分信任和利用也是其对日本战争责任的判断产生一定偏差的原因。后来许多人逃脱了被确定为甲级战犯和对其战争责任的追究，与木户的证言和美国对其证言的充分信任也有很大的关系。

国际检察局在选定被告的时候，还充分利用了原陆军省兵务局长田中隆吉的证言资料。

田中隆吉1939年担任陆军省兵务课长，1941年担任兵务局长，其大部分经历与日本对中国的侵略战争有关，并且被认为是喜欢谋略的日本军人。1946年1月，他作为战犯嫌疑人被逮捕，同时被国际检察局“C”组列入需要进行调查讯问的目标。“C”组本来是搜集与发动太平洋战争有关的资料的，但是由于田中了解的情况十分广泛，实际上其他组的检察官也有人参加对田中的讯问，田中被国际检察局视为能够提供重要证据的来源，从2月18日起开始了对他的讯问。

田中之所以积极配合检察官的讯问，是因为他一直抱着“维护国体”和“天皇无罪”的信念，为了证明天皇无罪，他认为应当让政府和军部的一些人承担责任。① 当然，他对向国际检察局提供证言和资料也有顾虑，担心来自身边的危险。所以，检察方在表示保证田中人身安全的同时，也

① 『田中隆吉著作集』春風書店、1979、540頁。

向田中做了不追究他的战争犯罪的承诺。①

1946 年 2 月 4 日，国际检察局就讯问田中一事与盟军总司令部和日本政府交涉，2 月 18 日对田中进行最初讯问。此次讯问属于非正式讯问，担任讯问的美国检察官同时负责讯问大川周明、桥本欣五郎和南次郎等日本军人，讯问涉及日本发动九一八事变及樱会、三月事件、十月事件②、二二六事件、日本的鸦片专卖等问题。

田中隆吉首先证实九一八事变中铁路爆炸是日本军队所为，是关东军侵略意图的表现，这一证言对于检察官来说十分重要，同时他也立即取得了检方的信任，认为他是极有价值的证人。田中又将自己撰写的发表在《东京新闻》上的文章《开战前后的真相》和刚刚出版的著作《失败的原因》提交给检察官，表示也可就东条英机的战争责任提供积极的证言。③田中还表示有些信息是从冈村宁次那里了解到的，所以他认为在九一八事变中爆炸铁路是日本军队的责任，具体操作者就是关东军高级参谋河本大作；在九一八事变中起主要作用的有在日本的建川美次、桥本欣五郎，在关东军中的直接指挥是板垣征四郎、石原莞尔。另外也提到了神田泰之助（日本战败时任第十二航空教育队队长）、尾崎义春（日本战败时任驻菲律宾第十九师团长）、东条英机、土肥原贤二、峰幸松（日本战败前已退役）、竹下义晴（日本战败时任平壤师管区司令官）、今田新太郎（日本战败时任第三十六师团参谋长）等人的名字。

2 月 19 日对田中正式进行第一次讯问，田中证明了炸死张作霖的首谋是河本大作，并表示经常听到土肥原贤二的名字。关于九一八事变，田中强调了板垣征四郎和石原莞尔所起的作用。根据对田中的这一讯问结果，检察局向盟军总司令部提出逮捕在中国山西担任产业社社长的河本大作并将之带回日本审讯的要求，但被阎锡山阻止了。

在 2 月 20 日的第二次讯问及 25、26 日的讯问中，田中主要向检方提

① 由于田中隆吉全面配合了检察方，所以在日本也有“叛徒”、“日本的犹大”的骂名。

② 1931 年 10 月，以桥本欣五郎等樱会成员为骨干，纠集大川周明等民间右翼势力发动所谓“改造国家”的政变，因计划泄露而流产。但事件对日本政界产生很大冲击，为军部干涉政治开辟了道路。

③ 在庭审中，日方辩护人曾多次对田中隆吉的证言表示怀疑，认为田中受到检方的威胁，或者称得到检方的酬谢或减刑的承诺，但是这些疑问均被田中断然否定。田中称他之所以配合检方作证，完全是为了维护国体，证明天皇无罪（『田中隆吉著作集』540 頁）。

供了日本国家主义运动的情报以及关于战争中鸦片问题的资料等。

田中的讯问对国际检察局执行委员会在3月2日后制作起诉书和选定被告的工作十分有帮助。如对日本的鸦片政策及活动的报告书，就基本是根据对田中的讯问制作的，在选定被告的过程中，对木户的讯问和对田中的讯问是主要的根据。特别是在3月中旬，当执行委员会在就将什么人选为被告产生分歧意见的时候，木户和田中的意见起了相当重要的作用。

对于检察方来说，田中隆吉提供的证言证实了许多此前被作为日本军队方面的极端秘密。①

田中还证明了有关南京大屠杀中的许多重要情况。他在3月22日的第14次讯问中证实：担任进攻南京的第十六师团长中岛今朝吾当时曾将蒋介石住宅中的大量珍宝劫掠回来，因此成为一个事件。② 为此，当时田中就与担任华中日本派遣军司令官的松井石根谈过话，松井曾称尽管努力阻止残暴行为的发生，但还是发生了，所以“我可能必须对那一事情负责”。松井还点名批评中岛今朝吾，因为“他的部队连日本人的商店也袭击了”。田中还向检察官表白说自己曾主张把松井送交军法会议处理，但是被参谋本部否决了。然而，到5月24日第27次讯问田中隆吉的时候，他却称不了解松井在日本的活动，将发生残暴的屠杀行为的责任推到上海派遣军兼中国派遣军身上，只字不提松井石根了。

田中隆吉关于日本关东军在中国东北的毒品政策的证言，也在当时引起了相当大的反响。在1946年2月25日第三次讯问中他指出：经营鸦片与毒品的收入是伪满洲国政府的主要财政来源，如果没有这一收入，政府甚至不能开展工作。他揭露在伪满洲国建立的专营鸦片的“鸦片统制局”表面上是为了管理鸦片，但实际上是鼓励使用鸦片，将所有的鸦片买卖都置于日本人官吏的监督之下。他还就自己所了解的关东军特务机关与鸦片贸易的关系提供了证言，指出：“直到战争结束之际，经营鸦片的收益都是满洲国的最大的收入项目。”田中的这一证言，被后来相关的资料与研究证实。

---

① 对田中的讯问被编录成『東京裁判資料・田中隆吉尋問調書』（大月書店、1994），编者为粟屋憲太郎。

② 这一事实在时任日本东部宪兵司令官大谷敬二郎的著作『皇軍の崩壊』（図書出版社、1975）中得到证实。

关于日本利用鸦片的目的，田中隆吉在证言中否定了通过销售鸦片削弱中国军队抵抗能力和将鸦片作为秘密武器消灭中国人的说法，他认为首要的目的是取得财政收入，但是这肯定会被中国方面认为是以削弱中国战斗力为目的。关于鸦片政策，田中列举了一系列日本人，认为他们应当对鸦片问题负责，其中有直接从事鸦片贸易活动的华中派遣军特务部部长原田熊吉、承认鸦片计划的华中派遣军司令官畑俊六、提出鸦片专卖计划并在鸦片活动中充当中心人物的宏济善堂副董事长里见甫和福家俊一、为鸦片事业打开局面的儿玉誉士夫、兴亚院华北联络部长官并向东条英机首相提供大量资金的盐泽清宣等。

田中隆吉就伪满洲国的鸦片问题提供了许多证言，可以说对解开有关鸦片的谜题有相当重要的作用。但是对于自己曾在内蒙古地区的活动及其与鸦片问题的关系，则没有提供任何证言。

四 国际检察局执行委员会开始工作与28名被告的确定

各国检察官到达日本的时间差距很大，鉴于部分国家的检察官迟迟未能到达，为不影响审判进度，2月2日抵达东京的英国检察官科敏斯·卡尔（Arthur S. Comyns Carr）建议由已经到达的检察官组成国际检察局执行委员会开始工作，其他国家检察官到达后即加入。1946年3月2日，季南为检察长和其他各国检察官组成了执行委员会，[①] 以科敏斯·卡尔为议长。

检察局执行委员会第一次会议在1946年3月4日召开，决定在执行委员会下设3个小组，即文件起草小组、事件条约小组和证据被告小组。三个小组负责对A—H组提供的报告进行审议，提出被告名单。以全体成员一致通过为原则。

执行委员会3月6日、8日的第二、第三次会议讨论了事前提出的主要被告名单。

3月11日第四次执行委员会会议开始选定作为甲级战犯的被告。会议首先全体一致、毫无悬念地决定了三人为被告，即东条英机、东乡茂德和铃木贞一。前两人是太平洋战争爆发时的首相与外相，首当其冲地被纳入被告名单。铃木贞一在两次近卫内阁和东条内阁中任企画院总裁，也被认

① 粟屋憲太郎『東京裁判への道』、85 頁。

为对策划侵略战争负直接的责任。

接着又陆续确定了原外相松冈洋右，原陆军大将、文部大臣荒木贞夫，原陆军大将、陆军大臣板垣征四郎，陆军中将、驻德大使大岛浩四人为被告，并决定为了使证据资料更确凿，要将那些人的著作演说等资料经本人确认后作为证据。

委员会对于是否把松井石根列为战犯产生了分歧。松井石根是南京大屠杀时占领南京的日军司令官，但是关于执行命令的战场行动与破坏军务法的非法分子的行动是否要区分的问题上，有的检察官认同松井的辩解，主张后者的犯罪已经在军法会议上受到惩罚，所以对于前者而言并没有责任，加上松井自己还强调在南京实施掠夺的是朝香宫的部队。虽然负责松井资料证据的美国检察官莫罗（Thomas H. Morrow）竭力主张应将其列为被告，但是在会议上一时未能确定。

接着，委员会在判定与轴心国德国、意大利建立关系中起骨干作用的外交官白鸟敏夫、九一八事变时的陆军大臣南次郎、在侵略中国的各个时期中都起了“重要作用”的陆军大将土肥原贤二及负责俘虏管理的田村浩是否列入战犯名单的时候，又产生了分歧，所以决定延期讨论。

最后，在讨论将战争期间哪一名德国驻日大使列为被告的问题上也产生了分歧。虽然根据法庭宪章，被告不局限于日本人，但是，如何确定究竟谁参与了战争决策以及是否使用德语的问题上，也暂时没有形成结论。

3 月 13 日继续召开第五次委员会会议。在这一天的会议上，先讨论了与巨大的军事费用有关的原日本大藏大臣贺屋兴宣的问题，在对于将其作为证人还是被告的问题上未能得出结论，决定结合对东条英机内阁进行全面评价的时候再做判断。这一天一致通过了企划院总裁、东条英机内阁时期的书记长、曾在伪满洲国担任过总务厅长的星野直树，陆军大佐桥本欣五郎，军令部部长永野修身，东条英机内阁时期的海军省大臣嶋田繁太郎四人为被告，但是在判定近卫、平沼和米内内阁期间均担任过外相的有田八郎，担任过陆军大臣和中国派遣军总司令的畑俊六，陆军省军务局长武藤章，近卫内阁时期海军大臣及川古志郎，教育总监真崎甚三郎等人是不是被告的时候发生了分歧，决定延期讨论。

3 月 15 日召开第六次执行委员会会议的同时，季南提交了备忘录，称根据前四次会议的结论，明确将东条、东乡、荒木、铃木、松冈、板垣、大岛、嶋田、永野、星野、桥本11人确定为被告，季南还表示，将来也许可能在东条证言的基础上，将其内阁的全体阁僚均列为被告。

在这一天进行的执行委员会会议上，重点讨论了原陆军大将、参谋总长梅津美治郎，原首相广田弘毅，宪兵司令官中村明人，原关东军司令官南次郎，南京大屠杀时在华日军主要负责人松井石根，原首相小矶国昭，内大臣木户幸一是否应作为被告的问题。虽然对此尚未得出结论，但是木户幸一因地位重要，并且向检察方提供了他的日记，所以受到了执行委员会的关注。

3月18日，在第七次会议上，季南提出要将属于重大战争犯罪的人列为被告，所以首先确定了广田弘毅为被告，但对于其他此前尚未形成结论的人，则延期讨论。但对延期讨论的人也分两种情况，一种是只在名额之内[①]就可以列为被告重大犯罪嫌疑人的，如南次郎；另一种则是还需要搜集罪行资料继续讨论的，如木户幸一、小矶国昭、佐藤贤了等。

3月20日，在第八次会议上，确定将武藤章、小矶国昭列为被告，将及川古志郎、重光葵排除在外，列为审判东条英机时的证人。有人提出应将战时担任同盟社社长的古野伊之助列为被告，也有人认为应列东条内阁时的情报局总裁谷正之为被告，因没有结论，决定延期讨论。

3月21日，在第九次会议上，将大川周明列为被告，真崎甚三郎、有末精三排除在外，有田八郎、土肥原贤二、天羽英二（外交官、情报局总裁）、池田成彬（第一次近卫内阁大藏大臣）延期讨论。

3月26日，在第十次会议上，将白鸟敏夫、贺屋兴宣、木户幸一列为被告，池田成彬等排除在外，继续审议陆军次官木村兵太郎和佐藤贤了，田村浩、有田八郎和南次郎、畑俊六延期讨论。

3月27日，第十一次会议上没有讨论选择被告问题。

3月28日，在第十二次会议上，畑俊六被确定为被告。此次会议出现了石原莞尔的名字，但是没有讨论。会议上还专门讨论了真崎甚三郎的问题，检察官认为此人掌握相当多的资料，在讯问中十分配合，应当作为证人。但也有人认为在木户的讯问书中，关于侵略中国东北的问题，有16次提到真崎的名字，应当作为被告。最后决定延期讨论。

---

① 检察局开始拟确定20人为被告，但在这次会议上，季南称这一额度可能要被突破。

4 月 1 日，在第十三次会议上，决定将木村兵太郎、佐藤贤了、田村浩、冈敬纯、南次郎、松井石根列入被告。

4 月 5 日，在第十四次会议上讨论了被认为是“最高机密”的 29 人的名单，即在 3 月 15 日确定的 11 人的基础上，增加了已经确定的平沼骐一郎、广田弘毅、武藤章、小矶国昭、大川周明、白鸟敏夫、贺屋兴宣、木户幸一、畑俊六、木村兵太郎、佐藤贤了、田村浩、冈敬纯、南次郎、松井石根、真崎甚三郎 16 人，另外，名单上还有未确定的土肥原贤二和石原莞尔两人。

季南希望将 29 人减少为 25 人，所以开始有人提议将真崎、土肥原、田村和石原四人排除，最后的结论是真崎、田村仍列入被告，排除土肥原与石原两人。

4 月 8 日，召开了检察团的全体会议。会议上，季南首先重申了根据法庭宪章规定的首席检察官的职责，同时宣布了经过执行委员会多次会议讨论确定的 29 人的被告名单，并称应由检察团的多数票来确定最后的被告名单。

经过投票，29 人中的真崎、田村、石原被排除，其余的 26 人被确定为被告。

其中，平沼年事已高、松冈洋右一直处于重病状态，但估计审判开始的时候能够出庭。板垣与木村两人需要从新加坡带回。关于松井石根，尚存在证据不够充分的问题，但考虑到其与南京大屠杀有密切关系，仍列入被告。

将土肥原排除在被告之外的理由是证据不足。但是，土肥原却是中国方面特别重视的战犯之一。在中国检察团刚刚组成前往东京前夕，就在国内搜集了有关他在华北沦陷时屡次强迫吴佩孚出任伪职的证据，他也是日本在东北建立傀儡政权的骨干。蒋介石批准的第一批向美国通报的 12 名日本战犯名单中也有此人。所以，中国检察官向哲浚对这一投票结果十分愤怒，立即发言，历数土肥原的罪行，强调应当重视来自中国最新的证据。在中国检察官的力争下，最后阶段仍确认将其列入被告。

石原莞尔本来也是日本发动侵略中国东北的九一八事变时的中心人物。在美军占领日本后不久，就有人直接上书麦克阿瑟，指出石原与樱会的关系及其在侵略中国东北及上海的战争中的作用。在 3 月 13 日的工作会议上，检察团的人员根据这一信息向执行委员会提出：曾为日本东亚同盟负责人的石原莞尔，也是策划吞并中国东北的日本少壮派军人之一，对当时的日本侵略计划有很大的影响，加上日方证人木户幸一和田中隆吉也都曾指出他在侵华战争中所起的作用，所以应当将之列为被告。但是，由于当时石原在住院治病，检察团又急于确定被告名单，所以逃脱了追究。

在这天的会议上，澳大利亚检察官曼斯菲尔德（Alan Mansfield）正式向执行委员会提出了天皇的战争责任问题，指出：根据“破坏和平罪”和“违反人道罪”，天皇在策划侵略战争、承认侵略行径、促成建立傀儡政权及认可反和平、反人道的活动方面是有责任的，并且没有对那些活动加以制止，所以应当作为战犯嫌疑人被追究。但是，在此之前的4月3日，远东委员会已经通过了美国提议的“关于在远东逮捕、审判和处罚战争罪犯的政策”，天皇并没有被列入战犯名单。所以，曼斯菲尔德的意见只是少数意见，未被采纳。

4月10日，季南根据会议讨论的结果，将26人的名单向麦克阿瑟报告。

法国和菲律宾的陪席检察官4月2日到达东京，苏联方面的检察官13日抵达东京，所以这些国家的陪席检察官没有参加之前的会议，也没有对确定的26名被告的名单发表过意见。考虑到这一情况，17日再次召开会议。苏联以此前没有机会参与确定被告的讨论为由，提出要求增加5名被告，即梅津美治郎、重光葵、鲇川义介（原满洲重工业株式会社总裁）、藤原银次郎（王子制纸会长）、富永恭次（陆军次长）。季南在发言中认为苏联方面提出的名单中包括来自财经界的人物，但由于委员会在是否认可财阀作为审判对象的问题上分歧较大，所以还是首先确定军队和政府方面的嫌疑人列为被告。而对苏联方面提出名单中的梅津美治郎与重光葵经投票后，首轮以6∶4的结果确定重光葵为被告，但是却以5∶2否决了梅津。在苏联的要求下再次进行投票，结果以5∶3确定梅津为被告。

这样，经过多次讨论与争论，终于确定了最后提交法庭的28名被告名单。①

① 以上国际检察局执行委员会的会议结果，均引自国际检察局资料，即美国国家档案馆馆藏文件 IPP RECORDS（RG331），“Staff Historical File（Entry 315）”，“Records of the Chief Prosecutor（Entry 317）”，“Numerical Case Files（Entry 319）”。又见粟屋憲太郎『東京裁判論』第一部第二章。

这时，国际检察局各国成员已经全部到齐，由于准备工作相当繁重，需要搜集的资料相当多，要调查核实的证据也十分复杂，所以有的国家的人员陆续增加，以至于检察团最多时有 487 人，是预计人数的 10 倍。当然，来自美国的成员占了绝对多数，其次是苏联方面的43 人，其他各国基本是由两三名法律专家和数名工作人员参与。

1946 年 4 月 3 日，远东委员会通过了“关于在远东逮捕、审判和处罚战争罪犯的政策”，并追认了此前美国提出的关于审判的一系列决定和给予盟军总司令部的权限。麦克阿瑟遂于 4 月 26 日公布了审判法庭宪章的修改，29 日，国际检察局先向法庭提交了对 28 名作为甲级战犯嫌疑人的起诉状，从而确定了审判的被告。这一天恰好是昭和天皇的生日，即日本的“天长节”。

远东国际军事法庭的宪章对诉讼过程中的辩护有明确的规定，即“对于每一被控诉之罪行应有清晰、精确及充分之说明”，“每一被告皆有权自行选任其辩护人”，“被告有权由其本人或由其辩护人进行辩护”，表明了基于对被告进行“公正审判”的原则，在审判前，就已组成了庞大的辩护团。

日本政府在准备为被告辩护的时候，考虑到当时被捕的多与原日本陆军有关，所以以原陆军省陆军法务中将大山文雄、原海军大学国际法教官田村幸策、律师清濑一郎等人为中心，成立了国际法顾问团，为每名被告配备至少一名辩护律师，进行日本国家辩护及个人辩护。

但是在选任东条英机的辩护律师的时候，遇到了没有人愿意出面为其辩护的问题。经过多方交涉，终于确定由日方辩护团副团长清濑一郎亲自出面，与曾得到过东条许多帮助的原递信院总裁盐原时三郎配合，为东条英机辩护。

在 4 月 29 日确定了对被告的起诉状的同时，日本也陆续确定了每名被告的辩护人，5 月 4 日，成立了日本辩护团。团长由鹈泽总明担任，副团长是清濑一郎。鉴于审判依据欧美法的原则，麦克阿瑟向辩护团提出应派美国律师协助。

五　天皇没有被列入战犯名单

日本战败后，国际社会占主导地位的舆论都认为应追究天皇作为战争指导者的责任，遭受日本侵略的国家与地区的呼声尤其强烈。如美国的媒体从 1944 年就开始大量刊载批判日本天皇制的文章，据问卷调查的结果，美国有 77% 的人认为应当处分天皇。中国国内舆论的主导意见也认为：如果将战后日本建设成为和平民主的国家，那么废除天皇制是必不可少的一步。[①] 虽然蒋介石在 1943 年 11 月的开罗会议上曾表示对于天皇制的问题要尊重日本人民的态度，但是社会舆论则是一片批判天皇制。中国国民参政会在 1945 年 7 月 17 日通过的决议提出："日本皇室应对战争负第一位的责任。"《解放日报》1945 年 9 月 14 日发表文章，直指日本天皇裕仁作为国家元首和陆海空军大元帅应对战争负责。澳大利亚的舆论也十分强烈，其政府在 1945 年 8 月 13 日向美国国务院表示应当追究天皇作为国家元首和陆海军统帅的战争责任。新西兰外交部也在 8 月 13 日致电美国国务卿，指出"应从根子上铲除以天皇为顶点的封建专制制度"。

美国政府从 1942 年开始就天皇制度的处理进行了探讨。在这一过程中，曾任美国驻日大使的格鲁起了重要作用。

当时，美国从议会到民间，要求追究天皇战争责任、惩处天皇和废除天皇制的呼声也很高，但是格鲁依据他驻日 10 年的经验，一直认为只有天皇才有力量结束战争。所以他认为如果直接攻击天皇或动摇天皇的统治基础即日本国体的话，只能触发日本人同仇敌忾的情绪，使美国在战争中要付出更大的代价，在战后的占领中也会遇到巨大的困难。1944 年 5 月，他就任国务院远东局长，更加努力地宣扬自己的观点，特别强调"要把天皇制与天皇个人区分开来"，即把天皇制的存废与天皇的战争责任区分开。他认为一旦美国对日本实施占领的话，若利用天皇在日本民众中的威信与影响，就可以"保证收到百倍乃至千倍的效果"。[②] 尽管格鲁的这些主张在美国也受到了十分严厉的批判，但是一个星期后，他仍被任命为助理国务卿，其主张更加深刻地影响了美国的对日政策。1945 年 5 月，格鲁在同杜鲁门总统见面的时候，再次强调美国若想要避免无谓的牺牲，就不要永久地破坏日本的天皇制。杜鲁门接受了这一思想，在 5 月 31 日的声明中提出可由日本人自己决定将来的政治体制。[③] 不过，格鲁在强调不废除天皇制

---

① 山極晃、中村政則編『資料日本占領 1　天皇制』大月書店、1990。

② 中村政則『象徴天皇制への道：米国大使グルーとその周辺』岩波書店、1999。

③ 五百旗頭真『米国の日本占領政策：戦後日本の設計図』下。

的时候，并没有否认昭和天皇本人的战争责任。虽然格鲁在日本宣布投降的当天就辞去了助理国务卿的职务，但是，他的主张的确深刻地影响了美国对日本天皇及天皇制的态度，对追究天皇的战争责任及国际审判也产生了潜移默化的影响。

当麦克阿瑟踏上日本国土的时候，就接到了美国国务院制定的关于占领日本的基本方针，其中特别指出应“通过包括天皇在内的日本统治机构及各机关实施占领”。鉴于美国占领日本的过程相对仓促，美国方面迫切希望以最小的代价实施占领，所以麦克阿瑟也对国务院这一利用天皇等日本统治机构实施间接占领的政策十分赞成。①

美国国务院和陆、海军三部门协调委员会在 1945 年 10 月 22 日第 28 次会议上曾讨论过天皇的战争责任问题，尽管当时国内舆论要求惩治天皇的呼声高涨，但会议最后还是决定等待麦克阿瑟在日本搜集证据资料的结果和他的意见。

美国占领日本后，以东久迩稔彦为首相的日本皇族内阁就开始了使天皇逃避战争责任的种种活动。首先，东久迩在 8 月 28 日会见记者的时候，抛出了所谓“一亿人总忏悔”的主张，即认为所有的日本人都应当反省和忏悔，以此作为日本再建的第一步。由于他在这里所谓的反省是针对日本战败责任的反省，并不是对发动侵略战争的反省，所以完全掩盖了侵略战争的性质。基于这一逻辑，他在对记者谈话中强调了天皇为结束战争做出的“圣断”，绝口不提发动战争的问题，呼吁日本“无论是前方还是后方，无论是军人、官员还是平民，全体国民都应冷静地反省，深刻地忏悔”。②

其实，东久迩内阁这时提出的“忏悔”，根本不是对发动侵略战争的反省与思考，而是借所谓“忏悔”的名义，建立起日本战败时就已经处心积虑谋划的“自主审判”的架构，幻想通过自己对自己的“审判”来回避国际审判，同时使天皇逃避战争责任。所以，他在记者发布会上公然否认天皇的战争责任，当被追问究竟谁是发动战争的元凶的时候，他称需要考虑后再做回答，在被追问 1941 年 12 月 8 日日本对美开战的诏书是否天皇署名的时候，他竟然回答“不大清楚”。③

---

① 山極晃、中村政則編『資料日本占領 1　天皇制』。

② 田中伸尚『ドキュメント昭和天皇　第 6 巻　占領』緑風出版、1990、239 頁。

③ 粟屋憲太郎編集『資料　日本現代史 2　敗戦直後の政治と社会 1』大月書店、1984。

那么，天皇自己对战争责任的认识是什么样的？

日本战败后的1945年9月27日，昭和天皇曾经到美国大使馆与麦克阿瑟见面，当时会面谈话达37分钟。

这次会面的日方见证人只有作为翻译的外务省参事官奥村胜藏一人，由他直接做记录。该记录至少有一份保存在外务省，一份保存在当时的宫内省，至今仍未公开。美国方面的见证人有麦克阿瑟的夫人、私人医生和翻译三人。但是，在这些当事人的回忆中，对于天皇当时说了哪些话，不是说没有听清，就是说因不允许记录而记忆不准确，所以有种种不同的说法。

麦克阿瑟在1964年出版的回忆录中记载道：天皇明确承认对战争负有全部的责任，还说“我本人愿意接受您所代表的各国的裁决”。日本作家儿岛襄在1975年11月号《文艺春秋》上公开了奥村胜藏的记录要领中，却没有直接谈到天皇讲了承认负全部责任的话，因此在研究者中引起了讨论。2002年，参与天皇后来与麦克阿瑟多次会见并担任翻译的松井明转记了奥村胜藏记录的全文，关于“全部责任”的话，有下述记载：“天皇说一切的战争责任在自己”的这一发言，在作为翻译的奥村胜藏看来，“由于事关大局，所以从自己的记录中删下去了”。① 可见，天皇在战后初期对自己的战争责任是有所考虑的，当然，那是在对美国和盟军总司令部的态度并不知情的情况下。

麦克阿瑟其实是很了解美国政府内部关于天皇战争责任问题的讨论的，作为身处占领日本第一线的指挥官，他当然也期望用最小的代价，特别是在相对稳定的状态下实现对日本的占领以及改革。麦克阿瑟在进入日本后，就对在审判中免除天皇的战争责任问题有所考虑。因此，1946年1月25日，伦敦盟国战争犯罪调查委员会澳大利亚代表提出了包括天皇在内的62人的战争罪犯名单，麦克阿瑟在三天后致美国陆军参谋长艾森豪威尔（Dwight David Eisenhower）的电报中称，“直到日本战败，天皇虽然参与国事，但都是被动的，只是消极地、机械地认可辅弼者的决定”，没有发现天皇犯罪行为的证据，所以将不追诉天皇的战争责任。他还威胁说：如果追诉天皇的战争责任的话，美国就要更改占领计划，需用相当大的力量对

---

① 『朝日新聞』2012年10月17日。

付日本的游击队的抵抗，至少需要日军 100 万和行政官员数十万。但这样做显然是不可能的。①

可见，麦克阿瑟实际是倾向于免除天皇的战争责任的，在 9 月 27 日与天皇第一次会谈后，他也基本确立了利用天皇在日本国内的影响顺利实施占领日本政策的腹案，这一点与格鲁的主张吻合。他的这一思路也向季南“交了底”。不过，他还是希望由国际检察局提出不追究天皇战争责任的意见，所以，季南领导的国际检察局在开始工作后，一直很关注天皇的战争责任问题。特别是在讨论将什么人列入被告的工作的时候，如何将天皇排除在战犯行列之外是国际检察局最关心的问题之一。也正因如此，木户幸一、田中隆吉等人回避天皇战争责任的讯问词对盟军总司令部和麦克阿瑟而言就十分重要了。

不过，并非所有的国家都认可美国对天皇战争责任的态度。1946 年 1 月 20 日，日本的《朝日新闻》发表了一则消息，称澳大利亚与新西兰向麦克阿瑟提出的战犯名单中有日本天皇，这引起了国际社会的关注。后来发现，关于新西兰的消息报道有误，但澳大利亚确实坚决认为日本天皇是有罪的。

在 1946 年 4 月 8 日国际检察局讨论被告名单的时候，只有澳大利亚检察官曼斯菲尔德提出的战犯名单中将天皇裕仁列上，认为根据“破坏和平罪”和“违反人道罪”的原则，认可策划、实施侵略战争并且也参与了战争的天皇是有罪的。为证明天皇有罪，澳大利亚方面还发表了备忘录，“称天皇具有和平的愿望和自由主义思想的观点是值得怀疑的”。备忘录列举了“从九一八事变发生时认可朝鲜军总司令林铣十郎擅自出兵，日本军队出击锦州，到 1935 年对日本军队越过长城的行动先不同意但后来又承认，再到 1937 年正式认可对中国的侵略，以及发布太平洋战争开始的诏书”等天皇的种种活动，就此提出美国国务院称天皇被军国主义分子胁迫的说法不准确，“如果天皇真的是和平主义者的话，他就应抵制战争，用退位或自决来表示抗议。即使说他不认为战争是好的，但毕竟认可开战，这就是他的责任”。②

① 粟屋憲太郎『東京裁判への道』上、150—151 頁。
② 粟屋憲太郎『東京裁判への道』上、154—155 頁。

澳大利亚方面明确将天皇列为战争罪犯，当然也是经过深思熟虑的，充分考虑了这一决定对政治外交的影响。但是提出后即遭到与美国认识一致的英国的千方百计的阻挠。季南对于澳大利亚检察官列举的天皇的罪行表示没有异议，但是认为需要从政治上考虑审判天皇的后果，所以提出将这一问题提交盟军总司令部和麦克阿瑟决定。

麦克阿瑟本来就是做出免除天皇战争责任这一政治决定的人，此前在国际检察局的调查结果尚未公布的时候，他不便提出。现在国际检察局已经开始工作，并且也“找到”了一些所谓天皇没有战争责任的“证据”，特别是取得了木户幸一、田中隆吉的讯问结果后，麦克阿瑟对从法律上免除天皇的战争责任有了“信心”，所以断然否决了澳大利亚方面要追究天皇战争责任的提议。

此外，天皇及其周围的人也并未放弃使天皇摆脱被追究战争责任的主动性的努力。1946 年 3 月 18 日到 4 月 8 日间，即国际检察局正在就被告名单进行讨论的关键时刻，天皇召集近臣，对从 1928 年炸死张作霖事件开始到日本战败为止的一段时间的情况发表了回顾性的谈话，用了 4 天的时间，分 5 次进行。当时听天皇讲话的有 5 人，分别是：宫内大臣松平庆民、宗秩寮总裁松平康昌、侍从次长木下道雄、宫内省内记部长稻田周一和御用挂寺崎英成。谈话内容被记录了下来，当时是秘密的，至 1990 年，与寺崎的日记一起，被寺崎在美国的女儿披露出来，就是后来被称为《昭和天皇独白录》的天皇的谈话记录。① 而在 1997 年，当时作为麦克阿瑟副官费拉兹的文件被披露出来的时候，人们发现这一天皇的独白录，其实在当年还有简略的英文本，但与日文记录有出入。

寺崎英成是“制造”《昭和天皇独白录》的重要人物之一。他在东京大学毕业后即进入外务省，曾长期在驻美国日本使领馆工作，在美国的人脉比较广，被认为是“知美派”，并且与在国际检察局中联邦调查局出身的搜查处处长是朋友，也被美国方面视作有用人才而加以关注。1946 年 2 月，他被任命为宫内省御用挂，在天皇身边做翻译，参加了天皇与麦克阿瑟的多次会见，在天皇与盟军总司令部及麦克阿瑟之间充当重要角色。

① 1990 年，该谈话记录被作为寺崎的遗物在『文藝春秋』12 月号上发表，题为『昭和天皇独白録』。发表后，在国际社会引起了巨大反响。围绕该独白录的许多争论，至今仍在继续。

1946年2月25日，搜查处处长在给季南的报告中提到已经得到了寺崎英成的情报，即1930年签署《伦敦海军条约》后日本军队与政府中反对裁军的人员名单。[①] 由于提供这一情报，寺崎被国际检察局列为秘密的“情报提供者”，规定若没有得到搜查处处长的批准，任何人不得与之联系。当寺崎被任命为天皇御用挂后，国际检察局加强与他的联系，设法从他那里了解天皇的想法，特别是他对其周围大臣的评价，即在不直接讯问天皇的情况下，间接地取得天皇的证言。当然，天皇方面也利用这一渠道，向国际检察局方面提供信息，以影响国际检察局对战犯选择的判断。例如，1946年3月18日原外相广田弘毅被选定为战犯嫌疑人的时候，寺崎便向国际检察局报告了天皇对不逮捕原参谋本部第二部长有末精三提出质疑。美国方面根据寺崎提供的情报做出了许多重要的决策，所以对他的“工作”很满意。1946年3月20日，麦克阿瑟的军事秘书专门宴请了寺崎全家，并向他透露了麦克阿瑟已经向美国政府建议不应将天皇作为战犯的信息，这使寺崎大大地松了一口气。

天皇独白录虽然涉及了自1928年到1945年间日本历史上的许多问题，但其基本倾向是表白自己对于战争发动的无奈和结束战争时的决断。关于前者，天皇在谈话中一直强调在君主立宪制的日本，天皇只能被动地承认辅弼的政治决策，并无反对和制止的可能。在谈话的最后，天皇在“结论”中说：“对于开战之际东条英机内阁的决定，事实上我只能作为立宪政治下的立宪君主给予认可。如果能够依照我自己的意志判断，那不就是专制君主了？”“我若否定了开战的决定，必定引起国内的大乱，也许是我的周围信任的近臣被杀害，甚至连我的生命也难保。即使有好的结果，那也最终是发生狂暴的战争，导致比今天还要悲惨数倍的局面发生。那样的话，恐怕无法终结战争，日本也可能要灭亡了。”[②]

在英文的记录中，关于这一部分的天皇谈话比日文版的记录还要明确，即“如果在1941年11月或12月，我作为天皇（对开战的决议）行使否决权的话，恐怕会发生大乱。我信赖的周围的近臣会被杀，我自己也可能被杀或被诱拐。实际上，当时我的地位与囚犯一样是毫无力量的。再

---

① 粟屋憲太郎・吉田裕編集・解説『国際検察局（IPS）尋問調書　第48巻』日本図書センター、1993、405—406頁。

② 『昭和天皇独白録　寺崎英成御用掛日記』文藝春秋、1991、136—137頁。

说，即使当时我反对战争，其声音也绝不会被皇宫以外的地方所知道。结果是凶暴的战争依然发生，我无论怎么做也无法制止。根据宪法，天皇必须认可内阁的决定。如果我根据自己的意志做决定，想怎么做就怎么做的话，不就成了专制君主了吗？我总觉得在内阁不存在不一致意见的情况下，否认内阁的决定是违背立宪政治的行为”。①

天皇的这些表述无非想撇清与战争的关系。但是，一方面以君主立宪制下的天皇不能否定内阁决议为由，说明自己的权力被架空；另一方面又在强调处理“二二六事件”少壮派政变军人时的决心和终结战争时的决断，彰显天皇的权威。这种明显的自相矛盾足以证明把天皇定位于和平主义者的形象是多么脆弱。

天皇与周围近臣的谈话，是在麦克阿瑟向寺崎透露不追诉天皇战争责任的信息的两天之后，虽然没有国际检察局及盟军总司令部直接利用天皇独白录的证据，但是其他方面的资料已经证明，天皇为逃避战争责任的追究所进行的种种努力并非没有发生作用。

在审判开始前，美国政府、盟军总司令部与麦克阿瑟和国际检察局局长季南等均已就免除天皇的战争责任问题达成了一致的认识，并且也取得了多数国家的谅解，否决了一些国家和检察官要求追究天皇责任的意见。特别是季南认为通过对作为天皇最重要的近臣之一木户的讯问，也取得了不追究天皇战争责任的有利“证据”，季南甚至希望从最重要的证人东条英机那里也能取得有利于天皇的证据。但是由于天皇的战争责任是客观存在的，无论怎样掩盖，都会在一些问题上存在漏洞。所以在审判开始后，出现了令企图包庇天皇的检方完全没有预料到的十分尴尬的情况。

1947 年 9 月 10 日，在战犯就其控诉罪名进行反证的阶段，一些战犯为了减轻自己的罪行和责任，又有意无意地触及了天皇的战争责任问题。令季南头痛的恰恰是天皇周围最大人物东条英机的证言。

12 月 26 日下午开始，东条进行反证。鉴于东条曾经的身份，所以旁听者蜂拥而至，以至于座无虚席，东条夫人也第一次出现在旁听席上。在东条英机的辩护人清濑一郎做了陈述后，宪兵将东条带上法庭。辩护人先用了整整三天的时间宣读东条自己撰写的长达 200 页的供述书。在宣读供

---

① 粟屋憲太郎『東京裁判への道』上、177 頁。

述书期间，季南通过两个渠道做东条英机的工作。

一是通过畑俊六的辩护律师神崎正义在巢鸭监狱找到东条英机，直接告诉东条要把与英美开战的责任承担下来，在证言中应说“尽管陛下一再反对，但还是与英美开战了”。

二是通过木村兵太郎的辩护律师盐原时三郎与东条英机会面，告诫东条在答辩中不要给天皇添麻烦。

这两条渠道对东条的“工作”都得到了东条的肯定答复，所以季南认为已经万无一失了。但是，在12月31日的审判中，东条在回答讯问的时候谈道：“日本的臣民们不能违背陛下的意志随意行动，即使高官也是一样。”虽然东条的这一证言不过说明了对于日本人来说是众所周知的事实，但是这让季南大为震惊，因为沿着东条的思路，可以将对英美的开战理解为根据天皇的意志行事。当时主持审判的正是一直认为天皇对战争应负责任的澳大利亚大法官韦伯，他敏锐地发现了东条证言的漏洞，马上指出：根据被告东条的陈述，已经证明开战是根据天皇的意志；就此他对东条说：“你明白刚才的回答说明了什么吗?”

对东条的回答十分恼火的季南在当天休庭后与田中隆吉等人绞尽脑汁，决定向东条传达季南让其修改证言的要求，再以季南对东条再次直接讯问的方式取得东条的“订正证言”，以挽回当天的失误。

在准备就绪后，1948年1月6日再次由东条进行反证。季南就伪满洲国象征性地提出几个问题后，再次提出1941年12月开始的太平洋战争的问题，提到日本天皇的立场及天皇与东条的关系，并且有启发性地讯问：“你上一次说天皇是爱好和平的人，这一认识是正确的吗?”东条回答：“当然是正确的。”

季南问：那么，两三日前，你曾说日本臣民中没有不遵从天皇命令的人，那是正确的吗?

东条回答：我当时说的是作为国民的感情，但责任问题自当别论。天皇的责任是另外的问题。

季南问：但你不是对美国、英国及荷兰发动了战争吗?

东条回答：我的内阁决心要进行战争。

季南问：说必须要进行战争是不是天皇的意思?

东条回答：意思可能是相反的吧。总之，由于我的进言和统帅部其他责任者的进言，陛下是勉勉强强同意了，这是事实。但是，直到最后一刻，天皇还是表示了希望和平的愿望。

季南对东条这一次的回答十分满意。当天晚上，麦克阿瑟会见首席检察官季南和大法官韦伯，听了两人关于东条这次证言内容的汇报后，他向两人正式表达了不起诉天皇的意见。①

维护以天皇为代表的日本国体是战后日本政府首要关注的问题，要实现这一点，就要设法使天皇摆脱国际审判，免除天皇的战争责任。所以日本政府的战后处理的基本方向几乎都是围绕这一问题展开，而美国主导的战后审判恰恰满足了日本政府的心愿。

第三节 远东国际军事法庭对战犯的审判和免除战犯的战争责任

一 形成对日本战犯的起诉状和正式开庭

1947 年 4 月 29 日，国际检察局确定了对被告的起诉状，② 当日下午 4 时，由首席检察官季南在法庭 11 位法官面前，郑重地将起诉状呈交法庭书记官，表明法庭接受了原告的诉讼要求，法庭审讯程序正式启动。

起诉状以 11 国的国家名义控告 28 名战犯的标题开头，说明案件空前重大的意义，在这种情况下，实施起诉责任的检方履行的实际是技术上支持起诉的责任。也就是说，真正的原告是 11 个国家，季南实际的职责是在诉讼中代表原告的首席律师。

起诉状在“前言”之中对法庭设立、罪名确认等原则做了说明之后，列举了被告的罪状三类，共 55 项。

第一类为破坏和平罪，其下有 36 项：

第 1 项至第 5 项，是针对全体被告共同谋议进行侵略战争的控诉；第 6 项至第 17 项，是针对全体被告计划和准备侵略战争的控诉；第 18

① 平塚柾緒、森山康平、平塚敏克、馬場隆雄『東条英機と東京裁判—日本及び日本人の原点』徳間書店、2013、9—11 頁。

② 据梅汝璈先生日记所载，当时送达法官处的英文起诉状长达 40 多页，主文只有 14 页，其余都是附录。

项至第 26 项，是针对其中部分被告（有具体人名）发动侵略战争的控诉；第 27 项至第 36 项，是针对全体和部分被告实行侵略战争的控诉。也就是说，被告从谋议、策划、准备到实施战争的活动，都是此次诉讼指控的对象。

第二类为“通例的战争犯罪”中明白无误的杀人罪，从第 37 项至第 52 项，共 16 项，针对全体被告计划阴谋屠杀和部分被告在攻占某些城市时命令、指使及纵容日军大规模地屠杀当地和平居民和已经解除武装的军人的控诉。其中第 37 项至第 43 项，针对的是在正式宣战前就进行攻击和屠杀的罪行，第 44 项至第 52 项，针对的是对俘虏、民众及军人的屠杀罪行。

第三类为“通例的战争犯罪”及“违反人道罪”，从第 53 项至第 55 项共 3 项，针对部分被告共同计划或阴谋违反战争法规的控诉，包括对那些被告或通过积极的行为（命令、授权或准许），或消极的行为（藐视自己的法律责任、不加制止）致使其部下得以肆意从事违反战争法规之行为的控诉。

第三类罪状虽然提出针对“违反人道罪”的指控，但是里面设计的 3 项其实还是属于通例的战争犯罪。这是审判对“违反人道罪”关注不够的重要原因。

据中国法官梅汝璈先生统计，起诉状列举上述 55 项罪状中，有 12 项完全关系到中国，3 项与中国有关。起诉状在列举 55 项罪行后，还附有 5 份附件。

附件 1 对属于第一类罪行的被告各项罪状的控诉事实的细节加以说明，共 10 节，其中前 4 节完全说明战争罪犯对中国的侵略罪行，后 6 节虽然说明的是日本对东南亚、苏联、荷兰等地的军事行动及其同德、意的勾结，但也有涉及侵略中国的活动。

附件 2 列举了日本发动战争所违背的共 205 个国际公约的名称及条款。

附件 3 列举了日本政府曾表示过的所谓不侵略和不扩大侵略的声明、保证，说明日本政府完全违背了其对国际社会的承诺，共 15 次。

附件 4 列举了国际公约中关于作战行为的重要条款，即战争法与战争习惯法，说明日本政府的哪些行为违反了其所做的保证或承诺。

附件 5 记载了 28 名被告 1928—1945 年在政府中的任职情况，以此说明他们在罪行中应承担何种责任。[①]

起诉状将战犯的罪行列为55项，看似十分具体，但是过于烦琐，反而使起诉状作为法律文件的严谨性受到影响。法庭对起诉状列举的55项罪状进行审判感到难以应付，因为将大量的证据分别划入55项中是相当困难的。所以在法庭审判中其实是将其尽量地“简化一下，压缩一番”。[②]

远东国际军事法庭正式开庭的时间拟定于1946年5月3日，地点设在原陆军省[③]办公楼一楼的大厅。在正式开庭的前一天，即5月2日下午4时进行预演。庭长、澳大利亚法官韦伯向各国法官通告了经盟军总司令部同意的审判时的法官座席，即庭长居中，右手方依次为美国、中国、法国、荷兰、印度，左手方依次为英国、苏联、加拿大、新西兰、菲律宾。若根据这样的排列原则，则美国、英国将位于中间。但因为在此之前韦伯为使美英两国法官居中从而使中国、加拿大所做的策划受到抵制，所以此次预演的席位方案当然不被各国接受。经过争论，庭长终于同意按照日本受降书上战胜国签字的顺序排列，[④] 中国与加拿大位于正中间庭长的两侧。中国法官梅汝璈在回忆中谈到这一问题时曾感慨道：“这种斗争常常关系到国家的地位、荣誉和尊严，不能把它当作细枝末节，以为无关宏旨而淡然处之。……在第二次世界大战之后，中国虽一跃而跻于世界五大强国之列，但是它依然到处遭受压制和歧视。”[⑤]

1946年5月3日，远东国际军事法庭终于正式开庭。

庭长韦伯致开幕词后，首席检察官季南介绍了各国检察官，然后是法庭记录官和美籍、日籍翻译人员宣誓。上午议程结束后休息。

下午，根据《法庭宪章》规定的程序[⑥]开始宣读起诉状。因为使用两

---

① 美国国家档案馆藏，档案号：RG153，Entry 180，box9，270/2/24/1－2。

② 梅小璈等编《梅汝璈东京审判文稿》，第331页。

③ 原为日本陆军士官学校，现为东京市之谷纪念馆。

④ 在日本投降书上的签字国家顺序为：美国、中国、英国、苏联、澳大利亚、加拿大、法国、荷兰。

⑤ 梅小璈等编《梅汝璈东京审判文稿》，第187页。

⑥ 《法庭宪章》规定的程序为以下8个环节：（1）开庭时宣读起诉状；（2）法庭讯问每人是否承认本人“有罪”抑或“无罪”；（3）检察官与每一被告（或辩护律师）陈述；（4）检察官及被告辩护双方提出证据；（5）检察官及每一被告（或辩护律师）诘问证人及提供证据之被告；（6）被告（或辩护律师）陈述；（7）检察官陈述；（8）法庭宣布判决。

种语言，没有同声翻译，所以花费时间比较长。到休庭时，仅宣读完22项诉因。5月4日继续宣读起诉状，到中午时才将55项诉因宣读完毕，但只占起诉状的三分之一。经庭长询问律师，决定免去宣读起诉状中的附录部分。

5月6日开始第三天的审讯，被告律师代表清濑一郎在介绍了犯人聘请的辩护律师后开始对审判法庭进行抨击（challenge），但是没有被法庭接受。接下来，法庭要求犯人对起诉状的控诉声明自己是“有罪”还是“无罪”。从荒木贞夫开始，除没有到庭的大川周明外，所有犯人都不承认自己有罪。辩护方面则对法庭管辖权提出质疑。法庭在征求检察官与被告意见后，决定从5月13日开始就法院管辖权辩论并裁定。

因辩护方当时提出的意见缺少法律依据，所以从6月3日后开始听取控辩双方的证言。实际审讯中，基本根据《法庭宪章》规定的程序，但是在细节上略有变通，经过了以下阶段。

第一阶段从6月3日起，首先由检方检察长季南宣读“始讼词”，即就起诉主旨及要点做一概括式的引言说明。季南首先说明了审判的意义，接着宣读被告的主要罪行，明确对被告以“破坏和平罪”“通例的战争犯罪”和“违反人道罪”进行追究，阐述了审判的法理，指出了被告所违反的法律条款，介绍了日本的侵略历史与共同谋议的证据，重点指明了日本在中国的军事行动。[①] 接着就由检方提供证据。检方的证据分若干部分提交，每一部分提交前，先由一名陪席检察官或其助理做一总的引言，说明检方在这一部分打算证明的事情和提供的证据和证人。在提供证据时，被告辩护方面有权提出抗议，证人陈述后，被告辩护方有权进行反诘，所以这是一个相当冗长和烦琐的阶段。

第二阶段由辩护方对检方的指控提交反击的证据，也分若干部分提交。先由一名辩护律师做一概括说明，即辩护方在这一部分打算反证的事情和提供的证据和证人。在提供证据时，检方有权提出抗议，证人陈述后，检察方有权进行反诘。这也是一个相当冗长和烦琐的阶段。

第三阶段由检方驳复辩护方提交的证据。

第四阶段由辩护方反驳检方驳复的证据。

---

① 美国国家档案馆藏，档案号：RG238，Entry 180，box1－3，270/2/21/01。

以上四个阶段其实是控方与辩方在提供人证、物证方面进行的两轮较量，也是审判中最重要的程序，花费了诉讼中的大部分时间，几乎长达一年四个月。

第五至第八阶段分别为检方做总结发言、辩护方做总结发言、检察长致“终讼词”、法庭做出判决并宣读。

以上的程序体现了英美法系的基本原则，表面上很严谨，但实际给辩护律师提供了在复杂烦琐的程序中钻空子甚至捣乱、拖延审判的机会，所以给中国法官的感觉是：“审讯程序对被告辩护方面是过分宽大的，甚至可以说是宽大无边的。”① 以致在庭审期间不得不根据《法庭宪章》赋予的权力取消了两名美国律师的出庭资格，才使辩护律师的嚣张行径稍有收敛。

二　远东国际军事法庭对日本在中国战争犯罪的追究

远东国际军事法庭开庭后，中国法官与检察官最关心的是对发动了侵华战争和在战争中实施了残暴行为的战犯的审讯，所以在此之前也进行了精心的准备。中国法官梅汝璈回忆称：“南京大屠杀事件是日军在第二次世界大战中的一件最突出的暴行，其规模之大、时间之长、杀人之多，都是历史上所罕见的。这事件曾经轰动全世界的舆论，遭到善良人类的普遍谴责。负责控诉日本战犯罪行的国际检察局当然要把这件事作为一个重点去处理，特别是由于这件事的祸首和主犯不是别人而正是已经逮捕在押的松井石根大将。”② 为了彻底弄清事件的真相和收集较多的证据去支持检察方面的控诉，法庭曾多次派人到中国进行相关调查。

国际检察局中的中国检察官向哲濬等人从接受任务开始，就把审判日本在中国的战争罪行作为最主要的工作目标。与中国检察官一起工作的还有几名重要的美国军人和检察官。他们就是专门调查日本在中国的化学战战争责任的莫罗上校，帕金森（N. Parkinson）、大卫·萨顿（David N. Sutton）、约翰·赫梅尔（John F. Hummel）上校、亚瑟·桑达斯基（Arthur A. Sandusky）上尉，另外，裘劭恒作为向哲濬的助手也始终参加了调查。

---

① 梅小璈等编《梅汝璈东京审判文稿》，第382页。

② 梅汝璈：《亲历东京审判：远东国际军事法庭》，法律出版社，2005。

1946年3月16日，国际检察局检察长季南调用了一架盟军总司令部的专用飞机，在中国陪席检察官陪同下，率领当时已经开始工作的以美国检察官为主的调查组由东京飞抵中国，在南京、上海、北平、重庆等地盘桓了约两个星期之久，3月31日返回东京。[①] 4月4日，莫罗上校和调查专员暨中国检察官办事处秘书裘劭恒再次前往南京，下榻南京市上海路73号，专事调查南京大屠杀的证据和证人。当时报纸报道称："现在南京或已移居外埠之人士，曾于南京沦陷当时亲见南京大屠杀情形，且能举出真确事实，足以为证者，可向马鲁（莫罗——引者注）上校等之办公处详报。如能至法庭作证，即可同往东京，闻证人所需之旅费及因赴日作证而损失之月薪或生活收益，均由该机关证明供给，并有酬报。"[②]

该调查组先与美国国务院联络，希望国务院授权美国驻南京大使馆提供关于日本在南京的暴行资料及在中国占领区进行鸦片和毒品贸易的资料，包括1937—1938年南京安全区国际委员会的报告等文件资料。

在那之后，调查组于5月18日提交了关于作为证明日本在中国暴行的证人名单：

多田骏，日本原陆军参谋次长，曾任中国驻屯军司令官

邓上校（Tong Chi-kuen），曾参加了抗击日本侵略的战争

王冷斋，卢沟桥事变时担任宛平县县长

秦德纯，国防部次长，卢沟桥事变时担任北平市市长

大卫·巴雷特（David C. Bareett）上校，卢沟桥事变时担任美国驻华使馆助理武官

乔治·菲奇（George Fitch），联合国救济总署（UNRRA）的工作人员，了解日军在南京的暴行

冈崎，发生南京大屠杀时任日本驻上海总领事

梁庭芳上尉，在长江边被集体屠杀的中国士兵中的一名幸存者

孙远震，目睹日军对南京人的屠杀

陈福宝，目睹日军将37名疑为士兵的中国人屠杀后扔进水塘

周一渔，紫衫机构资料保管人

---

① 《检察长莅临调查战犯证据》，《申报》1946年3月17日；《季楠、向哲浚已抵达东京》，《申报》1946年3月31日。

② 《法庭调查南京屠杀案证据》，《申报》1946年4月7日。

陈光虞，南京地方法院总检察长，负责对日军在南京暴行的调查

多兰斯（A. A. Dorrance）上校，目睹中国战俘被屠杀

利奥·罗佐夫和弗雷德里克·帕尔，目睹日本军队向英国船只进攻的英国人

约翰·加兹比，英国驻上海原领事，1941 年后被日本军队关押

贝德士（Miner Searle Bates）博士等，目睹日军在南京暴行的美国人

许传音等，目睹日军在南京大屠杀暴行的中国人

1946 年 5 月 31 日，大卫·萨顿带领美国军人专门到中国取证，包括取得书面证据和寻找人证。在上海，他们通过当时驻华美军军法部和中国外交部驻上海办事处的协助，先是得到联合国救济总署工作人员乔治·菲奇和多兰斯将出庭作证的承诺；[①] 之后在南京，他们会见了当时国民政府行政院副院长翁文灏，希望他选派合适的人为日本对中国的经济侵略罪行作证；他们又会见了总参谋长陈诚，申请批准秦德纯前往东京作证，此外还找到卢沟桥事变时任宛平县县长的王冷斋。他们还获准与外交部副部长会见，提出了派合适人选前往东京远东国际军事法庭作证的要求。[②]

6 月 8 日，他们乘飞机从南京返回上海的时候，同机返回的证人有联合国救济总署的工作人员乔治·菲奇、多兰斯，南京金陵大学的贝德士博士，中国军人梁庭芳上尉，许传音博士，尚德义，陈福宝，伍长德。在上海，他们找到了目睹日本军人在云南屠杀平民和强奸妇女的东方发展有限公司经理许先生（Hsu，G. J.），并接到了王冷斋、秦德纯等人。所以，他们6 月 12 日从上海返回东京的时候，同机一起飞往东京的共有 15 名证人。[③]

1946 年 6 月，向哲浚及上述调查组成员向法庭呈递了关于日本军队对平民和其他人的暴行及在中国贩卖鸦片和其他毒品问题的控诉报告。控诉

---

① 当时二人分别是联合国救济总署驻河南和江苏地区办事处的负责人，他们将为南京大屠杀中日本的罪行作证。

② 萨顿在信件中提出希望挑选的某些证人身上有日本子弹或刺刀的伤疤。

③ 杨夏鸣、张生编《国际检察局文书·美国报刊报道》，张宪文主编《南京大屠杀史料集》（29），江苏人民出版社、凤凰出版社，2007，第 97—105 页。《申报》记载前往日本的证人有：国防部次长秦德纯、美国伊利诺伊州大学经济铁道科博士许传音及孙极、徐范俊、尚德义、伍长德、陈福宝、王冷斋、梁庭芳、童爱民、陈大受等。

报告根据起诉状第44—50项、第53—55项，指控日本军队在战争中针对平民和其他人的暴行，并指出日本军队在1937年到1945年，在其占领的每一个省份都制造了对平民的罪行，其中包括谋杀和大屠杀、酷刑、强奸、抢劫、抢夺和对财产的肆意破坏，突出的例证就是1937年12月13日南京沦陷后制造的惨案。报告称中国司法机构已正式报告了95000多件由日本士兵犯下的案件。另外，报告还控诉日本在中国贩卖鸦片和其他毒品，导致毒品泛滥，危害社会。报告指出：日本在中国的某一地区获得控制权后，那一地区就成为向下一地区进行毒品“攻击”的基地。日本通过其控制的傀儡政权从贩卖鸦片和其他毒品中获得巨大的财政收益，而中国试图控制毒品危害的努力不论是在日本的租界还是在中国各地，都归于无效。

在上述这些人进行作证前，国际检察局已经取得了部分人的书面陈述材料。

如王冷斋在陈述材料中说明了在卢沟桥事变发生后他作为当地县长参与的谈判和防御工作。其中提及的重要内容有：

（1）日本在丰台驻军后，企图占领卢沟桥，以便控制北京及二十九路军。为此想租用或购买周围土地，但是未能成功。

（2）日本军队在卢沟桥的演习从不通告中国方面。中方没有试图通过武力阻止其演习，但事后都提出了抗议。

（3）1937年7月7日，宛平县郊区传来枪声，显示日本军队进行演习。但日本特务机关长向北平市长抗议受到中国军队攻击，一名士兵失踪。中方经调查，没有发现失踪日军士兵，但日军要求进城搜查。

（4）7月8日上午，虽经商议日方同意与中国方面共同进城调查，但双方代表刚一进城，日本军队即向城中开火，双方发生武装冲突，直至下午。

（5）7月8日下午5时，日军炮火炸毁县长办公室，并威胁用重炮轰击。中国增援部队到达。

（6）7月9日，日方要求进行停火谈判。但在谈判中日军不断射击。

（7）7月10日，中日双方在北平市长秦德纯寓所谈判，达成双方各派10人成立非武装搜寻队，寻找失踪日军士兵。但与此同时，日军从各地调兵，与中方战斗不断，一直持续到7月22日。

（8）经过中日再次谈判，双方发出停火命令。但日本人白天停止战斗，夜晚继续向宛平城中开炮。26日，日军送来最后通牒，要求三十七军[①]在24小时内从北平撤出，中国军队被迫反攻。27日收复丰台火车站。28日，在与日军战斗中，赵登禹、佟麟阁战死。

综上，王冷斋的结论是：日本的侵略活动是经过周密和系统策划的，不是临时起意进行的。他们应当承担完全的责任。[②]

1946年5月，已经成为国民政府国防部次长的秦德纯在重庆接待了国际检察局调查组，他就卢沟桥事变当时的情况提供了下述证言：

（1）1937年7月7日前，日本试图通过从当地居民手中购买获得连接卢沟桥的土地的方式扩张势力，但是没有成功。

（2）日本企图说服北平及周边的地方政权脱离南京，还想获得经济方面的控制权。

（3）7月8日12时10分[③]，得知日本军队前一天晚上在卢沟桥北部的宛平城演习失踪士兵事，拒绝日军进入宛平城搜查的要求。但日军已经开始在卢沟桥附近部署炮兵中队。

（4）中方与日方共同在宛平城调查时，日军向宛平城发起攻击，一度占领卢沟桥。

（5）北平日本特务机关长松井于7月9日来，承认失踪士兵已找到，要求停火。

（6）日军以停火延缓中国军队行动，但将关东军一部调入平津地区，不断向中国军队进攻，直到26日提交最后通牒。

由此，秦德纯的结论是：日本应对侵略负责，土肥原就在事件发生地附近，是该事件之后侵略行动的主要推动者。[④]

根据法庭的审判日程，对南京大屠杀问题进行审讯的时间比较靠后，但是上述证人已经被国际检察局带到东京。由于审讯时间还没有到，有的人等待多日无所事事，出庭作证又遥遥无期，产生了不耐烦的情绪。一般情况下，法庭会给予安慰并劝说，允其一度归国再回来。但是考虑到检察

---

① 按，原文如此，但此前曾出现三十七师番号。

② 《1946年5月24日莫罗致基南的信所附资料》，杨夏鸣、张生编《国际检察局文书·美国报刊报道》，张宪文主编《南京大屠杀史料集》（29），第124—129页。

③ 按，原文如此，似应为零时10分。

④ 《1946年5月24日莫罗致基南的信所附资料》，杨夏鸣、张生编《国际检察局文书·美国报刊报道》，张宪文主编《南京大屠杀史料集》（29），第130—131页。

局找到的这一批证人来自各个方面，一旦回国很难再集中，所以国际检察局向法庭提出了安排这批证人提前出庭作证的特别要求，得到了法庭批准。于是，8月后的审讯集中涉及日本对中国东北及华北地区的侵略活动。此时，溥仪作为伪满洲国傀儡政权的证人，也被带到东京的法庭上。

溥仪在法庭的作证时间长达10天，其间，中方报纸每天都刊载来自审判现场的消息。8月18日改造社发出的电报以《溥仪证言重要，举世人士瞩目》为题报道说：

> 远东国际法庭之审判，因溥仪作证，愈见其历史性的重大意义。16日溥仪之陈述，完全将本庄繁、板垣征四郎等企图组织伪满及迫为伪皇之阴谋策动，暴露无遗，如声如绘，予人印象甚深。因渠已脱离傀儡皇帝束缚，故得畅所欲言，尽情告发。溥仪之证言，须于一周方能陈述完毕，刻举世人士，对此均极重视。①

此后法庭对日本在中国贩卖鸦片及其他毒品的问题和对中国学生的暴行等进行了审讯。《申报》对这些审讯都有报道。②

由于国际检察局在开庭前做了细致的调查取证准备，日军侵华战争期间所犯下的暴行在法庭上得到较为充分的反映和揭露。

1948年11月4日，远东国际军事法庭宣布判决。判决书长达1231页，仅宣读判决书就用了7天的时间，直至11月12日才读完。

28名甲级战犯中，松冈洋右、永野修身因痼疾而亡，大川周明“精神失常”中止审讯，远东国际军事法庭中止了对此三人的审判。其余被告经审判认定犯有共同策划和阴谋为日本取得对东亚、太平洋和印度洋地区军

---

① 《申报》1946年8月19日。

② 《申报》1946年9月1日以《我学生在日作证，暴露日酷刑真相》为题报道称：“东京战犯法庭，今午听取日人对北平我国学生地下工作者之使用三级处罚残酷故事。此供词系由我青年学生一名所提出，渠至少列举十种三级处罚方法，内容包括马鞭刑、水刑、钻掌、拔指甲、坐炭炉、电刑及吊拇指。另一供词称：1940年7月，北平日兵两名被害后，日人即逮捕我国学生千余名，其中二分之一俱受三级处罚致死者，其余则遭枪毙。检察官迄今已有30余件目击日人在中国各地暴行者之供词及文件，交予法庭。暴行地区包括：南京、长沙、广州、江苏、河北、湖北、山东。”1946年9月4日报道：“日暴行毒华事件，伪满吸毒人数达千万，岁入美金三万万，秘密补助东条内阁。”

事、政治和经济控制地位并为此进行侵略战争的罪行，犯有阴谋、策划、侵占中国东北各省和控制中国以及为此准备和发动对中国侵略战争的罪行。所有被告经审判认定都犯有破坏和平罪、战争犯罪和违反人道罪中的一项、二项或三项全部。

实际被远东国际军事法庭定罪判刑的25名战犯中，7人被判死刑（板垣征四郎、东条英机、广田弘毅、木村兵太郎、松井石根、土肥原贤二和武藤章）；16人无期徒刑（白鸟敏夫、大岛浩、嶋田繁太郎、冈敬纯、贺屋兴宣、荒木贞夫、铃木贞一、梅津美治郎、木户幸一、南次郎、平沼骐一郎、桥本欣五郎、畑俊六、小矶国昭、星野直树和佐藤贤了）；2人有期徒刑（东乡茂德有期徒刑20年和重光葵有期徒刑7年）。

判决后，首先是原内阁总理大臣广田弘毅提出减刑的要求，接着，土肥原贤二、木户幸一、冈敬纯、佐藤贤了、嶋田繁太郎、东乡茂德也相继提出。1948年11月29日，上述7人通过辩护团向美国最高法院正式提出上诉。[①] 麦克阿瑟虽然对此很不满意，但还是下令暂缓执行判决。

辩护团提出的上诉理由是法庭受美国最高法院管辖。就此，围绕美国最高法院是否有权对远东国际军事法庭的决议进行讨论便产生了激烈的争论。一旦美国最高法院接受上诉，就等于承认远东国际军事法庭是美国的国内法庭，远东国际军事法庭的国际性就会被否定，变成根据美国国内法进行的审理，这正是日本辩护团一再批评的所谓“胜者对败者的审判”，所谓“政治性审判”的问题。

不过，自从辩护团向美国最高法院提出上诉，远东国际军事审判法庭的多数法官就认为：远东国际军事法庭是根据1943年1月《开罗宣言》、1945年7月26日《波茨坦宣言》、1945年9月2日日本投降书、1945年12月26日莫斯科会议的原则建立的，所以是“国际法庭”，不是美国国内法庭。美国最高法院首席法官还明确强调远东国际军事法庭的国际法庭性质，称法庭是“基于莫斯科宣言设立的远东委员会所采纳的政策指令行事”机构，是由驻日盟军总司令部设置的。美国最高法院明确指出：麦克阿瑟公布的《法庭宪章》是根据远东委员会FEC007/3号文件拟订的，所以法庭是在远东委员会的指示下行动的。但是，美国最高法院诸法官在12

① Neil Boister・Robert Cryer『東京裁判を再評価する』40頁。

月6日表决的时候，竟然有5名法官赞成接受上诉，反对接受上诉的首席法官等4人则为少数。于是，美国最高法院决定于12月16日开庭审理这7人的上诉。得知这一结果，木村、武藤章、重光葵、梅津美治郎4人也向美国最高法院提出上诉。

美国最高法院决定接受上诉的决议在日本及东亚引起了巨大震动。中、英、苏等国驻日代表团表示反对，认为美国最高法院的决定是“破坏盟国军事法庭威望之惊奇行动”。连在日本的英美人士也对这一决定十分不满，认为是国际事务上的一大错误。

出席东京审判的中国检察官向哲濬和法官梅汝璈当时就发表声明，指出美国最高法院无资格讨论远东国际军事法庭的判决。他们向记者表明：向美国最高法院提出上诉，其实是一种拖延策略，“实等于质问麦克阿瑟元帅以美国公民资格之个人权力”。①

12月14日，《申报》发表文章，抗议美国最高法院接受日本战犯的上诉。文章称：

> 美最高法院无权接受日战犯的“上诉”，更无复审国际法庭判决的权力。依美国宪法的规定，最高法院对美国军队设立的军事法庭所为的战犯判决，并无复审之权，其立法主旨，在于表征司法的纯正，而不干涉军法行政。日本并非美国的殖民地，而美国军队进驻日本，是执行盟国的占领任务，美国驻日军队并无军事法庭密判日本战犯；美国与其他十个同盟国对于日本战犯的审理，依《波茨坦宣言》及盟国协定，系委之于远东国际军事法庭，这个法庭不仅名称为“国际”性，法庭组织的法官和检察官，也由十一国指派全权代表主持，其组织并不根据任何一国的国内法，完全系以国际法和先例作根据。美国法律不超于任何一盟国的法律，美国最高法院也不高于国际军事法庭；因之，它的权力是不能损及国际军事法庭所为的任何判决。广田、土肥原向美高法庭提出“上诉”，是一种无耻的偷生心理；美高法院接受日战犯的“上诉”，完全蔑视国际法及国际法庭。这是我们必须提出抗议的。

---

① 《木户、佐籐、东乡等五人又向美高院上诉》，《申报》1948年12月4日。

……

远东国际军事法庭系盟军总部设立，盟总并不干涉战犯审理，国际法庭是独立的、合法的。如所周知，审判日战犯并非美国一国作主的事，它是根据波茨坦宣言和盟国协定而成立的，麦帅在法律上是以一个盟军统帅的地位，代表各国成立并执行这个法庭的成立，麦帅在行政上的上级，应该是十一国的远东委员会。诚然，麦帅是美国人，其自身的行为应受美国法律约束，可是，麦帅身任盟国驻日军队的统帅，其行政措施是对远东委员会负责，而非对美国负责的。因此，盟总负责设立国际军事法庭，是合法的措施；盟总复核判决书予以原判执行，同样是有法律根据的。我们有权利抗议美高法院接受日战犯的“上诉”，同时有权利提出要求，盟总不接受任何干扰，迅速执行广田、土肥原、东条等七名的绞刑，和木户、嶋田等的无期，重光等的有期徒刑，以维国际军事法庭的信誉。①

美国最高法院的态度在美国国内也引起轩然大波。美国政府意识到此举在国际社会将引起争议，甚至将损害盟国机构的活动和利益。于是通过美国副检察长普尔曼以美国政府执行机关的立场正式行文最高法院，表示美国政府对此极为关切，认为最高法院贸然接受战犯的“上诉”，必然要引起国际纠纷，引发极不愉快的后果。美国国务院和远东委员会也发表正式声明，强调远东国际军事法庭“实一合法组织”，“日本战犯东条等七名即由该法庭判处死刑，美国最高法院无权受理其上诉”。②

美国最高法院在这些批评声中，于16日对上诉进行了第一次审理，17日听取辩论，18日进行秘密投票表决，计划在20日公布结果。21日，美国最高法院通过广播宣布了判决书，称：“上诉人系由远东军事法庭判决，该法庭乃美国及现在占领日本之各盟国所组成。麦帅乃被推选之盟军统帅，军事法庭之判决已由麦帅批准，在此情形之下，美国法庭无权检讨、承认、搁置或废止此种判决，为此理由，各该上诉人援引人身保护法之要求，当予驳回。”麦克阿瑟在接到美国最高法院的通知后，立即下发了对

① 《日本战犯的上诉问题》，《申报》1948年12月14日。

② 《国际法庭已判决日战犯，美高院无权受理，美政府远委会声明立场，高院首次开庭美副检察长要求不受理》，《申报》1948年12月17日。

东条英机等人执行绞刑的命令。1948 年 12 月 23 日，东条英机等 7 名被判死刑的战犯伏法。

三　审判制造南京大屠杀的战犯

远东国际军事法庭在关注日本对中国的侵略责任的时候，将 1937 年末发生在南京的大屠杀问题作为日本主要的战争罪行进行了调查和审讯。法庭为此不仅设立专案审判，“花了差不多三个多星期的工夫专事听取来自中国、亲历目睹的中外证人（人数在十名以上）的口头证言，及检察和被告辩护律师双方的对质辩难，接受了一百件以上的书面证词和有关文件，并且鞫讯了松井石根本人”。[①] 在整个东京审判举证战争犯罪阶段，出庭证人共有 40 余人，其中 1/4 是因南京大屠杀案而受传唤的，由此可知国际检察局非常重视这一残暴杀戮事件。[②] 基于此，法庭最后在判决书中也以专门章节予以说明。

南京大屠杀案在远东国际军事法庭审理中的位置之所以最为重要，有三方面的因素。一是南京大屠杀发生时，新闻记者曾向全世界进行了披露，在国际社会特别是在美国引起十分广泛的舆论谴责，是中日战争中最为典型的日军暴行；二是战争结束后，尽管日本有计划焚烧和隐藏重要档案资料，增加法庭审判的难度，但南京大屠杀案在中国有大量受害者的证据，留在南京的美国人、外交官、外国记者，包括许多日本兵也都有相当多的详细记录，法庭有条件高度关注这一案件；三是抗战胜利后，中国国民政府十分重视日军罪行调查，南京地方法院在南京市政府和警察厅的大力推动下，到 1946 年 2 月已获得 500 余份资料，涉及日军在南京的屠杀、伤害、奸淫、劫夺、破坏、强制服役等罪行，涉及中岛、长谷川等 29 支日军部队的罪行总数达 295882 种。[③] 南京地方法院检察官陈光虞在调查报告中称：“敌人罪行残暴凶悍毒辣，无所不用其极，

---

① 梅汝璈：《关于谷寿夫、松井石根和南京大屠杀事件》，《文史资料选辑》第 22 辑，中国文史出版社，1991，第 16—36 页。

② 〔日〕笠原十九司：《南京事件争论史——日本人是怎样认知史实的》，罗萃萃、陈庆发、张连红译，社会科学文献出版社，2011，第 20 页。

③ 《敌人罪行调查统计表》（1946 年 2 月），郭必强、姜良芹等编《日军罪行调查委员会调查统计》（下），张宪文主编《南京大屠杀史料集》（21），江苏人民出版社、凤凰出版社，2006，第 1726—1727 页。

综计所获材料，被杀害人之确数达三十余万，烧毁房屋达四千余幢，被奸淫及拒奸而死者二十三人，被逮捕生死不明者共一百八十四人，其他尚待调查，实人类史上空前未有之惨剧。"[①] 这些调查资料都及时报告给参加远东国际军事法庭审判的中国代表团，中国代表团对举证日军在南京的犯罪事实充满信心。上述因素都促使国际检察局将南京大屠杀案列为起诉书的重要内容。

作为深受日本侵略、受害最为严重的国家，以梅汝璈、向哲濬等组成的中国代表团在远东国际军事法庭的起诉和审判过程中，也做了种种努力。梅汝璈法官回忆说："由法庭掌握的大量证据，可以看出，日军在南京的暴行，比德军在奥斯威辛集中营单纯用毒气屠杀，更加惨绝人寰。……对此种人类文明史上罕见的暴行，我建议，在判决书中应该单设章予以说明。"[②] 梅汝璈的建议得到了庭长和与会各国法官的一致赞成。

当时的国民政府表示积极配合对南京大屠杀问题的调查，蒋介石专门发布了协助调查南京大屠杀案的命令。所以很快就整理出 2784 件证据资料，其中情形惨重亟待救济者共 155 件，包括李秀英等案件。这些资料连同调查表格、照片等，送交在远东国际军事法庭工作的中国检察官向哲濬，作为审判战犯时的证据资料。

1946 年 3 月，在季南带领下赴中国的国际检察局成员"在来华期间，他们访问了一些官方机关和慈善团体，收集了不少有关南京大屠杀的统计数字，访问了一些亲历目睹的中外人士，取得了许多份书面证言，并且预约了十来个有力的证人到东京去出庭作证"。[③]

4 月 4 日，莫罗上校再次率队前往南京，专事调查南京大屠杀案的证据和证人，基本摸清了能够在东京法庭上进行举证的中国方面的证人与证据情况。

为了进一步充实南京大屠杀证据和选取合适的证人到东京法庭作证，1946 年 5 月 31 日，大卫·萨顿根据季南的命令前往上海，6 月 4 日到达南京。6 月 5 日派专机到开封接南京大屠杀案重要见证人菲奇到南京，同时

---

① 《首都地方法院检察处调查敌人罪行报告书》（1946 年 2 月），郭必强、姜良芹等编《日军罪行调查委员会调查统计》（下），张宪文主编《南京大屠杀史料集》（21），第 1724 页。

② 余先予、何勤华：《东京审判始末》，浙江人民出版社，1986，第 218—219 页。

③ 梅汝璈：《亲历东京审判：远东国际军事法庭》，第 275 页。

分别会见了中国政府官员和许传音等众多南京大屠杀见证人，并筛选其中的重要见证人前往东京。[①]

6 月 12 日，萨顿从上海出发飞回东京的时候，同行的 15 名证人中大部分为南京大屠杀案的重要见证人，即联合国救济总署工作人员乔治·菲奇、多兰斯，南京金陵大学贝德士博士，中国军人梁庭芳上尉，许传音博士、尚德义、陈福宝、伍长德等。

除了到中国进行实地调查取证并寻找证人外，远东国际军事法庭还通过盟军总司令部以各种方式要求美国国务院协助调阅美国驻南京大使馆在南京大屠杀期间的档案、协助寻找马吉（John Magee）、威尔逊（Robert Wilson）和德国人拉贝（John Rabe）等相关证人出庭。

1946 年 8 月，法庭接受了国际检察局的要求，提前就日本对中国的侵略犯罪进行检方举证。于是，围绕南京大屠杀案，来自中国和美国共 10 名见证人和受害者出庭作证。

作为检方证人出庭的主要有：曾任鼓楼医院医生的威尔逊、曾在金陵大学历史系任教授的贝德士博士、南京国际红十字会主席约翰·马吉、曾任南京安全区国际委员会住房委员的许传音。[②] 另外，南京大屠杀期间日本驻上海无任所公使伊藤述史也作为检方证人出庭。

作为南京大屠杀受害者出庭作证的有：家住彩霞街 6 号集体屠杀中的幸存者尚德义，家住塘坊桥 9 号集体屠杀中死里逃生的伍长德，家住白下路 22 号死里逃生的陈福宝，还有曾在中国军队医疗队任职的梁庭芳上尉。

除了证人和受害者分别出庭作证外，1946 年 8 月 29—30 日，检方出庭举证，法庭出示、受理和宣读了国际检察局在中国调查搜集的数量庞大的书面证据，包括众多目击者、受害者的宣誓口供书、南京地方法院法官的报告、南京地方法院检察处敌人罪行调查报告、美国大使馆报告、驻中国外交当局报告、遇难尸体埋葬团体的统计资料等。

从 1947 年 5 月开始，有关南京大屠杀案的审理进入辩护方反驳举证阶段，由辩护方对检方的指控提出反击的证据。

---

① 《萨顿南京之行报告》（1946 年 6 月 13 日），杨夏鸣、张生编《国际检察局文书·美国报刊报道》，张宪文主编《南京大屠杀史料集》（29），第 97—105 页。

② 南京安全区国际委员会委员、青年会总干事乔治·菲奇 6 月 12 日曾前往东京作证，但最终未能出庭。

作为辩护方证人出庭的证人主要有原侵华日军上海派遣军法务官冢本浩次大佐、华中方面军参谋中山宁人少佐、驻南京日本大使馆参事官日高信六郎三人。他们主要为南京大屠杀案的被告广田弘毅（时任内阁外相）、松井石根和武藤章（时任华中方面军副参谋长）进行辩护。

1947 年 10 月，日本外务省东亚局长石射猪太郎出庭为广田弘毅作证，上海派遣军第十六师团参谋长中泽三夫大佐和上海派遣军饭沼守少将出庭为松井作证。作为辩护团，他们主要的任务是反驳检方所提出的指控。

辩护方在最终辩护时，向法庭递交了可称为全面总结材料的《所谓南京掠夺暴行事件》，该文件针对检方证据进行了十分周密的反驳，主要观点是：南京安全区国际委员会的证言和记录，非本人目睹，实属传闻；将中国军人于败退之际的杀人、掠夺、放火、强奸等行为归罪于日本兵所为；镇压化装为便衣兵（偷袭小分队兵）的中国军人不应属于违法杀戮；埋尸资料有掺水成分，妇女儿童的数字属捏造，均不足为信；日本占领南京前市内人口仅 20 万，不可能全部杀光；在近代城市攻防战争中，恶性事件的发生不可避免；日军征用、调用物资时向当地居民支付了军票或补偿金，不属抢劫；虽有强奸事件发生，但不存在有组织的大规模强奸，南京安全区国际委员会的记录系依据传闻；“大屠杀说”是中国政府惯用的排日、侮日政治宣传；驻南京的欧美人士充当中国宣传的外交先锋，引发谴责日本的浪潮。

以上归纳的被告辩护律师的观点，后来一直为日本右翼势力所利用。自 1980 年代以来，日本右翼所有否定南京大屠杀的谬论的原型几乎都出自东京审判辩护方的主张。但是，这些观点在东京审判的法庭上都被原告与检方提供的证据否定了。

经过 1948 年 2 月和 4 月的检方最后陈述和辩护方最终辩论阶段，法庭最后于 1948 年 11 月 4 日开始宣判，直到 12 日下午，宣判结束。关于南京大屠杀案，在 11 月 11 日判决书的第八章“一般战争犯罪”中，宣读了“南京的暴行”的判决书。在“南京的暴行”一节中，判决书用大量篇幅描述了日军占领南京之后在南京所进行的烧、杀、淫、掠的罪行。判决书称：

> 当 1937 年 12 月 13 日晨日本军队进城时，所有的抵抗都已停止。日本士兵蜂拥而至，并犯下了各种暴行。……日本士兵或单独，或三

五成群地在城中游荡，实施谋杀、强奸、抢劫和纵火，无任何纪律可言。……被占领后的第一个月中，南京城里发生了将近2万起强奸案。

后来的估计显示，在日军占领后的最初六个星期内，南京城内和附近地区被屠杀的平民和俘虏的总数超过20万。这一估计并不夸大其词，是可以通过埋尸团体和其他组织提供的证据加以证实的。这些组织掩埋的人数多达15.5万人。他们还报告说，大多数死难者都是双手被反捆着的。而且，这一统计数字还不包括那些被焚烧的、被扔进长江的以及被日军以其他方式处理的尸体。

没有任何托词可以为日军的野蛮行为辩解——南京并不是一个被长期坚守的阵地而最终投降，以致一时失控的士兵犯下暴行。大规模的强奸、纵火、谋杀在南京陷落后至少持续了6个星期，在松井和武藤进城后至少还持续了4个星期。①

在11月12日法庭宣读判决个人罪行的第十章判决中，根据罪状第55条，松井石根和广田弘毅因“不作为责任”被判有罪。在对松井石根的判决书称：“在长达6—7周的时间里，数以千计的妇女被强奸，10万人以上被屠杀，难以计数的财产被抢劫和焚烧。在这些可怕事件的高潮期间，12月17日松井石根举行入城仪式并在城内住了5—7天。……法庭认为有充分的证据显示松井石根知道正在发生的事情。他没有采取任何措施，那些能抑制这些暴行的措施。……他指挥着那支应对所发生事件负责的军队。况且他知道这些暴行，他既有权力，也有义务控制住他的军队和保护不幸的南京市民。他必须为他的渎职行为承担刑事责任。”②

在南京大屠杀案中，法庭认为1937年12月和1938年1—2月，广田弘毅身为外务大臣，在日军进入南京后，立即接到了关于日军暴行的报告，有证据显示他认为这类报告是可信的，并曾将这项报告咨照陆军省，并得到保证，说将停止这种暴行。他在得到保证后，至少有一个月仍收到暴行在持续的报告。但他没有在内阁会议上立即采取措施以阻止暴行，也

① 《判决书（有关南京大屠杀）》，杨夏鸣编《东京审判》，张宪文主编《南京大屠杀史料集》（7），江苏人民出版社、凤凰出版社，2005，第606—609页。

② 《判决书（有关南京大屠杀）》，杨夏鸣编《东京审判》，张宪文主编《南京大屠杀史料集》（7），第610—611页。

未采取其他任何可能的措施来阻止暴行，这是对本身义务的怠忽。他明知上述保证没有实行，并且每天都在进行着杀人、强奸妇女，以及其他暴行，却以此种保证为满足。其怠忽已达到犯罪的程度。

武藤章作为华中方面军副参谋长“属于部下，无法实施阻止这类事件的措施”。其不作为责任被认定无罪。但是武藤章因“破坏和平罪”，以及对菲律宾发生的各种残暴杀戮事件负有不作为责任而被判死刑。

1948 年 12 月 22 日夜晚，战犯松井石根和广田弘毅在东京巢鸭监狱被执行绞刑。

四 对细菌战与化学战战争罪行的调查与责任被免除

对于生物武器与化学武器的危害性和危险性，人类社会早有认识。所以早在 19 世纪末，国际社会曾专门就禁止在战争中使用包括生物与化学等有毒物质的原则达成共识，并先后签署了以下国际公约：1899 年第一次《海牙公约》，规定禁止使用以撒布窒息性或有毒气体为唯一目的的投射物；1907 年第二次《海牙公约》（关于陆战法规公约），规定禁止使用毒剂、撒毒兵器以及可能造成不必要痛苦的投射物和其他物质；1919 年《布鲁塞尔条约》，规定禁止德国制造、贩卖、使用及向其输入毒气；1922 年《华盛顿条约》，规定禁止制造和使用窒息性、中毒性气体以及类似的液体或材料；1925 年《日内瓦议定书》，规定禁止在战争中使用窒息性或中毒性的气体，以及一切与之类似的液体和其他物质。

日本政府参与了上述文件的制定，并批准了前 4 个条约，而且也是 1925 年《日内瓦议定书》的签字国。日本虽然在 1925 年后未正式批准《日内瓦议定书》，但是在众多的国际场合，甚至在国内和军队内都承认使用毒气违反国际公约。

1930 年，在日内瓦召开的一般裁军会议上，尽管许多国家认为在化学武器中威力最弱的催泪瓦斯不属于有毒的化学武器，不应在被禁止之列，但当时的日本代表团则在会议上表现非常激进，主张“应当绝对禁止使用化学武器、细菌武器和燃烧武器，而且军队的平时训练中亦必须禁止使用上述武器”，“平时对于化学武器的准备亦必须禁止”，“催泪瓦斯的危害程度亦很大，尤其与其他毒气在一般性攻击中同时使用的时候，更易酿成严重后果。因此应与其他毒气区别对待，应制定具体的禁止使用的范围”。[①]

1932年，在继续进行的日内瓦一般裁军会议上，日本代表在4月24日的发言再次重申：催泪气体在“与一般的攻击同时并用的情况下，会酿成重大的伤害。因此应与其他毒气同样纳入禁止应用的范围”。[②]

日本之所以在这些会议上做出对禁止化学武器积极甚至是激进的表态，正是为了掩盖自己对于化学武器的极大兴趣和实际上正在紧锣密鼓进行的化学武器的研制工作。因为当时的国际社会还没有获得有关日本化学战能力的情报，日本由此得到了秘密发展化学武器的极好时机。

日本军队的化学武器研究开始于1918年，当时，日本了解到一战期间化学武器曾在欧洲战场发挥巨大威力，因此极感兴趣，立即在陆军中成立了“临时毒气调查委员会”，在了解了国外化学毒剂以及武器的技术状况后，由设在陆军的科学研究所第二课化学兵器班承担化学武器的研究任务，后演变为该研究所的第三部。所以，当1925年禁止使用化学武器的《日内瓦议定书》签订时，日本军队正着手大规模制造化学毒剂。考虑到可能会受到国际舆论的压力和国内和平力量的反对，陆军决定在极其秘密的状态下，将制造毒剂的主要基地设在广岛附近的海岛——大久野岛上。1929年正式开工，当时的名称为“日本陆军东京兵工厂忠海制造所”。[③]侵华战争开始后，这里制造的化学毒剂占当时日本所有化学毒剂生产量的近90%。1933年，日本陆军成立了专门训练从事化学战军人的学校——陆军习志野学校，负责培训日本军队中专业的化学部队成员和普通部队中指导使用化学武器的参谋，第一任校长即后来在1937年进攻南京时担任第十六师团长的中岛今朝吾。

1937年，日本陆军将研究和改进的化学武器加以制式化，正式列为装备军队的武器。

日本军队在1937年发动大规模的侵华战争后立即将化学武器的使用作为重要的战略部署，7月27日，即在日本发动七七事变后仅20天，参谋

① 美国国会图书馆复制《日本外务省档案》（缩微胶卷）（Archives in the Japanese Ministry of Foreign Affairs, Tokyo, Japan, 1868 - 1945），中国国家图书馆藏，S2940 - 2，R. S94。

② 《日本外务省档案》，S2940 - 12，R. S608。

③ 〔日〕防卫厅技术研究所编《本邦化学兵器技术史》（技研资第31号　战争时期日本从事化学战军人在战后整理的资料），编者自印，1958。

总长闲院宫载仁就发布了“可在适当时机使用催泪筒”[①] 的指示，同时下令在驻华日本陆军中设置化学部队。[②] 第一批组建的化学部队分别被派遣到5个师团中，以后陆续被派遣到中国战场上的专门使用迫击炮进行化学战的迫击大队有9个，另外有十数支使用布撒器等进行化学战的野战毒气中队或小队。而在华北、华中和华南派遣军[③]中，都设有野战化学实验部，在关东军中设立了化学部。

1938年4月，载仁就使用呕吐性毒剂做出指示，命令各部队在复杂的山区作战时可在严格保密的前提下使用呕吐性化学毒剂，并要求尽量与烟幕弹同时使用。[④] 1939年，载仁再次就使用芥子气等糜烂性毒剂做出指示，要求各部队“研究该毒剂在作战时的价值”。据不完全统计，日本大本营就使用化学武器向各部队发出的指示在15次以上。[⑤]

日本军队在中国战场上使用化学武器的情况大体分为三种，一是在大规模的战役中使用化学武器，作为达到军事目的的手段，如1938年的宜昌作战、武汉作战等。由于这种战役规模比较大，日军有计划地使用化学武器，甚至在战争中进行化学武器实验，所以有比较详细的记载，包括准备和实际使用的化学武器的种类和数量等。二是在一般性的战争中或者是在较小规模的战斗中，日军根据情况机动地使用化学武器。这种情况比较复杂，也有偶尔留下记录的，多数情况下没有具体的记载。当时双方的战争参加者虽然在战后的回忆录中有所涉及，但是难以找到具体的数据。三是对平民使用化学武器作为迫害手段。日军对当时抗日力量所控制的地区进行“扫荡”时，经常使用化学武器对掩藏在地道中的平民进行攻击，这种情况多发生在敌后根据地和日军与抗日力量相持的地区。日本方面的文件中对此有所记载，但更多地反映在中国方面的资料里。当时，“毒瓦斯”这一名词在民间流传就是出于这一原因。

中国方面在战争期间曾多次向国际社会揭露过日军使用化学武器的罪行，也引起了国际社会一定的关注。特别是1942年5月29日，蒋介石电

---

① 〔日〕陆军习志野学校校史编纂委员会编《陆军习志野学校史》，编者自印，1987。

② 《日本大本营临参命第64号》，《大本营陆军部〈大陆命〉〈大陆指〉总集成》第2卷。

③ 当初日军并无“华南派遣军”之编制，所指系日军派驻华南地区的第二十一军。

④ 粟屋憲太郎、吉見義明、松野誠也編『毒ガス戦関係資料』不二出版、1989。

⑤ 《日本大本营临参命第64号》，《大本营陆军部〈大陆命〉〈大陆指〉总集成》第2卷。

令当时在美国的外交部部长宋子文转达他的如下意见：

> 浙赣作战时日本军队使用了毒气。1941 年 10 月在宜昌使用了芥子气。如果国际社会不对其谴责或对我国的抗议不立即给予支持的话，日本军队有可能变本加厉地大规模使用毒气。因此“需谋求对我国抗议的舆论支持。近来，英国首相发表声明，警告德国说：如在俄国战线开始使用毒气，则进行报复。应依照这一方式对日本施加压力，应与美国政府交涉，希望获得其措辞严厉的声明”。[①]

接到电报后，宋子文在 6 月 1 日上午会见美国副国务卿威尔斯（Sunlner Welles），在转交电报的同时，希望美国在日本继续使用毒气的情况下提出严厉的报复声明。威尔斯回答说，由于这样的决定只能由作为最高司令官的总统做出，所以要将电报转交总统。

6 月 5 日，美国总统罗斯福发表了谴责和警告日本使用毒气的声明。

> 美国政府已经得到了确凿的情报，证实日本军队在中国的许多地方使用了毒气（poisonous gas）和有害的气体（noxious gas）。如果日本继续对中国或其他盟国使用这一非人道的战争手段（inhuman form of warfare），我国政府将视其为对美国的战争行为，因此将毫不犹豫地使用同样的手段给予最大规模的报复。我想对此是毫无疑问和明白无误的。现在正在进行报复的准备，而一切责任，应由日本方面承担。[②]

1943 年 6 月 8 日，罗斯福总统在对日、德、意轴心国的声明中进一步明确指出：使用毒气“违反了文明化的人类社会的公理（Use of such weapons has been outlawed by the general opinion of civilized mankind）”，警告日本会进行报复。由于担心美国真的以化学武器进行报复，所以日本对在中国使用化学武器更强调要保密。1944 年 4 月 18 日，美国开始就对日本使用化学武器进行报复性毒气攻击的问题进行讨论。由于担心受到美国的报

---

① Department of State Decimal File 740. 00116, Pacific War/31.

② Department of State Decimal File 740. 00116, Pacific War/1 – 32, RG 59.

复，所以在那之后，日军在中国的用毒行为有所收敛。

另外，美国早在1939年就已经发现日本也在从事生物战即细菌战的研究。1938年5月10日，中国出席国联会议的代表顾维钧曾在讲演中谴责了日本军队违背国际公约进行化学战的行为，1940年代，美国出版的刊物 *China Handbook* 也曾谴责日本使用生物化学武器的行为。刚开始时，美国对日本的技术能力还有怀疑，认为其尚不具有实战的能力。但是1941—1942年，日本在中国许多地区实施细菌战的情报不断传来，美国意识到对日本的生物战能力不能低估，同时也认为需要实施细菌战计划。于是，1943年美国陆军化学战部在马里兰州建立了细菌战研究基地，开始紧锣密鼓地进行细菌战的准备。该基地在高峰时，曾有3900人工作。1944年，美国还在犹他州建立了新的实验场。由于美国是当时大国中最后着手开发细菌武器的国家，其技术甚至比一些小国家还落后。日本军队使用的细菌武器比美国的细菌武器更具杀伤力，所以美国对日本开发细菌武器的技术及实验结果特别感兴趣。①

日本宣布投降后，在麦克阿瑟抵达东京两天之前，美国便向日本派出了总统直接任命的11人调查团，调查日本在核、生物和化学武器方面的技术水平和实际力量。该调查团讯问的对象与检方不同，主要集中于技术领域，如讯问了日本内阁陆军省大臣下村定、参谋总长梅津美治郎、陆军省医务局长神林浩，以及与日本关东军七三一细菌部队部队长关系密切的军医大佐增田知贞、医学博士内田良一②中佐、军医少佐早川清以及军医大佐出月三郎、军医大佐井上隆朝等人。调查团中的军医中校、医学博士马勒·桑德斯（Marray Sanders）是美军生物化学战武器开发中心的成员，专门负责调查日本生物化学武器的研究开发问题。

桑德斯到日本后，曾看到许多检举信，揭露日本从事的细菌战研究，甚至也得到石井四郎利用活人进行人体实验的情报。桑德斯根据对这些人的询问撰写了报告，认为基本搞清楚了日本军队细菌部队的组成情况，以

① 〔美〕谢尔顿·H. 哈里斯：《死亡工厂：美国掩盖的日本细菌战犯罪》，王选等译，上海人民出版社，2000，第255—257页。

② 内田良一1939年曾向美国洛克菲勒研究所要求提供黄热病病毒，并称会支付3000美元，引起了美国方面的关注。见〔美〕谢尔顿·H. 哈里斯《死亡工厂：美国掩盖的日本细菌战犯罪》，第248页。

“防疫给水部”为掩护，生物武器的技术水平等问题。桑德斯的调查结果直接向麦克阿瑟最信任的负责情报（GⅡ，参谋第二部）的副参谋长威洛比（Charles Willoughby）汇报。[①] 不过，正如桑德斯后来也承认的，美国当时之所以如此重视日本的生物化学武器问题，并不是从日本的战争犯罪的角度考虑的，而是关注日本在这一方面的技术能力。从美国后来对待日本生物武器技术以及日军细菌战犯罪的态度来看，其以国家利益为基本原则的实用主义国际关系原则表现得淋漓尽致。

远东国际军事法庭设立后，根据《法庭宪章》，日本违反1899年7月29日在海牙缔结的关于窒息性毒气的国际宣言，违反上述国际宣言附件第23条甲以及《布鲁塞尔条约》第171条，在战争中开发研制细菌武器以及在战场上使用化学武器的问题自然成为法庭必须追究的战争责任问题。[②] 所以在国际检察局中，专门组成了调查组，组长为美国军事法官托马斯·H. 莫罗上校。在国际检察局的分组中，莫罗负责调查与中日战争有关的日本战犯的罪行，与中国检察官向哲浚在同一组。

调查组刚一开始工作就发现，早在战争期间中国国民政府已经就日本军队进行细菌战和化学战的问题向国际社会提出过控诉，并且取得了重要的相关证据。

1946年3月2日，莫罗向季南提交了12页的备忘录，列举1937年7月7日后淞沪会战、南京大屠杀、武汉会战等日本的侵华战争，特别是日本在中国的生物战与化学战的责任问题。[③] 为了搞清这些问题，莫罗提出要到中国进行实地调查。但是在去中国之前，莫罗提醒季南：日本军队使用细菌武器与化学武器不是战场指挥官的行为，而是日本政府的责任，要求审讯日本关东军七三一细菌部队的部队长、陆军中将石井四郎。当时，石井被拘留在盟军总司令部的参谋第二部中，由威洛比少将亲自负责。本来，莫罗作为检察官提出讯问战犯的要求是十分正当的，盟军总司令部应当支持，但是他的要求却遭到了参谋第二部的拒绝，因为关于日本军队进行细菌战的问题，盟军最高司令官麦克阿瑟已经保证不对其加以追究，即已经免除了从事细菌战的日本军人的战争责任。于是，3月12日，莫罗只

① 常石敬一『医学者たちの組織犯罪：関東軍第七三一』朝日新聞社、1994、32頁。
② 粟屋憲太郎『未決の戦争責任』柏書房、1994、44頁。
③ 粟屋憲太郎『東京裁判への道』下、84—114頁。

能前往中国搜集有关细菌战与化学战及其他战争犯罪的罪证，中国检察官向哲浚、美国来的法官大卫·萨顿与之同行。几天后，季南也来上海，与莫罗讨论在中国搜集证据的日程。[①] 在那之后，莫罗一行访问了北平、重庆和南京，会见各方面证人，包括国民政府军政部防毒处处长杨昌凯少将、卫生署署长金宝善博士以及美军驻中国联络官等。[②]

在战争中，中国国民政府军政部在得知日本军队对中国使用了化学武器后，专门设立了防毒处，搜集整理日军在中国的化学战中对中国军民造成伤亡的资料。但是由于中国方面关于化学战的知识不足，不能把所有受到化学武器伤害的情况都准确地记录下来，所以那些统计资料是很不充分的。而且即使有所记载，对于化学武器的种类、数量等也多语焉不详。莫罗在中国调查中得到了防毒处整理的报告，其中指出日军在中国使用化学武器共1312次；受到伤害的有36968人，其中死亡2086人。[③] 但是这一报告所涉及的受害人基本是能够统计到的军队方面的受害，不包括中共方面八路军、新四军的受害情况，也不包括日军在敌后战场和根据地的用毒情况。

日本虽然在中国战场上实施了化学战，但是因其技术基本上来自德国、法国，只有少部分属于自主开发，所以美国对日本化学战的水平并不关注。但是日本的细菌战则不同，其核心技术基本是自主开发的，并且使用活人进行人体实验，所以取得了几乎任何一个国家都不可能获得的成果，所以日本细菌战的技术水平达到了相当高的程度，保密程度也远远高于化学战。

---

① 1946年3月31日《申报》刊载的消息称："国际军事法庭首席检察官季楠等一行赴华，作短期旅行搜集证据后，已于本日返东京。中国出席国际军事法庭首席检察官向哲浚等同来。"

② 1946年4月7日《申报》刊载的消息称："东京远东国际军事法庭，为搜集有关南京大屠杀案中罪犯之证据及人证，特派审判官马鲁上校，调查专员柯莱暨中国检察官办事处秘书裘劭恒来京，已于4日到达……现已开始向各方调查中。现在南京或已移居外埠之人士，曾于南京沦陷当时亲见南京大屠杀情形，且能举出真确事实，足以为证者，可向马鲁上校等之办公处详报。如能至法庭作证，即可同往东京，闻证人所需之旅费及因赴日作证而损失之月薪或生活收益，均由该机关证明供给，并有酬报。"《东京国际法庭调查南京屠杀案证据，派马鲁上校等抵京办理》，《申报》1946年4月7日。

③ 国民政府军政部：《抗战八年来敌军用毒经过报告书》（1946年），原件藏中国第二历史档案馆。

石井四郎在从中国东北逃跑前，炸毁了七三一细菌部队的设施。他将许多重要的设施及财物用船秘密运回日本，先藏在金泽一个神社中，将资料藏在自己家的花园等地。为了迷惑他人，他找人在报纸上编造了自己已经死亡的消息。他的继任者北野政次在战败初期被关押在上海，但是很快逃脱，不知去向。

由于美军始终关注日本细菌战的动向，所以石井四郎的踪迹很快为盟军总司令部所侦知。早在 1945 年 10 月，盟军总司令部就已经决定在石井四郎交出资料后免除对他的审讯和判决。1946 年 1 月，盟军总司令部的对敌谍报部（CIC）发现了石井四郎及其继任者北野政次的踪迹，随后将之控制起来，派专家专程从美国的细菌战基地赶来进行讯问。在此期间，专家与石井四郎在镰仓进行了秘密接触。在接触中，作为中间人的是曾经担任过日本国会众议院议员但因不满东条的战争政策被监禁的龟井贯一郎。因为龟井曾获美国哥伦比亚大学博士学位，所以承担了美日之间的斡旋工作。经过龟井的斡旋，石井四郎表示会交出资料以换取美国人的信任。[①]据调查，石井四郎将资料交出后获得 100 万日元，此后一直藏匿在山间别墅中，没有作为战犯被逮捕。由于当时苏联方面也派人调查日军细菌战的情况，并且也找到过石井四郎，美国则认为得到石井四郎开发的进攻性细菌武器的资料具有战略价值，所以决定将石井四郎及日本细菌战的一切信息隐藏起来。[②]

国际检察局搜集日本战争责任证据的莫罗发现了石井四郎和北野政次的踪迹，于是立即向麦克阿瑟提出审讯两人的要求。但是，石井四郎和北野政次已经不在盟军总司令部对敌谍报部的管辖之下，而被美国陆军部技术谍报部直接管辖。但陆军部技术谍报部拒绝了莫罗关于审讯两人的要求。

尽管如此，关于日本细菌战的证据，仍被国际检察局不断地搜集到。1946 年 4 月，原一六四四部队队员向国际检察局提供了证言，名为《日军的罪孽活动证明》。内称：该部队对外称“防疫给水部”，任务是维护士兵健康与预防传染病，但在背后秘密制造霍乱、伤寒、鼠疫、痢疾等细菌，

---

① 常石敬一『医学者たちの組織犯罪：関東軍第七三一』76 頁。

② 西里扶甬子『生物戦部隊 731：アメリカが免罪した日本軍の戦争犯罪』草の根出版会、2002、71—72 頁。

并在 1942 年六七月，将制造的细菌撒布到以浙江金华为中心的地区。证言还谈到这当时给中国军队方面造成了相当大的伤害：由于中国军队撤退到日军撒布细菌的地带，在休整和住宿的时候，饮用和做饭都使用了当地被污染的水，以致多数人患传染病，日军中也出现了许多连带受害者。证言中关于分析日军使用细菌的目的称："将恶性猛烈的病原菌撒布到敌军阵地后方，人为地使传染病更猖獗，使敌军死亡，士气衰退为目的。但那样也对一般居民产生了恶劣的结果，是非人道的行为。"证言还提到在 1943 年 9 月中旬到杭州陆军医院的时候，看到当时医院中住满了患传染病的日军士兵，每天有 3—5 人死亡。

以上证言，是对日本军队 1942 年在浙赣作战中施行细菌战的揭露。这是在美国飞机开始轰炸日本时，日本为抢占在浙江的中国空军基地，阻止美军轰炸而实施的作战。当时的细菌战，是由七三一细菌部队部队长石井四郎指挥，在一六四四部队的协助下进行的。

1946 年 4 月 12 日莫罗返回东京后，于 23 日向季南进行了汇报。[①] 在报告中，他叙述了自 1937 年 7 月 7 日战争爆发后的战争基本情况，特别对日本实施的军事侵略计划，对中国的经济掠夺，在中国的鸦片、毒品政策，属于"违反人道罪"的对中国人民的残暴行为等，特别设专章记述了"违背国际法使用毒气的作战"和"通过撒布注入细菌的物质进行的细菌战"。

关于日军使用化学武器作战的情况，莫罗的报告引用了国民政府军政部防毒处整理的资料。这一资料证实，日本军队从进攻上海开始就已经使用了催泪性和喷嚏性的毒气，特别是从 1938 年 8 月的武汉作战开始，使用了剧毒性和糜烂性的芥子气和路易氏气。根据不完整的统计，1937 年至 1945 年间，日军使用毒气作战共 1312 次，使中国 36968 名军人受害，其中 2086 人死亡。莫罗的报告同时也附有因受到毒气攻击而受伤和阵亡的中国军人的照片。莫罗还确认了因为日本军队知道使用化学武器是违背国际公约的行为，所以使用化学武器的作战是得到日本政府和军队最高司令部的批准的。

关于细菌作战的情况，莫罗报告中的记述相对简略，只介绍了与金宝

---

① 「中国における度 1 区ガスの一般的説明（昭和十二年より昭和二十年の至る）」粟屋憲太郎、吉見義明、松野誠也編『毒ガス戦関係資料』。不过，莫罗当时的调查并不够充分和全面。

善博士会面的情况和日本军队在宁波、常德作战的有关资料。

盟军总司令部根据莫罗的报告，结合美军搜集的日本军队化学战的各种资料，形成了6卷日本化学战作战的完整报告书。①

这一时期，国际检察局还搜集到了日本军队实施化学战的最重要的证据资料，那就是由日本唯一的训练从事化学战作战军官的习志野学校编写的《支那事变化学战例证集》。② 这份资料把日本军队的化学战分成七种类型，每种类型举出若干战例加以说明。这七种类型分别是：（1）阵地攻击（分为使用喷嚏性和糜烂性毒气的攻击）；（2）遭遇战；（3）夜间攻击；（4）防御（分为使用喷嚏性和糜烂性毒气的防御）；（5）追击及脱离战场；（6）特殊地形的战斗；（7）对游击队的自卫作战。

以上七种类型共涉及56个战例，由于有许多被隐去了时间、地点和人名，对这些资料的分析相当困难。但是其中第40例是美军掌握的日军在宜昌作战中使用化学武器的战例，所以很快便解开了日军化学战的许多谜题。莫罗上校搞清了日本化学战的基本框架，即毒气武器的研究、开发属于陆军科学研究所（后更名为陆军第六技术研究所），由在濑户内海大久野岛上专门的毒气制造工厂大量制造，由在福冈县企救郡曾根的兵器制造所向炮弹、炸弹里面装填；另外，在东京设有专门培养化学战军官的习志野学校，在中国东北的关东军中，也有设在齐齐哈尔市郊区的化学部，形成日本化学战的完整体系。

《战例证集》的发现对莫罗起草起诉书有很大帮助，所以很快形成了对日本化学战作战犯罪的起诉书。8月6日开始，由莫罗对中日战争期间日本的战争犯罪宣读起诉书。

莫罗本来认为日本进行毒气战已经构成了明显的犯罪，完全应当提交国际法庭审判。所以在他原来提交的起诉状附件D中明确提出：1899年7月29日，日本与中国以及其他国家都在海牙通过的《关于窒息性毒气的

---

① 虽然目前只看到该报告书的目录，尚未看到全文，但也已经反映了当时美国对日本的化学战情况的了解程度。第一卷　整体性的体制、政策与意图、战术；第二卷　日本的化学战研究及其发展，附：关于毒气效果的基本研究；第三卷　日本的化学武器制造；第四卷　日本的化学战——补给体制与贮藏设备；第五卷　日本的化学战——装备与用具；第六卷　日本的化学战训练——攻击与防御。

② 〔日〕日本习志野学校：《支那事变化学战例证集》（1942年），粟屋憲太郎、吉見義明、松野誠也編『毒ガス戦関係資料』415頁。

国际宣言》上签了字，都承认上述《海牙公约》附件第 23 条以及《布鲁塞尔条约》第 171 条关于反对使用毒气的条款，而日本在对中国的战争中使用了毒气武器，是对“战争法规”的藐视，据此应将该国诉之于国际法庭。

但实际上，莫罗从 6 日开始宣读起诉书，直到 8 日结束，所涉及的问题有炸死张作霖的皇姑屯事件、九一八事变、卢沟桥事变，以及日本对中国的其他军事和政治侵略的罪行，并列举了南京大屠杀等日军大量残害中国人民的事件，揭露了日本在中国大量生产鸦片等毒剂的行径，但是有关日本进行细菌战和化学战的问题却丝毫没有触及。更奇怪的是，在宣读了起诉书检方开始举证的时候，主要的担当者莫罗却在 8 月 12 日突然被召回国。显然，这一举动与担心莫罗坚持继续追究日本的细菌战与化学战责任有关，本来要宣读的起诉书中关于日军化学战的部分被掩盖了，检察团最终放弃了对这一罪行的指证。①

1946 年 11 月 29 日，国际检察局将从盟军总司令部化学部借用的有关日本军队化学战的资料归还，称那些资料对于审判已没有作用。也就是说，检方已经彻底放弃对日本化学战的追究。

不过，即使将莫罗调回国，仍无法掩盖日本细菌战与化学战的罪行。8 月 29 日，就日本在南京大屠杀事件中的罪行进行举证。美国检察官助理大卫・萨顿在对南京大屠杀中的日军暴行进行举证的时候，利用了南京地方法院揭露一六四四部队（多摩部队）罪行的资料，却在无意中触及日本细菌战的问题，因为一六四四部队正是日本细菌战体系中重要的一环。在法庭的速记录中记述如下：

> 敌，多摩部队，对俘获的我国人民进行医药实验，对其体内注射各种有毒细菌，观察其反应。因该部队系最为秘密之机构，故确切死亡人数不可考。牺牲猫狗等动物进行医药实验尚为仁者所不忍，被俘之我同胞之处境竟不及猫狗，其情甚为悲惨。由此可见敌人罪行实为残暴凶恶无道之极。

① 吉見義明『毒ガス戦と日本軍』岩波書店、2004、269 頁。

上述证词使在场的听众十分震惊，因为对于许多人来说这是闻所未闻的。然而，主持宣读起诉书的首席法官韦伯却打断了美国检察官的举证，理由是检察官前述的用活人进行人体实验应提供新的证据，但与南京大屠杀无关。他询问检察官是否准备就这一情况专门提供其他的证据。由于美国检察官并非专门就日本的细菌战问题举证，所以没有提供其他新的证据。于是对于细菌战的追究也就到此为止。①

1947 年 1 月，国际检察局中的苏联检察官与盟军总司令部参谋第二部威洛比少将联络，要求审讯以石井四郎为首的七三一细菌部队的主要成员。与美国关注日本细菌部队的技术问题不同，苏联方面特别提出了七三一细菌部队利用活人进行人体实验属违反人道的问题，而这恰恰是美国方面一直没有注意到的。根据苏联方面的通告，美国方面再次对石井四郎等有关人员进行讯问，才终于了解到日本细菌战违背人道的这一核心问题。苏联认为对石井四郎的审讯仍然不够充分，所以在 1949 年 12 月 25 日到 30 日，又在远东地区的伯力（哈巴罗夫斯克）单独审讯了被苏联俘获的与七三一细菌部队有关的 12 人。1950 年，伯力的审讯资料被公开，国际社会终于初步了解了日本在战争中进行细菌战的罪行。

美国方面的文件说明了莫罗在宣读起诉书之前被召回国，是日本细菌战与化学战的罪行未能得到追究的原因。

1947 年 5 月 6 日，麦克阿瑟发给美国国务院的电报（C52423 号）中谈到如何通过秘密手段获取日本军队细菌武器研究的情报的问题，电报谈到在与石井四郎交涉的时候，石井四郎提出，若能够得到免除自己及其部下战争责任的正式文件，他愿意将细菌战研究的成果全部交出。关于这一情况，在美国国务院一份文件中有所记载，即 1947 年 9 月 8 日由国务院远东委员会给麦克阿瑟的“备忘录”（SFE188 - 2 号），其中说：“关于从石井及其部下手中搞到必要的情报问题，因为这些情报是美国从秘密渠道得到的，可以不向那些日本人承诺不将这些情报作为‘战犯’的证据来使用。如果有那样危险的承诺，将来很有可能使美国处于被动局面。所以做出承诺不是好的办法。但是从安全保障的角度，阁下不应将石井及其部下作为战犯起诉，不做承诺，像过去那样必须将那些情报一件不漏地继续抓

① 吉見義明『毒ガス戦と日本軍』108 頁。

到手。”在另一份1947年12月12日完成的名为《关于细菌战调查的概要》的报告（APO500号）中，还记载了美国为得到细菌战的有关资料花费了25万日元。①

日本军队的化学武器以及化学战的问题之所以未被起诉，则有另外的原因。

原来，在远东国际军事法庭开庭后不久，1946年6月1日，后来成为美国总统而当时任陆军参谋长的艾森豪威尔就通过麦克阿瑟发给首席检察官季南一封机密电报，希望季南注意到：如果根据起诉书“附录D”对日本在中国的化学战责任进行追究的话，将与美军《野战基础教范FM27－10》中的原则相矛盾。② 也就是说，如果追究日本化学战的战争责任，那么将会束缚美国军队今后对化学武器的使用。显然，美国对自身利益的重视超过了对国际正义的维护。这就是国际检察局之所以终止对日本化学战战争责任追究的根本原因。

第四节 对乙、丙级战犯的审判与南京审判

一 对乙、丙级战犯的审判

根据《波茨坦宣言》的精神，盟军总司令部在公布《远东国际军事法庭宪章》的时候，明确了对“破坏和平罪”、“通例的战争犯罪”和“违反人道罪”进行审判，并且声明：远东国际军事法庭的设立“不得妨碍为审理战犯而在日本或曾与日本处于战争状态之联合国家成员国已设置或行将设置之任何国际、国内或占领地法庭或委员会以及其他法庭行使司法权”。③ 所以，战后的审判基本确定了甲级战犯由国际军事法庭审理，乙、丙级战犯则由罪行发生所在国家军事法庭依据国际法与本国刑法进行审判

---

① 松村高夫、金平茂紀『ヒル·レポート—七三一部隊の人体実験に関するアメリカ側調査報告（1947年）』上『三田学会雑誌』84巻2号、1991年7月。

② Chief of Staff, War Department to CINCAFPAC (For Keenan, IPS) WAR89849, June 1, 1946, R 6－9, Incoming Messages, Box 99, Douglas MacArthur Archives. USAFPAC, AG, Radio and Cable Section Messages 1944－1946, RC 496, Entry 245, Box 1884, NARA.

③ 《盟军最高统帅部关于颁布远东国际军事法庭宪章的特别声明》，杨夏鸣编《东京审判》，张宪文主编《南京大屠杀史料集》（7），第5—6页。

的框架。

《战犯被告人审判规程》规定了关于战犯的甲、乙、丙级三项内容。其中，关于乙级战犯犯罪系违反 1907 年《海牙公约》中的“关于陆战法规与惯例的条约”及 1929 年《关于战俘待遇的公约》而进行的杀人、虐待俘虏和掠夺的行为。包括在占领地内对一般民众的杀害、虐待或奴役劳动，以及为其他目的的移送，对俘虏、被关押者的杀害与虐待，对人质的不当待遇，对公私财产的掠夺，对都市乡村的恣意破坏，不正当的废弃等，都属于这一战争犯罪的范畴。关于丙级战犯犯罪，系战前或战争中对一般民众的杀害、歼灭、奴隶化、移送及其他的反人道的行为，即违反人道罪。日军在战争中强征劳工以及强征“慰安妇”的行为均属于这一战争犯罪的范畴。但在实际审判中，对上述两种情况是很难分清的。所以在战后的审判中，除了明确将破坏和平罪归为甲级战犯加以审判外，一般是将乙、丙级两类战犯放在一起审判的，与军人的职别没有直接关系。

盟军占领日本后，立即开始了逮捕审判乙、丙级战犯的相应工作。设在东京的美军主要处理乙、丙级战犯的机关是盟军总司令部法务局调查处（甲级战犯则通过国际检察局），法务局在横滨、马尼拉设两个分局；内设澳大利亚、英国、加拿大、中国处和法国联络组，协助法务局调查处调查战争犯罪。另外，在中国上海的美军总司令部以及在印度新德里的印缅战区美军总司令部设法务部战争犯罪局，作为与中国、印度政府的联络机关，在关岛的太平洋区域美国海军司令部内设战争犯罪局，负责调查日本在夸贾林、威克岛的战争犯罪。

对日本国内的战犯逮捕，自 1945 年 8 月 30 日盟军进驻开始，由盟军总司令部法务局与进驻各地的美军法务部、对敌谍报部队、搜查部协调，通过对在日本和朝鲜半岛关押的盟军战俘的讯问调查、对管理战俘收容所有关人员的询问，以及对日本政府提供有关战俘的资料等综合考察后，将与虐待战俘的有关人员召唤到东京丸之内的明治大楼进行调查讯问，并准备资料。1945 年 9 月 11 日发出的逮捕令包括了甲乙丙级三类战犯嫌疑人，其中包括中将本间雅晴在内的与战俘收容所有关的人员。9 月 30 日，发出了对菲律宾巴拉望岛上战俘收容所中与虐杀战俘事件有关的 34 人的逮捕令。

除澳大利亚对乙、丙级战犯的逮捕持续到 1950 年外，各国对乙、丙级战犯的逮捕大体在1948年结束，逮捕达5.5万人以上。

英国军队总司令部在新加坡，所以战犯管理机关也在新加坡，为战争犯罪局（内设战争犯罪调查部、战争犯罪登录部、战争犯罪法律部）。各地乙、丙级战犯的搜查、逮捕由当地军队司令部负责，司令部联络官认定的战犯嫌疑人，先被送到战争犯罪登录部，经过受理、登记后，送到战争犯罪法律部，那里负责进行起诉、审判的准备工作。逮捕的范围比较宽泛，包括全体宪兵队员、战俘收容所职员。

日本投降后，同盟国方面的美国、英国、澳大利亚、菲律宾、法国、荷兰、中国均根据上述原则，分别在本国设立了审判战犯的法庭，依据本国的法律对在战争中犯下罪行的战犯进行了审判。这一审判一般被称为乙、丙级战犯审判。

由于对乙、丙级战犯的审判分散在7个国家的许多地方，所以与对甲级战犯审判最大的不同是，对乙丙级战犯的审判由各国依照本国法律进行，而不是根据完全同一的原则。

首先，各国采用的诉讼程序有所不同。中国、法国、荷兰采用的诉讼程序属于大陆法系，美国、英国、菲律宾采用的诉讼程序则属于英美法系。至于对被告的辩护，一般是由审判国的律师担任，但留在所在国的原日本法官和司法人员也有人充当临时辩护人，只有中国除外。到1946年2月后，盟国也允许从日本派遣专门的律师和翻译参与审判过程。

其次，各国对乙、丙级战犯审判均出台了相应的规程。

美国虽然也参加了1943年在伦敦成立的盟国战争犯罪调查委员会，但在审判战争犯罪的问题上，基本还是依照国务院和陆军部、海军部组成的三部门协调委员会的命令进行，所以其逮捕、审判与处罚的基本方针与其他盟国成员有所不同。最重要的区别是，由各军司令官设立军事委员会（Military Commission），审判战犯在各军事委员会下设的军事法庭（Tribumal）进行，而不在普通的法庭（Court）进行。这是沿用了美国自1920年以来军队通过军事委员会处理违法事件的习惯。

美国共在5个地方进行了审判。在马尼拉关于山下奉文的审判，是由美国太平洋地区陆军总司令部于1945年9月24日颁布的《战犯审判规程》确定原则。但在横滨、马尼拉的审判，则是由盟军总司令部1945年12月2日颁布，12月27日部分修订的《战犯被告人审判规程》规定原则。在上海的审判，遵循的是驻中国美军总司令部 1946 年 1 月 21 日颁布的《战犯审判规程》。在夸贾林、关岛的审判，是根据美国太平洋舰队颁布的《召集军事委员会命令》和《海军法庭及委员会规程》。

英国对乙、丙级战犯的审判，依据的是英军在 1945 年 6 月 18 日公布，同年 8 月 9 日和 1946 年 1 月 31 日、2 月 28 日修订的《战犯审判规程》（英国军令第 81 号）以及 1946 年 4 月颁布的《关于战争犯罪的搜查及战犯审判原则》（东南亚盟军关于战犯训令第 1 号）。

澳大利亚对乙、丙级战犯的审判，是依据其在 1945 年 10 月 11 日颁布的《1945 年战争犯罪法》和 1945 年 10 月 25 日颁布，1946 年 2 月 20 日、3 月 20 日修订的《战犯审判规程》。

菲律宾进行的乙、丙级战犯审判，系根据行政命令第 68 号《关于在菲律宾岛设立法务局及审判战犯的规则与规程》。

法国依据 1944 年 8 月 28 日颁布的《关于战争、战争犯罪和制裁战争犯罪的原则》对乙、丙级战犯进行审判。

荷兰根据 1946 年第 44 号《关于战争犯罪概念规定的总督令》、第 45 号《关于战争刑法的总督令》、第 46 号《关于战争犯罪审判的总督令》对乙、丙级战犯进行审判。

中国则是依据 1945 年 9 月 14 日行政院通令修正的《敌人罪行调查办法》及《敌人罪行种类表》、《战争罪犯处理办法》、《战争罪犯审判办法》、《战争罪犯审判办法实施细则》、《战犯审判条例》对乙、丙级战犯进行审判。

最初对于乙、丙级战犯的审判，是 1945 年 10 月 8 日由驻菲律宾美军在马尼拉设立的法庭对日本第十四方面军司令官、陆军大将山下奉文进行的审判。由美国进行的乙、丙级战犯审判，一共在 5 个地方进行，即马尼拉、横滨、上海、夸贾林、关岛；共起诉了 456 件、1453 人，其中死刑 255 人，无期徒刑 124 人，有期徒刑 830 人，无罪释放 167 人，免予起诉 77 人。①

战后同盟国在本国或在占领地设立的独自进行审判的法庭，共 49 处，

① 判决后被确认的为死刑 143 人，无期徒刑 162 人，有期徒刑 871 人，无罪释放 188 人，免予起诉 89 人。『東京裁判ハンドブック』220 頁。

具体为：美国，5处；英国，11处；荷兰，12处；澳大利亚，9处；中国，10处；法国，1处；菲律宾，1处。

这里所说的中国的10处，是指在1949年中华人民共和国成立前，由国民政府主持进行的战犯审判，不包括1956年在沈阳、太原进行的审判。

上述对乙、丙级战犯的审判，共审判案件2244件，涉及5700人。从判决结果看，其中判处死刑984人，判处无期徒刑475人，判处有期徒刑2944人，宣布无罪释放1018人，未予起诉等共279人。从被起诉人员的结构上看，来自日本陆军的占75%，来自日本海军的占20%，来自非军界的日本人占5%。[①]

表2-1 按国别统计的乙丙级战犯审判一览

国家	件数	人员	死刑	无期	有期	无罪	其他	备注
美国	456	1453	143（3）	162（2）	871	188	89	死刑中的（3）与无期中的（2）为判决后减刑的人数
英国	330	978	223	54	502	116	83	
澳大利亚	294	949	153	38	455	267	36	
荷兰	448	1038	236（10）	28（1）	705	55	14	死刑中的（10）与无期中的（1）为判决后减刑的人数
法国	39	230	63（37）	23（4）	112（2）	31	1	死刑中的（37）、无期中的（4）和有期中的（2）为未逮捕而缺席审判的人数
菲律宾	72	169	17	87	27	11	27	
中国	605	883	149	83	272	350	29	
总计	2244	5700	984	475	2944	1018	279	

资料来源：『東京裁判ハンドブック』219頁。

在被起诉的5700人中，主要对象一是战争中的宪兵，因其地位特殊且直接参与对民众的镇压，所以民愤极大，占起诉总数的37%；二是与虐待战俘有关的战犯，占被起诉总数的17%，其中美国对此类人员起诉最多。

① 『東京裁判ハンドブック』82頁。

表 2－2 宪兵及虐待战俘战犯情况

	与虐待战俘有关的战犯，占全部被起诉战犯的 17%				宪兵，占全部被起诉战犯的 37%			
	件数	人数	有罪	死刑	件数	人数	有罪	死刑
美国	237	512	485	34	—	—	—	—
英国	50	179	157	33	152	408	318	84
澳大利亚	38	205	177	35	—	—	—	—
荷兰	—	—	—	—	115	385	354	83
中国	—	—	—	—	232	357	224	69

资料来源：『東京裁判ハンドブック』101 頁。

表 2－3 乙、丙级战犯判决中的日本人、朝鲜人与台湾人

审判国		美国	英国	澳大利亚	荷兰	法国	菲律宾	中国	总计
件数		456	330	294	448	39	72	605	2244
人数		1453	978	949	1038	230	169	883	5700
	日本	1446	896	849	963	230	169	826	5379
	朝鲜	3	56	5	68	0	0	16	148
	台湾	4	26	95	7	0	0	41	173
具体判刑人数	死刑	143（3）	223	153	236（10）	63（37）	17	149	984 *
	朝鲜	1	10	—	4	—	—	8	23
	台湾	1	6	7	2	—	—	5	21 **
	无期	162（2）	54	38	28（1）	23（4）	87	83	475
	朝鲜	—	9	1	—	—	—	8	18
	台湾	—	—	—	—	—	—	—	—
	有期	871	502	455	705	112（2）	27	272	2944
	朝鲜	2	37	4	64	—	—	—	107
	台湾	3	20	84	5	—	—	35	147
	无罪	188	116	267	55	31	11	350	1018
	其他	89	83	36	14	1	27	29	279 ***
	朝鲜	—	—	—	—	—	—	—	—
	台湾	—	—	4	—	—	—	1	5

*（）内为判刑后减刑人数，故实际执行死刑为 934 人。

** 被处以死刑的台湾人实际为 26 人，其中 5 人因审判国不明列在“其他”中。

*** “其他”包括免予起诉、死亡或逃亡者。

资料来源：根据丰田隈雄「戦争審判余録」中「韓国出身戦犯者同進会名簿」「台湾出身戦犯者同志会資料」及内海愛子「朝鮮人 BC 級戦犯の記録」『東京裁判ハンドブック』附录。

另外，苏联方面根据刑法第58条，以反苏、间谍和反动分子的名义对战后被转移到苏联的日本关东军中的乙、丙级战犯也进行了审判，以在哈巴罗夫斯克对日本细菌战罪行进行的审判为代表。因苏联方面没有公布具体数据，只知道对逮捕战犯进行了审判，没有死刑，据估计，受刑人员达10000人左右。①

被判决的日本乙、丙级战犯，一般是在审判国的当地监狱服刑，未判决的则被关押在拘留所中。“旧金山和约”缔结后，根据条约规定，战犯的管理被引渡到日本。所以到1958年12月29日，全体犯罪人都被释放。

日本的靖国神社在1959年4月6日、10月17日和1966年10月18日，分三次将被判处死刑的乙、丙级战犯939人全部合祀到靖国神社。

1952年4月15日，澳大利亚宣布解除尚未逮捕的与日本军队有关的6人的逮捕令，结束了对日本战争犯罪的追究。但是，欧洲对纳粹的战争犯罪的追究则始终持续着。1968年11月26日，联合国大会采纳了《关于战争犯罪及反人道罪不适用时效的提案》。

在乙、丙级战犯的审判中，许多被告强调自己的行为是在执行政府或者上级的命令，据此不承认自己的责任。对于这一问题，自第一次世界大战以来，各国政府的认识与判断就有分歧，对于执行命令者是否应被追究，态度并不相同。第二次世界大战以前，在许多国家的军事法典中，对于因执行命令违法的责任，规定只由发布命令的上级负责。到第二次世界大战末期，美国在1944年11月15日修改了《陆战法规教范》，提出不能免除因执行命令违法的责任，但是可依实际情况具体掌握。英国也同时根据这一原则修改了《陆战法规教范》。1945年6月6日，在伦敦会议上专门就这一原则进行了讨论，形成了此后《远东国际军事法庭宪章》的第6条，称“对于被告人执行其政府或上级命令的违法行为，不能为其解除责任，但可在体现正义的原则下依照实际情形予以减刑”。不过，在上级以各种巧妙的方式掩盖其自身责任的情况下，如何判断实行者的责任就成为复杂的问题。另外，执行上级命令的下级的行动，也有积极与消极的区别，何况日本军队在执行命令方面，很少有违背上级意志的，更勿提抗命不遵，所以，对乙、丙级战犯的审判完全正当，也十分必要。

① 一又正雄「BC級戦犯裁判の全貌」『東京裁判ハンドブック』91頁。

二　南京审判及中国其他各地对日本战犯的审判

中国国民政府军事委员会早在1943年就开始配合同盟国进行日军罪行的调查，1944年5月在重庆设立战争犯罪调查委员会远东太平洋分会。1946年2月15日，远东分会向盟国战争犯罪调查委员会提出了逮捕1010人的日本人名册，印成9册，另还有第10册正在印刷中，列有88人。到1946年11月，得到16000余件关于日本战争犯罪的控诉材料，其中3000件用于起诉，7000件由中国方面直接处理，余下6000件正在调查中。[①]

1945年5月26日，在日本即将投降前，行政院发布了由蒋介石签署的《行政院关于调查敌人在华暴行的训令》，要求各省县地方法院或承审机构指定专员进行调查，并对调查有十分具体严格的规定，要求将调查数据依照规定填写表格，并经逐级审核，保证填写的证据相当确实后报司法行政部和外交部。[②]

1945年9月14日，《解放日报》发表了《严惩战争罪犯》的社论，表达了中共惩治日本战犯的严正立场，“这并不是为了报复，而是为了正义，为了将来的持久和平”，并将战犯按其罪行分为三类：“首先是准备发动侵略战争以及执行战争的军事指导者，应作为首要战犯惩办，如荒木贞夫、本庄繁、土肥原贤二、东条英机等”；“其次是战争的同谋者以及与军部合作积极支持战争者”，由皇室、重臣、财阀，以及反动政治家、法西斯团体负责人所组成；“对于违反战争法律与惯例以及违反人道的罪行，如屠杀、虐待俘虏，杀害奴役、侮辱平民、抢劫、破坏私人及其公共财物等暴行者，不管其职位高低，都应受刑法的制裁”。

社论还指出，“日皇裕仁是国家的元首，又是陆海空军大元帅，自然也不能逃避对战争应负的责任”，并强调“每个国家以及曾被侵占的地区，都有权审判一切侵害他们利益的罪犯”，要求“已离开占领区的畑俊六、下村定等必须解回原地区受审”。[③]

1945年11月5日，中国解放区战犯调查委员会在延安成立，由吴玉

---

① 岩川隆『孤島の土となるとも：BC 級戦犯裁判』講談社、1995、447 頁。

② 《行政院关于调查敌人在华暴行的训令》，胡菊蓉编《南京审判》，张宪文主编《南京大屠杀史料集》（24），第10页。

③ 《严惩战争罪犯》，《解放日报》1945年9月14日。

章、林伯渠、李克农等22人组成，吴玉章任主任。该调查委员会重新认定日本战犯的六类罪别标准，并通电各解放区成立战犯调查委员会分会进行详细调查。[①] 从1945年12月15日开始至23日，中国解放区战犯调查委员会陆续公布第一批日本战犯名单，共365人，其中战争的组织与发动者有冈村宁次、吉田茂等167人，与军部合作、积极支持侵略战争者198人，并呼吁“对于这些罪恶滔天的东方战争祸首，亟应立予逮捕，受到盟国最厉害的制裁”[②]。

根据战犯处理委员会的规定，1945年12月中旬，国民政府分别在南京、上海、北平、汉口、广州、沈阳、徐州、济南、太原、台北等十地成立审判战犯军事法庭，除南京法庭直属陆军总部外，其余隶属各绥靖区，分别审判各地战犯。1946年2月，国民政府军事委员会审议通过《战争罪犯审判办法》《战争罪犯处理办法》《战争罪犯审判办法实施细则》，对战犯行为、检举、逮捕、判决、行刑等各方面都做了详细具体的规定。1946年10月23日，国民政府公布了《国民政府关于战犯审判条例》。该条例规定对战犯的审判适用国际公法及本条例，并明确审判对象为违背国际公约，计划、阴谋、预备发动或支持对中国之侵略的外国军人或非军人，在对中国作战中违反战争法规及惯例直接或间接施暴的外国军人或非军人，用各种手段意图奴化、摧残或消灭中华民族的外国军人或非军人。[③]

由于日军在占领南京之际制造的大屠杀是战争期间日军所犯的典型暴行，一直受到国际社会的关注，所以也是战后战犯审判中首先被关注的问题。在1945年12月25日战犯处理委员会第七次常会上，就讨论了对南京暴行的处理问题，同时在南京也开始了对暴行受害资料的搜集工作，首都（南京）地方法院检察处奉令调查敌人在南京的罪行。[④]

经过市政府和警察厅的大力推动，到1946年2月，南京敌人罪行调查委员会共获得500余份资料。其内容涉及日军在南京的屠杀、伤害、奸淫、劫夺、破坏、强制服役等，中岛、长谷川等29支日军部队罪行总数达

① 《中国解放区战犯调查委员会成立》，《解放日报》1945年11月9日。

② 《中国解放区战犯调查委员会公布首批日本战犯名单》，《解放日报》1945年12月15日。

③ 《国民政府关于战犯审判条例》，见胡菊蓉编《南京审判》，张宪文主编《南京大屠杀史料集》（24），第30—36页。

④ 本节所指战后南京大屠杀案的社会调查区域基本上局限在南京市13个行政区域，并不包括南京周边地区。

295882 种。[①] 检察官陈光虞在调查报告中称："敌人罪行残暴凶悍毒辣，无所不用其极，综计所获材料，被杀害人之确数达三十余万，烧毁房屋达四千余幢，被奸淫及拒奸而死者二十三人，被逮捕生死不明者共一百八十四人，其他尚待调查，实人类史上空前未有之惨剧。"[②]

1946 年 1 月 29 日，战犯处理委员会就对搜集到的侵华日军南京大屠杀资料的处理做出决议："由军令部有关单位搜集侵华日军南京大屠杀案犯及屠城资料提供给司法行政部；并电陆军总部设法详查日军在南京屠城时，日本战犯的姓名；外交部搜集南京大屠杀的案卷，移交司法行政部办理。"为了配合远东国际军事法庭和南京审判战犯军事法庭对南京大屠杀案审判的需要，战后南京各界进行了较为深入的侵华日军南京大屠杀罪行的调查。[③]

1946 年 2 月 15 日，南京审判战犯军事法庭成立，最初全称为"中国陆军总司令部审判战犯军事法庭"，国民政府战犯处理委员会任命石美瑜为审判战犯军事法庭庭长，王家楣为主任检察官，陈光虞、李波、徐乃堃、高硕仁、施泳等为检察官，陆起、李元庆、林建鹏、叶在增、孙建中、龙钟煜、张体坤等为审判官，统一审判由中国驻日代表团引渡和从全国各地法庭移交的重要日本战犯。同年 7 月，国民政府国防部成立后审判战犯军事法庭改隶于国防部，易名为"国防部审判战犯军事法庭"。[④]

南京审判战犯军事法庭成立后，其最重要的工作是审判南京大屠杀案的战犯。这时，远东国际军事法庭也刚刚开庭，所以 1946 年 6 月 10 日蒋介石召见南京市临时参议会的议长陈裕光、副议长陈耀东和秘书长萧若虚，提出："沦陷时期敌人在京大屠杀案，所有罪犯在东京已开始审讯，惟在证据方面仍应加以搜求，以供献于远东法庭，并使所有罪犯无从逃避。"[⑤]

---

① 《敌人罪行调查统计表》（1946 年 2 月），郭必强、姜良芹等编《日军罪行调查委员会调查统计》（下），张宪文主编《南京大屠杀史料集》（21），第 1726—1727 页。

② 《首都地方法院检察处调查敌人罪行报告书》（1946 年 2 月），郭必强、姜良芹等编《日军罪行调查委员会调查统计》（下），张宪文主编《南京大屠杀史料集》（21），第 1724 页。

③ 《关于南京人民陈诉南京大屠杀案资料初步整理的报道》，《中央日报》1946 年 1 月 30 日。

④ 为行文叙述方便，亦简称南京审判战犯军事法庭。

⑤ 《南京大屠杀案敌人罪行调查委员会第一次会议纪录》（1946 年 6 月 23 日），郭必强、姜良芹等编《日军罪行调查委员会调查统计》（下），张宪文主编《南京大屠杀史料集》（21），第 1693 页。按，《南京市临时参议会协助调查南京大屠杀案经过概述》（1946 年 11 月）一文称蒋介石召见的日期是 6 月 11 日。

6月23日，南京市临时参议会主持召开了南京大屠杀案敌人罪行调查委员会第一次会议。南京大屠杀案敌人罪行调查委员会分别由南京市临时参议会议长陈裕光、副议长陈耀东任正、副主任委员，南京市临时参议会秘书长萧若虚任总干事。在南京市13个区设置调查小组委员会，全面负责各项罪行罪证之搜集、调查、统计与汇报，由各区区长负实际指挥之责。

该委员会工作从1946年6月起，至9月底全部完成，除对过去若干机关已调查的事实进行复查外，重点是对沦陷滞留南京的市民进行个案调查。计有确实人证案件2784件，根据调查结果制成被害人伤亡统计表、侵华日军罪行各类统计表、可出庭作证被害人住址姓名表，撰写了南京大屠杀惨案述要，分别提供给远东国际军事法庭和南京审判战犯军事法庭，作为审讯日本战犯之证据。从调查罪行种类来看，其中枪杀1159件、用刺刀刺杀667件、集体屠杀315件、拉夫285件、烧杀136件、打死69件、先刑后杀33件、先奸后杀19件、炸死19件、强奸16件等。从受害者性别来看，男性死伤及生死不明者计2292件，女性死伤及生死不明者计478件，性别不明者计14件。[①] 从调查的内容来看，南京大屠杀案敌人罪行调查委员会的调查集中在日军的屠杀和强奸两个罪行方面，基本没有涉及抢劫公私财产和焚烧行为。在个案调查方面，该委员会提供了较为典型受害者的10个案例，除庄少德案同南京大屠杀没有关联外，其他9人如柏鸿恩、李秀英、殷有余等均为大屠杀受害者。另外，委员会搜集到由市民吴旋提供的反映日军暴行的16张照片，影响巨大。

在南京大屠杀案罪行调查的基础上，战犯处理委员会要求对南京大屠杀案有关之首要战犯应从严处理。司法部根据有关的罪行统计，公布了南京大屠杀案战犯名单，共计83名，确定被告姓名、官阶、隶属单位的战犯59名，其中师团长以上的战犯12名，其他均为基层部队指挥官。[②] 通过盟军总司令部接洽，积极要求逮捕或引渡南京大屠杀案战犯到南京接受审判，先后引渡的主要战犯有谷寿夫、田中军吉、向井敏明、野田毅等四

---

① 《南京市临时参议会检送南京大屠杀案敌人罪行种类统计表等公函》（1946年10月5日），郭必强、姜良芹等编《日军罪行调查委员会调查统计》（下），张宪文主编《南京大屠杀史料集》（21），第1707—1717页。

② 《司法行政部关于南京大屠杀案战犯名单》（1946年），胡菊蓉编《南京审判》，张宪文主编《南京大屠杀史料集》（24），第54—57页。

人。对这四人的审判备受瞩目。

战犯谷寿夫，日本东京人，1882 年出生，毕业于日本陆军士官学校和陆军大学，是南京大屠杀案的罪魁祸首。1946 年 2 月 2 日，谷寿夫被盟军总司令部逮捕。同年 8 月被引渡到中国，关押在上海，10 月 3 日被移送南京接受审判。12 月 31 日，南京审判战犯军事法庭正式以破坏和平罪和违反人道罪起诉谷寿夫，提请法庭审理。针对检察官的控诉，谷寿夫于 1947 年 1 月 15 日向法庭提交了申辩书。同年 2 月 6 日至 8 日，南京审判战犯军事法庭在励志社大礼堂对谷寿夫开庭公审。1947 年 3 月 10 日，法庭最后宣判："谷寿夫在作战期间，纵兵屠杀俘虏及非战斗人员，并强奸、抢劫、破坏财产，处死刑。"谷寿夫不服判决，随后分别于 3 月 18 日和 3 月 24 日又提出《上诉书》和《追加上诉书》，申明不服理由和复审的请求，但经国民政府主席批复，其复审要求均被驳回。南京审判战犯军事法庭对谷寿夫的审判前后历时 5 个多月，相关的证据达四五千件之多，证人多达 500 余人，公审出庭的证人有 80 余人，如中央军校教导总队辎重营中校营长郭岐、红十字会南京分会会长许传音、受害者李秀英、见证人鼓楼医院的程洁、幸存者赵永顺、南京安全区的斯迈思（Lewis S. C. Smythe）和贝德士，以及被告证人曾任日本联络班联络员小笠原清；提交的证据则更为充分，如南京市参议会的罪行调查表、红十字会的埋尸统计表、中华门附近挖到的经过法医鉴定的受害人头颅、美国牧师马吉拍摄的日军暴行及中国民众受害情形纪录片、日军为炫耀武功而自己拍摄的日军新街口屠杀现场纪录片等。4 月 26 日，谷寿夫被执行死刑。

除战犯谷寿夫外，向井敏明、野田毅和田中军吉三人都是在南京大屠杀中直接屠杀大量俘虏及非战斗人员的日军下级军官，由于情节相似，故并案处理。战犯田中军吉，日本东京人，1905 年出生，毕业于日本陆军士官学校，在南京大屠杀期间，任谷寿夫师团中队长，军衔为大尉，他曾携"助广"军刀砍杀平民逾 300 人。1947 年 5 月 18 日田中军吉被引渡至上海，5 月 22 日押解至南京，12 月 12 日，南京审判战犯军事法庭对其进行了公审。战犯向井敏明和野田毅，分别是日本山口县人和鹿儿岛人，1937 年南京大屠杀期间，均为第十六师团片桐联队少尉，两名战犯在 1937 年 12 月攻占南京的过程中，相约进行以谁先杀满 100 人为胜的竞赛。结果是向井敏明杀了 106 人，野田毅杀了 105 人。他们杀人比赛的消息被当时

《东京日日新闻》等多家报刊以“斩杀百人”并配照片进行报道。1947年10月他们被引渡至上海，11月5日押解到南京，12月18日，两名战犯被公审。尽管被告矢口否认自己所犯罪行，但最终法庭根据无可辩驳的事实判决：田中军吉与向井敏明、野田毅，在作战期间，共同连续屠杀俘虏及非战斗人员，各处死刑。1948年1月28日，三名战犯被执行枪决。

从南京审判战犯军事法庭审判南京大屠杀案四要犯的过程来看，完全符合法定程序，并给予了被告进行抗辩的权利，量刑准确公正。战犯谷寿夫、向井敏明、野田毅和田中军吉在南京终于得到了应有的惩罚。①

南京审判战犯军事法庭的判决书关于屠杀的规模有这样的叙述：“查屠杀最惨厉之时期，厥为二十六年十二月十二日至同月二十一日，亦即在谷寿夫部队驻京之期间内，计于中华门外花神庙、宝塔桥、石观音、下关

① 1980年代后，日本国内右翼势力否定南京大屠杀的言行日益猖獗。围绕“百人斩”的真伪，日本国内左右两派进行了十分尖锐的论战。2003年4月28日，在日本右翼势力的怂恿下，“百人斩”杀人竞赛刽子手向井敏明、野田毅的遗属向井千惠子（现名田所千惠子，战犯向井敏明的次女）、野田麻萨等3人，向东京地方法院提起诉讼，控告日本《朝日新闻》原记者本多胜一、柏书房、朝日新闻社、每日新闻社的著作违背事实，侵犯了当事人及其家属、遗属的名誉权，要求谢罪、停止侵权行为并支付高额赔偿，企图对“百人斩”进行翻案。被告本多胜一是日本著名进步记者，1971年6月至7月作为朝日新闻社的记者前往中国进行采访，其采访纪实报道《中国之旅》在《朝日新闻》上连载，本多胜一通过探访中国受害者和证人确认了“百人斩”暴行事实。每日新闻社的前身是东京日日新闻社，《东京日日新闻》是当年连续报道向井敏明和野田毅杀人比赛的报纸。而柏书房则是出版《南京大屠杀否定论的13个谎言》（该书也对“百人斩”有论述）等著作的出版社，原告认为他们侵犯了当事人及其家属的名誉，将他们告上法庭。

2005年8月23日，日本东京地方法院以“无法认定报道内容系捏造”以及《东京日日新闻》的报道已过“除斥期间”（《东京日日新闻》是1937年刊登报道的，已过了20年的请求权时效，原告失去了请求权）为由，一审判决“百人斩”诉讼原告向井千惠子等3人败诉，驳回原告的所有诉讼请求，所有诉讼费用均由原告方承担。一审判决后，原告对判决结果不服，立即向东京高等法院提出上诉。2006年5月24日，日本东京高等法院二审再度驳回原告的上诉要求，维持一审判决。向井等人对于二审判决仍然不服，又向日本最高法院提出上诉。在法庭审理的过程中，原告和被告进行了多次辩论，双方向法庭呈送了大量证据。最终法庭判决认为：通过诸多的报纸资料、日本老兵的回忆录、两名少尉的遗书、两名少尉的演讲记录和两名少尉所在部队记录可以得知，“‘百人斩竞争’的报道在当时来看完全没有什么奇怪之处，两少尉在攻往南京途中所进行这一‘竞争’的事实是不容否定的”。同年12月22日，日本最高法院终审再次驳回原告上诉请求。

2003年开始的“百人斩”诉讼，从表面上来看，是一起名誉侵权案，但其实质是对50余年前南京审判战犯军事法庭判决的翻案，是一场关于南京大屠杀历史真实性的较量。日本最高法院判决“百人斩”诉讼案原告方败诉，宣告了自1970年代就在日本“展开的‘百人斩’的争论以从司法角度判决百人斩是事实而终结”。

草鞋峡等处，我被俘军民被日军用机枪集体射杀并焚尸灭迹者，有单耀亭等十九万余人。此外，零星屠杀，其尸体经慈善机关收埋者十五万余具。被害总数达三十万人以上。”①

除南京以外，国民政府还在北平、上海等地设立了审判法庭，对日本战犯进行审判。

北平的法庭在 1946 年 4 月 8 日开始称为“第十一战区司令长官部审判战犯法庭”，1947 年 3 月 8 日改称“保安绥靖公署审判战犯军事法庭”，庭长余彬，检察官伍钟垿。广州的法庭称为“广州行辕审判战犯军事法庭”，庭长刘贤年，检察官蔡丽金、吴念祖。台北的法庭称为“台湾警备司令部审判战犯军事法庭”，庭长钱国成，检察官施文藩。汉口的法庭称为“武汉行辕审判战犯军事法庭”，庭长唐守仁，检察官悟俊。徐州的法庭称为“徐州绥靖公署审判战犯军事法庭”，庭长陈珊。济南的法庭称为“第二绥靖区司令部审判战犯军事法庭”，庭长李法先，检察官李鸿希。太原的法庭称为“第二战区长官部审判战犯军事法庭”，庭长刘之翰，检察官胡俨。上海的法庭称为“第一绥靖区司令部审判战犯军事法庭”，庭长李良，检察官林我朋；后改称“国防部上海审判战犯军事法庭”，庭长石美瑜。沈阳的法庭称为“东北行辕审判战犯军事法庭”，庭长岳成安（最初设在锦州）。②

上述法庭的审判情况简述如下。

首先是在北平的审判。1945 年 9 月 25 日美国海军陆战队登陆青岛、塘沽、秦皇岛，接收日军华北宪兵队司令部建筑物，10 月 5 日进驻天津，8 日到达北平，接收北平宪兵队建筑物。接着，中国第十一战区的部队在司令长官孙连仲指挥下，沿京汉线经过保定北上，20 日完成集结，担负接收华北地区日军的任务，以李宗仁为主任，在北平建立行营。随后对日本战犯的调查与审判拉开序幕。

设在北平的法庭主要调查、审理战争期间在北平、天津、保定及华北各地城市日军的暴行。各地在调查过程中发动战争受害人提供准确信息，如曾居住在北平的国民政府参军长商震就带头申报了自己在北平的 3 处房

---

① 《军事法庭对战犯谷寿夫的判决书及附件》（1947 年 3 月 10 日），胡菊蓉编《南京审判》，张宪文主编《南京大屠杀史料集》（24），第 389 页。

② 《各审判战犯军事法庭概况表》（1946 年 10 月 24 日国防部制），《战争罪犯处理委员会对日本战犯处理政策会议记录》，台北“国史馆”馆藏档案。

产被日本驻北平“公使”楠木实隆、宪兵队长内川占据的事实，还列出了损失家具的清单。参与调查的北平警察局长汤永咸出具证据资料，以证明其申诉属实。[①] 犯罪人员多为在当地驻守的日军军官和宪兵。由于政治形势的关系，日军在华北的广大农村，特别是中共领导的抗日根据地的战争犯罪，大多没有被列入当时的调查范围中。

1945 年 11 月 20 日，对日军司令部发出“关于战犯的第一次逮捕令”，列为第一号的日本战犯是门头沟煤矿公司原管理人白鸟吉乔[②]及其女秘书。11 月 29 日，天津特务机关长本间诚大佐被捕，这是第一名与军队有关的战争嫌疑人。不过，由于法庭掌握的名册中情报比较陈旧，逮捕令中涉及的许多人都是以前在华北方面军中服役过的，到 1945 年已经有很大变化，所以日方往往称查无此人。川岛芳子也是在 10 月 10 日被捕的，被称为华北地区第一号汉奸。陆续被捕的人关押在北新桥拘留所及警备司令部、警察局所属关押地，到 12 月中旬，在北平东城九条胡同设立了拘留所，遂将全体被捕人员集中关押于此。到 1946 年 1 月末，在此关押的战犯嫌疑人约有 50 人。[③] 3 月 29 日，战犯拘留所转到西城石碑胡同 2 号，这时被捕人数已达 130 人。战犯拘留所外立了牌子，上书“第十一战区司令长官部审判战犯法庭拘留所”。

从 1946 年 4 月 16 日到 1948 年 3 月 22 日，在北平的法庭共审判案件 89 件，起诉 115 人，判处死刑 31 人、无期及有期徒刑 44 人。

上海的情况比较特殊，国民政府和美军在上海分别设立了审判法庭。

1945 年 10 月 26 日，上海地方法院发布公告，规定自 11 月 1 日开始，截至 12 月 31 日，对日本的罪行进行调查登记。然而从第二天起，登记人蜂拥而至，络绎不绝，两个月的登记时间根本不够。于是，法院再次发布

---

① 北京市档案馆编《日本侵华罪行实证》，人民出版社，1955，第 1—9 页。

② 白鸟吉乔，日本千叶县人，生于 1898 年，日本东京帝国大学矿业系毕业，1938 年 4 月来华，为日本陆军特务机关派驻中国的特务。1938 年 6 月，白鸟吉乔被中英合办门头沟矿总办、英国人威廉·麦边请去，充当门头沟煤矿公司顾问，专门办理门头沟煤矿涉外事宜。从此白鸟掌握了门头沟煤矿公司的大权，与麦边勾结，积极为日本军队服务。1941 年 8 月，白鸟出任门头沟煤矿公司总经理。太平洋战争爆发后，1942 年 2 月日军对门头沟煤矿实行军事管理，任命白鸟为门头沟煤矿军方管理人，使门头沟煤矿成为日本军队的能源补给地。参见潘惠楼《白鸟吉乔的可耻下场》，《北京党史》1996 年第 2 期。

③ 岩川隆『孤島の土となるとも——BC 級戦犯裁判』456 頁。

公告，宣布延长截止时间到次年4月30日，整个检举登记时间长达150余天。登记调查后，上海法院案卷堆积如山，共达13208件。经整理，内有谋害与虐杀案1155起，纵火焚烧房屋与破坏财产案11824起，滥施酷刑虐待案39起，强奸案6起，强抢财物案27起，余为其他案件。

当时，日本原宪兵队队员及原在上海地区监狱的管理人员多被关押在原来的战俘营中，还有一些重要战犯，是经中国民众检举，在日本逮捕后押解到上海的。1947年4月28日，日海军中国舰队司令官福田良三、日陆军省次官柴三兼四郎等20名战犯押抵上海。另外，日军中国派遣军总司令官冈村宁次、第十三军司令官松井太久郎、泽田茂等人也被关押在上海。日军台湾军总司令官安滕利吉、第六方面军总司令官冈部直三郎后来也被移押到上海。

一些曾受日本宪兵迫害的中国人组织起来到战俘营指认战犯，所以许多罪大恶极的战犯纷纷落网。参与制造“崇明大烧杀惨案”的宪兵队长大庭早志、特高课长中野久勇；策划“江阴屠杀案”的宪兵队长下田次郎；被称为“杭州之狮”的第二十二师团宣抚班长黑泽次男；在溧阳嗜杀成性的宪兵队军曹富田德等都是此时落网。这些人被捕后，又牵出了另外一些罪犯。1946年7月，上海在原日军江湾敌国战俘收容所旧址设立日军战犯管理处，实行集中关押，第一批即达180余人，后又增加到300余人。①

1947年7月，上海江湾路审判战犯军事法庭改归国防部所属，由石美瑜出任庭长，并加快审判步伐。从1947年5月15日起到1949年1月6日，审理战犯案件144起，起诉战犯嫌疑人181余人，判处死刑13人，无期及有期徒刑109人。

死刑犯中有制造“崇明大烧杀惨案”的大庭早志、中野久勇；酷刑拷打致死多人的久保江保治、野间贞二，还有从杭州日俘营抓捕移押来的杭州宪兵队情报主任芝原平三郎、宁波宪兵队长大场金次、松江宪兵队曹长松谷义盛，以及从青岛抓捕押来的日本老牌特务伊达顺之助等。

但是在这一法庭上宣布日军中国派遣军总司令冈村宁次无罪，则是国民政府审判日本战犯之最大败笔。

美国中国战区及驻华美军总司令部在上海设立的军事法庭地址在长阳

---

① 陈正卿：《审判上海日军战犯》，《检察风云》第14期，2005年。

路147号提篮桥监狱内，审判在战争中曾参与虐待盟国战俘等犯罪的日本军人，如第三十四军参谋长镝木正隆[①]、汉口宪兵司令福本龟治等18人。此外还有被美军被俘老兵和侨民检举指认的在上海的日军江湾敌国战俘收容所所长大寺敏和翻译主任石原勇等。美军的审判不涉及对中国人民的暴行。

1946年2月28日，法庭判决镝木正隆等5人死刑，12人徒刑，1人无罪释放，原美国空军飞虎队司令陈纳德曾到庭旁听，军事法庭特地为他设立了首席旁听席。[②]

广州审判战犯军事法庭从1946年6月7日开庭，到1947年12月20日结束，共计审理案件93件，起诉170人，其中判处死刑48人，判处无期及有期徒刑65人。未结案件、人犯，及已结案正在服刑的无期徒刑、有期徒刑犯人后均转移至南京国民政府国防部审判战犯军事法庭。

广州法庭对日军第二十三军司令官田中久一的审判持续时间最长，庭审次数最多。

田中久一1938年9月任新组建的第二十一军参谋长，1944年任新组建的第二十三军司令官兼华南派遣军司令，同年12月兼任香港占领地总督，是侵略中国华南地区的元凶。1945年8月，田中久一先后向在广州的张发奎第二方面军和在汕头的余汉谋第七战区投降，签署降书，之后被中国政府拘捕。1946年5月广州行辕审判战犯军事法庭以违反战争法规及惯例，反人道并触犯陆海空军刑法第34条之罪名判其死刑，[③] 1947年3月27日在广州流花桥刑场被执行枪决。与此同时被判处死刑的日军高级将领还有近藤新八中将、平野仪一少将等。在广州被判处及执行死刑的战犯，以日军特务机关及宪兵队的官兵为多。[④]

济南法庭于1946年8月25日开庭，共审判了21件案件，涉及24人。其中，济南警务段段长冈平菊夫、第四十三军司令部俘虏收容所中尉春井

---

① 镝木正隆，1944年任新编第三十四军参谋长期间，命令部队残杀中国俘虏，并指挥部队残杀中国人民，还在汉口制造残杀美军飞行员事件。日本投降后被作为战犯押解回上海，与五名残害美军飞行员的罪犯一同被处以绞刑。

② 《侨声报》1946年4月23日。

③ 军事委员会委员长广州行营参谋处编印《广东受降纪述》，1946。原件藏于广东省档案馆。

④ 岩川隆『孤島の土となるとも—BC級戦犯裁判』449頁。

真光、济南宪兵队准尉田中政雄，曹长福山永助、小林爱男、河村伍郎、吉田保男、武山英一等被判死刑。

表 2-4　中国各地的战犯审判情况

审判地	件数	被起诉数	死刑	无期、有期徒刑	无罪	其他	时间
北平	89	115	31	44	36	4	1946 年 4 月 16 日至 1948 年 3 月 22 日
广州	93	170	48	65	56	1	1946 年 6 月 7 日至 1947 年 12 月 20 日
台北	12	16	1	15	0	0	1946 年 10 月至 1947 年 12 月 23 日
南京	28	33	8	18	7	0	1946 年 5 月 30 日至 1948 年 4 月 19 日
汉口	79	162	7	42	102	11	1946 年 6 月 26 日至 1948 年 1 月 29 日
徐州	13	35	8	15	3	9	1946 年 6 月 15 日至 1947 年 4 月 30 日
济南	21	24	9	9	6	0	1946 年 8 月 25 日至 1947 年 10 月 1 日
太原	11	11	2	4	5	0	1946 年 12 月 12 日至 1948 年 3 月 24 日
上海	144	181	13	109	56	3	1947 年 5 月 15 日至 1949 年 1 月 26 日
沈阳	115	136	22	34	79	1	1946 年 7 月 20 日至 1948 年 3 月 12 日
总计	605	883	149	355	350	29	

资料来源：『東京裁判ハンドブック』224 頁。

三　战犯及战犯嫌疑人被释放

远东国际军事法庭在对东条英机等 28 人做出判决后，本来应当进行下一批战犯的审判，但实际上后续审判工作未能如计划进行。

1947 年初，季南指示国际检察局的检察官收集整理 50 名日本战犯嫌疑人的卷宗，为第二批审判做准备。但是一方面漫长的审判使得许多参与者失去了耐心，并使得任何进一步的审判变得令人生畏和极不现实；另一方面国际形势的变化使得继续审判变得越来越遥不可及。于是，英国首先对继续审判提出质疑，同时表示“不希望分担这些嫌疑人不经审判长期被关押的责任”。① 美国虽然仍认为对其余的战犯嫌疑人需要继续进行审理，但也承认继续由国际军事法庭进行审判的形式难以为继。不过美国仍认为

① *Foreign relations of the United States*, *1947*, *The Far East*, Vol. 6 (Washington, D. C.: U. S. Government Printing Office, 1972), p. 270.

至少对一部分战犯嫌疑人应该以新的形式审判，对一部分“证据不足”的嫌疑人应予以释放。[①]

根据这一主张，盟军总司令部法务局将以岸信介为首的原阁僚 8 人以及丰田副武、田村浩、笹川良一、儿玉誉士夫 4 人作为由美军单独进行类似乙、丙级战犯的审判。1948 年 10 月 27 日颁布设立军事审判法庭令，以犯有乙级和丙级罪行的名义起诉并审判已被关押近 3 年的甲级战犯嫌疑人。当时法务局的相关计划是：对丰田和田村作为甲级战犯嫌疑人起诉；对仍被关押的 21 名日本前高级官员进行第一次诉讼。[②] 不久将对剩余的 19 名嫌疑人中的 8—10 人进行起诉，他们将因犯有乙级和丙级罪行而受到起诉，审判大约于 1949 年 1 月初开始。对于那些没有受到起诉的嫌疑人可能将由于缺乏必要证据而释放。

但是，除了对丰田副武海军上将和田村浩陆军中将进行了审判，并没有进行更多的审判。这一审判与远东国际军事法庭的审判不同，也不属于乙、丙级战犯审判，所以被称为“准甲级战犯审判”。[③] 1948 年 12 月 24 日，盟军总司令部宣布释放作为甲级战犯嫌疑人逮捕但还没有进行审判的以岸信介为首的 19 人，所以这些人被称为“准甲级战犯嫌疑人”。最后释放的 19 名战犯嫌疑人无疑是 50 名甲级战犯嫌疑人中嫌疑度最高的，他们是：安倍源基、安藤纪三郎、天羽英二、青木一男、后藤文夫、本多熊太郎、石原广太郎、岩村通世、岸信介、儿玉誉士夫、葛生能久、西尾寿造、大川周明、笹川良一、须磨弥吉郎、多田骏、高桥三吉、谷正之、寺岛健。

这 19 人中除了精神出问题的大川周明和释放时去世的多田骏外，剩余的 17 人中有 9 人因是东条内阁成员而被逮捕；高级警官 1 人；实业家 2 人；外务省情报局官员 2 人；陆、海军大将各 1 人，右翼活动分子 1 人。除了西尾寿造和高桥三吉外，职务都相对较低。法务局认为如果要审判，9 名东条内阁成员应该因发动侵略战争而受到审判（甲级），而以普通战争

---

① 事实上，几天后，即 8 月 30 日，盟军总司令部就因证据不足释放了其中 15 名甲级战犯嫌疑人。

② 对原海军军令部总长、联合舰队司令丰田副武和原战俘情报局长田村浩的审判于 1949 年 2 月结束，丰田被判无罪，而田村因虐待罪被判处有期徒刑 8 年。

③ 或者根据法庭地点称为“丸之内审判”、“青山审判”。

罪和反人类罪（乙级和丙级）审判他们及其余的嫌疑人的确有些牵强。

《远东国际军事法庭宪章》第 17 条规定盟军最高司令官有权对判处的刑罚减轻，但是不能加重刑罚，[①] 但远东国际军事法庭判决后，麦克阿瑟发表了维持判决不加干涉的声明，没有行使《远东国际军事法庭宪章》所赋予他的减刑的权力。这是因为一方面通过执行法庭判决已经形成了“国际道德标准”；另一方面，审判原则和程序没有重大违法或疏漏，且法官是诚实和正直的。

但在一年多后，麦克阿瑟却开始行使其减刑的权力。1950 年 3 月 7 日，麦克阿瑟发布了可给表现良好的日本战犯减刑 1/3 的命令。因此，被判 7 年有期徒刑的重光葵，在服刑 4 年半后于 1950 年 11 月 20 日在巢鸭监狱假释，[②] 并于第二年重返日本政界。

1952 年 4 月“旧金山和约”正式生效后，盟军总司令部解散，对甲级战犯减刑的主体变成了参加东京审判的各同盟国和日本政府。日本开始了要求尽早释放巢鸭监狱中甲级战犯嫌疑人的努力。在日本政府的“建议”下及美国的帮助下，相关国家达成协议，分别于 1954 年（桥本欣五郎、冈敬纯、南次郎、畑俊六）、1955 年（大岛浩、嶋田繁太郎、贺屋兴宣、荒木贞夫、铃木贞一、木户幸一、星野直树）和 1956 年（佐藤贤了）假释了所有的甲级战犯。就假释的时间顺序上，很多是从人道的层面考虑的，如南次郎和桥本欣五郎都是由于健康原因而被假释，且假释不久就分别去世了。而被荷兰法官罗林（B. V. A. Röling）认为是最不应该受到惩罚的佐藤贤了到 1956 年才被假释。

从法律的角度看，假释不等于赦免，换言之，被假释者依然是罪犯，并被剥夺公民应该享有的许多政治权利。在所有甲级战犯被假释后，日本朝野又将焦点放到了尽快结束这些战犯的假释身份上。特别是岸信介担任了日本首相后，更是加快了这一步伐，美国也表示“将采取相应的

---

① 《远东国际军事法庭宪章》，杨夏鸣编《东京审判》，张宪文主编《南京大屠杀史料集》（7），第 11 页。

② 苏联为此专门向麦克阿瑟提出抗议。实际上，重光葵曾任驻苏联大使，在苏联和日本军队在有争议的张鼓峰地区（日方称哈桑湖）发生冲突时，他和苏联外交人民委员马克西姆·李维诺夫进行了极不愉快而严峻的谈判，达成了结束危机的停火协议，这成了苏联战后把他定为甲级战犯的重要依据。

步骤”。[①] 在美国政府的斡旋下，参与东京审判的各国政府陆续回应，表示同意将甲级战犯减刑至服刑年限，同时也就结束了假释身份。1958 年 4 月 17 日日本政府宣布，在得到大多数参与东京审判的国家同意后，最后 10 名先前被假释的甲级战犯得到宽恕，被认为是无条件地免除了其假释条款。这样甲级战犯在被判刑的 10 年后，成为完全的自由人。

乙、丙级战犯管辖权与甲级战犯有所不同，在所有盟国中，美国是第一个开始释放乙、丙级战犯嫌疑人的国家，同时又是最后一个从法律意义上完全释放了战犯的国家。经过数年的折冲樽俎，美国政府同意了日本政府的种种要求，于 1958 年 12 月 29 日就乙、丙级战犯的问题画上了句号。[②]

在国民政府期间被审判的日本战犯，开始被拘押在各地拘留所。1947 年 10 月后，各地拘留所撤销，所有被判决的战犯集中到上海江湾原日本兵站的设施中。国共内战开始后，由于国民党军节节败退，所以决定将这些已判刑的日本战犯转移到日本国内。在留守的由原日本中国派遣军司令部改组而成的联络班的斡旋下，这些人在 1949 年 1 月全部被转回日本。1952 年日本与台湾签订了“和约”后，尚处于关押中的 88 名战犯全部被释放。[③]

四　中华人民共和国对战犯的审判

战争结束 10 年后的 1956 年，在中国的沈阳和太原还进行了两次对日本乙、丙级战犯的审判。

这些战犯的大部分本来是在日本关东军投降之后，作为苏联军队的俘虏被带到西伯利亚服劳役的。根据中苏两国的协议，其中的一些人在 1950 年 8 月从苏联被引渡回到中国，关押在东北辽宁省抚顺市的战犯管理所中。计划引渡的是 969 人，而中途 34 人死亡，所以到达中国的有 935 人。另外，当时在中国山西省太原市也关押了一批日本战犯，这些人大多是在战后向第二战区司令长官阎锡山指挥的部队投降的。阎锡山任命了其中一些人作为军事顾问，组建了“顾问团”等。这些日本军人中的一部分在 1949

---

① *Foreign relations of the United States*, *1955 – 1957*, *Japan*, Vol. 23 (Washington, D. C.: U. S. Government Printing Office, 1991), pp. 393 – 394.

② *Foreign relations of the United States*, *1958 – 1960*, *Japan*, Vol. 18, Japan, Korea (Washington, D. C.: U. S. Government Printing Office, 1994), p. 83.

③ 稲葉正夫編『岡村寧次大将資料　上　戦場回想篇』第 6 章。

年人民解放军解放太原时成为俘虏，在山西太原市的战犯管理所接受改造，总数为 134 人。两地关押的日本战犯合计 1069 人。[①]

根据中华人民共和国政府 1954 年 10 月 22 日发布的日本侵华战争罪犯名册，这些人的基本情况是：

A 类	357 人
伪满洲国司法行政有关人员	29 人
伪满洲国军队有关人员	26 人
伪满洲国警察有关人员	118 人
伪满洲国铁路护卫军有关人员	48 人
关东州厅有关人员	39 人
关东军宪兵有关人员	97 人
B 类　关东军属下各部队	582 人
三十九师团（藤部队）	201 人
五十九师团（依部队）	257 人
其他	127 人
山西	130 人
总计	1069 人

中华人民共和国对这些战犯的处理与战后同盟各国的审判过程有明显的不同，因为这些人被转到中国的战犯管理所后，中国政府就明确了对这些人的改造政策。

日本战犯刚到中国时，态度还十分傲慢，蔑视中国，敌视管教。一些将校级军官称自己“是战俘，不是战犯”，不承认“战后新成立的国家的审判”。中华人民共和国对日本战犯的处理采取了教育改造和审判惩治相结合的方式，强调审判不仅仅为了惩治，更是为了伸张正义，使战犯服罪。把对战犯的审判变成对战犯的改造是巨大的变化。战犯管理所一方面强调以人道主义的态度对待战犯嫌疑人，在当时条件十分艰苦的情况下，管教干部处处节省经费和口粮，但战犯则享有连同级中国人民解放军军官或干部都难以得到的待遇。管理所的干部很少能够吃到细粮，而供给日本

① 中国帰還者連絡会『帰ってきた戦犯たちの後半生——中国帰還者連絡会の四十年』新風書房、1996、36 頁。

战犯的则全部是细粮。与此同时，管理所对被关押的战犯进行教育，使其认识到曾经参加的战争的性质，特别是认识到对中国人民的伤害。由于日本军人长期接受的是日本国内的军国主义教育，在许多人还有强烈的抵触情绪的情况下，单纯从理论上教育他们认识战争加害责任相当困难，管理人员就用自己的亲身体验与战犯进行交流，以说服与感化日本战犯。管理所还邀请遭受日本军队残害的中国各地的受害者来管理所讲述自己的战争经历，组织战犯到国内许多地方参观访问，听各地战争受害者讲述战争体验，同时也实地参观战后取得和平的中国的发展。在 6 年多的时间里，管教人员在日本战犯的改造中倾注了大量的物力和人力，通过教育、参观、学习等多种多样的形式，日本战犯心灵受到巨大的震撼。在这样的过程中，战犯对侵略战争带给中国人民的灾难有了切身的体会，联想自己在战争中的行为，产生了强烈的悔恨心理，从而在思想上发生了转变。事实证明当年的战犯改造政策是成功的、正确的。

在对战犯进行改造工作的同时，最高人民检察院也对战犯的战争罪行进行了调查。1954 年 2 月，最高检从公安、监察、大专院校、涉外单位等系统抽调侦讯员、调查员、书记员、翻译等 200 多人到北京进行培训，学习国际、国内有关法律、政策和侦查等条例和知识；明确侦讯重点，采取认罪检举与重点侦讯相结合的方法。关押在抚顺的战犯由“高检东北工作团”负责侦讯，关押在太原的由山西省检察院和公安厅共同负责侦讯。1954 年 10 月侦讯工作基本完成。东北工作团调查侦讯足迹遍至 12 省市，搜集到各类物证 18000 多件，控诉书 26700 件，做到了主要罪行都有证据。

1956 年 4 月 25 日，中华人民共和国主席毛泽东签发了全国人民代表大会常务委员会通过的《关于处理在押日本侵略中国战争中犯罪分子的决定》，提出：

> 鉴于日本投降后十年来情况的变化和现在的处境，鉴于近年来中日两国人民友好关系的发展，鉴于这些战争犯罪分子在关押期间绝大多数已经有不同程度的悔罪表现，因此，决定对于这些战争犯罪分子按照宽大政策分别予以处理。①

① 《中华人民共和国对外关系文件集（1956－1957）》，世界知识出版社，1958，第 58 页。

对日本战犯的处理，依据了下述原则：

对于次要的或者悔罪表现较好的日本战争犯罪分子，可以宽大处理，免予起诉。

对于罪行严重的战争犯罪分子，按照各犯罪分子所犯的罪行和在关押期间的表现分别从宽处理。

在日本投降后又在中国领土内犯有其他罪行的日本战争犯罪分子，对他们所犯罪行，合并处理。①

从上述决定规定的原则看，中国政府确定了对战争犯罪分子的宽大处理的政策。

1956 年 6 月 9 日至 7 月 20 日，特别军事法庭分别在沈阳、太原两地开庭 4 次，一共审判了 45 名日本战犯。

第一次，1956 年 6 月 9 日至 19 日，在沈阳开庭审判 8 人，分别为：铃木启久、藤田茂、上坂胜、佐佐真之助、长岛勤、船木健次郎、鹈野晋太郎、原秀夫。

第二次，1956 年 6 月 10 日至 19 日，在太原开庭审判 1 人：富永顺太郎。

第三次，1956 年 6 月 12 日至 20 日，在太原开庭审判 8 人，分别为：城野宏、相乐圭二、菊地修一、永富博之、住冈义一、大野泰治、笠实、神野久吉。

第四次，1956 年 7 月 1 日至 20 日，在沈阳开庭审判 28 人：武部六藏、古海忠之、斋藤美夫、中井久二、三宅秀也、横山光彦、杉原一策、佐古龙、原弘志、岐部与平、今吉均、宇津木孟雄、田井久二郎、木村光明、岛村三郎、鹿毛繁太、筑谷章造、吉房虎雄、柏叶勇一、藤原广之、上坪铁一、蜂须贺重雄等。

在上述审判开庭前，都向被告送达了最高人民检察院的《起诉书》（副本）及日文译本。对第一批在沈阳受审的 8 名战犯依据了 920 人的控诉和 266 人的检举、836 人的证据。对第二批武部六藏等 28 名伪满战犯的犯罪事实，审查了被害人及其家属的控诉书 642 件，证人的书证 407 件，

① 正义的审判编辑组编著《正义的审判——最高人民法院特别军事法庭审判日本战犯纪实》，人民法院出版社，1990，第 2 页。

有关档案、书刊等物证 315 件，有 48 人出庭作证。[①] 太原特别军事法庭则审查了 681 人提出的控诉书 316 件，262 名证人提供的证词 236 件，档案与其他证据材料 399 件，以及各被告人口供、笔供材料等，并当庭听取被害人控诉、证人证言，被告人供诉、辩护人辩护和检察员意见。[②] 法庭在审理过程中，充分保护被告人的诉讼权利，共为 45 名被告指定了 32 名辩护律师，被告人有权为自己辩护并做最后陈述。

整个审讯中，所有受审战犯对法庭认定的罪行全部供认不讳。

沈阳特别军事法庭对被告的判决结果是：

铃木启久、藤田茂、上坂胜等 8 人，分别判处 13 年至 20 年有期徒刑；武部六藏、古海忠之、斋藤美夫等 28 名战犯，分别判处 12 年至 20 年有期徒刑。

太原特别军事法庭对被告的判决结果是：

富永顺太郎有期徒刑 20 年；城野宏有期徒刑 18 年；相乐圭二、菊地修一等 7 人分别判处 8 年至 15 年。

所有刑期从被俘时算起。上述战犯不久便被移送抚顺战犯监狱收押服刑，直至 1964 年 3 月 6 日最后 3 名日本战犯释放。

1956 年 6 月 21 日、7 月 15 日、8 月 21 日，中华人民共和国最高人民检察院检察长张鼎丞签署了免予起诉书，分三次批准了对 1945 年后国内战争时期的俘虏和后来苏联移交的日本战犯免予起诉。免予起诉的战犯在当年分三批回到日本。

这些日本人在回国后分别回到自己的家乡与亲人团聚，当时正是冷战初期，日本国内追随美国敌视中国的政治势力相当猖獗，而各地的警察也视这些来自“赤色中国”的日本人为危险人物。这些人有的被“盯梢”，有的被企业拒绝接纳，处境十分困难。据统计，许多年之后，自中国回来的这些人的平均生活水平仍在日本社会的平均水平以下。但是，他们没有忘记自己的诺言，尽管在十分艰苦和艰难的条件下，他们仍然分别在自己的家乡开始了宣传中国改造政策的活动，向亲朋好友介绍自己在中国的体验。而在从事这些活动的过程中，他们深刻地意识到：必须建立自己的组

① 高建、王建学：《日本战犯沈阳受审前后》，《炎黄春秋》2008 年第 9 期。

② 孔繁芝、张瑞萍：《历史的审判——纪念最高人民法院特别军事法庭在太原开庭审判日本战犯 50 周年》，《山西日报》2006 年 6 月 12 日。

织，以使自己的力量更加强大。

1957 年 2 月 24 日，分散在各地的日本旧军人的地方支部负责人和代表在东京集会，讨论今后的活动。在这次会议上，通过了正式将组织命名为“中国归还者联络会”（简称“中归联”）的决议，选举产生了临时常任理事会，以藤田茂为会长。经过反复讨论，会议决定以“日中友好，反战和平”为方针开展中日友好和平运动。于是，在两大阵营的冷战气氛中，诞生了坚决促进中日友好的一个和平团体。

第三章
战后赔偿问题与“旧金山和约”

日本作为战败国，理所当然地应对遭受其侵略和殖民统治的国家做出赔偿。但是，美国在意识到抑制日本对于负有占领责任的美国来说得不偿失之后，决定扶持日本在经济上的独立以减轻自己的财政负担。特别是当东亚的国际形势发生翻天覆地的变化，中华人民共和国成立并与苏联建立了同盟关系，朝鲜战争爆发，美国更迫切地意识到要让日本在地理位置上成为“反共”的桥头堡，在政治上扶持日本成为遏制东亚共产主义的势力。战后赔偿就在这样的背景下发生了扭曲。

第一节　抗战损失调查与战后初期中日间的国家赔偿问题

一　国民政府关于抗战损失的调查工作

当日本在中国东北发动九一八事变并逐渐占领中国东北的时候，中国政府以及各界民众，包括当时居住在中国的外籍人士，还都预料不到战争的扩大和今后对侵略国家日本进行战争索赔的问题。在卢沟桥事变后，随着战局的扩大，特别是日本军队攻占了南京，人们对于战争损失的问题开始关注起来。

惨绝人寰的南京大屠杀发生后的 1938 年，南京安全区国际委员会成员、金陵大学美籍教授路易斯 · S. C. 斯迈思及其助手开始就 1937 年 12 月至 1938 年 2 月南京人民在日军暴行中的损失进行调查。斯迈思教授指导的这一调查侧重于社会学层面，其形成的调查资料于 1938 年 6 月在南京出版了，题为《南京地区战争灾祸（1937 年 12 月至 1938 年 3 月）》（*War Damage in the Nanking Area, December, 1937 to March, 1938*）。

斯迈思教授在报告中介绍了调查的基本方法，即将该次调查的主要对象确定为南京市居民，但分为市区与农村两大部分进行。市区部分包括家庭调查与房屋调查。家庭调查要求在每50个住宅中抽出一家，由调查人员入户调查，协助填写该家庭的情况调查表。房屋调查则每10幢房屋抽出一幢进行。农村调查则向6个县每县派出两名调查员，去的时候沿大路走，回来则以“8”字形迂回，确保接触到远离大路的地区。对调查员进行了事前的培训。

在当时的战争环境下进行上述调查，其实是有相当多的困难的。考虑到在战争环境下人口变动剧烈、受害家庭有些举家避居外地，即使留居当地的居民或因生活动荡无心配合调查，或因心存顾虑不敢作证，加上占领南京的日本军队的限制等，所以无法进行普查，只能采取抽样方式进行调查。另外，由于时局很不稳定，为了保障调查员的安全，他们每人都携带了不同的机构和组织开具的证明，以利于通过盘查。

在当时的条件下进行的调查尽管不够全面完整，但是也得出了几点令人吃惊的结论。关于市区的损失情况，调查报告结果表明：

（1）15—49岁的男性人口比例比1932年骤减9%，城市难民营中27.2%的家庭中只有女人和孩子，这说明在动乱时期，大量作为社会中主要劳动力的男性遭到杀害或逃亡。

（2）从遭受伤害的角度看，伤亡多数是由日本士兵的暴行造成的，即89%的死亡和90%的负伤的直接原因是日军暴行，并且还是在12月13日即日本军队侵占南京后发生的。

（3）房屋损坏非常严重，其中88%的城市房屋遭到破坏。在这些被损坏的房屋中，因交战被毁坏的仅占2%，24%毁于日军占领城市过程中的纵火焚烧，此外，63%的房屋在日军占领过程中遭到抢夺和劫掠。①

关于农村的损失情况，调查结果表明：（1）中等农家的损失相当于该家庭年收入的3/4；（2）日军经过的地区，2/5的房屋被毁坏，多数被烧坏；（3）牲畜的损失十分严重，平均每户损失0.66头。

关于日军暴行对社会造成的影响，报告列举了以下几点：（1）屠杀造

---

① 《西方人士关于战争损失的调查》、《南京地区战争灾祸》，姜良芹、郭必强编《前期人口伤亡和财产损失调查》，张宪文编《南京大屠杀史料集》（15），凤凰出版社、江苏人民出版社，2006，第8—23页。

成郊区人口流失，导致劳动力缺乏；（2）屠杀造成人口比例失调，特别是适龄劳动力减少剧烈，意味着劳动力枯竭；（3）城市居民失去了全部重要的生产资料和生产手段。①

主持这一调查的斯迈思教授作为社会学家，在调查中注重调查的规范性，所以对田野工作的程序、所用时间、统计程序、度量衡与币制单位等都有明确的规定。对于整体情况的把握来说，调查的结果当然不可能提供全面准确的数字，但是由于进行调查的时间是在日军暴行发生后不久，所以从证明战争与日军暴行的后果的角度来看，这一调查的价值是值得重视的。②

另外，在南京大屠杀发生之前，即在日军自上海登陆使战争扩大，用飞机轰炸南京后，南京当地政府针对日本军队进行空袭的损失情况开始进行调查，积累了许多调查统计资料，这些资料分别保存在南京市政府秘书处和国民政府行政院，其中有：（1）南京市城乡各区日机空袭人员伤亡和财产损失；（2）日机轰炸南京平民死伤及被炸民房调查；（3）国民政府外交部保存的南京事件中被害人员名单。

上述调查均十分细致，附有统一设计的调查表，其中有空袭时间、投弹地点、投弹数目、损伤情形、救济情形等项。③

日本方面对在南京“攻城”期间造成的伤亡情况也进行了调查和统计。1938年2月2日，上海派遣军发布的“南京攻城总决算”报告称：“对南京总防御线发起攻击至完全攻下南京城期间，我予敌之打击虽已作部分公布，然据其后之详查，仅其遗尸即达八万四千之多，其间我军所蒙

① 《西方人士关于战争损失的调查》、《南京地区战争灾祸》，姜良芹、郭必强编《前期人口伤亡和财产损失调查》，张宪文编《南京大屠杀史料集》（15），第31—34页。

② 在使用斯迈思的调查数据时，必须明确几点：第一，斯迈思南京市区调查的对象主要是南京常住居民，而非指南京城沦陷前南京人口数，显然不包括外地难民和沦陷后放下武器的士兵人数。常住居民人数同沦陷前南京人口数是两个不同的概念。第二，在南京大屠杀之后进行的人口调查，很难以此来准确推断战前人口数字，特别是在南京大屠杀期间南京市民全家被杀的情况并不少见。第三，斯迈思的调查采用的是抽样调查，尽管样本采用范围很广，但是，使用这种不完全调查法来调查其可靠性存在相当风险。

③ 《中国方面的调查与统计》，姜良芹、郭必强编《前期人口伤亡和财产损失调查》，张宪文编《南京大屠杀史料集》（15），第77—304页。

损害为死伤合计约四千八。”①

以汪精卫为首的南京伪政权和维新政权也做过一些调查，如关于日军对居住在南京市内妇女的性暴力行为的报告，无家可归的难民数量及具体情况的调查，男人被杀害后的妇女情况统计等。

以上的调查均涉及中国的战争损失，但是后三项调查并未定位于战争损失调查，所以对于了解战争中的中国民众的各种损失，仅仅靠这样的调查是远远不够的。

不过在南京沦陷，国民政府迁都至重庆后，就有人注意到了战争损失调查的重要性。1938 年 10 月 15 日，在重庆市召开的第一届国民参政会第二次大会上，参政员黄炎培提出了关于迅速设立抗战公私损失调查委员会的议案。议案称：“抗战已及十六个月，公私损失，不可数计。到战争结束时，一，必须向敌方提出赔偿问题；一，未来之国史，必将此空前惨痛之事迹，翔实记载，昭告天下及后世。凡此皆需有正确数字为根据。”所以，他建议国民政府从速建立抗战公私损失调查委员会。黄炎培的建议很重要，也很有远见，说明中国人在战争初期尽管尚处于不利的地位，但是全民族抗敌御侮的精神还是高涨的。该提案经过大会讨论，作为决议通过。②

成立专门机构调查战争损失的建议确属远见卓识，不过，由于战事紧张，虽然有些地方和部门相应进行了一些调查，但是国民政府还没有来得及建立统一的调查抗战损失的行政机构，所以有组织的全方位的调查一直没有正式开展起来。到 1939 年 7 月，行政院才制定并颁布了《抗战损失调查办法》，要求各地和各机构分别具报调查情况，由国民政府主计处每隔半年汇总一次。

此后，国民政府军事委员会在 1939 年、1940 年、1941 年都发布过训令，要求各地、各机构填写遭受敌机空袭的损失报表，抗战中受到的损失的报表等。特别是 1941 年 5 月 21 日的训令，非常具体地部署了抗战中财产损失的折旧计算方法，提出了折旧率的计算公式，制作了《抗战损失财

① 《日本方面的调查与统计》，姜良芹、郭必强编《前期人口伤亡和财产损失调查》，张宪文编《南京大屠杀史料集》（15），第 339 页。

② 《黄炎培等建议中央政府设立抗战公私损失调查委员会之国民参政会提案》，姜良芹等编《抗战公私损失调查委员会调查统计》，张宪文编《南京大屠杀史料集》（16），第 1 页。

产目录表》、《财产损失价值计算表》、《岁入减少估计表》等。

另外，国民政府在战争进行过程中也考虑了将来如何处理日伪占领地区的财产问题，于1943年3月14日公布了《处理敌产委员会组织章程》，12月公布了《敌产处理条例》，1944年1月公布了《敌产处理条例实施细则》，对接收日本的财产问题进行了准备。

1943年6月19日，国民政府军事委员会再次发布抗战公私损失调查统计等训令，指出此前各地各机构报送的统计资料，经整理汇编，发现"缺漏尚多"，要求各地各机构"对于以前未报及造报不全之损失赶速补报，嗣后尚遇有损失并应随时详细查报"。①

当战争接近胜利的时候，蒋介石也开始认真地考虑了将来的对日索赔问题。

1943年11月初，国民政府开始为出席开罗会议进行各项准备，蒋介石从苏联大使馆得到了苏联方面拟定的向纳粹德国要求战争赔偿的提案，受其启发，便命令参事室进行研究分析。在动身前往开罗之前，蒋介石还要求在行政院或国防最高委员会中设立调查、统计国家与社会在战争中的公私损失问题的机构。②

1943年11月开罗会议期间，蒋介石就与美国总统罗斯福谈到过日本战后的赔偿问题。蒋介石当时主要想让日本对中国进行实物赔偿，即把日本的一些工业设备和车船设备等移交中国充作赔偿。③ 当获知苏联方面正着手研究战后德国的赔偿问题时，蒋介石也指示参事室对苏联的方案加以认真分析，以资将来为中国所借鉴。

1944年2月，国际反法西斯同盟在对轴心国的战争中取得了优势，中国的抗战也走出了最困难的时期，对日本的侵略战争造成的损失的调查由此提上了日程。于是，国民政府行政院正式颁布了《行政院抗战损失调查委员会组织章程》，并召开第一次抗战损失调查委员会会议。

1944年6月28日，行政院抗战损失调查委员会发出了搜集日本在南

① 《国民政府军事委员会抗战公私损失调查统计等训令》，姜良芹等编《抗战公私损失调查委员会调查统计》，张宪文编《南京大屠杀史料集》（16），第18页。

② 殷燕軍『日中講和の研究：戦後日中関係の原点』柏書房、2007。

③ 《德黑兰、雅尔塔、波茨坦会议记录摘编》，上海人民出版社，1974，第448页。又，蒋介石在1943年11月21日的日记中也提出："在华之倭寇公私产业与商船等应作为赔偿损失之一部分。"

京等地各种暴行证据的公函。公函提出：“惩治敌寇暴行要在搜集证据，盖此项证据之搜集，关系战后外交问题，至为重大。本会职司抗战损失之调查，所有自民国二十年九月十八日以后，因敌人侵略于国境内及敌国领土及其占领区内所受之公私直接间接损失，统在调查范围之列。举凡敌寇杀伤我人民，毁夺我财产，掠夺我文物，开采我资源，征发我农业，占取我税收，以及利用我原有资源财产，在沦陷区内从事建设之一切有关照片、文件、刊物及其他证据，均须普遍搜集。”①

同年8月11日，行政院抗战损失调查委员会在第二次会议上通过了《抗战损失调查办法》，规定在中央和地方有关机关进行战争损失调查，时间自九一八事变之日起到战争结束，调查范围则确定了如下内容：人民伤亡之损失；人民私有财产之损失；中央省县各级政府及其所属机关公有财产之损失；公立或私立各级学校财产之损失；公营或民营事业财产之损失；人民团体之损失；古物书画之损失；关于国家经常岁入减少之损失；关于国家经常岁出或临时支出增加之损失；关于沦陷区天然资源之损失；关于沦陷区金融破坏之损失；关于因敌人在沦陷区经营工矿、交通及其他生产事业所受之损失；关于中国之公私机关团体或人民在敌国领土及其占领区内之损失；关于敌国公私机关或人民所欠中国公私机关或人民债务之损失；关于人民在沦陷区内被迫吸食毒品及种植毒品所受之损失；其他损失。②

在这次委员会会议上，还通过了《修正抗战损失查报须知》，明确了抗战损失调查的时间范围是从1931年9月18日起到战争结束，其间以1937年7月7日为界分为前后两个部分。关于人口伤亡，要求填写3份人口伤亡调查表，县市政府存一份，一份转呈省政府，另一份转送行政院抗战损失调查委员会。《须知》还详细规定了计算纯利减少的方法、价值计算及其单位等，并详细制作了人口伤亡调查表、财产损失报告单、财产直接损失与间接损失汇报表（分机关、公私学校、公私企业）、沦陷区损失情况报告表等，林林总总多达22种。

---

① 《行政院抗战损失调查委员会搜集日本在南京等地各种暴行证据的公函》，姜良芹等编《抗战公私损失调查委员会调查统计》，张宪文编《南京大屠杀史料集》（16），第20页。

② 《行政院抗战损失调查委员会修正抗战损失调查办法》，姜良芹等编《抗战公私损失调查委员会调查统计》，张宪文编《南京大屠杀史料集》（16），第52—53页。

1945 年 4 月 21 日，行政院院长蒋介石签署训令，将抗战损失调查委员会改隶内政部，并充实机构加强工作。[①] 于是，在内政部中建立了以部长张厉生为主任委员，由经济部、司法行政部、外交部、财政部、军政部、教育部、交通部、社会部、农林部、粮食部及蒙藏委员会成员构成的委员会。[②]

二 战后初期国民政府的对日索赔[③]

抗战胜利初期，对日战争索赔问题被提上了议事日程。国防最高委员会的国际委员会即与行政院、内政部、经济部、外交部等部门就对日索赔问题数次开会讨论，并组建了专司对日索赔的机构。[④] 其实，在此之前的 1944 年 3 月 19 日，参事室曾草拟过《战后对日媾和条件纲要》，初步提出了对日索取军费赔偿和经济赔偿的若干原则。[⑤] 日本即将投降之际，国民政府国防最高委员会审议了要求日本进行战争赔偿的问题，8 月 12 日形成了意见书。意见书提出将日本工业中除了盟国允许保留的和平性的部分外，作为赔偿转移到中国的主张。[⑥]

开始时，有关对日索赔的讨论多具有务虚的性质。有人提出应将中国战费列出数字，要日本赔偿，但大多数人主张实物赔偿，其原因是：（1）第一次世界大战后的教训，即德国的赔款是根据德国的赔偿能力来确定的，并非以协约国的战费为根据，这是战争赔偿方式的新观念，即便德国是以赔款为主、实物为辅，但德国仍未能切实执行。（2）《波茨坦宣言》所做过的规定。（3）战后日本国困民穷，无力负担巨额赔款。（4）若以战费为根

---

① 《行政院关于抗战损失调查委员会改隶内政部等训令》，姜良芹等编《抗战公私损失调查委员会调查统计》，见张宪文编《南京大屠杀史料集》（16），第 74 页。

② 《内政部抗战损失调查委员会组成人员》，迟景德：《中国对日抗战损失调查史述》，台北，“国史馆”，1987，第 26—30 页。

③ 袁成毅教授提供了本章从这里开始的初稿。

④ 战后国民政府对日索赔的组织机构做过多次更动。1945 年 12 月，先是将原来的内政部抗战损失调查委员会更名为中国赔偿调查委员会，改隶行政院。1946 年 10 月 1 日又更名为行政院赔偿委员会，确定其职责为调查、统计抗战公私损失，规划对日责令赔偿，审议支配赔偿物资。

⑤ 《战后对日媾和条件纲要》中国第二历史档案馆藏，档案号：全宗号 761，卷号 226。

⑥ 秦孝仪主编《中华民国重要史料初编——对日抗战时期 第七编 战后中国》（4），第 638 页。

据，各国分别提出各自的战费，争议太大，必无结果。

在当时的历史背景下，中国的对日索赔受到美国与远东委员会的影响与制约。

1945 年 9 月 2 日日本签署了投降文书后，中国国民政府即向美英苏三国发出了没收在中国的日本公私资产的通告。当时将日本在华公私资产分三种情况处理：第一种情况是土地、矿山等不动产属于日本从中国掠夺的财产，作为国有财产予以没收；第二种情况是武器弹药等军用物资，作为战利品（the spoils war）没收；第三种情况是其他日本公私财产等敌产作为赔偿之一部分没收。当时，日本在华资产总额约为 20 亿美元，加上东北与台湾部分，可达到 38.6 亿美元。① 但是，由于东北的日本资产多数为苏联方面接收，中国得到的不过其中的 1/5 左右。②

对于第三种情况，中国与其他盟国成员国将日本在其国内的资产充抵战争赔偿是一样的。但是，当时国民政府也声明那是作为基本原则，考虑到日本在侵略中国期间的政治压迫与经济榨取的实际情况，有些日本的资产应当无条件返还中国，不应冲抵赔偿。③ 属于这种情况的有：在日本占领初期被转移给日方的资产；日本在中国占领区利用中国的劳动力、资源与资本进行营运的企业；在日本占领区专门向外输出的物资等。国民政府认为在日本的资产中，75% 属于上述情况，所以不能视为赔偿。④

战争结束后不久，美国总统杜鲁门就任命经济专家鲍莱担任盟国战后赔偿委员会中的美方大使，并令其以私人代表的身份出访亚洲诸国，在与各国接触了解情况的基础上制订日本战争赔偿的计划。1945 年 10 月鲍莱访华，就日本赔偿问题进行调查。受到美国的影响，国民政府于 11 月决定将抗战损失调查委员会改组为中国赔偿调查委员会。⑤

① 秦孝仪主编《中华民国重要史料初编——对日抗战时期　第七编　战后中国》（4），第 250—310 页。

② 《日本投降与我国对日态度及对俄交涉》，《中日外交史料丛编》（7），台北，“中华民国外交问题研究会”，1966，第 308 页。

③ 秦孝仪主编《中华民国重要史料初编——对日抗战时期　第七编　战后中国》（4），第 255—262 页。

④ 对于日本在海外资产的数量，中国与美国的统计均在 30 亿美元左右，但是日本提出了 236.81 亿美元的巨大数额。

⑤ 迟景德：《中国对日抗战损失调查史述》，第 63 页。

鲍莱在对包括中国、日本等亚洲各国进行考察后，在12月6日提出了《美国关于日本赔偿的政策》，提出：盟国对日本承担了两项义务，一是使日本的军国主义不可能再度崛起，另一是使日本走上经济稳定发展，政治民主化的道路。[①] 他认为日本的战争赔偿涉及亚洲作为整体的经济稳定及政治稳定，所以赔偿不应使日本贫困化，但也不能使日本的经济复兴，达到对邻国具有优势甚至控制邻国的状态。所以，他认为具体的方法是：（1）削弱日本的工业，特别是重工业，使之不能成为世界和平的威胁；（2）将日本的工厂设备运给各有权得到赔偿的国家，以促进那些国家的经济发展；（3）日本保留最低数量工厂，以生产换取必要的生活物资等。

虽然鲍莱认为美国在促使战后中国经济恢复方面具有一定的职责，对中国方面的索赔要求也表示理解和同情，支持国民政府向日本索赔的决定，但是，由于他从一开始就表现出对日本索赔的宽大处理原则，所以与中国对于应得赔偿的数额与比例的认识也产生了分歧。

当时，国民政府对向日本要求战争赔偿抱有较大的期待，国民政府在派驻日本的代表团中特别设立了负责对日追索赔偿的机构，以吴半农为主任委员。在鲍莱为首的美国调查团来中国之际，驻日代表团便制作了一份文件，向驻日美国当局及国际机构发放，旨在介绍中国关于要求日本战争赔偿的原则。该文件说明了以日本的设备作为中国战时损失之赔偿的必要，并强调不能无视盟国各国的意见单方面行动。[②]

这一时期，中国国内各部门也就日本的战争赔偿问题进行反复讨论，1945年11月13日在国防最高委员会上初步形成了纲领性文件《关于索取赔偿与归还劫物之基本原则及进行办法》，就日本赔偿问题确立了11条原则，其主要内容如下：

> 日本对我赔偿以实物为主，赔款为辅，由中国提出应赔实物的种类、品质、数量及赔款之数目以及交付的方式与期限；中国受害深重，范围广、伤亡多，索取各项赔偿应有优先权；凡在华境内（含东

---

① 中华民国驻日代表团日本赔偿及归还物资接收委员会编《在日办理赔偿归还工作综述》（1949年），沈云龙主编《近代中国史料丛刊续编》第71辑，台北，文海出版社，1980。

② 《在日办理赔偿归还工作综述》（1949年），沈云龙主编《近代中国史料丛刊续编》第71辑，第24页。

北、台湾及澎湖群岛）的日本公私财产悉数归中国政府以作赔偿之一部分，日侨此项财产损失由日本政府负担之；在日本境内宜充作赔偿的各种实物，应交与中国政府以作赔偿的一部分，此等实物包括现有全部商船之所有权，现有军需工业及重工业工厂设备之大部分，轻工业工厂设备非平时经济所需要者，金银珠宝等大部分；日本应将每年生产的若干种原料及产品，在规定年限内分期定量运交中国政府以作赔偿之一部分；中国财政税收及其他损失、伪钞及日本在中国境内发行的军用票，中国因抗战而增加发行等损失，日本应在若干年内向中国政府分期偿还；苏联在东北所发行的货币亦应由日本偿还；中方在越南受降的一切费用应由日本赔偿；日本应将其可变卖的有价证券，及国外资产（含外汇）的大部分移交中国政府；中方在军事占领日本期间的一切费用应由日本负担；海外华侨及在华外侨损失应依据相互原则，与有关盟国接洽办理。①

上述对日索赔的 11 条原则是中国在战后准备向日本索赔的初步方案，由于当时盟国对日本的赔偿问题尚未做出具体规定，因此它主要是从中国自身立场出发表达的一种意向。考虑到对日索赔的国际性，中国也提出所得之赔偿须占日本赔款总额的过半数以上。中国提出对日赔偿的基本出发点在于：（1）惩罚日本在战争中的残暴行为；（2）补偿中国的损失，以加速战后的复兴，达到亚洲经济的均衡发展；（3）根除日本武装的经济基础，消灭其潜在的战争能力，防止其再次发起战争。

基于上述原则，中国在对日索赔问题上还确定了以下几项重要方针：日本的重工业应保留在 1914 年的生产水平，轻工业尤其是纺织工业必须列入赔偿范围，由中国予以拆迁。②

鉴于形成一致意见比较困难，鲍莱建议先就日本赔偿总数的 30% 实施先期拆迁计划，以便先赔偿受到日本侵略的国家。他警告说：如果不抓紧时间进行这一拆迁，日本的大财团将会很快接管国家，使日本的战争潜力

---

① 秦孝仪主编《中华民国重要史料初编——对日抗战时期　第二编　作战经过》（4），第 18—20 页。

② 《在日办理赔偿归还工作综述》（1949 年），沈云龙主编《近代中国史料丛刊续编》第 71 辑，绪言。

的最重要部分“保留在那些使日本陷入战争的人的手中”。①

1946 年 3 月，美国向远东委员会提议在日本的最终赔偿方案确定之前，接受上述鲍莱先期赔偿的建议，先制订临时赔偿方案。鲍莱在向杜鲁门提交的详细报告中，提出将日本的工业水平保留在 1926—1930 年的水平，将日本的陆海军工厂、飞机、轻金属、轴承工厂的全部，将钢铁、造船、机床、水力发电厂的一半作为赔偿物资拆迁，但保留其轻工业和民生行业。即将日本的工业能力减少 30%，其不能再发动战争。这时，在远东委员会中成立了第一小组委员会，即赔偿委员会（FEC，Commitee No1：Reparation），远东委员会通过了先期赔偿方案，各国代表开始就在日本的战争赔偿中占有的比例进行了激烈的辩论。

中国方面随即就日本可供赔偿的各种工业设施逐项讨论，国民政府在同年 5 月发表了《中国要求日本赔偿设备紧急拆迁项目》，对《中国要求日本赔偿计划》做了进一步补充。②

为了与远东委员会的工作相协调，设在行政院的中国赔偿调查委员会也在 10 月改名为赔偿调查委员会，以便更直接地与远东委员会就日本战争赔偿的问题接轨。该委员会成立后，立即提出了《中国要求日本赔偿计划》，即将前述 11 项原则具体化。

中国虽然在战后初期就日本赔偿问题反复研讨，数次提出自己之主张，但由于盟国处理战后日本战争赔偿的最高机构是远东委员会的赔偿委员会，而远东委员会由 11 个国家组成，对日索赔直接涉及各国的利益，矛盾十分尖锐，很难形成统一的政策。另外，根据远东委员会的表决程序，中美英苏四大国中任何一国都可以行使否决权，事实上，中国当时虽有“四强”之名，但并无“四强”之实，许多问题的最后决定往往离中国的期望相去甚远。

1946 年 5 月 26 日，国民政府向远东委员会提出了要求日本赔偿的具体计划，即《中国要求日本赔偿计划》和附件《中国要求日本赔偿设备紧

---

① *Foreign relations of the United States : diplomatic papers, 1945, The British Commonwealth, the Far East*, Vol. 6, pp. 1006, 1012.

② 沈云龙主编《近代中国史料丛刊续编》第 71 辑，第 27—28 页。

急拆迁项目》。[①] 国民政府提出的对日索赔思路是：让日本的重工业水平保持在 1914 年水平的前提下，限制其海外贸易，以其轻工业特别是纺织工业作为赔偿物资的基础。国民政府对赔偿的这一思路是想将对日惩罚、补偿战争损失与促进国内经济的发展结合起来考虑，这一考虑与远东委员会宣称的对日索赔的目的是通过战争赔偿消除侵略战争、促进亚洲经济均衡发展是有关联的。这一思路既反映了战后中国急切希望恢复经济的要求，也考虑了日本的实际偿付能力，同时照顾到了盟国内部各国的不同利益诉求。[②]

1946 年 8 月，国民政府又草拟了《中国对日赔偿问题提案纲领》，详细地向盟国特别是向美国全面阐述了中国对日索赔的七项政策。[③]

1946 年底，远东委员会在华盛顿讨论战争赔偿问题，中国代表团团长顾维钧将国民政府负责日本赔偿事务的最高机构——行政院赔偿委员会形成的对日索赔的比较全面、系统的文件《中国责令日本赔偿损失之说帖》在会议上宣布，这个说帖成为中国对日索赔的政策性纲领。

该说帖提出：从 1937 年 7 月开始到战争结束，中国在战争中的直接损失以 1937 年 7 月的汇率计算约为 520 亿美元，但是不包括东北、台湾地区以及海外华侨的损失和军费损失。[④] 这一数字在一年后发生了变化，中国驻日代表团负责日本赔偿及归还物资接收委员会主任吴半农后来提出的数字为“超过 620 亿美元，不包括生命及无形财产的损失”。[⑤] 另外，国民政府发言人也曾提出了损失应为 580 亿美元。[⑥]

针对中国提出的关于日本战争赔偿的要求，美国表示同情，所以在远东委员会中设立了 6 个特别小组，分别考察日本在机械、造船、钢铁、化工、电力及轻金属几个方面对中国的赔偿问题，同时受理中国方面对这些领域向日本提出的赔偿业务。

---

① 《在日办理赔偿归还工作综述》(1949 年)，沈云龙主编《近代中国史料丛刊续编》第 71 辑，第 27—28、31—32 页。

② 《日本投降与我国对日态度及对俄交涉》，《中日外交史料丛编》(7)，第 377—387 页。

③ 彭明主编《中国现代史资料选辑 (1945—1949)》第 6 册，中国人民大学出版社，1989，第 78—79 页。

④ 《中国责令日本赔偿损失之说帖》，台北“国史馆”藏赔偿委员会档案，档案号：301－011。

⑤ 《在日办理赔偿归还工作综述》(1949 年)，沈云龙主编《近代中国史料丛刊续编》第 71 辑，绪言、第 77 页。

⑥ 《国民政府对日和约审议会谈话会记录》，《民国档案》1992 年第 4 期。

这一时期，远东委员会中关于对中国的战争赔偿在几个问题上存在争论。

一是关于日本的国外资产处理问题。日本投降后，国民政府将中国境内属于日本政府和民间的部分资产加以接收、清理，这些资产总值合计为3.5亿美元。不过这些资产中很多是日本侵略而得，如日本在占领中国期间始转移所有权给日本之产业以及日本在沦陷区内利用中国之劳力、资源乃至资本而举办之实业，沦陷区以等价输出获得的日本物资等。除此之外，当然战前日本也有一些投资，但这些投资多是1895年以来日本通过不平等条约所取得的特权所进行，有些完全是出于政治目的，如善后借款、西原借款等，这些借款根本不是一般经济意义上的投资。因此，日本在中国的所谓资产理应列入日本无条件归还中国之列，不应作为冲抵赔偿之部分，但中国还是顾全大局，同意日本用在华资产来冲抵赔偿额的一部分，这充分体现了中国对日政策的宽大。至于日本在中国东北的所谓资产，本来是日本长期以来对东北殖民侵略的结果，理应完全归还中国或抵充赔偿，但苏联坚持要把东北的日本资产作为战利品搬运回国，拒绝将其列入赔偿范围，也拒绝将其归还中国，中国只好请求远东委员会在决定赔偿配额时应对中国在东北所损失部分予以有利考虑，使中国取得相当之补偿，但中国的建议最终未获盟国的赞同。

二是关于日本工业应确定在何种水平的问题。中国最初主张日本重工业应以1914年为保留水平，超过这一水平者一律拆迁充作赔偿，但中国此主张根本不为盟国接受，后来中国又提出以1928—1930年为日本平时工业水准，但远东委员会在1947年1月23日确定了以1930—1934年的平均生活水平为今后日本工业生产的标准，这就使日本实际上要被充作赔偿的物资和设备被更多地保留下来。

三是关于中国在日本赔偿总额中所占比例问题。中国战后初期提出争取50%以上份额的要求，其依据是中国受害最深，损失最重，对抗战贡献最大。这本来是一项极为合理的要求，但由于美国的反对，中国只好自行减去了10%，提出40%的要求，即使如此，盟国仍然不赞成，苏联同意中国得30%，美国同意29%，印度同意25%，荷兰同意24%，菲律宾、新西兰同意23%，法国同意20%，英国只同意中国得14%，由于各国意见分歧大，分配比例直到远东委员会解散也未形成一致意见。

1946 年远东委员会虽然通过了日本战争赔偿的基本原则，但根据该原则，方案的实施须待各盟国间的分配比例商定后才能实行。由于各盟国未能形成一致意见，美国依据远东委员会组织程序，采取单独行动，决定在临时赔偿方案范围内，先提 30%，作为直接受日本侵略国家的赔偿物资。1947 年 4 月 4 日，美国政府向盟总①颁布了第 75 号临时指令，规定在临时赔偿范围内，由盟总负责选择可供作赔偿的设备，将其作为先期拆迁物资分配给中、菲、荷（代表荷属东印度）、英（代表马来亚、缅甸及其他远东殖民地）四国，其中中国得 15%，菲、荷、英各得 5%。

国民政府对临时拆迁案的实施持欢迎的态度。为了接收日本赔偿物资，1947 年 6 月，国民政府在日本设立了日本赔偿及归还物资接收委员会，在国内设立了日本赔偿归还物资督运委员会。这样，战后日本的战争赔偿问题总算得以正式启动。

中国虽为拆迁日本工业设备做了大量的准备工作，但在先期拆迁令颁布后，盟总迟迟不肯指定充赔的工厂或设备，拖延 5 个月之久，经中国等国反复催促，才于 1947 年 9 月就陆海军兵工厂指定了 17 所作为拆迁对象（后盟总增加了 3 所，但又从总数中删去 2 所），这样，整个拆迁范围仅限于陆海军兵工厂 18 所。

由于先期拆迁中中国应得的 15% 系以设备的价值计算，因此，对设备价值的估计直接关系中国的实际所得。根据盟总的计算方法，对日本拆迁物资的估价比对德赔偿物资的估价高 58%，中国虽提出异议，但计算方法并未更动。

盟总指定的先期拆迁兵工厂设备分三批分配，第一批为工具机及金属形成机，中国分得的机器总数为 9393 部，实际接收数为 7687 部，此外加上与英国调换、让与的一部分机器和后来补充的少量设备，第一批接收实数为 7731 部。第二批为兵工厂试验仪器设备，分配给中国共 1710 件，其中有 20 件拒收，实际接收 1690 件。第三批为电气设备，中国原分得 1437 吨，由于美国后来停止临时拆迁，中国仅得 661.5 吨，这一批中的剩余通用机器设备中国得 19156 吨。

中国从日本方面所接收的三批物资的价值如以 1939 年日币计，第一批

① 即驻日盟军总司令部，为行文方便，亦简称盟总。

计件机器为56269165日元，合14622105.22美元；第二批试验设备为682212日元，折177279.61美元；第三批电气设备为1209018日元，折314172.83美元；剩余设备为26771048日元，折6956724.53美元。三批赔偿物资共计84931433日元，折22070282.19美元。

国民政府从1948年1月开始由日本装运上述赔偿物资回国，至1949年9月，前后共派船或租船22次，运回物资1254箱，重约36000吨。①

但当第三批物资还在拆迁的时候，1949年5月，美国在远东委员会中的代表麦考义（Franc Mccoy）宣布根据美国国家安全保障会议确定的政策（NSC13/3），停止先期赔偿。于是，5月13日美国颁布了取消先期拆迁的命令。

美国之所以决定停止先期拆迁，与战后国际形势的变化有直接的关系。

其实，在战争结束后不久，同盟国内部苏联与英美之间的矛盾就开始显现出来，并且越来越尖锐。1946年3月5日，访问美国的英国原首相丘吉尔（Winston Leonard Spencer Churchill）在美国总统杜鲁门的陪同下抵达密苏里州富尔顿，在杜鲁门的母校威斯敏斯特学院发表了题为《和平砥柱》的演说。丘吉尔在演说中公开指责苏联的扩张及对中欧、东欧国家进行的日益增强的高压控制，他认为“从波罗的海的什切青到亚得里亚海边的里雅斯特，一幅横贯欧洲大陆的铁幕已经降落下来”，因此不能对苏联采取“绥靖政策”。他还呼吁高踞世界权力顶峰的美国应担负起未来的责任，主张英国与美国结成同盟，并联合讲英语的民族与国家，制止苏联的“侵略”。这就是著名的“铁幕演说”。在丘吉尔的富尔顿“铁幕演说”发表后不到10天，斯大林也发表了措辞严厉的讲话，称丘吉尔和他的朋友非常像希特勒及其同伴。斯大林还认为丘吉尔的演说实际是杜鲁门借他人之口发表的“冷战宣言”，是美国发动“冷战”的前奏。在这之后，两个对立阵营的界限便越来越清晰了。1947年5月8日，乔治·凯南撰文提出要对苏联的扩张倾向加以封锁。1947年7月26日，美国通过《国家安全保障法》，将海陆空三军统合后成立国防部，并设立作为总统咨询机构的国

① 《在日办理赔偿归还工作综述》（1949年），沈云龙主编《近代中国史料丛刊续编》第71辑，第66—74页。

家安全保障会议。①

受这一形势的影响，1947 年开始，对于美国来说，日本在亚洲的战略价值超过了中国，所以有必要在亚洲建立以日本为基轴的冷战体制，由此美国的对日政策开始发生重大变化，即完全摆脱了原来制裁军国主义日本的立场，转到利用日本这一亚洲“不沉的航空母舰”的立场。②

国民政府对美国的态度变化感到“震惊”和“愤慨”。中国代表得此消息后于 1949 年 5 月 18 日提出严重抗议，认为“赔偿物资分配既定，即为一种契约行为，我方为接收上述设备，曾自国内调派监拆人五六人，并办妥了其它种种准备工作，人力、物力消耗甚多，今骤然停止，致我方蒙受甚大损失”。20 日，中国驻日代表团正式致函盟总提出抗议，要求迅速恢复吴港电厂设备的拆迁工作，但盟总的最后答复是：“所有第三批赔偿物资，即兵工厂之附属电气设备及剩余设备，凡已分配妥者，不论已否正式通知单，均予照旧拆迁，惟吴港电厂及二百吨起重机除外，应予停拆。”③

1947 年 9 月，国民政府就连续召开了“对日和约审议会”，讨论与战后赔偿有关的对日讲和的诸问题，会议由外长王世杰主持。在第一次会议上就讨论了领土问题与赔偿问题。关于赔偿问题，基本明确了以日本在中国的资产抵充部分赔偿的原则，同时强调在要求日本国内资源的赔偿方面，中国所占份额理所当然地应高于其他各国，其次为美国与苏联。中国应占 40%，至少应占 30%。

王世杰在会议上提出：赔偿应以不使日本的经济侵略复活为原则，即军事面严格、政治面缓和、经济赔偿略宽大。④ 可见，即使在美国态度发生变化的时候，中国方面仍然在考虑在对日媾和的过程中解决战争赔偿及战后诸多问题。

在三批赔偿物资中的中国所得部分，前两批基本上没有什么再利用的价值，只有第三批中的吴港电厂设备系成套完整的新设备，尚可利用，但

---

① 永井陽之助『冷戦の起源』中央公論社、1978、13 頁。

② “United States Assistance to Other Countries from the Standpoint of National Security”, op. cit., pp. 744 – 745.

③ 沈云龙主编《近代中国史料丛刊续编》第 71 辑，第 77 页。

④ 《国民政府对日和约审议会谈话会记录》，《民国档案》1992 年第 4 期。

盟总在接到国内指示后即要求停止该厂的拆迁。这样，中国在战后初期的拆迁赔偿中，最后只得到了价值约 2200 万美元的拆迁物资，这是作为战胜国的中国在战后从日本取得的唯一赔偿。

美国出于自身的战略利益单方面宣布中止日本的拆迁赔偿，使日本大量的重工业基础和军事工业基础得以保留下来，为其日后的经济复兴及武装重建提供了重要的基础，其行径既是对《波茨坦宣言》等国际法规的严重违背，同时也极大地侵害了最大的战争受害者——中国的对日索赔权益，在一定程度上也可以说是对中华民族所欠的一笔巨债。

对日战争索赔是国民政府战后对日政策的一个重要方面。与甲午战后日本对待中国的野蛮勒索完全相反，中国方面的索赔要求基本上体现了极其宽大的原则。

第二节　战后初期美国对日政策及其变化

一　战后初期的美国对日政策

日本投降后，在处理了遣返日本在海外的军队与侨民，对日本战犯进行审判等紧迫事务后，如何处理同盟国与日本的关系的问题就提上了日程。

《开罗宣言》和《波茨坦宣言》所规定的原则是指导盟国处理日本问题的最重要依据。

对于美国来说，处理与其他盟国的关系，则是很重要的问题。由于盟国对日作战基本上不在日本本土上，这在客观上使盟国对日本进行共同占领有一定困难，特别是在对日作战后期，美国对彻底击溃日本法西斯起了主导作用，因此美国力图对日本进行单独占领，杜鲁门声称："对日本的占领不能重蹈德国的覆辙，我不打算分割管制或划分占领区"，"不容俄国控制日本的任何部分"。[①] 也就是说，对于占领日本，美国强调的是主导权。

1945 年 8 月 29 日，美国政府下达了《日本投降后初期美国对日政策》

① 《杜鲁门回忆录》第 1 卷，三联书店，1974，第 349、371 页。

的文件，责令麦克阿瑟执行。该文件在对日占领问题上虽表示将邀请对日战争中曾起重要作用的盟国参加，但又规定：“一切占领部队皆将由美国指派的最高统帅指挥。各盟国之间如有意见不一之处，应以美国的政策为准。”

在盟军占领日本的过程中，形成了美军占领大部分本土，英联邦军队（包括英、澳、新、印军队）占领西部，苏军占领“北方领土”的格局。美国决策层没有采纳国务院和军方一些部门曾酝酿的盟国“分割占领”日本的方案，拒绝了苏联希望占领北海道部分地区的要求。[①] 美国以 46 万驻日军队的实力和既成占领态势为背景，贯彻了“单独占领”方针。[②] 为了掩盖“单独占领”的实质，美国要求各盟国派遣占领部队，结果只有英联邦派少数部队到广岛，苏联因不愿把自己的军队置于美国司令官的指挥下而未派兵。中国国民政府虽原拟派 1.5 万人参加进驻名古屋，但最终由于蒋介石忙于部署内战而未派出。

美国从 1943 年起便着手拟订对日占领政策。在制定政策的过程中，美国国务院十分重视包括原驻日大使格鲁等所谓“知日派”的意见，所以在 1945 年 8—9 月日本投降前后确定了以美国单独管理、保留天皇制、利用日本中央政府实施间接统治（根据麦克阿瑟 1946 年 1 月 29 日的命令而实现直接军政管制的冲绳地区除外）三大内容为核心的对日占领方式。美国实际上排除了苏联共同占领日本本土的可能性，但在形式上却采取了盟军占领的方式。

1945 年 9 月 6 日，美国政府提出了《投降后初期美国对日方针》（SWNCC 150/4）。该文件确定的对日占领“终极目标”是：（1）确保日本不再成为美国的威胁或世界和平与安全的威胁；（2）最终树立尊重他国利益的、支持联合国宪章理想与原则即符合美国目标的、和平而负责任的

---

① 斯大林于 1945 年 8 月 16 日致信杜鲁门，要求把苏联受降地区定为“全部千岛列岛及北海道北部（从钏路市到留萌市一线以北）”，但遭到杜鲁门的拒绝。

② 1945 年 8—9 月，美军总参谋部也曾研究盟国“分割占领”日本的方案：北海道和东北由苏联占领，关东、信越、东海、北陆、近畿由美国占领，四国岛由中国占领，中国（指日本的“中国地区”）、九州由英国占领，东京由美英中苏共管，大阪由美中共管。这个方案未能得到决策层批准。国务院、陆军部、海军部三部门协调委员会的题为《日本战败后本土占领军的国别构成》（SWNCC－70/5 号）的文件规定，美国必须在对日占领军中保持“主导性发言权（controlling voice）”，避免“分割占领”。

政府。[①] 前者确立了对日非军事化改革的目标，后者成为对日民主化改革的依据。该文件就对日占领的实施方式做了如下规定："天皇及日本国政府的权限从属于握有实施投降条款和施行对日本国占领及管理政策所需一切权力的总司令"；"总司令通过日本政府机构及诸机关行使其权限。日本国政府当被容许在总司令的指示下行使有关国内行政事务的日常政治功能"。[②] 这是对美国的"单独占领"地位和"间接统治"方针做出的明确界定。

在美国的推动下，日本在战后初期经历了"经济、政治及法制上的民主改革"。[③] 美国对日占领政策的主要目标是实现非军事化、民主化以及地方分权与排除集权（通称"三个 D"）。这三项改革，特别是前两项，为战后日本的新政治与外交体系定下了基调，其核心是在美军占领当局指导下制定的新《日本国宪法》（下文简称新宪法）及其相关体制。

非军事化改革是为防止日本军国主义东山再起而在 1945 年至 1946 年期间实施的一系列措施，包括解除武装、惩处战犯、开除战争骨干人员公职、确立文官控制军队制度，以及在新宪法中规定的禁止日本拥有军队和交战权。

麦克阿瑟于 1945 年 10 月上旬两次对日方提到修改宪法的必要性。日方 10 月底提出了宪法草案，但遭到盟总的否定。日本政府于 2 月 8 日提出了"松本草案"。1946 年 2 月 13 日，盟总民政局局长惠特尼（Courtney Whitney）向日方提示了麦克阿瑟"有关起草宪法的手谕"，其中规定了三条原则：（1）保留天皇制（君主立宪制）；（2）放弃战争（包括自卫战争）和不保持战争力量，否认交战权；（3）废除一切封建制度。[④]

在美国占领当局的压力下，日本政府在 1946 年 2 月 22 日的内阁会议上决定接受由盟总起草的新宪法草案，3 月 6 日发表了《宪法修改草案要纲》，4 月 17 日发表了《宪法修改草案》，并提交 6 月 20 日的第 90 届帝国议会，在众议院和贵族院被修改了几处。这个有别于《大日本帝国宪法》（1889 年 2 月 11 日颁布、1890 年 11 月 29 日施行）的新《日本国宪法》

---

① 鹿島平和研究所編『日本外交主要文書・年表　第 1 巻（1941—1960）』原書房、1985、81 頁。

② 『日本外交主要文書・年表　第 1 巻（1941—1960）』83 頁。

③ 東京大学社会科学研究所編『戦後改革　第 1 巻　課題と視角』東京大学出版会、1974、序言。

④ C. Whitney, *MacArthur's Rendezvous with History*, New York: Knopf, 1956, pp. 249 - 251.

于1946年11月3日正式公布，翌年5月3日开始施行。新宪法的最大特色就在于以“盟总草案”为蓝本写入的第9条，即“放弃战争”条款。其内容是：“日本国民真诚希求基于正义与秩序的国际和平，永远放弃以国权发动的战争、以武力威胁或武力行使作为解决国际争端的手段”，“为达到前项目的，不保持陆海空军及其他战争力量，不承认国家的交战权”。[①]

麦克阿瑟关于起草日本新宪法的“三个D”原则，“日本放弃作为解决争端手段的战争和作为保持自身安全手段的战争”，“日本将来也不会被赋予保有陆海空军的权能”。但盟总民政局的卡迪斯（Charles L. Kades）在起草“放弃战争”条款（“盟总草案”第8条）时，删除了麦克阿瑟“手谕”中“保持自身安全手段的战争”这一字句，这一修改为其后围绕是否放弃“自卫战争”的论争埋下了“火种”。[②]

宪法草案在国会审议过程中被稍许改动，尤其是众议院帝国宪法改正委员会小委员会委员长芦田均在宪法第9条第2款开头加上了“为达到前项目的”这一句。后来，芦田在宪法公布之日（1946年11月3日）出版的《新宪法解释》一书中，强调对战争和行使武力的放弃仅限于“作为解决国际争端的手段的场合”，而不适用于“自卫”和“参与对侵略的制裁”场合。[③] 然而，芦田均的这一解释并未成为日本政府的正式见解。

民主化改革指1946年至1947年期间实施的一系列措施，包括推动日本制定新宪法、废除内务省、瓦解财阀等。尤其是新宪法改变了日本政体，天皇由战前至高无上的国家主宰转变为“日本国的象征”，以天皇专权为核心的政治体制转变为立法、行政、司法三权分立的议会内阁制。

1947年3月17日，麦克阿瑟在二战后首次举行的记者招待会上称，

---

① 当时“盟总”的皮克博士向惠特尼报告说，“芦田修正”可能导致承认自卫权的扩大解释，惠特尼认为这没什么不好。可见，“盟总草案”起草人员的思路与麦克阿瑟“手谕”之间在“自卫权”的问题上存在一定的差异。入江通雅『戦後日本外交史』嵯峨野書院、1987、27頁。

② 卡迪斯后来说道：他有意识地删除了“保持自身安全手段的战争”这一句，以使日本保有自卫权。田中明彦『安全保障：戦後50年の模索』読売新聞社、1997、27—28頁。

③ 从帝国宪法改正委员会小委员会速记录中并不能看出芦田均当时已意识到修改的后果。最先意识到“芦田修正”新意的是金森德次郎国务大臣、法制局入江俊郎长官和佐藤达夫次长。古関彰一『新憲法の誕生』中央公論社、1989。远东委员会得知“芦田修正”后，也觉察到新解释的潜在影响，便要求日本在新宪法中加上“内阁总理大臣和其他国务大臣必须是文民”的条款。

占领目的中的第一阶段即非军事化改革已完成，第二阶段的政治改革也即将完结，第三阶段的恢复经济任务则以重开国际贸易为必要条件，为此应在一年之内缔结对日和约。[①]

美国对日本的单独占领和非军事化、民主化改革，对战后日本的内政与外交产生了以下重要影响。

第一，推动日本形成了放弃军备与交战权的非军事化法制体系。

二战后，各战胜国首先考虑的安全课题，是如何防范日本军国主义东山再起的问题，而不是“日本自身的安全保障”。[②] 这一点也符合日本亲美派新领导层的意愿。例如，吉田茂在1945年8月27日给来栖三郎的信中，曾把战败视为“切除军部的政治癌症”的良机，称“此战败未必是坏事”。新宪法第9条以根本大法的形式把非军事化的成果固定下来，从法制上堵住了军国主义势力重新影响日本国策的渠道。日本的非军事化符合曾受日本军国主义野蛮侵略的亚洲各国的愿望，反映了在占领日本初期美国的对日政策与亚洲各国的利益还能基本上保持一致。新宪法第9条是二战后日本坚持走和平发展道路的法制基础，也是让曾受日本军国主义侵略的亚洲各国感到可以放心的法制保证。

第二，推动日本确立了防止军国主义东山再起的政治制度。

二战结束前以天皇专权为核心的日本政治体制，是导致军部依靠天皇的至上权力发动对外侵略战争的制度根源。通过民主化改造，天皇由至高无上的国家主宰转变为“日本国的象征”、由“神”回到了“人”，军部重新肆虐的可能性受到了新宪法第9条、文官控制军队制、议会内阁制、和平主义思潮等因素的限制。

战后非军事化和民主化改革的成果，是二战后日本得以坚持走和平发展道路的制度保证。

美国对日本的事实上的单独占领也受到了来自盟国的一定的制约。1945年9月24日，在伦敦外长会议上，苏联要求成立由美、英、苏、中四国代表组成的对日管制委员会，遭到美国拒绝。1945年12月，在莫斯科外长会议上，美国同意成立两个盟国对日机构——远东委员会和盟国对

---

① 五十嵐武士『対日講和と冷戦：戦後日米関係の形成』東京大学出版会、1986、34頁。

② 下田武三『戦後日本外交の証言：日本はこうして再生した』上、行政問題研究所、1984。

日管制委员会。远东委员会设于华盛顿，由美、苏、中、英、法、荷、加、澳、新、印、菲11国组成。远东委员会的成立决议还规定了该会的表决方法，即决议案无须全体一致通过，唯每项决议至少须得全体代表多数之赞成，且赞成之代表中须包括美、英、苏、中四国。[①]

上述关于远东委员会的规定从表面上看，它作为一个负责制定战后统治日本政策的机构是具有广泛性的，但由于该委员会的决议最后还得经美国政府转达占领军总部执行，这就突出了美国的特殊地位和作用，至于同时成立的另一个机构——盟国对日管制委员会（设于东京），其主席便是盟军最高司令官，而且该会的职能只是咨询对日政策之执行，因此远东委员会和盟国对日管制委员会的成立并未改变美国在战后处置日本问题上的支配地位。

二　美国战后对日政策的变化及其影响

美国在经历了艰难的太平洋战争后，战后初期在对日政策上基本上还能遵守战时达成的国际协议。1945年8月29日美国政府发布的《日本投降后初期美国对日政策》中明确规定其对日政策的目标为“确保日本今后不再成为美国的威胁，不再成为世界和平与安全之威胁”，为此“必须完全解除日本之武装，并使其完全非军事化”。[②]

然而，第二次世界大战结束后不久，美苏两大国由昔日的盟国日渐转向新的对立。1946年3月，英国原首相丘吉尔在访美旅行中发表演说，断言：“从波罗的海的什切青到亚得里亚海的里亚斯特垂下了一道铁幕，在那条线的后面，是所有中欧和东欧古老国家的首都：华沙、柏林、布拉格、维也纳、布达佩斯、贝尔格莱德、布加勒斯特和索菲亚；所有的各城及其周围的居民都处在苏联的势力范围内，一切都要屈服于这种或那种影响，不仅受苏联之影响而且受莫斯科的非常严密的和越来越多的控制。”[③]丘吉尔对苏联的激烈攻击预示了第二次世界大战反法西斯阵营的崩溃。9

① 〔英〕休·博顿等：《国际事务概览1939—1946年：1942—1946年的远东》（下），第792—795页。

② 〔英〕休·博顿等：《国际事务概览1939—1946年：1942—1946年的远东》（下），第743—744页。

③ J. 斯帕尼尔：《第二次世界大战后美国的外交政策》，段若石译，商务印书馆，1992，第33—34页。

月，在伦敦召开的英、美、法、苏四国外长会议也不欢而散。1947 年 3 月，杜鲁门在参加参众两院联席会议上也发表演说，宣布与社会主义国家进行斗争是美国的国策。同年 6 月，美国国务卿马歇尔发表了欧洲复兴计划，明确地提出了包括重新武装德国在内的建设西欧的反苏军事体制。在此背景下，美国对日政策发生变化。

美国对日政策的调整是由华盛顿决定和主导实施的，在此过程中东京的盟总起初不大情愿中止对日改革进程，其政策调整比华盛顿略慢一拍。美国国务院政策规划室主任乔治·凯南建议政府改变建立在《波茨坦宣言》之上的对日政策，代之以基于对苏冷战需要的政策，并对国务院远东局博顿（Huge Borton）小组的媾和方案进行了责难。[①] 该建议被美国政府采纳后构成了调整对日政策的关键文件，即 1948 年 10 月 7 日由美国国家安全会议通过的 NSC 13/2 号文件。该文件定下了调整对日政策的基调，其中包括：解除追放公职、重新武装日本（因国务院的反对，故表述为“加强警察力量”）、恢复和稳定经济、实施对日媾和向日本政府大幅度移交权限等等。[②]

在该文件的指导下，美国调整对日政策的方向是：以扶植日本成为亲美、反苏的冷战“防波堤”为目的，积极支持日本在政治、经济、军事上重新自立，在日本国内打击左翼势力，扶植保守势力。于是，以何种方式对日媾和便成为美国方面要探讨的政策课题。美国把排除苏联影响和减轻日本赔偿负担作为两个重点。[③]

美国的对日占领及其后期占领政策的变化，对日本的外交政策和亚洲国际秩序产生了重大影响。

第一，美国推动日本产生了亲美政权。

在美军占领下，战时曾受军部打压的亲英美派官僚得到了美国的扶

---

① 1947 年 5 月组建的以乔治·凯南为主任的国务院政策规划室，占据了美国冷战外交的中心地位。同年 8 月 5 日国务院远东局东北亚处博顿小组的和约草案提出签署和约后设立远东委员会 11 国大使理事会和对日监督委员会对日本进行监督，日本在 25 年内实行非武装化等。8 月 12 日，政策规划室否定了“博顿草案”，并主张以遏制苏联和防止日本左翼势力抬头为目的积极介入日本问题。

② 大蔵省財政史室編『昭和財政史：終戦から講和まで 第 17 巻』東洋経済新報社、1981、79—81 頁。

③ 渡辺昭夫編『戦後日本の対外政策：国際関係の変容と日本の役割』有斐閣、1985、25 頁。

植。1945 年 10 月 4 日东久迩内阁总辞职，翌日裕仁天皇对内大臣木户幸一提出继任首相的标准是，“美国方面不抱反感者、没有战争主谋嫌疑者、通晓外交事务者”，并推举出第一候选人币原喜重郎，第二为吉田茂。后来，币原喜重郎、吉田茂、芦田均等原亲英美派官僚相继成为首相和外相。

第二，美国推动日本形成了依赖美国的安全与外交政策。

麦克阿瑟的初期意图倾向于使日本保持非武装中立，日本国内也存在着支持非武装中立的广泛社会基础。然而，随着乔治·凯南的冷战路线在美国的对日政策中占据主流地位，美国最终确立了把日本拴在西方阵营内以及继续使用日本军事基地的方针，并以此改变了盟总的方针。[①]

1951 年 9 月 8 日，日美在签署“旧金山和约”的同时缔结了《日美安保条约》。[②] 至此，日本确立了恢复外交权后继续保留驻日美军基地、依赖美军保护自己的安全战略，在此基础上形成了“以日美关系为基轴”的对外路线。

第三，美国推动日本与台湾当局缔约，使中日两国直至 1972 年 9 月之前未能重建外交关系，给东亚国际关系制造了冷战对立。

1949 年 10 月 1 日，中华人民共和国成为中国的唯一合法政府，失去政权地位的国民党当局逃往台湾。在邀请北京方面还是台湾当局出席旧金山对日和会的问题上，英美出现了分歧，同时也给吉田茂提供了机会。1951 年底以前，吉田首相对中国问题的态度尚倾向于英国方案。从吉田首相 1951 年 10 月的几次国会答辩及日后其所著《十年回忆》的内容来看，这个时期吉田的对华政策构思包括如下几方面。第一，在北京和台湾之间保持“等距离”；第二，与新中国开展经贸往来；第三，期待着中苏关系破裂。[③]

---

① 麦克阿瑟在 1949 年 3 月会见记者时说，“美国绝不想把日本作为同盟国来加以利用。美国希望日本维持中立”，“日本的作用就是成为太平洋的瑞士”。

② 参与日美媾和及《日美安保条约》签署过程的宫泽喜一曾回忆道：“独立的国家以怎样的解释和安排来承认他国军队的驻留呢，对此未能容易地找出大多数国民所信服的方式。”参见〔日〕宫泽喜一《东京—华盛顿会谈秘录》。吉田首相也承认国内对《日美安保条约》的“评价并不好”。神谷不二『戦後史の中の日米関係』新潮社、1989、75 頁。

③ 如 1951 年 10 月 18 日吉田在国会说：“日本并不曾对杜勒斯做出过承认国民政府的保证。如上所述，与哪一个政府缔结和约，还要在慎重审议的基础上堂堂正正地予以决定。”28 日又说：“不管意识形态如何，要从现实外交角度自主决定。现在的对华关系要从通商贸易上考虑，看对方态度而定。”田中明彦『日中関係 1945—1990』東京大学出版会、1991、36—37 頁。

他曾回顾说，“对于我来说，早已有促进同台湾的友好与经济关系的宿愿。但是，我也想避免采取否认北京政府的立场。因为我认为，中共政权现在看起来似乎与苏联的手握得很紧，但是中国的民族在本质上与苏联人有着不相容的东西。文明不同，国民性相异，政情也不一致的中苏两国，最终终归会走向互不相容的境地。因此我也不希望日本同中共政权的关系彻底恶化”。[①]

然而，美国政府派杜勒斯（John Foster Dulles）到日本告诉吉田：如果不表态与台湾的“中华民国”政府签约，则美国参议院或将不批准“旧金山和约”和《日美安保条约》。考虑到日本与美国的关系，吉田不得不在美国的压力下改变初衷。于是，按照杜勒斯提供的底稿，吉田在 1951 年 12 月 24 日向美国发出了承诺选择台湾的备忘录，即所谓“吉田书简”。该书简称：日本与台湾政府之间“遵循多边和平条约所表明的原则，有意缔结重开两国政府间正常关系的条约。这一双边条约关于中华民国的款项，适用于中华民国国民政府统治下的现在已有的或将要被纳入的所有领域。”而关于大陆政权，吉田对杜勒斯说：“日本政府可以明确保证没有与中国的共产党政权缔结两国间条约的意图。”

在该书简的定稿过程中，日方力图把台湾当局的“管辖范围”限定在台湾岛以内，以免造成支持台湾“反攻”大陆的形象，但遭到美方拒绝。[②]关于台湾当局的“管辖范围”，日本在“日台和约”签署当天的照会中沿用了“吉田书简”的说法，即主张“日台和约”适用于现在在台湾当局控制之下或将来在其控制之下的全部领土。[③] 吉田首相于 1952 年 6 月 2 日在众议院外务委员会上主张，“日台和约”只适用于与台湾的关系，并希望今后进入“与中国全体的条约关系”。[④] 但是，自岸信介内阁以来，日本政府抛弃了上述保留的立场，开始采用日本通过“日台和约”已结束与全中

---

① 吉田茂『回想十年　第 3 巻』東京白川書院、1983。

② 日本要求从“吉田书简”的“这个双边条约的条件将适用于现在或以后可能属中华民国国民政府管辖的全部领土”这一句中删除“以后可能属”。井口贞夫外务次官在羽田机场试图说服杜勒斯接受这一修改，但最终失败。細谷千博『サンフランシスコ講和への道』中央公論社、1984、301 頁。

③ 田桓主编《战后中日关系文献集（1945—1970）》，中国社会科学出版社，1996，第 128 页。

④ 渡辺昭夫編『戦後日本の対外政策：国際関係の変容と日本の役割』76 頁。

国的战后处理的解释。[1]

第四，美国追究日本战争罪行的不彻底性，是导致日本国内否认侵略历史的势力得以保留和发展的重要原因。

美国在东京审判中没有追究昭和天皇的战争责任和化学战、细菌战、强征“慰安妇”等战争罪行，后来又解除追放公职、释放甲级战犯嫌疑人，使日本反省和清算侵略战争的过程在中途失去了来自战胜国的压力，一些侵略战争的骨干人物重返政界并占据了中枢地位，有的甚至当上了外相和首相。这导致日本未能就那场侵略战争形成统一的法律结论和统一的政府见解，甚至公然否认侵略战争在日本国内也不违法、否认侵略战争的政要和政治势力也可以在言论自由的旗号下公然活动。但是，日本政府和政界出现否认侵略战争的动向，必然激起曾深受日本侵略之害的亚洲各国的强烈反应，从而引发日本与邻国之间的外交摩擦。这是二战后几十年来日本在历史认识问题上与邻国间产生政治摩擦的主要根源。

第三节　“国民政府”被迫放弃战争索赔

一　中国被排除在旧金山媾和会议之外

日本投降后，中国国内的局势发生了重大变化，对美国的对华政策以及对日的战后处理也相应地发生了影响。特别是随着中国共产党力量的增强、中华人民共和国的成立和国民党败退台湾，引起了美英各国对中国政策的大调整。

中华人民共和国成立后，美英两国对海峡两岸谁有权代表中国参加对日和约谈判的问题发生了争论。战后初期，英国从分化社会主义阵营的目的出发，主张对中国共产党政权采取怀柔政策。另外，从避免日本与英国在东南亚出现经济贸易竞争的立场出发，英国也希望日本与中国大陆方面开展贸易活动，不希望日本与台湾当局建立“外交”关系。所以，英国早在 1950 年 1 月 6 日就承认了中华人民共和国。虽然英国外交部主张不邀请大陆和台湾参加对日媾和会议，但没有得到英国内阁的同意，所以英国仍

---

① 渡边昭夫編『戦後日本の対外政策：国際関係の変容と日本の役割』84 頁。

主张邀请新中国的代表参加对日媾和会议，代表中国签署和约。但是，在占领日本过程中居主导地位的美国，其内部关于如何与日本缔结和约则产生了种种不同意见，使对日媾和条约的签订迟迟未能进行。朝鲜战争爆发后，由于美国依赖于日本的补给支援，为确保日本作为“反共基地”，美国迅速整合其内部对日、对华的意见分歧，确定了必须切断日本与中共的任何联系，不支持中华人民共和国代表参与对日谈判的主张。于是，英美之间围绕中国代表权问题产生矛盾。为此，美国国务院顾问杜勒斯于1951年6月2日特地赶赴伦敦，与英国外交大臣莫里逊（Herbert Stanley Morrison）商谈。为了不使对中国问题的意见分歧影响到对日讲和的进度，英美最后化解了认识的分歧，决定不管苏联方面是否同意，坚持与日本缔约，但不邀请中国代表参与对日和谈会议，同意在多边对日和约完成后，日本政府根据和约再选择适当时机与中国方面签订和约。这一被称为《杜勒斯—莫里逊协定》的文件正中谋求外交自主空间的日本吉田茂内阁的下怀，[①] 同时也为美国将来筹划分割大陆与台湾埋下伏笔。

蒋介石本来对于参与对日和约的签订有相当的期待，认为中国对日作战时间最久，牺牲最大，其本人在领导对日作战中的作用也为大多数对日作战国家所认可，在远东委员会中也是中国的代表，以平等地位参加对日媾和会议当无疑问。但是到1951年5月底，在了解到可能会被排除在即将召开的对日和会之外后，蒋感到十分意外。于是他命令“国民政府”，特别是“外交部”与美国进行一系列交涉，甚至亲自出马。

6月14日，“外交部部长”叶公超发表声明，称应参加对日和约，与盟邦地位平等，不接受含有歧视性的签约办法。17日，蒋介石召见“总统府秘书长”王世杰，“行政院秘书长”黄少谷和叶公超，对英美达成不让台湾方面参加盟国对日和约签字一事表示极大愤慨。他在日记中记载：“王、黄、叶来见，乃悉英美协议，果使中国不参加对日和约，并待各国签订其多边合约后，再令日本与我订约也。此何如事，几乎梦想所不及者也。”次日，他又自记：“昨晚获悉英、美协议后，激愤慨感，几乎认为不可思议之梦境，诚不信杜（杜鲁门）、艾（艾奇逊）等卑劣蠢拙一至于

① 陈肇斌『戦後日本の中国政策—1950年代東アジア国際政治の文脈』东京大学出版会、2000、27頁。

此。”“被人侮辱污蔑至此，实开国际未有之恶作剧，亦为二十年来最大之耻辱。”[①]

20 日，美国表示可先不推进对日和约的签订，希望蒋介石提出解决之办法。于是，蒋介石提出了三项办法：(1) 对日和约多边条约，中国也参加；(2) 各国均与日本签订双边条约；(3) 除了与其他各国的多边协定，中国与日本同时签订双边条约，但美国必须规定日本与“中华民国”缔约，日本不得选择中共，且时间应与多边条约相同。

为平复蒋介石的愤怒，美国稍微调整了对日和约草案，但仍要求蒋介石的“国民政府”不得参加多边和约。于是，蒋介石在 7 月 9 日召见“行政院院长”陈诚和叶公超，表示：“美国对日和约与我有关问题已较前进步，但仍要求我不参加多边和约，只在其正式签字后，再由我与日签订双边和约，其理由为我在大陆上和约有关部分不能行使主权也，余嘱其研究利害后再核呈。”这时的蒋介石对美国的态度十分愤怒，在其日记中一再表示不满：“一念及此不禁愤激难止，美国乃无正义之国也。”[②]

7 月 12 日，美国国务院公布了“对日和约修正稿”，没有将“中华民国”列入签字国。蒋介石在当天的日记中记载：“此为古今中外未有之悲史，亦为我国空前无比之奇耻大辱，余于此，惟知往日依赖与侥幸心理造成今日比亡国更加痛苦之悲剧，今后真欲立国自强，必须皆求于己，惟在己者，方是真的实的，否则即使一时因人成事，则不旋踵必比败亡更大之耻辱如今日者，不能不容你身受此比奴隶俘虏更难堪之大辱奇耻矣。而美国政府之无耻与不道，至此必将造成其本身无穷之恶果，不能不自受其报矣。”[③]

在 13 日的日记中，蒋介石又记载：“美国要求我如与日订双边和约，必须声明我国府权力未及于全国时，则日本不受此约约束。此何如事，美国侮华至此，无信负义至此，直欲坠我于九渊之下，惟恐其复活矣，悲伤何如。”[④] 但 14 日，美国特使鲍莱还要求“国民政府”主动宣布不参加对日多边和约的签字，愿与日本签订双边和约。蒋对此更加不满，在这一天

---

① 《蒋介石日记》，1951 年 6 月 17 日。

② 《蒋介石日记》，1951 年 7 月 10 日。

③ 《蒋介石日记》，1951 年 7 月 12 日。

④ 《蒋介石日记》，1951 年 7 月 13 日。

的日记中记载："可知美外交人员之不识余之性格，及轻侮欺弄我国家与政府之如何程度矣。余直告以此次对日和约草稿排除我中国，实为古今中外历史所未曾有之怪状与污点，你们美国领导订约，不知美国历史对此如何记载？余决不自动退出，除非你美国强迫我除外，决心毁灭中美百年传统之友谊也。"接着，蒋在午餐时向鲍莱表示："一年以来，美国政府对我所谓对日和约之协商和军事援华宣布，皆为美国自欺欺人之怪诞，今后望勿再出此也。"①

未能被邀请参加对日和约的签字，台湾当局认为是"外交"的重大挫折，但是在当时的国际环境下也无可奈何。不过，蒋介石也坦承，"如果我们人人都有自立自强的精神，高深渊博的学问，美国人就不会对我们这样侮辱了"。② 所以就把期望寄托在将来与日本订立"双边条约"上。

7 月 20 日，由美国向各有关国家发出了 9 月 4 日在旧金山召开对日和会的通知，8 月 13 日，美国正式向各有关国家送达对日和约草案文本。

新成立的中华人民共和国也未被邀请参加对日和约的签字，所以在 8 月 15 日，中华人民共和国政务院总理兼外交部部长周恩来发表声明，指出该草案"最荒谬地公然排除中华人民共和国于对日作战的盟国之外"，并明确表示中国将准备根据战时与战后初期盟国所达成的国际协议与对日作战的一切国家就共同对日和约问题交换意见。③

1951 年 9 月 4 日至 8 日，美国一手操纵的对日媾和会议在美国旧金山市召开。参加这次会议的国家包括日本在内共有 52 个，对日作战最大的贡献国中国被排除在会议外。

9 月 8 日举行了和约的签字仪式，日本与其他各国签署了片面媾和条约——"旧金山和约"（翌年 4 月 28 日生效）。出席会议的共 52 个国家，其中苏联、波兰、捷克斯洛伐克 3 国拒绝签字，因此与日本签约的是 48 个国家。代表日本出席和会在和约上签字的是吉田茂。

"旧金山和约"共 6 章 27 条，其主要内容有：（1）关于领土方面：日

---

① 《蒋介石日记》，1951 年 7 月 14 日。

② 转引自刘维开整理《蒋中正总统关于中日和约一篇未公开的讲词》，《近代中国》第 154 期，第 194—203 页。

③ 《现代国际关系史参考资料（1950—1953）》（上），人民教育出版社，1960，第 552—557 页。

本承认朝鲜之独立，放弃对朝鲜包括济州岛、巨文岛及郁陵岛在内之一切权利、权利根据与要求；日本放弃对台湾及澎湖列岛的一切权利、权利根据与要求；日本放弃对千岛群岛及由1905年9月5日《朴茨茅斯条约》所获得主权之库页岛一部分及其附近岛屿之一切权利、权利根据与要求；日本放弃与国际联盟委任统治制度有关之一切权利、权利根据与要求；日本放弃对于南极地域任何部分的任何权利，权利根据或利益之一切要求；日本放弃对南威岛及西沙群岛之一切权利、权利根据与要求等。（2）安全方面：日本接受联合国宪章第二条规定的义务；各盟国所有占领军应于本条约生效后尽早撤离日本。（3）政治及经济方面：日本放弃在中国一切特权与利益；日本接受远东国际军事法庭与其他在日本境内或境外之盟国战争犯罪法庭之判决。日本有自卫权和美军可无限期留驻日本。

严格来讲，“旧金山和约”只是一个对日和平的片面和约，而不能完全视为同所有交战国结束战争的和约。因为：第一，该和约中，日本和战争对象中的几个重要国家之间没有结束战争状态，特别重要的是，由于美国在签订对日和约上采取排斥中、苏等国的政策，因此，这个没有对日作战主要盟国中国和苏联等国签字的对日和约，并没有按照国际协定来结束中苏等国的对日战争状态。该和约签订不久，中华人民共和国外交部部长周恩来在1951年9月18日纪念九一八事变时，再次发表《关于美国及其仆从国家签订旧金山对日和约的声明》，指出：“旧金山和约由于没有中华人民共和国参加准备、拟制和签订，中央人民政府认为是非法的、无效的，因而是绝对不能承认的”①；第二，在领土问题上，虽然规定了日本要放弃对于朝鲜、中国台湾和澎湖、千岛群岛以及库页岛的占领，但和约未提出这些地方的归属，这违背了《开罗宣言》《波茨坦宣言》的有关规定；第三，在战争赔偿问题上，和约一方面表示日本应对其在战争中的损害及引起的痛苦给盟国以赔偿，但同时又表示“如欲维持可以生存的经济，则日本的资源目前不足以全部赔偿此种损害及痛苦，并同时履行其他义务”，因此各受害国除了扣留日本在本国的财产充作赔偿外，只可以要求日本提供劳务性服务即劳务补偿作为修复所受损害的费用，除此之外，各盟国及其国民放弃对日本的一切战争赔偿要求。“旧金山和约”的战争赔偿条款

① 田桓主编《战后中日关系文献集（1945—1970）》，第104页。

是美国追求自己私利，置亚洲各国人民利益于不顾而拟订的，它没有使日本通过支付战争赔偿来承担起发动侵略战争的责任，反而使各受害国失去了通过普遍和约的形式彻底解决战争赔偿问题之机会，给日本在以后与各国的战争赔偿谈判中留下了讨价还价之余地。因此，“旧金山和约”的战争赔偿条款严重地伤害了亚洲各国人民的感情，也损害了作为战胜国的尊严，助长了战后日本军国主义势力的死灰复燃；第四，“旧金山和约”的签订使日本在法律上解除了被占领状态，但实际上并没有获得真正的独立。由于条约规定把日本的部分岛屿交由美军托管和准许美国在日本无限期地保留驻军等，这标志着美军对日本公开的半占领时期的开始；第五，“安全”条款违背众多国家的愿望，没有限制日本武装力量和禁止日本法西斯组织活动的规定。

“旧金山和约”签署数小时之后，日美又签署了《日美安保条约》（与“旧金山和约”一同生效），随后又签订了关于实施安全条约的日美行政协定等。虽然在“旧金山和约”中规定了同盟国应撤军的条款，但其后的但书称：不妨碍外国武装部队依照由于一个或二个以上的盟国与日本业已缔结或将缔结之双边或多边协定而在日本领土上驻扎或留驻。显然，这是为美军继续留驻日本而布下的棋子。根据日美之间的协约：日本向美国无限制地提供陆海空基地，留驻日本的美国军事人员在基地内外享有治外法权和其他原占领军人所享有的一切特权，美国军队可以出动镇压日本国内的内乱，甚至向海外出动。总之，《日美安保条约》确定了日本对于美国在政治、军事上的从属关系。这个条约使日本名义上取得了独立，实际上则处于半独立的被占领状态，这种半独立的占领体制，被称为“旧金山体制”。

旧金山和会是在将对日作战贡献最大、遭受日本侵略最深的中国排斥在外的情况下召开的一次片面媾和会议，中华人民共和国政府当时明确表示，不承认这次和会及其所通过的和约，因此，中日间的战争赔偿问题只能由中日两国通过双边和约的形式加以解决。但大陆与台湾处于分治的事实为美国的插手提供了便利。由于美国坚持不承认中华人民共和国政府，在旧金山和会后，着手策划日本与台湾当局签订所谓双边和约。这是美国根据战后对台湾的地位与作用的判断而确定的。将中国排除在外，与日本签署媾和条约，无论对于新成立的中华人民共和国还是在台湾的国民党政权来说，都是不能接受的。海峡两岸分治的现实使美国获得了插手的机会，也使日本钻了空子。在战争结束70多年后的今天，人们对这一问题的认识更加深刻。

二　“日台和约”的签订和“国民政府”放弃战争索赔

在旧金山对日媾和会议于1951年9月4日开幕之时，蒋介石在台湾召集会议，讨论对日进行“双边”和约谈判的问题。会议决定与日本讨论战后媾和问题，但需要由美国居间作证；一旦缔约与在旧金山的和约同时生效，不能涉及“台湾方面对大陆的主权”问题。[①] 之所以提出“台湾方面对大陆的主权”，是因为美国虽然同意日本先与台湾当局达成“双边”协议，但又强调台湾方面不能以中国全部领土主权的代表自居，将领土主权局限于现在正支配以及将来有可能支配的领域。[②] 到10月下旬，美国终于说服了台湾当局接受美国关于将来的和约适用范围的主张。

11月，美国与英国交涉，期待用“主权限制”的理由说服英国不再反对日本与台湾当局之间签约。在美国的竭力劝说下，英国虽然不赞成美国强迫日本与台湾当局签约，但也不便公然反对。[③] 不过英国的正式态度直到1952年1月，美国总统杜鲁门和英国首相丘吉尔会谈结束后才算明确。

其实在确保英国不再公然牵制的情况下，美国国务院顾问杜勒斯早在1951年12月10日就飞到日本说服了吉田茂首相与台湾当局进行媾和谈判。杜勒斯在访日期间对日本软硬兼施，一方面他劝说吉田与台湾缔约，称：“国民政府作为中国的合法政权已被美国和其它国家所承认，台湾是远东的军事战略要地，日本政府同国民政府进行和约谈判是符合日本利益的。”[④] 另一方面，美国则拿出撒手锏，以是否批准“旧金山和约”相威胁，要求日本只能选择与台湾当局媾和并建立“外交关系”。

日本本来就无意与中华人民共和国订立双边和约，在得不到英国支持的情况下，迫于美国的压力，吉田茂在12月18日与杜勒斯的会面中表示

---

① 刘维开：《中日和约签订经过——以蒋中正总统为中心的探讨》，台北《近代中国》第148期，2001年12月，第28页。

② 秦孝仪主编《中华民国重要史料初编——对日抗战时期　第七编　战后中国》（4），第755页。

③ 吉田茂『回想十年　第3巻』71—72頁。

④ 转引自林代昭《战后中日关系史》，北京大学出版社，1992，第30页。

愿意听从其建议。杜勒斯则交给吉田茂一封信稿，要求日方以吉田茂的名义把该信发给美方。经双方反复磋商、修改后，首相吉田于 12 月 24 日向美国发出了以杜勒斯底稿为蓝本的、承诺选择台湾为缔约对象，不与中共联络的“吉田书简”。[①] 这封“书简”在正式发布前，先由美国“驻华公使”交给了在台湾的“国民政府”，蒋介石“闻之甚慰”，针对该书简批示立即派定“和谈代表”，以便早日在“多边条约”生效前签字。

1952 年 1 月 16 日，日本在东京和华盛顿同时发表了“吉田书简”，明确做出了要与台湾当局缔结“双边条约”的承诺。杜勒斯据此游说美国参议院批准“旧金山和约”，同时将“吉田书简”转交台湾方面。关于谈判代表，日本方面开始曾考虑指派与辛亥革命有密切关系的犬养毅之子犬养健担任，但最后还是决定由吉田茂的表兄弟，曾任内阁书记长官、大藏大臣、台湾株式会社总裁的河田烈担当。

台湾方面的代表，开始以“总统府资政”张群的呼声最高，因张曾任“外交部部长”，主持对日交涉，是有名的知日派代表人物，战后还曾代表蒋介石访日，与蒋的关系亦很好。但是，张群本人始终拒绝出任，表示如在日举行可以作为“特使”前往，但此次在台湾进行，对方派使前来，我方必须由“外交部部长”出面。于是，2 月 14 日，张群、陈诚赴高雄见蒋介石，决定以叶公超为代表进行谈判。但张群在谈判中始终担负了重要的幕后协调工作。

1952 年 2 月 17 日，河田烈率团抵达台北。因为直到河田烈抵达台北之前，关于会议的名称，双方尚未达成协议。所以在正式会议开始之前的 18 日，双方首先就会议及条约名称进行协商。一开始河田烈即表示：不论全权证书上日文之表述如何，本人有权签署任何字样之条约。这一表态被叶公超认为是与台湾方面一致，所以于次日举行预备会议。

预备会议于 19 日下午在台湾方面副代表胡庆育和日方团员木村四郎七之间进行，二人磋商了共同记录、共同发布新闻等相关事宜。关于会议名称，决定台湾方面使用“中日和会”，日本方面使用“日华和约会议”，英文为“Sino-Japanese Peace Conference”。

---

① 吉田茂『回想十年　第 3 巻』74—75 頁；石井明「台湾か北京か」渡辺昭夫編『戦後日本の対外政策：国際関係の変容と日本の役割』68—73 頁。

20 日，叶公超与河田烈作为双方全权代表开始就缔约问题进行谈判，双方共举行了 3 次正式会议，18 次非正式会议。会议开始后，叶公超首先将台湾方面起草的条约初稿中英文各 5 份交给河田烈，初稿以“旧金山和约”为基础拟订，共 7 章 22 条，作为讨论基础。

会议开始后就面临原则性的争议，即日本不认为台湾代表所称的“中华民国”政府能够代表中国，认为与“中华民国”之间并未发生战争，没有结束战争状态的交涉之必要，需要的是恢复与“中华民国的外交关系”，重建交往管道。所以双方关于条约名称及会议进行程序仍存在诸多分歧。在 23 日的第一次非正式会议上，河田烈对台湾方面以“旧金山和约”为基础提出的和约草案提出异议，表示日本终将与中国缔结和平条约，但目前仅为过渡办法，即依照“旧金山和约”原则，就台湾方面现在控制及将来能控制的领土上恢复关系。也就是说，日方认为与台湾方面缔结的是“友好条约”，不是“和平条约”。叶公超意识到谈判前景不甚乐观，但还是表示，除非日本政府同意此约为“和约”，并愿意接受约稿关于和平之条文，否则恐难进入正式谈判。

26 日下午举行第二次预备会议。河田烈表示日方虽然可以接受“和约”的名称，但是对内对外有两种顾虑，即日方舆论的反对和开罪于英国的问题。因此，河田烈建议暂时搁置名称问题，先讨论条约内容。叶公超表示不同意日方建议，当天的会议没有结果。

27 日召开第三次非正式会议，河田烈表示可以使用“中华民国与日本国间和平条约”的字样，但是约稿序文，日方还要考虑。

28 日上午，蒋介石召集对日和约研究小组开会，针对日方所提的两种顾虑，蒋认为“此为遁辞，不如不开正式会议”①，而先以非正式会议商讨和约内容，了解日方的主张后再考虑召开正式会议。

28 日下午，张群前往河田烈下榻的自由之家与之长谈，要求日本政府在谈判过程中尊重两点，即一是“中华民国政府为代表全中国主权之政府，为对日作战盟国之一员，日本不得视为地方政权，蔑视其国际地位”；另一是“中日和约应以旧金山和约为蓝本，为一适应于中华民国全面之和约，日本不得主张为一有限度之条约”。

---

① 《蒋介石日记》，1952 年 2 月 28 日。

29 日，叶公超、王世杰及张群向蒋介石报告和约交涉之经过，决定：日方接受台湾方面提出的和约名称后即可举行正式会议。

3 月 1 日，第二次正式会议召开，就台湾方面提出的“约稿”交换意见，台湾方面表示同意日方提出的序文延迟讨论的建议，日方则同意台湾方面提出的名称——“中华民国与日本国间之和平条约”。同时，日方也向台湾方面转交了条约草案。不过，日方也同意以台湾方面提出的初稿为讨论基础。

这样，3 月 5 日，会议进入就条约实质内容进行讨论的阶段。战争赔偿问题是这次和平条约会议上讨论的重要内容之一，但当时的情况已经相当复杂。台湾方面觉得以对日作战主要国家的立场，理所当然地应至少取得与其他参战国相同的赔偿权利，何况中国还是战争中遭受损害最严重的国家，当然需要抚平国人的战争伤痛。所以，台湾方面表示应以“旧金山和约”为蓝本，除陈述日本有赔偿责任外，要求仿照“旧金山和约”第 14 条甲项中第 1 款之规定，日本应以提供劳役的方式作为战争赔偿的抵偿。[①] 因此，台湾当局事先准备好的“中日和约初稿”第 12 条关于日本赔偿问题的条款，几乎完全照搬了“旧金山和约”，主要规定了两方面的要求：一是利用日本人民在生产、打捞沉船及其他工作方面对中国所做之服务作为协助补偿中国，修复其受损害之费用，此即所谓“劳务补偿”；二是中国拥有处分日本及其人民在中国境内之财产权，此外放弃一切赔偿要求。[②] 但是，日本方面对此并不认同，为此，日本外务省还专门派遣亚洲局局长倭岛英二参与谈判。从 3 月 5 日起的前三天是关于赔偿问题的非正式会议。

3 月 7 日，双方在第六次非正式会议上讨论赔偿问题，日方代表木村主张将赔偿问题从“约稿”中全部删去，认为此适应范围全部与大陆有关：“目前欲加规定尚非其时……中国之利益已在金山和约内予以适当顾及，此处似无须重提。金山和约第十四条甲项第二款已经明白规定，日本放弃在贵国领土之多种权利，此项规定所加诸日本之负担，在日本国民观

① 秦孝仪主编《中华民国重要史料初编——对日抗战时期 第七编 战后中国》（4），第 861—870 页。

② 秦孝仪主编《中华民国重要史料初编——对日抗战时期 第七编 战后中国》（4），第 804—809 页。

之，已嫌过重，若中日和约重复予以规定，自足更加深其对于日本国民之刺激。”台湾代表胡庆育答道：“中国非金山和约缔约国，不受其约束，故对于各该规定所涉及权益，中日和约仍有另行予以规定之必要”，但日方坚持认为抄袭“旧金山和约”毫无意义。[①]

在这期间，倭岛英二对台湾方面与日本方面各自提出的初稿逐条检视，以台湾方面的“约稿”为基础提出了13条对案，要求台湾方面放弃劳务补偿要求。日本方面全面拒绝台湾方面的要求，甚至连“旧金山和约”中所规定的对盟国仅具象征意义的赔偿也不愿向台湾当局做出承诺，反对将日本有赔偿责任的概念纳入和约条文内。12日，日方将此文件经河田烈送交叶公超。叶表示日方做法“殊不相宜”，但也同意充分研读。其实，台湾当局做出对日宽大的姿态，与美国在背后的活动密切相关，很难说是其主动的选择。台湾当局的这种尴尬的状态也决定了它在这场谈判中必然要被日本牵着鼻子走。

3月17日，双方举行第七次非正式会议，叶公超解释其之所以要在条约里规定“服务补偿”的内容，主要有两个考虑：“第一，如放弃服务补偿之要求，则将来返回大陆后，将无以对全国国民，此点实具有重大之政治性；第二，签订金山和约之盟国均享有此项待遇，我方如予以放弃，恐影响其它盟国（例如菲律宾）对我之关系”。日方代表河田烈答复称：“我方始终认为我国遗留在贵国大陆之财产为数甚巨，以美金计，当值数百亿元，以此项巨额财产充作赔偿之用，应属已足，今贵方若再要求服务补偿，实与贵方屡屡宣示对日宽大之旨不符……贵方服务补偿之要求适足以引起日本人民对贵国之不愉快情绪。”[②]

鉴于双方均坚持己方意见，叶公超建议将此问题暂时搁置。台湾方面决定通过美国方面的努力使日方接受。于是，叶公超将促使日方接受台湾方面主张的备忘录，交美国“公使”蓝钦（Karl L. Rankin）。日方无法说服台湾，倭岛英二已无滞留的必要，所以在3月18日返回日本。但他在离开之前向张群表示了极为悲观的意见。张群即将其意见转告了陈诚、王世

① 秦孝仪主编《中华民国重要史料初编——对日抗战时期　第七编　战后中国》（4），第867页。

② 本段引文均参见秦孝仪主编《中华民国重要史料初编——对日抗战时期　第七编　战后中国》（4），第890页。

杰，他们均担心一旦和谈破裂，错过了“旧金山和约”生效的机会，日方会将责任推到台湾一方。鉴于事关重大，他们向蒋介石做了汇报，建议自动放弃第12条中关于劳务补偿要求的条款，以打开僵局。张群还在19日上午与河田、木村谈话，了解日方不同意再考虑劳务补偿条款的意见后，再次报告蒋介石，决定放弃劳务补偿要求。于是，叶公超在下午4时举行的第八次非正式会议上提出，先由日本承认有赔偿义务并表示愿将劳务补偿给予台方，然后由台方主动予以放弃。[①] 也就是说，台湾方面愿意主动放弃劳务补偿要求，但是表达方式应为：日方承认有赔偿义务，愿提供劳务补偿，台湾主动放弃。台湾方面此时虽然已迫于美国压力无意强索日本赔偿，但是一方面要做出向“国民”交代的姿态，担心中共方面批评其“丧权辱国”，出卖“国家利益”；另一方面，因不被邀请出席“旧金山和约”的签订，台湾方面已经感到名誉深受损害，如果不能在赔偿问题上得到说法，损害会更加严重。不过，此时蒋介石其实已经确定了“和约”方针，即（1）政治重于经济；（2）主权与国际地位重于一时的利益；（3）中日“两国关系”重于其他“国家关系”；（4）劳役赔偿可以不争；（5）平等互惠关系字样应予除去。[②]

不过，日方对于台湾方面的让步并没有回应，28日，河田烈根据日本外务省训令提出的“新方案”，其实仍然坚持12日表达的日方立场。叶公超对日方的态度深感失望，表示说：“此次贵我两方交涉，我方未以战败国视贵方，处处着眼于中日将来之合作与友谊，我国对贵国作战最久，被祸最深，人命之损失，更难计数。依惯例，要求赔偿自属当然，今竟并服务补偿而自动放弃，其欲与贵国永睦敦谊，已极显然。今本人感觉贵方非但不承认我之盟国地位，即相互平等之地位亦尚斤斤计较。”[③]

蒋介石对日方态度也深感失望和愤怒，认为“国民党六十年来牺牲一切企求中日合作之愿望，全为其吉田政府所消失无遗”，就此要求张群、叶公超再次约见河田烈，表达其不满与立场。张群29日与河田谈话时强

---

① 秦孝仪主编《中华民国重要史料初编——对日抗战时期 第七编 战后中国》（4），第899页。

② 转引自刘维开《中日和约签订经过——以蒋中正总统为中心的探讨》，台北《近代中国》第148期，2001年12月，第39页。

③ 转引自刘维开《中日和约签订经过——以蒋中正总统为中心的探讨》，台北《近代中国》第148期，2001年12月，第34—35页。

调：“必须尊重台湾政权代表全中国主权的地位和作为盟国的待遇。”[①]

这时，距离“旧金山和约”生效已不到一个月，美国参议院已经通过和约，不久将批准生效，盟军总司令部也即将撤销，日本恢复主权，与日本的谈判将更为困难。所以，在3月31日，台湾方面的对日和约研究小组再次开会讨论日方所提“新方案”，并提出对策报蒋介石批准。此时，蒋介石的态度因愤怒转为强硬，甚至对美国纵容日本的态度也表示了不满。4月2日，叶公超根据蒋的批示约见河田烈并转交备忘录，重申台湾方面的立场。

4月4日，倭岛再度来台协助谈判。8日，河田烈约见叶公超，递交了对台湾4月2日备忘录的回答。12日，双方从第十次非正式会议开始，就日方提出的回答逐条进行讨论，其中关于赔偿问题仍是主要分歧所在。到13日第十二次非正式会议，双方确认对“旧金山和约”第14条的解释，同时根据台湾方面的意见，就赔偿问题达成协议。

此后，双方围绕“和约”适用范围及伪政权在日本财产归还问题又进行了十多天数次会议的交锋，最终在4月28日，也就是美国宣布“旧金山和约”生效的同一天，由叶公超与河田烈在和约上签字。

在4月28日签订的“日台和约”中，关于战争赔偿的条款只在议定书里做了如下规定：“为对日本人民表示宽大与友好起见，中华民国自动放弃根据旧金山和约第十四条甲项第一款日本国所应供应之服务之利益。”

然后双方在“同意记录”里又做了如下表述：

> 日本国全权代表：本人了解：中华民国既已如本约议定书第（一）项（乙）款所述自动放弃服务补偿，则根据金山和约第十四条甲项之规定日本国尚须给予中华民国之唯一利益，即为该约第十四条甲项第二款所规定之日本国在国外之资产，是否如此？中华民国全权代表：然，即系如此。[②]

“日台和约”的谈判从1952年2月20日开始，直到4月28日结束，

① 《蒋介石日记》，1952年3月29日。

② 《顾维钧回忆录》第9册，中华书局，1989，第740页。

历经69天。在这69天中，台湾当局与日本方面折冲樽俎，赶在“旧金山和约”生效7个半小时前签署了“日台和约”。但是，这份“日台和约”连“旧金山和约”中所规定的日本应承担的仅有象征意义的战争赔偿都未争取到，最后不得不完全放弃对日本的索赔要求。

在当时的国际形势下，台湾作为偏隅一方的政权，在追随美国政策的前提下，也只能取得这样的结果。对于台湾当局来说，这一“和约”的缔结阻止了中华人民共和国与日本建立关系的步伐，调整了台湾当局与美国的关系，缓解了因被排斥在“旧金山和约”之外产生的悲观气氛。所以蒋介石认为缔约挽回了若干台湾“中华民国”在国际上的地位。

日本本来希望游走于大陆与台湾之间，与双方均保持经济贸易关系，作为对中国的理想的外交运作方式，但是在美国坚持不承认中共的政策下，虽然不得不选择与台湾当局签约，但还是在台湾是否能够代表中国的问题上进行了坚持。最后，日本以承认“中华民国政府”为代表中国的“合法政府”，换取了台湾方面自动放弃赔偿权利的承诺。从各方面看，美国都是这场博弈中的最大赢家。

中华人民共和国对该“和约”进行了激烈的批判。1952年5月5日，中华人民共和国总理兼外交部部长周恩来代表中国政府发表声明，首先指出美国政府违背了其签署的1942年1月1日的《联合国家宣言》《开罗宣言》《雅尔塔协定》《波茨坦宣言》，以及1945年莫斯科外长会议关于设立盟国对日管制委员会的决定、远东委员会对投降后日本之基本政策的决议等有关日本问题的国际协议，所以其单独制定的对日和约生效、解散远东委员会和盟国对日管制委员会的措施都是片面的。声明认为美国包办制造的单独对日和约是变日本为美国军事基地和附属国家的备战条约和奴役条约，表明“旧金山和约”、“日台和约”，以及冈村等战犯的释放是完全非法的，不能承认；他指出，“依然看不出日本的反动统治者们有悔悟的迹象”，要求所有的占领军从日本撤退，表示“坚决反对公然侮辱、敌视中国人民的吉田·蒋介石‘和约’”。①

首相吉田茂在条约缔结后的国会答辩中称，“日台和约只是规定了与台湾政权的关系，并没有与中共政权有关的内容”。但是，“日台和约”意

① 田桓主编《战后中日关系文献集（1945—1970）》，第122—125页。

味着日本做出了“重大的抉择”，选择台湾使中国大陆与台湾的分裂固定化了。1972 年前日本与中国大陆的“不正常关系”也由此“和约”而产生。而且，本来只是与台湾方面之间的“条约、议定书和交换公文”，但对 1972 年中日邦交正常化的基本框架也产生了影响。

三　日本对其他亚洲国家的战争赔偿

在得到战争中最大的受害国中国放弃战争赔偿的同时，日本对中国以外的亚洲国家的战争赔偿从 1950 年代持续到 1970 年代。50 年代后半期，日本与菲律宾、缅甸、印度尼西亚等 11 国缔结了赔偿协定以及和平条约。1951 年开始与印度尼西亚谈判，最终拖到 1958 年 1 月签订和约，达成了 12 年间支付 2.23 亿美元的赔偿协定。与菲律宾之间，1952 年开始谈判，1956 年 5 月缔结了 20 年间支付 5.5 亿美元的赔偿协定。与缅甸之间，1954 年 11 月缔结了和平条约及 10 年间支付 2 亿美元的赔偿和经济合作协定。与越南共和国的谈判到了 1959 年 5 月才达成协议（5 年间 3900 万美元）。

旧金山对日和会以后，亚洲各战争受害国（主要是东南亚国家）陆续向日本提出订立双边和约问题，大多数国家将对日索赔作为订约的前提条件，并不断地迫使日本做出让步。

缅甸是第一个和日本就赔偿问题达成协议的国家。缅甸最早提出的索赔要求是 25 亿美元，经过不断地讨价还价，1954 年 11 月 5 日两国达成《日缅赔偿及经济合作协定》和《日缅和约》，其中规定：“日本准备向缅甸联邦支付赔偿，借以补偿战时由日本造成的损失和痛苦”，“日本同意根据双方同意的详细条件，每年平均以价值 72 亿日元，相当于 2000 万美元的日本人民的劳务和日本产品，以 10 年为期，供给缅甸联邦作为赔偿”。[①]此外，日本每年平均以价值相当于 500 万美元的日本人民的劳务和日本产品，以 10 年为期，提供给缅甸，作为日缅的经济合作，条约还详细规定了合作的具体项目，还规定了日本在最后解决对其他一切要求赔偿的国家的赔偿数额时，要按照可能负担赔偿总额的日本经济力量。[②]

1959 年以后，缅甸再次将赔偿问题提出来，经过多次谈判，到 1963

① 《国际条约集（1953—1955）》，世界知识出版社，1961，第 355—356 页。

② 〔日〕吉泽清次郎主编《战后日本同亚洲各国的关系》，上海外国语学院日语专业译，上海人民出版社，1976，第 57 页。

年 1 月，双方终于达成了协议：日本对缅甸无偿经济合作提供 1.4 亿美元，一般贷款提供 3000 万美元，缅方保证今后不再提出赔偿问题。

日缅就赔偿达成的最初协议是战后日本与东南亚国家所达成的第一个关于战争赔偿问题的协议，日本虽然对缅甸的要求做了不少让步，但它对日本自身来讲意义深远。第一，它给因赔偿问题未得到解决而停滞不前的日本对东南亚的外交打开了窗口。第二，日本通过对缅甸的赔偿建立了向东南亚进行经济扩张的立足点。第三，它为解决赔偿问题提供了一种基本模式，促进了日本与菲律宾、印度尼西亚等国赔偿问题的解决。第四，对缅甸的赔偿扩大了“旧金山和约”规定的劳务赔偿的范围，增加了产品赔偿，特别是生产资料的赔偿，它便利了日本产品进入东南亚市场。

菲律宾是东南亚国家中被战争破坏得最厉害的国家，据统计，菲律宾在二战中的公私财产损失和人命损失约合 80 亿美元。[①] 战争结束后，菲律宾积极致力于对日索赔，1951 年 9 月，菲律宾派代表出席了旧金山对日和会，但在会上对和约放宽日本赔偿条款一事进行了尖锐的批评，菲律宾坚决的态度迫使出席和会的日本首相吉田保证在和会后迅速与菲律宾就赔偿问题开始谈判，菲律宾代表在得到这个保证后才在和约上签了字。但菲律宾国内对此强烈反对，国会以日本没有赔偿为由拒不批准和约。

1952 年 1 月，日本派出代表团到马尼拉，与菲律宾方面举行了关于赔偿问题的会谈。菲律宾提出了要日本赔偿 80 亿美元现金的要求，并要对方在 10 年至 15 年内付清，菲方还提议日本先交付 8 亿美元的象征性赔款以表示日本的诚意。日本方面则认为赔偿现款已被“旧金山和约”所否定，和约规定只限于劳务，而且数额也应在日本力所能及的范围之内。这次谈判由于双方立场相去甚远，无果而终。同年底，日本外务省向菲律宾方面表示，在菲律宾批准和约前日本准备在菲律宾领海内帮助其打捞沉船，以此作为赔偿的一部分。

1953 年 3 月，日菲两国签订了一项临时协定，由日本工程人员负责打捞在战争期间沉没在马尼拉等地区 20 万吨的日本和美国船只。同年 8 月，日本方面即派出了打捞人员前往马尼拉和宿务湾开始打捞工作。1954 年，

① 〔菲律宾〕格雷戈里奥·F. 赛义德：《菲律宾共和国：历史、政府与文明》（下），温锡增译，商务印书馆，1979，第 541 页。

日菲达成了“大野—加西亚备忘录”，规定日本在10年内提供相当于4亿美元的投资来开发菲律宾，特别是棉兰老岛达沃附近的马尼拉麻等经济作物和吕宋岛北部的矿物资源；在棉兰老岛上大规模开垦荒地用来种植水稻，协助菲律宾人实现粮食自给并将多余大米输往日本，以挣取外汇来进口更多的日本商品。除了上述劳务，日本再付少量现金给菲律宾。日本在“大野—加西亚备忘录”中所提供的与其说是对菲律宾的赔偿毋宁说是把菲律宾变成了它的原料产地和商品市场，该方案引起了菲律宾国内的强烈反对，这次谈判再次告吹。此后经过多次交涉，1956年4月27日，日菲双方正式签订了赔偿协定，规定日本在前10年每年向菲律宾支付2500万美元，共计25亿美元，在后10年每年向菲律宾支付3000万美元，共30亿美元，总计日本对菲律宾赔偿55亿美元，支付方式为日本人的劳务和产品。①

印度尼西亚出席了旧金山对日和会并在和约上签了字，但印尼在对日本的索赔问题上完全抛开了“旧金山和约”赔偿条款的限制。1951年12月，印尼在东南亚国家中率先派出代表团赴日进行战争赔偿问题的谈判。印尼根据自己所估计的战争中的全部生命、财产损失情况向日本提出了相当于180亿美元的消费品和劳务的赔偿要求。日本坚持以“旧金山和约”中的赔偿条款为依据，主张劳务赔偿，拒绝印尼赔偿实物的要求，印尼稍做让步。1952年1月18日，双方达成了一项临时协定，重申赔偿应以劳务来支付，而且不妨碍维持日本不可缺少的经济。

1953年10月，日本提出向印尼赔偿12.5亿美元的建议，印尼仍坚持原先的要求，谈判未果。1954年，日本建议在赔偿总额决定以前，先进行临时赔偿，但印尼主张首先解决赔偿的总额问题。1955年，日方又建议将对印尼的赔偿金额定在对缅甸和菲律宾的赔偿数字之间，印尼方面拒绝接受。1958年1月20日，日本和印尼在雅加达签订了《赔偿协定》，根据该协定，日本在12年内向印尼提供相当于22.3亿美元的日本产品和劳务，这些产品和劳务在前11年内按平均每年相当于2000万美元的数额提供，剩余部分在最后一年内提供。有的学者认为这是日本对苏加诺（Bung Suk-

① 〔日〕吉泽清次郎主编《战后日本同亚洲各国的关系》，第8页。

arno）政权提供的贿赂，想开辟一条投资和输出的道路。①

印度于1952年与日本签订了和平条约，宣布放弃对日本的战争赔偿要求，柬埔寨和老挝分别于1954年和1956年放弃了对日本的赔偿要求权。但日本以无偿经济合作的形式对柬、老等国做了补偿。1958年10月15日，日老签订了《日本与老挝经济与技术合作协定》，日本向老挝以赠予产品和劳务的形式，提供10亿日元的经济援助；1959年3月2日，日柬签订了《日本与柬埔寨经济与技术合作协定》，日本同样以赠予产品和劳务的形式提供15亿日元的经济援助。

日本对越南的赔偿由于越南国内政局的演变较为复杂。日本由于追随美国，拒绝对越南民主共和国的赔偿，而采取了只与越南共和国交涉的对策。1953年9月日本与越南共和国方面签订了打捞沉船的间接赔偿协定（金额为2250万美元），1956年1月越南共和国方面又提出了25亿美元的要求，而日本提出由其支付劳务和生产设备来建设达尼河水力发电站作为一部分赔偿，越南共和国方面拒绝此项建议。1959年越南共和国与日本最后达成协定，规定日本在协定生效后五年内向越南共和国提供相当于3900万美元的生产物资和日本人的劳役作为赔偿，另外在协定生效后的三年内日本向越南共和国提供750万美元为限额的贷款。1973年9月，日本与越南民主共和国建交，日本为越南无偿提供85亿日元的经济援助。

二战结束后，泰国也向日本提出了索赔要求，不过泰国的索赔与其他国家不同，它主要是要求日本支付在战时所欠泰国的债务15亿日元和9.5吨金块。1955年7月9日，日泰签订了《特别日元问题解决协定》，日本同意在5年内向泰国以英镑分期支付54亿日元的经济补偿，另外，以投资和信贷的方式提供96亿日元的生产设备和劳务。②

马来西亚和新加坡是以二战期间日本在新加坡屠杀中国人事件为由向日本提出索赔要求的。经过交涉，1967年，日本与马来西亚和新加坡分别签署了协定，日本向新加坡以“赠款”和“贷款”的名义各提供2500万新元，向马来西亚以“赠款”的名义提供2500万新元，用日本的产品或提供劳务的方式进行赔偿。

---

① 〔日〕藤原彰：《日本近现代史》第3卷，伊文成等译，商务印书馆，1983，第167页。

② 〔日〕吉泽清次郎主编《战后日本同亚洲各国的关系》，第51页。

日本对朝鲜的赔偿过程也颇为复杂。1948年，朝鲜南部成立了大韩民国，日本追随美国，随即与韩国开始了官方接触。1952年初，李承晚政府在与日本的谈判中提出了日本进行战争赔偿的要求，韩方提出的赔偿数额为20亿美元，日本则坚持认为朝鲜在二战中不是一个交战国，拒不接受韩方的要求，谈判未果。1953年双方又进行了两次会谈，但无结果。1961年，朴正熙上台后又与日本开始了谈判，1965年6月22日双方终于订立了《韩日基本条约》。根据该条约，日本向韩国提供5亿美元的政府援助，其中3亿美元为现金赠予，2亿美元是可延期七年偿还的20年长期贷款。贷款通过新设立的海外经济合作基金来提供。此外，日本政府同意再由它促成3亿美元的私人信贷给韩国，但强调所有这一切都是经济合作的形式，而不是战争赔偿。

由于日韩间赔偿问题的协定离韩国人民的要求相去甚远，因此日韩间关于战争赔偿问题的交涉从未中断过。此外日本对朝鲜民主主义人民共和国的战争赔偿也一直悬而未决。

在其他亚洲国家中，1972年2月，日本与蒙古建交，蒙古以其在1945年8月随苏联参加对日作战以及日军制造诺门坎事件为由，要求日本进行赔偿，但日本认为其与蒙古当时在国际法上不是战争状态，拒绝赔偿，直到1977年3月，日本向蒙古提供了50亿日元的无偿经济援助。

日本对这些国家的赔偿，几乎都采取了日本政府从日本企业筹措相当于赔偿额的物资或劳务提供给对方国家的方式。也就是说，赔偿在间接地帮助了对方国家经济发展的同时，也成为日本实现经济复兴的一个手段。作为赔偿对象的东南亚各国，对日本来说始终就是“市场”。接受赔偿国家的政权与参与赔偿的日本企业之间还曾经发生勾结攀扯的现象。

日本对中国和其他亚洲国家在战争赔偿问题上的立场是明显不同的，日本之所以在对中国的战争赔偿问题上设法逃避赔偿责任，但又给予其他亚洲国家以战争赔偿，其中的原因有多方面。

首先，这是日本主观上在对华战争赔偿问题上一贯逃避责任的错误的战争观及立场的反映。

日本政府战后对待战争赔偿的态度，始终抱着因为战败不得已而对战胜国进行战争赔偿的态度，对与中国的战争性质始终采取模糊的态度，容忍日本右翼保守势力竭力否认战争的侵略性质，以致在战后很长一段时间里，日本国民对侵略战争的认识也相当模糊。根据日本内阁总理大臣官房广报室1967年6月对全国20岁以上的成年人所进行的调查，认为对华战争是“当然自卫”、不得已而为之、没有什么可在乎的分别占9.7%、39.5%、6%，三项合计占到了调查人数的55%以上。[①]

在对战胜国进行赔偿的过程中，许多日本人被灌输了“日本败于美国并非败于中国”的认识。从日本学界对于战争的时期划分来看，一个普遍的观点是把1937年卢沟桥事变到1941年11月称作“日中战争”，把1941年到1945年称作太平洋战争，表面上看这只是一个简单的历史时期划分问题，实际上是突出了美国在战争中的主导作用。另外，由于日本军人的大量阵亡确实产生于1941年到1945年，许多人因此忽视日本对中国侵略过程中产生的巨大伤害与破坏。这与美国占领日本时期突出太平洋战争史观的影响有关，同时也反映了日本对中国抗战作用的轻视。如1945年12月，美国国务院调查分析局对住在北平的385名日本人实施的调查中，87%的人认为没有美国的援助中国不会取得这场战争的胜利。[②] 既然日本是败于美国而不是败于中国，在日本看来自己在中国面前就不是一个战败者，因此从心理上认为不必以战败国的身份对中国做出赔偿。

其次，美国战后在亚洲的政策为日本逃避被审判和支付战争赔偿制造了机会。

1945年10月，美国占领当局下令停止日本的外交职能，有关战争遗留问题的处理基本上是由美国占领当局支配。美国在战后初期明确规定其对日政策的目标为：“确保日本今后不再成为美国的威胁，不再成为世界和平与安全之威胁。”[③] 因此，在处理日本的赔偿问题上持比较积极的态度，并支持当时的中国国民政府开展对日索赔，美国政府当时制订的临时赔偿方案，拟把日本用于战争的一部分工业设备先行拆迁充作赔偿，后来美国向远东委员会建议制订先期拆迁计划，先就其所提的临时赔偿方案的范围内提出30%，作为直接受日本侵略国家（中、英、荷、菲）的赔偿

---

① 〔日〕吉田裕：《日本人的战争观——历史与现实的纠葛》，刘建平译，新华出版社，2000，第124页。

② 〔日〕吉田裕：《日本人的战争观——历史与现实的纠葛》，第53页。

③ 〔英〕休·博顿等：《国际事务概览1939—1946年：1942—1946年的远东》（下），第743—744页。

物资。[①]

但就在中国派人到日本拆迁的过程中，形势就发生了变化。随着冷战形势日渐明朗，特别是大陆实力越来越明显地超过了国民党方面，日本对美国的战略价值开始凸显，美国为把日本作为其在亚洲抗衡共产主义的阵地，调整了对日政策。1949 年 5 月 12 日，美国政府正式取消了 1947 年 4 月发布的临时指令，停止先期拆迁。中国的对日索赔不得不告一段落，日本轻而易举地逃避了中国与其他盟国对其展开的拆迁赔偿要求。

最后，中国尚未完全统一的现状给日本设法否认对中国的战争赔偿责任提供了借口。1949 年中华人民共和国成立后，国民党败退台湾，当时的中日战争状态仍未结束，选择和海峡两岸的哪一方订立和平条约，主动权掌握在日本手上。处于美国占领下的日本事实上在战后不久就已确立了对美实行一边倒的外交政策，即追随美国，不承认新生的中华人民共和国。1947 年 6 月吉田茂曾说过：“我们要高举反共民主的大旗，与志向相同的国家站在一起”，“在他们的援助下，实现日本的复兴”。[②] 这表明日本与美国扶持下的台湾当局建立所谓“官方关系”完全是顺理成章的事，但日本统治集团利用中国尚未完全统一的现实，虚伪地打出“大陆牌”，甚至在旧金山会议后，一度声称如果中华人民共和国提出邀请日本政府在上海设立海外事务所，日本也欢迎它在日本设立类似机构；如果中华人民共和国在今后三年内提议根据“旧金山和约”与日本讨论并缔结和约、日本政府愿意谈判并缔约。[③] 同一时期，日本内阁官房长官冈崎胜男也对国民党“驻日大使”董显光表示：如果日本同国民党方面缔结“和约”，“可能伤害大陆的中国人的感情而给北平政权以敌视日本之口实”。实际上，日本政要的这些言论绝不意味着日本真的打算拒绝同国民党当局缔结“和约”，日本无疑是通过打这张牌对台湾当局施加压力，迫使其在缔约谈判中对日本做出让步。尽管日本表示有可能与中华人民共和国缔约只是一种策略，但由此也可看出中国当时不统一的现实给日本很大的回旋余地。在日本看来，与台湾当局缔约本身就是对台湾当局的施舍，这无疑助长了日本在后来谈判中的气焰，导致日本在赔偿问题上逃避赔偿责任的企图得逞。

---

① 沈云龙主编《近代中国史料丛刊续篇》第 71 辑，第 66 页。

② 宋成有、李寒梅：《战后日本外交史（1945—1994）》，世界知识出版社，1995，第 11 页。

③ 《顾维钧回忆录》第 9 册，第 256 页。

第四章
战后中日关系与邦交正常化

在冷战的国际环境下，如何解决中国与日本的关系，如何使两国关系正常化，是两国都需要认真面对的大问题。尽管战后的日本追随美国封锁中国的外交政策，但是涌动于民间的反战与促进友好的潮流很难阻挡，中国适时提出了“以民促官”的方针，两国的民间往来和民间贸易在艰难的环境下推进。随着中美关系的改变，中日邦交终于实现了正常化。

第一节　战后初期通过民间交往处理战后遗留问题

战后初期，东亚处于冷战的国际大环境下，1951 年 9 月的“旧金山和约”由于排斥中国的参与，苏联没有签字，使东西方的对立局面更加明朗。同时，美国与日本订立安全保障机制，日本与台湾缔结“日台和约”，或者无视中华人民共和国的存在，或者将中国视为战略目标，加剧了中日两国紧张对立的局面，中日两国官方交往的渠道关闭。

新成立的中华人民共和国十分期待在亚洲维持和平局面，特别是在朝鲜战争结束后，需要找到建立亚洲和平局面的突破口。于是，通过民间交往解决战后遗留问题，就是实现突破的一种尝试。

中国政府通过建立民间交往来解决战争遗留问题，推动两国关系正常化的努力，是建立在把日本的军国主义者与日本人民分开，把追随美国政策的日本政府与日本人民分开的基本认识的基础上。

1954 年 11 月，郭沫若向记者表达了中国的这一认识：在日本军国主义者所发动的侵华战争与太平洋战争中，日本人民是同样遭受苦难的。日本人民一直到今天都还遭受着侵略战争的恶果。日本人民是爱好和平的，是希望中日关系正常化的，但是要促成中日关系正常化，必须消除中日关系正常化的阻碍。

郭沫若列举了阻碍中日关系正常化的因素，主要是美国对日本的占领，希望能够从日本人民的身上找到足够消除这些阻碍的力量。[①]

将日本的军国主义者与日本人民分开的原则，其实是中国方面的历来态度，不仅体现在中共的对日态度中，蒋介石关于日本的许多表态也持这样的立场。这样的立场对于打开冷战时期中日关系的严峻局面有重要的意义。特别是在战后初期尚有许多遗留问题需要解决的时候，民间团体的交往成为解决战后遗留问题的主要渠道。并且，民间交往的结果也大大促进了两国民众的相互了解，对两国关系的正常化产生了重要的影响。

一　日侨回国与中国劳工遗骨的送还

中华人民共和国成立后，由于处于冷战时期，美国及日本政府经常就尚滞留在中国大陆的日本侨民问题攻击中国政府，声称中国方面扣押了日本侨民。所以，1952—1953 年，中国政府仍需要解决滞留在中国大陆的日本侨民的归国问题。

当时留在中国大陆的日本侨民约有 3 万人。这些人在中国已生活多年，同所有在中国的外侨一样，在公私营企业或事业部门工作，服从中国法律，也享受中国劳动法令的保护和劳动保险的待遇。[②] 其实自中华人民共和国成立后，已经有一些日本侨民归国，只是由于国际形势的变化、船只紧张和受到阻挠等原因，还有许多侨民尚无法归国。但是，日本国内的反华势力却在这一问题上做文章，宣称是中国方面扣留日侨，不准其归国。于是，1952 年 12 月，中国政府宣布：只要日本方面有办法解决船只问题，由日本有关机关与中国红十字会协商，中国政府愿意协助日本侨民归国，凡愿意归国者，均照一般侨民出境手续办理，经中国政府有关部门发给证明后即可出境。

由于中国政府有了这样的表态，日本政府迫于压力，同意由日本红十字会（时称赤十字社）、日本和平联络委员会和日中友好协会三团体组成的代表团访问中国，与中国红十字会代表团进行磋商。但反华势力则声称

---

① 《郭沫若就促进中日关系正常化问题答〈世界知识〉记者问》，田桓主编《战后中日关系文献集（1945—1970）》，第 178—179 页。

② 《中央人民政府有关方面就在中国的日本侨民的各项问题答新华社记者问》，田桓主编《战后中日关系文献集（1945—1970）》，第 139 页。

滞留在华日侨有6万余人，此次回去的只有2万余人，其余均被中国扣留，并借此攻击日本代表团“无能”，“没有交涉好”。另外，为了破坏日本代表团的努力，反华势力还威胁说：迎接日侨回国船只的行驶还要取得美国、中国台湾与韩国等国家和地区的“谅解”等。①

三团体代表团来华后，目睹了成立不久的新中国的各种现实情况，对中国和平建设的突飞猛进深有感触，也完全了解了中国对归国日侨的态度，于是同中国红十字会顺利地讨论了日本派船的手续和其他有关问题，确定了如下原则：

（1）中国方面确定天津、秦皇岛、上海三港作为愿意归国日侨的集中与登船地点。

（2）第一批愿意归国日侨集中完毕及登船时间定为1953年3月15—20日。日本方面的船只在规定日期抵达上述三港，第一批愿意归国日侨人数为4000—5000人。

（3）第一批愿意归国日侨离港后，根据申请归国日侨人数和来船情况确定下一批人员，由中国红十字会电报通知日本红十字会等三团体代表团之联络事务局。预计每批间隔20日左右，人数3000—5000人。

（4）每次日方来船均由日本上述三团体各派一人随船照料，与中国红十字会保持联系。

（5）中国红十字会负责归国日侨自离开居住地起至登船时止每人的伙食、住宿及旅费，以及不超过50公斤行李之运费，归国日侨携带物品须在中国海关办理手续，允许兑换一定数量外币携带归国。

（6）分批归国截止日期为1953年6月底至7月初，此后如仍有愿意归国的日侨，中国红十字会愿意继续给予协助。②

公报宣布后，日侨归国工作便顺利启动了。到1953年10月，共有7批日侨回到日本，总数达26026名。10月30日，中国红十字会会长李德全发表谈话，宣布日侨分批归国工作截止。但是她仍表示：“今后如仍有

① 《廖承志关于日侨回国谈判情况给毛泽东的报告》，田桓主编《战后中日关系文献集（1945—1970）》，第145页。

② 《关于商洽协助日侨回国问题的公报》，田桓主编《战后中日关系文献集（1945—1970）》，第146页。

个别日侨愿意返回日本时，中国红十字会愿意继续给以协助。”①

就在日侨顺利回国的同时，日本的和平友好团体及宗教团体也在日本为送还中国劳工遗骨而努力。

1949 年 8 月，居住在日本秋田县花冈町的朝鲜人联盟花冈支部成员金一秀在原花冈事业所附近的山坡上发现了在花冈事件②中遇难的中国劳工的遗骨，随即与东京的华侨总会联络。华侨总会于 12 月组织了调查，并在 1950 年将通过现场挖掘和搜集的中国劳工的遗骨就地火化后送到东京安置，同时了解到日本的其他地方也存在二战时期被强掳至日本从事强制劳动的中国劳工的遗骨，于是进行了更广泛的调查。

1953 年 2 月，日本红十字会、日中友好协会、日本和平联络委员会三团体与日本工会总评议会、日本佛教联合会等 14 个民间团体发起，组成“中国俘虏殉难者慰灵实行委员会”，并向日本政府进行请愿，希望能得到政府的许可和帮助，将发现的中国劳工遗骨送还中国。

1953 年 2 月 20 日，东京华侨总会副会长陈焜旺、日本红十字会企划室干事冈田好治、海外战殁者慰灵委员会事务局长岩田拜访外务省亚洲局第二课，建议利用接送归国日本侨民的船只首先送还花冈事件遇难者的遗骨。3 月 12 日，中国俘虏殉难者慰灵实行委员会向日本参众两院提交了《遗骨送还决议案》的“希望书”，要求外务省对遗骨送还的诸项事宜进行协助。4 月 21 日，中国俘虏殉难者慰灵实行委员会事务局长、次长等 10 名代表还专门拜访外务省，但外务省亚洲局长居然表示此事在外务省管辖范围之外，外务省无法解决。就此，本来准备回国的旅日华侨决定举行静坐，拒绝登船回国。

6 月 11 日，中国俘虏殉难者慰灵实行委员会再次派代表拜访外务省，外务省承认遗骨送还关乎中日两国关系，如无作为政府窗口的外务省的明确表态及方针的制定断难完成。到 6 月 19 日，日本内阁最终达成了以下几点共识：（1）决定利用最后一次日本红十字会接送船送还中国人遗骨，并允许 15 名遗骨护送人员登船；（2）在此之前搜集能搜集的所有遗骨；（3）遗

---

① 《中国红十字会李德全会长关于日侨分批回国宣告截止的谈话》，田桓主编《战后中日关系文献集（1945—1970）》，第 160 页。

② 1945 年 6 月 30 日，被强制在秋田县大馆市从事劳役的中国劳工因不堪忍受迫害集体逃亡，被抓回后遭受残酷处罚。

骨送还费用由日本政府全部承担。6 月 23 日，日本外务大臣冈崎胜男终于表示："关于遗骨送还，当通过红十字会的船只尽快成行。"①

在得到外务省答复后，遗骨护送团团员当日直接从外务省出发到东京浅草本愿寺，取得遗骨之后便登上了去京都舞鹤港的火车。在车站，以菅原惠庆为代表的僧侣进行诵经，还有大量华侨和朝鲜人、日本人焚香送行。

同日，列车到达京都舞鹤港。在遗骨送达舞鹤市后中国俘虏殉难者慰灵实行委员会成员继续就护送船只、旅费、护照等具体问题与日本政府和日本红十字会进行交涉。最终决定由日本红十字会船只黑潮丸号担当护送事宜。

最终日本内阁大臣做出裁决，决定："1. 责成日本红十字会完成此项事务；2. 将（来自民间的）特许船舶黑潮丸号作为红十字会运输船；3. 政府自国库中支付实施本项事务的必要经费"，并"以此作为方针，实施到在中国人遗骨送还大陆问题上"。自此，日本政府和民间团体就第一次遗骨送还问题终于达成了一致。②

7 月 2 日，载有 560 具遗骨和 18 名奉送团成员的黑潮丸号由神户港启航，并于 7 月 7 日到达中国天津塘沽新港码头。中国红十字会顾问廖承志及红十字会天津分会及各机关、人民团体的负责人和代表，天津的市民、工人、学生代表以及家属等 400 余人到码头迎接遗骨奉送团。廖承志及遗骨奉送团团长中山讲话。7 月 8 日，在天津人民大戏院隆重举行了"牺牲在日本的抗日烈士追悼大会"。遗骨奉送团在那之后访问了北京，受到中国红十字会会长李德全和中国佛教协会副会长赵朴初的接见，7 月 14 日返回日本门司港。③

第一次遗骨奉送结束后，日本民间友好人士及团体又花费了十年的时间，先后九次向中国送还在日本殉难的中国劳工的遗骨，共计 3000 多具。当时，两国外交关系尚未恢复，加上冷战的影响，每一次的奉送过程都十分曲折：日本政府不断推诿，但民间友好团体则不懈地努力，坚持与政府交涉，表达了对中国受难者的真挚情谊，也体现了中日人民的友谊。

---

① 陈焜旺主编《日本华侨・留学生运动史》，东京，日本侨报社，2006，第 273—274 页。

② 杉原達『中国人強制連行』岩波書店、2002、171 頁。

③ 《宗教 30 年史》，《现代佛学》1953 年 2 月号。

中国方面对日本民间和平友好及宗教团体的活动评价很高，认为这是“人民外交”的典型表现。在与日本民间团体的交流中，中国政府还表达了愿意与日本进行接触并建立国交的意愿。

二　第一个民间使节团访日对中日关系的影响

上述日本红十字会等三团体代表团1953年2月来中国商谈日侨回国问题的时候，对中国方面的积极态度十分感动，所以团长岛津忠承提出希望邀请中国红十字会派代表团访日，中国方面爽快地答应了。但是，由于两国没有建立正式的外交往来渠道，所以存在许多困难。1953年11月11日，这一问题在日本众议院厚生委员会会议上被提出，会议决定传问日本红十字会副社长葛西了解情况，经过讨论，该委员会通过了“希望中国红十字会代表团作为日本赤十字社的贵宾早日访日”的决议。厚生委员会委员长堂森将该决议郑重传达给日本外务省。但是，当时的外务大臣冈崎拒绝邀请，认为没有证据证明中国红十字会的访日目的是协调日侨回国问题。于是，日本红十字会等三团体代表团继续与日本政府、议会交涉。1954年2月，众议院归国委员会又通过了邀请中国红十字会代表团的决议，接着，日本众议院、参议院也于5月27、29两日相继通过了邀请的决议，这给日本政府造成了很大压力。1954年8月4日，中国红十字会终于接到了日本红十字会经外务省同意后发出的邀请，这时距日本红十字会提出邀请已经过去了一年半。[①]

中国红十字会接到邀请的时候，中国国内正在准备举行第一次全国人民代表大会，所以推迟了访日的日期。直到9月24日，中国红十字会会长李德全在被任命为卫生部部长后，致电日本红十字会，通知了中国方面代表团成员的名单，即：团长李德全（卫生部部长、中国红十字会会长）；副团长廖承志（在华日侨归国问题中方首席代表、国务院华侨事务委员会副主任）；团员伍云甫（在华日侨归国问题中方代表、中国红十字会常务理事）、赵安博（在华日侨归国问题中方发言人、中国红十字会顾问）、倪斐君（中国红十字会副秘书长）、纪峰（在华日侨归国问题中方代表）；随员肖向前、吴学文、王效贤、杨振亚。

---

① 陈焜旺主编《日本华侨·留学生运动史》，第237—238页。

10月26日，李德全率领中国红十字会代表团开始了访日行程。这是战后第一个来自中国的民间使节团。

11月3日，华侨团体在日比谷公园为代表团组织了盛大的欢迎大会，表达了长期远离祖国的华侨对新成立的中华人民共和国的信赖和热情的期盼。在当晚的欢迎宴会上，李德全团长表达了对华侨的感谢之情，副团长廖承志介绍了中华人民共和国成立五年来的成绩和表达了对华侨的期望。代表团在日本红十字会的安排下，访问了东京、名古屋、京都、大阪，参加了19次各界、各团体和各地方代表的国民欢迎大会和各种座谈会，17次宴会和茶会，举行了13次记者招待会。①

代表团在访问期间接触的日本各界人士相当广泛，其中主要的社会团体负责人有作为皇族的红十字会名誉副总裁三笠宫及红十字会的领导人、日中友好协会的负责人（副会长内山完造等）、日本和平联络委员会的领导人（会长大山郁夫）、日本拥护宪法国民联合会的领导人（主席片山哲）、日本恢复中日苏邦交国民会议的负责人等。代表团也接触了日本政界人士，如厚生省大臣及次官、国务大臣、日本银行总裁、通商产业省及外务省官员，以及众议院议长、参议院议长和自由党、改进党、社会党、共产党的负责人。代表团接触了经济界如经团联、商工会、国际贸易促进会及许多企业界的代表。代表团接触的文化教育方面的人士更多，包括学习院大学、立命馆大学、法政大学、庆应大学、龙谷大学、关西大学、大阪大学的校长，许多著名教授等；妇女团体的负责人，各宗教方面的代表人物。另外，还接触了许多工会负责人、各团体的负责人等。

代表团接触的团体、个人几乎都表达了恢复中日正常关系的意愿，如大山郁夫有感于周恩来与印度总理尼赫鲁发表的联合声明，表示：日本必须同亚洲各国人民团结在一起，尤其是要同新中国的人民团结起来。参议院议长河井弥八及大阪知事赤间文三、京都知事蜷川虎三等都认为必须尽早建立中日两国的和平关系。至于许多大学校长和教授则更明确地表示绝不能容许亚洲人打亚洲人的政策，应接受战争的教训，促成中日和平共存共处的局面。

① 《李德全关于中国红十字会代表团访问日本的报告》，田桓主编《战后中日关系文献集（1945—1970）》，第173页。

中国代表团也在接触中把中国愿意同日本长期友好、和平共处的意愿和决心诚恳地告诉对方，并在不同场合反复说明中国人民对日本人民不念旧恶，中日60年的战争历史已成过去，中日两国人民的责任就是使这种过去不再重复，并应努力使中日两国2000年的友好往来恢复与发展起来。这种积极的和平的态度也给日本民众留下了深刻印象，同时，经历了战争灾难的日本民众已经开始摆脱军国主义蔑视中国的教育，也并不认可当时日本政府敌视社会主义中国的态度。所以，这是中日关系发展积极的良好开端。

中国代表团回国后撰写的报告提出：在这次访问中，我们还深深地体察到日本社会各阶层都要求和平，并热烈盼望日本与中国搞好关系。绝大多数的人流露出不愿处在美国半占领的情况下。为了和平和中国的友好，日本各阶层的人士正显露出广泛团结的动向，这种团结的动向有着逐渐扩大的趋势。这种趋势将是阻止日本军国主义复活与美国利用日本军国主义扰乱亚洲及世界和平的一个有利因素。①

此次中国代表团访日，还就在华日侨回国、通信和中国劳工遗骨送回等问题与日本红十字会等三团体代表进行了商谈，并达成了备忘录。

在备忘录中列出了1953年大批日侨回国过程结束后，中国方面通过地方政府继续进行的调查情况，了解到当时在华日侨总数还有8000人左右（不包括被作为战犯关押者和一般犯罪者），其中不希望回国的女子有4700名，不希望回国的男子约为前述女子总数的1/5。希望回国的大人及小孩共计在2000名以内。

当时中国对中国人与日本人之间所生子女的政策是：未满16岁视作中国人，满16岁根据本人意见选择国籍，愿意归国准其归国。同时，中国鼓励留在中国国内的日本侨民与在日本的亲属通信联络，也希望在日侨民亲属与在华日侨通信，地址不明可通过两国红十字会查询；战争罪犯在得到宽大处理后，中国红十字会如受中国政府委托，将对其归国给予援助；对于未释放的战犯、一般犯罪者及嫌疑人的通信和寄送慰问品的包裹，将由两国红十字会之间协调进行。中国红十字会应允考虑促成在中国死亡的日

---

① 《李德全关于中国红十字会代表团访问日本的报告》，田桓主编《战后中日关系文献集（1945—1970）》，第175—178页。

本人的遗族代表访问中国。[1]

商谈后，日本和平联络会事务局长畑中政春向记者介绍了商谈的结果，即 11 月中旬将派遣兴安丸号前往天津，接回在当地集中的 74 名在越南的日侨及部分愿意回国的在华日侨。年底或次年 1 月中旬，将再次派遣兴安丸号接回其他愿意回国的在华日侨。如仍有因准备不足等关系不能搭上该船者，则将筹划第三次派遣。对 1068 名日本战犯中被释放者，中国红十字会在接受中国政府委托时，协助其回国。

此外，日本战犯与其家属通信，均通过中国红十字会与日本红十字会处理。在华日本侨民与其家属通信，如因地址不明未能联系者，可通过双方红十字会协助联系。日本方面三团体代表团将协助愿意回国的在华日侨，并协助送回中国殉难者遗骨。中国红十字会将 40 名日本战犯的遗骨送回日本，对于其他死于 1949 年以后的日本人的遗骨，将尽力协助送回，此前死亡未能找到的则尽可能协助寻找。[2]

这一时期，中日之间尚未实现邦交正常化，两国间也还没有建立有效的对话渠道。所以，通过两国红十字会之间的交往，特别是双方的互访，解决了战后遗留在两国间的重大问题。中国代表团访日过程经历了许多波折，由于日本三团体代表团的再三努力，日本政府对之予以承认；中国代表团在日本期间，也同日本政府方面的厚生省、外务省进行了接触。中国代表团的成员尽管是红十字会的会长、顾问等，但同时也是政府工作人员，日本方面也心知肚明。所以，中日之间最初的民间交往，就奠定了此后被称为“以民促官”的两国交往的模式。

中日民间初期的交往也改变了冷战环境下双方对对方的基本认识。中国代表团在回国后的报告中提出了重要的政治判断：“我们也受到日本人民和日本广泛社会阶层的热烈欢迎，并亲自看到他们同中国人民有着一样的热望和平与友好的要求。……只要两国人民共同努力，中日间的问题是可以解决的，中日间的正常关系是可以建立的。”[3]

---

① 《中国红十字会与日本三团体关于商谈日侨回国等问题的备忘录》，田桓主编《战后中日关系文献集（1945—1970）》，第 168—170 页。

② 《日本和平联络会事务局长畑中政春关于日侨回国等问题的谈话》，田桓主编《战后中日关系文献集（1945—1970）》，第 172 页。

③ 《日本问题文件汇编》，世界知识出版社，1955，第 141 页。

代表团向中央政府报告说，在离开日本之前，日本有关方面已经开始准备邀请中国贸易代表团访日，所以建议加强中日间文化交流和经济往来，认为这是中日人民的共同愿望，同时也是目前的实际需要。

所以，中国红十字会代表团作为民间团体的第一次访日，确实为今后两国人民加强往来提供了更多的可能，开辟了更宽的道路。中华人民共和国成立以后的中日关系，是从中日民间外交开始的。中日两国的有识之士旨在通过这种非常规的“外交”途径，为实现两国关系的正常化打下基础，即以经济促政治，以民间往来带动官方接触。1950 年代后期，周恩来曾满怀信心地说：“照国民外交方式搞下去，日本团体来得越多，我们的团体也多去，把两国要做的事情都做了，最后就只剩下两国总理外长签字喝香槟酒了。”①

第二节　中日民间贸易及科学文化交流

战后中日之间经济贸易的发展是促进两国关系发展的又一重要层面。

冷战开始后，日本成为巴黎统筹委员会的成员。该组织列举的禁运清单中有军事武器装备、尖端技术产品和稀有物资等三大类上万种产品。1950 年 12 月，美国政府决定实行“对中国战略物资禁运措施”，1952 年 9 月，在“巴统”中还专门成立了针对中国与朝鲜的“中国委员会”，这更使中国陷入帝国主义阵营设置的制裁包围圈中，遭遇了经济与技术方面的巨大困难。不过，在这期间中日之间民间贸易则开展起来，在一定程度上打破了以美国为首的帝国主义阵营的包围圈。

一　第一个中日民间贸易协定

1949 年 8 月，在中华人民共和国即将成立之际，日本的企业家敏锐地察觉到东亚局势即将发生变化，酝酿成立了日本中日贸易促进会，在其“旨意书”中就提出：“最近，这个形势的剧变显示，不久将来，将诞生一个崭新的中国”，“如果考虑到战前日本对中国的贸易在进出口中占很大的比例的事实，那么不言而喻，日本经济的恢复在很大程度上也要依赖于和

---

① 裴坚章主编《研究周恩来——外交思想与实践》，世界知识出版社，1989，第 38 页。

中国的经济合作”。[1] 中日贸易促进会是以与吉田内阁相对抗的左派力量为主建立的，与鲁迅关系密切的内山完造，日本共产党系统的野坂参三、平野义太郎等人是其骨干。该组织的口号是：“纠正错误的中国观、加深两国的相互理解、促进中日贸易从而推进经济发展”，所以可以称为半政治性组织。

8月15日，酝酿成立的日本中日贸易促进会针对日本政府的政策发表声明，指出：“解决贸易问题的根本对策，只有促进自主的中日贸易。”[2] 在这样的背景下，1949年底，日本中日贸易促进会就向中国发出了开展贸易的建议，中国则在1950年2月由贸易部副部长沙千里向日方复电表示：欢迎中日贸易促进会来中国洽谈贸易。

日本企业界之所以如此热心于中日贸易，是因为战后在恢复经济的过程中，日本受到国土狭小，资源贫乏的限制，煤炭、铁砂、大豆、食盐等原料均需从国外进口。战前，这些物资的重要进口国是中国，但在中日贸易中断后，只能转而从遥远的美国购入。但这样不仅大大增加了运输成本，削弱了日本产品的竞争力，更使日本在经济上依附于美国。而新中国为恢复国民经济，实现国家的工业化，也迫切需要进口国外先进的工业设备和技术，日本是很合适的对象。因此，打破“封锁禁运”，恢复中日经济贸易往来，就成为这一时期中日两国贸易界的共同呼声。

盟军总司令部在1950年曾准许日本同中国进行贸易，1950年中日贸易促进会改为中日贸易协会，后又改组为贸易同业者组织，开始承担中日民间贸易的一部分任务。年底，中日双边贸易额就达到了470万美元。然而，就在中日贸易刚刚起步时，朝鲜战争爆发，盟军总司令部决定中止中日贸易，并对新成立的中华人民共和国实行全面的封锁禁运。日本政府追随美国的政策，实施了严厉程度仅次于加拿大的对华出口限制。

对此，日本国内的经济界要求与中国大陆发展经济关系的呼声很强烈，一些经济界人士提出了将政治关系与经济关系分离的思路，即在不突破美国限制政策的前提下，推动日本与中国的民间经济贸易交往。也就是将经济贸易与政治分开考虑，不论日本在政治上与中国关系如何，经济贸

---

① 《日本中日贸易促进会旨意书》，田桓主编《战后中日关系文献集（1945—1970）》，第64页。

② 《日本中日贸易促进会关于促进贸易的声明》，田桓主编《战后中日关系文献集（1945—1970）》，第67页。

易关系都应当开展。日本民间人士的这一想法，一方面符合当时日本民间团体和人士希望与新中国开展经济交流的愿望，另一方面与中国方面确立的“以民促官”的原则相吻合。美国政府和吉田茂内阁则不赞成这种思路，认为这不符合正在对中国实行的封锁禁运政策。中国政府最初赞成“政经分离”的思路，不仅希望通过“政经分离”来打破西方国家的封锁禁运，并且希望通过经济贸易活动的发展推动实现邦交正常化。

为了反对美国的冷战政策，突破封锁禁运，沟通东西方贸易，世界和平理事会于 1951 年开始酝酿举行民间性的国际经济会议，并由奥地利、比利时、巴西、智利、古巴、捷克斯洛伐克、法国、英国、联邦德国、苏联、中国等 21 个国家经济界代表组成发起人委员会，决定邀请各国经济界的代表共同研究“扩展东方与西方之间、经济落后国家与工业国之间的贸易的可能性”。在得到了苏联政府将给予各国代表签证的保证之后，委员会决定 1952 年 4 月在莫斯科召开国际经济会议。作为国际经济会议发起人之一的中国，则考虑争取日本代表出席会议。1951 年 12 月 8 日，中国人民银行行长南汉宸向大阪商船会长村田省藏、函馆船坞会长加纳久朗、长崎银行行长北村德太郎、原大藏大臣石桥湛山等 10 位日本经济界实力人物发出邀请，希望日本派遣代表与各国工商界人士共聚一堂，讨论发展国际贸易问题。1952 年 2 月 14 日，中国再次向日本民间经济代表发出邀请，同时明确说明在会议期间愿与日本代表商谈两国的贸易问题。

中国的邀请得到了日本经济界的积极响应。加纳久朗、北村德太郎等人纷纷在报纸上发表文章，赞同发展中日贸易的建议。石桥湛山、村田省藏等人则在东京举行座谈会，研究如何派代表出席会议。但日本政府顾虑美国的态度，以“时机不成熟”为由，劝阻日本企业界访苏，并拒绝发放护照。日方绝大多数代表只能取消出席会议的行程，但三位国会议员高良富、帆足计和宫腰喜助则利用他们的议员身份，取得了前往苏联的护照。

高良富早年留学美国，1947 年当选参议员，时任日印协会、甘地和平联盟、日本妇联等团体副会长，热心于和平、文教、经济及妇女工作。他决定借出席巴黎联合国教科文会议之机访问苏联，看望被拘留在西伯利亚的日本人，同时出席莫斯科国际经济会议。帆足计是战前日本产业协议会事务局长，1947 年当选参议员，参加了社会党，时任日经联事务局长和中日贸易促进会成员。宫腰喜助原为会计师，战后当选众议员，曾任国际贸易振兴议员联盟理事长、日中贸易促进议员联盟常任理事。

1952 年 4 月 5 日，在国际经济会议开幕的第三天，高良富偕秘书松本繁到达莫斯科。9 日，高良富身着和服在国际经济会议上发言，表达日本对发展与中苏贸易的渴望。

帆足计、宫腰喜助及其秘书几经周折抵达莫斯科时，国际经济会议已经结束半月有余，但是中国代表团成员、贸易部副部长雷任民还专门在莫斯科等待他们。三位议员与雷任民进行了实质性的会谈，就中日贸易的原则达成了“互惠、平等、和平、友好”的共识，双方同意在这个立场上进行贸易协商。至于具体的贸易协议，雷任民邀请日本代表访问中国，到北京之后再详细拟定。

1952 年 5 月 15 日，高良富、帆足计和宫腰喜助三位国会议员及其随行秘书松本繁、中尾和夫，应中国贸促会的邀请，从莫斯科飞抵北京西郊机场，受到冀朝鼎、孙平化、肖向前等人的迎接，成为中华人民共和国成立后来访的第一批日本客人。而中国在莫斯科国际经济会议结束之后，经政务院批准专门成立了民间经济团体——中国国际贸易促进会（简称“中国贸促会”），目的在于执行莫斯科国际经济会议决议，并积极推动中国国际贸易的展开。高良富等人来华就由中国贸促会负责接待并与之谈判。

中方对谈判的基本设想是：从打开中日贸易的大局出发，同时考虑国家经济建设的需要，力争与日本代表达成协议。如南汉宸所说：“这次会谈的最高目标是两国间的和平、友好和增进贸易，由于我们同日本代表已变成了友人关系，打算从大局考虑事情。”所以很快就在莫斯科达成的共识的基础上确定了一般性条款。

具体业务谈判相对比较困难，这是因为一方面受禁运政策的限制，日方拿不出像样的货单；另一方面当时的日本实业界对新中国的市场很不了解，不知道中国方面需要什么样的产品，能出口什么样的产品。另外，三位日本国会议员也缺乏贸易知识和签订协议的准备。日方为了搜集贸易资料，不得不经常打电话到东京询问早先成立的中日贸易促进会。

考虑到日方的处境，中方表示可以在《巴特尔法》所允许的范围内谈判，即在和平物资交换的范围内进行讨论，从未涉及军需物资的交易，甚至对有可能被解释为战略物资的商品如车辆、电机车等都没有列入货单。日方代表极力主张先从可能成交的商品入手开展贸易，认为通过交换商品，双方的理解就会加深，国民的认识就会提高，政界的误解就会消除，那时再扩大输出商品的范围。中方肯定日方主张的可行性，表示为打破中日关系完全断绝局面，中方愿着眼于大局。最终，中国方面本着谦让和友好的精神体谅日方代表的热情和诚意，同意按日方的意见达成协议，但同时希望日方代表为属于和平物资的甲类物资的输出尽最大努力。

经过半个月的谈判，双方终于达成了中日第一个民间贸易协定——《中日贸易协议》。1952 年 6 月 1 日，签字仪式在中国国际贸易促进委员会大厅举行，代表中方签字的是中国贸促会主席南汉宸，代表日方签字的是高良富（日本出席国际经济会议代表）、帆足计（中日贸易促进会代表）、宫腰喜助（日中贸易促进议员联盟理事长）三位国会议员。

第一次《中日贸易协议》的内容简明扼要，规定：(1) 双方购入与售出的金额各为 3000 万英镑。(2) 采取同类物资相互交换的方法进行贸易，货物按双方供求重要程度，分为甲、乙、丙三类，甲类换甲类，乙类换乙类，丙类换丙类，甲乙丙三类物资总贸易额的比重依次为 40%、30%、30%。(3) 为了促成协议的具体执行，有关购入与售出商品的数量、规格、价格、交货时间及地点等事，日方将派代表前来谈判，日方代表应为日本民间的正式工商业代表，只限于谈判贸易。(4) 交易方式以易货平衡为原则，仅以英镑计价。(5) 双方设立仲裁委员会，仲裁在中国境内进行。(6) 协议应于 1952 年 12 月 31 日以前执行，如到期贸易额尚未全部完成，经双方同意再酌量延长。①

贸易协议附件列出了双方商品分类的详细名单。由中国输出的甲类物资有：煤炭、大豆、锰砂、铁砂等；乙类物资有：盐、花生仁、桐油、镁石等；丙类物资有：滑石、松香、生漆、蓖麻籽等。由日本输出的甲类物资有：紫铜、钢材、铝锭、镀锌白铁、马口铁等；乙类物资有：纺织机器、冷藏船、杀虫剂、烧碱等；丙类物资有：自行车、打字机、显微镜、录音机等。虽然中国也知道，日方甲类物资属《巴特尔法》及“巴统”的禁运商品，在目前阶段日本政府是不可能同意其输往中国的，但中方并不企望一蹴而就，而是把它作为一个双方共同努力的目标，希望通过日本民

① 《中日贸易协议及南汉宸、高良富讲话，帆足计、宫腰喜助联合声明》，田桓主编《战后中日关系文献集（1945—1970）》，第 130—134 页。

间的贸促运动，迫使日本政府逐步放宽对中国的贸易禁运，最终实现甲类物资输出。

二 1950年代日本的民间贸易组织与中日民间贸易协定

从1950年代开始，参与中日贸易的日本方面的中心组织有中日贸易促进会、日本国际贸易促进协会、日中进出口行会和日中贸易促进议员联盟。

参加了在莫斯科召开的国际经济会议后，日本大阪商船会会长村田省藏等人决心为促进与苏联、中国及东欧国家的东西贸易而努力，遂联络对华友好的经济界人士石桥湛山、北村德太郎、高碕达之助等人，建立了旨在促进与中国等社会主义国家的经济与贸易交流的日本国际贸易促进协会。协会成员多为大企业首脑，会长村田将该协会称为“经济红十字社”，认为是“由民间的力量来办政府办不到的事情”。

日中进出口行会于1955年12月成立，是得到通产省补助金的同业者组织。该行会开始就发展了从事对华贸易的企业成员125个，到1957年中期则囊括了所有从事中日贸易的相关企业，成员扩大到370个。在两国尚未恢复邦交的情况下，该组织得到日本政府的方针指导，代表日本的业界与中国谈判，采取综合性的易货贸易方式以便扩大整体的进出口并保持贸易平衡，起到了确立进出口交易秩序的作用。

日中贸易促进议员联盟是由众参两院90名国会议员在1949年5月组建的超党派组织。开始的时候，其成员来自自由党、民主党、社会党、共产党、绿风会等。到50年代末，半数议员（360名）成为其成员。该组织虽然并不直接从事贸易活动，但在推动50年代中日民间贸易方面是一支重要的力量。①

第一次中日民间贸易协议签字后，为了解决对日贸易中的支付问题和日船来华问题，9月5日，中国人民银行向日方提出了两种对等、公平、安全的付款方式，供日方选择：一是直接易货方式，通过第三国银行对开英镑信用证或保证书，货物直接装运；二是单面结汇方式，由进口方开来英镑信用证，并附有“货装船后即付款”之条款。由于在具体执行中还需

① 添谷芳秀『日本外交と中国』慶應通信、1995。

要解决一系列问题，1952 年 9 月，中国贸促会主席南汉宸邀请中日贸易促进会派代表来北京商谈。南汉宸还致信日本中日贸易促进会议长平野义太郎，要求日本民间经济团体采取行动，敦促日本政府放宽对华贸易禁运。[①] 10 月 22 日，中国政府颁布了《日本籍船舶来航暂行办法》，同意日本货船通过中日贸易促进会和中国贸促会的联系，逐船逐次到中国指定的港口运载《中日贸易协议》所规定的物资。当时，西方阵营中，只有英国的船只可以进入中国港口，日本船只本来没有这一特权。此时中国准许日本船只进入港口，是恢复战后中日贸易关系的一个重大步骤。

然而，日方的情况比较复杂。日本的民间经济团体尤其是中小工商业者对开展中日贸易极为踊跃，但是政府并不积极。

日本政府及日本经济界的最高代表机关——经济团体联合会（简称“经团联”）对协议的态度很矛盾。从摆脱日本经济对美国的过分依赖的角度而言，日本政府和经团联希望发展中日贸易，但受到来自美国的压力，又不敢擅自放宽对中国的“封锁禁运”。所以日本政府希望中日贸易悄悄地进行，不要公开发表意见；同时要求交易内容必须受“巴统”和《巴特尔法》原则的限制。日本政府还规定访华人员可绕道第三国转赴，政府不发放赴中国护照。正如通产省所说：“与中国进行以货易货贸易并不是不可以，一部分物资的输出入交易也是可行的，但是 3000 万英镑即 300 亿日元的巨额物资交易是不可能实现的，因为日本目前还不能派遣代表赴中国交涉具体的交易合同。”

由于日本政府拒绝签发来华护照，取道香港又有港英当局作梗，《中日贸易协议》签订后三个多月，尽管中国贸促会和中国进出口公司同日本厂商来往电函不断，但无一日本商人来北京签订合同并做成具体交易。正当中日双方一筹莫展之际，一位日本商人冲破阻力，取道香港只身来到北京，他就是巴商事株式会社常务董事樱井英雄。

樱井英雄出生于 1914 年，1939 年在日本早稻田大学机械系毕业后，曾在日资企业华北航空公司驻北京、上海办事处工作，战后回国设立巴商事株式会社，并担任中日贸易促进会理事。1952 年 8 月，樱井化名冈本一

---

① 《南汉宸致日本中日贸易促进会电》，田桓主编《战后中日关系文献集（1945—1970）》，第 135 页。

郎到香港，通过宫腰喜助、山本熊一的介绍，致信中国贸促会，要求到北京商谈《中日贸易协议》项下的交易，并商谈有关支付、运输、检验及仲裁等问题。由于这是来华签订具体合同的第一个日本商人，中国贸促会十分重视，在报请中央联络部、中财委、外交部批准后，决定邀请其来京谈判贸易，并电告中国驻港机构为其办理入京手续提供方便。

樱井英雄1952年9月底到北京后，与中国进出口公司领导下的天津中发商业股份公司进行谈判。由于这是实现《中日贸易协议》的第一个合同，中方从各方面尽量做了照顾，只要是樱井想做的、能做的，都予以满足。11月28日，双方签订了以货易货合同，进出口金额各为18.9万英镑，货单基本为乙丙类物资。樱井回国后立即为履行合同多方奔走，但日本有关银行拒不开立信用证，通产省也不发放进出口许可证。由于巴商事株式会社资信单薄，时间一长，不免债台高筑，最终破产，合同自然也就无法履行，樱井也十分尴尬。

不过，继樱井之后，仍然有一些日本经济界人士参加到贸易促进运动中，如启明交易株式会社社长香川峻一郎，常务董事滨野悟、望月勋，顾问西本直民等。该公司不与日本的贸促团体交往，标榜“不言实行”，即不谈政治，不搞运动，只做买卖。香川等三人于1952年10月初来北京，称已取得日本政府的同意，希望以日本政府允许输出的纺织机、染料、纸张、羊毛织品、DDT、化学药品、蚊香、洋菜等交换中国的煤炭和大豆。中方考虑到启明交易株式会社对中国甲类物资需求迫切，并且该公司在战前就经营开滦煤炭，有较强的经营能力，决定一边与其谈判乙丙类商品交易问题，一边探讨互换甲类物资的可能性。经双方多次洽谈，逐步取得一致意见，11月24日，签署了甲类物资预约性易货协议，并同意以此作为实现《中日贸易协议》的一部分。其实，此时确定的交易内容金额之大、输出规格之高，已远远超出日本政府所允许的范围，就连谈判双方也感到实现的可能性不大。果然，香川等人回国后经与日本政府交涉遭到拒绝，协议也流产了。

继樱井英雄和启明交易株式会社的代表来华之后，中日贸易促进会常务理事铃木一雄又于1952年10月底来北京。铃木一雄早年攻读经济，后入三菱商事工作，1949年5月与高桥庄五郎、押川俊夫等人成立中日贸易促进会，着手与新中国建立贸易关系。《中日贸易协议》签订后，铃木等人情绪极为高涨。为了解决中日贸易中的支付、运输等问题，为日本商人来华实现具体交易创造条件，铃木一雄化名凌本雄来到北京，逗留达7个月。在这期间，他不分昼夜地工作，一方面同中国贸促会、中国进出口公司等单位频繁谈判，另一方面通过电报同日本有关公司取得联系，铃木和东京贸易往返联系所使用的电报挂号——托马斯，也就成为日方“先出后进”的代名词。铃木向其他商社推荐这种交易方式，从而逐步逐笔做成了具体交易。日本通产省后来又同意可以“先进后出”进行贸易，铃木名之为“反托马斯方式”。经过铃木的努力，中日贸易的支付问题和运输问题逐渐得到解决。在朝鲜战争之前，中日贸易采用美元支付，但金额小，期限短。1950年末，美国制定《外国资产管理法》，冻结了中国在美资产，中国对资本主义国家贸易不能使用美元结汇，转而采用英镑。铃木来京前，日本政府已同意中日贸易可以通过第三国银行对开英镑信用证，日方先开信用证则由中方先输出商品，中方先开信用证则日方先输出商品，并且双方可以用英镑先结汇。这样，支付问题便不再成为障碍。至于运输问题，中国政府在1952年10月22日即已颁布《日本籍船舶来航暂行办法》，1953年4月27日，日船首次到达中国，以后日趋频繁，中方曾为此简化了报批手续。

1952年底，第一次中日民间贸易协议执行期满，但进出口总额6000万英镑的协议还未做成一笔。经铃木一雄和中国贸促会联系和协商，12月31日，铃木一雄与冀朝鼎签署《中日贸易协定延期半年议定书》，称：“为继续促进中日两国贸易起见，根据中日贸易协议第七条之规定，经双方同意，特将原订协议有效期延长至1953年6月30日为止。届时如有必要，经双方同意后，得再予延长之。”① 但是，由于日本政府的阻挠，特别是在向来华人员发放护照方面制造种种障碍，贸易活动的实际进展不大。中国贸促会主席南汉宸为此发表谈话，指责日本政府阻挠《中日贸易协议》的实现，破坏巴商事株式会社的合同；日本贸促团体也多次举行大会，要求取消禁运，放宽人员往来，开展经济交流，实现协议规定的贸易额。

---

① 《中日贸易协定延期半年议定书》，田桓主编《战后中日关系文献集（1945—1970）》，第140页。

1953 年，为同中国红十字会谈判在中国的日本侨民分批集体回国问题，日本红十字会、日中友好协会、日本和平联络委员会三团体代表团必须到北京，致使日本政府不得不放宽向去中国的人员发放护照的政策。在这种环境下，又有一些贸易界人士相继来到北京，与中国贸促会和中国进出口公司洽谈贸易，建立业务联系。不过，签署合同并做成交易的仍然很少。截至 1953 年 4 月 7 日，对日贸易实际只做成四笔，它们是：东京商会的海带易豆饼合同、启明交易会社的海带易滑石块合同、东邦会社的人造丝易豆饼合同、羽贺商店的人造丝易柞蚕丝合同，全部价值不足 20 万英镑。所以到 1953 年 6 月末，延期半年的第一次中日民间贸易协议的实施仍然远未达到预定的数额，为了支持日本的贸促运动，中方同意再次予以展延半年。为此，南汉宸于 6 月 30 日又一次发表谈话指出：《中日贸易协议》未能履行，是由于受到美日反动派的百般阻挠，协议中规定的日方输出的全部甲类物资及绝大部分的乙类物资一直被放在禁运之列，成为中日贸易发展道路上的最大障碍。①

随着朝鲜战争停战，日本从 1953 年 1 月、6 月起采取了缓和对华禁运的措施，在《朝鲜停战协定》签订的 7 月，众参两院还通过了“为推动中日贸易、谋求将贸易限制放宽到西欧水平的决议”。于是，中日之间开始就民间贸易又陆续签订了三次协定。

1953 年 10 月，由日中贸易促进议员联盟和一部分工商界人士组成的通商视察团（团长为池田正之辅）与中国国际贸易促进委员会代表南汉宸签订了中日第二次贸易协定，规定在一年内以易货贸易的形式购入与售出各 3000 万英镑货物。双方还同意在中日两国互设贸易代表机构。

1955 年 4—5 月，中国国际贸易促进委员会代理主席、对外贸易部副部长雷任民率 38 名成员组成大型政府代表团访日，与日本国际贸易促进协会、日中贸易促进议员联盟之间签订第三次协定。鉴于前两次贸易的成功，中国对此时担任首相的鸠山内阁寄予了很大的期望，极力谋求日本政府对协定的支持。该协议规定双方在一年内，以易货贸易的形式购入与售出各 3000 万英镑货物。此时，中国方面提出设立享有外交官待遇的通商代

---

① 《中国国际贸易促进委员会主席南汉宸就再度延长中日贸易协定期限问题对新华社记者发表的谈话》，田桓主编《战后中日关系文献集（1945—1970）》，第 147—148 页。

表部的要求，以及用两国货币进行直接结算等建议。但因为美国政府方面的压力等原因，鸠山内阁最终没有迈出建立政府间关系的一步。

1957 年 2 月，岸信介上台后力图强化与台湾方面的关系，岸信介在历访东南亚各国后途经台湾，表示支持蒋介石的“自由收复大陆”，即“反攻大陆”的政策，引起了中国方面强烈的批判。本来应当开始的第四次协定谈判受到影响。

但是，日本经济界还是希望继续与中国开展贸易，钢铁企业的要求更加迫切。于是 1958 年 2 月，由八幡制铁常务董事稻山嘉宽任团长的日本钢铁代表团访华，与中国五金进出口公司缔结了为期 5 年，总额 1 亿英镑的第四次易货贸易协定。双方还约定相互派驻享有外交官待遇的常设商务代表处、悬挂国旗等。

得知这一贸易协定的结果，美国和中国台湾等国家和地区反应强烈，特别是台湾方面，蒋介石以亲笔信的方式向日本通告停止“日华”通商会谈。首相岸信介表示不能给予民间商务代表处以外交特权地位，官房长官爱知揆一也同时发表谈话，称由于日本政府并没有承认中共，所以不能承认在民间商务代表处悬挂中国国旗。

从贸易额的角度看，1950 年代中日间的民间贸易数量不大。在 1956 年的日本对外贸易额中，同中国的民间贸易额只占 2.6%。虽然经济意义很小，但政治意义则很大，是冷战背景下中日两国间相互观察的一个重要窗口。

例如，中国国际贸易促进委员会代理主席、对外贸易部副部长雷任民在 1955 年 4 月率团访日，在日本停留一个月之久，其间访问了东京、横滨、大阪、神户、京都、名古屋等城市，所到之处受到热烈欢迎，并且与日本经济界进行了密切接触。根据雷任民团长与日方代表达成的协议，当年 10 月 18—31 日由中国国际贸易促进会在东京举办中国商品展览会。展览会上展出的有中国的矿产品、重工业产品，更多的是土产品、特产品、手工艺品和轻工业品等。展览馆旁同时设了可容纳 1000 人的电影馆，上映中国的纪录片。这是战后中国首次在日本举办商品展，许多有特色的展品特别受欢迎，有的人多次前往购买，电影馆也常常满座。在东京展出期间，共计 67 万人前往参观。11 月下旬，展览转移到大阪，观众更加踊跃，达到 123 万人。

1957 年 2 月岸信介接任了日本首相。由于岸信介推行敌视中国的政策，中日民间贸易也受到了冲击。第三次中日民间贸易协定约定中日双方互设商务代表机构的计划遭到岸信介百般阻挠，通商代表的正式身份迟迟不被承认。1958 年四五月间，日中友好协会长崎支部在滨屋百货公司四楼举办中国邮票暨剪纸展览会，在会场入口处悬挂了中华人民共和国的国旗，当时在长崎的“中华民国领事馆”提出抗议。5 月 2 日，右翼团体的一名 28 岁日本男性闯入会场，将五星红旗降下并毁损。虽然此人当时被警察控制，但因日本政府以仅承认“中华民国”，五星红旗并非刑法保护对象为由，只对犯人罚款 500 日元后即释放。5 月 9 日外交部部长陈毅发表谈话，认为：“侮辱中国国旗的长崎事件就是在政府直接纵容和包庇下制造出来的。”他批评岸信介不承认中华人民共和国是独立国家的言论“是对中华人民共和国的侮辱，是蓄意向 6 亿中国人挑衅。岸信介政府必须对由此产生的一切后果负完全责任”。①

由于日本政府为了在与台湾的国民党政权保持政治关系的同时发展与中华人民共和国的经贸关系，将“政经分离”作为其对华政策的基本方针，这破坏了与中国方面达成的基本原则，本来不反对“政经分离”原则的中国政府对日本的基本方针产生了警惕。

岸信介内阁成立后，在“政经分离”方面比前任表现得更加“突出”，在“政经分离”的幌子下推行“两个中国”政策：在经济上继续与大陆发展贸易往来，在政治上则极力迎合台湾方面的立场，拒不承认中华人民共和国。这使日本右翼势力钻了空子，强调：政治台湾，经济大陆，即只承认台湾当局，不承认中华人民共和国。这样一来，就触动了中国方面处理对日关系的底线。鉴于这种情况，中国政府一度中断了与日本的贸易往来，因为意识到在处理中日关系时不能只强调民间的友好往来和单纯的经济关系，而应当确立必要的政治原则，所以提出了“政经不可分”的基本原则，具体为：岸信介内阁只有遵循以下原则，才能与之发展关系，即（1）停止敌视中国的言论和行动；（2）停止制造“两个中国”的阴谋；（3）保证不再阻挠中日关系正常化。这就是战后中日关系史上著名的“政

① 《陈毅副总理兼外交部长就最近中日关系对新华社记者发表的谈话》，田桓主编《战后中日关系文献集（1945—1970）》，第 370 页。

治三原则”。

中日民间贸易的中断也表明了在两国关系没有实现正常化的形势下，建立所谓的“政经分离”关系是极其脆弱的。这一问题也与日本国内的政治特点，特别是政治家的态度有很大关系，岸信介当选后的对华外交政策就与鸠山一郎、石桥湛山担任首相期间完全不同。

三　中日民间贸易的再开展与廖高（LT）贸易、中日友好贸易

通过四次民间贸易协定开展的民间贸易虽然因长崎事件而中断，但由于中日两国民间都一直涌动着建立和平友好关系的潮流，双方经济界也都对发展贸易关系有着比较强的潜在的需求，所以进入60年代后，日本方面还是不断有人在摸索在“政经分离”状态下进行民间贸易的道路。特别是自民党内的亲华派力量以及经济界的力量，国民舆论也对同中国的交往持积极的态度。

1960年，由于岸信介坚持同美国修订《日美安全保障条约》，签订了《新日美安保条约》，其内阁也在国内强烈的反对安保条约改订斗争中崩溃。继任的池田勇人内阁已经意识到不可能长期与中国保持没有邦交的状态，也意识到中国迟早会加入联合国，所以希望在美国孤立中国的大合唱中保持相对超脱的立场。[①] 但是，由于大的国际环境并没有发生变化，池田内阁也摆脱不了“政经分离”的老路，只是期待通过长时间的缓慢“积累”，发展与中国的经济关系。

这一时期，中苏之间对国际共产主义运动的策略发生了分歧，苏联撤回在华专家导致两国关系恶化；中国国内因忽视客观的经济发展规律，过分夸大主观意志和主观努力的作用，使高指标、瞎指挥、浮夸风、“共产风”等错误泛滥，工农业生产遭到极大破坏，国民经济比例严重失调，人民生活发生严重困难。这些情况促使国内对中日经济关系发展的原则进行了新的思考。1960年8月，周恩来对中日贸易促进会专务理事铃木一雄提出了中日“贸易三原则”，即首先，今后有关贸易、渔业、邮政、航运等一切协定必须由双方政府缔结，因为民间协定没有保证；其次，在条件成

① 池田勇人在组阁后会见记者时表示：“对中共政策上未必要采取与美国相同的态度”，强调说他在六七年前就主张与中共友好相处，现在则尽力促进文化与经济交流。但是他也明确表示与自由国家联手合作，不采取中立态度。

熟的时候，可以签订民间合同；最后，照顾中小企业。[①]

受到新形势的鼓舞，日本方面的政治经济界人士又开始频繁访华，开展交流。1959 年，自民党亲华派众议员松村谦三访华，开政界人士访华之滥觞。1960 年 10 月，得到首相池田勇人的支持，高碕达之助率经济代表团第一次访华。

高碕达之助是当时日本经济界重要人物，战争期间曾任满洲重工业公司总裁，战后曾担任过通商产业大臣、经济企划厅长官等职，当时已经 75 岁高龄。1955 年在万隆会议期间，他曾与周恩来进行了会谈。1960 年 10 月，他率领 14 名实业界代表和经济专家访华，作为松村谦三访华的先遣队，这是他战后第一次访问中国。周恩来专门为他举行了欢迎宴会，在讲话中重申了改善中日关系的三原则，希望高碕以个人身份在万隆会议十项原则的基础上，探讨改善中日关系的一切可能办法。高碕表示要把余生之力贡献于中日关系的改善上。

松村谦三接着在 1962 年 9 月第二次组团访华，与周恩来总理进行了 5 次会谈，明确了两国扩大贸易、设立联络机构、扩大进行交流的厂家、组织友好商社等基本的原则和努力方向。一个月后，高碕达之助任团长，冈崎嘉平太担任副团长，率 33 名经济贸易界人士组成的经济代表团访华。此次，高碕代表团携带了日方拟定的新的日中贸易协定草案。该草案在日本通商产业省、外务省、大藏省、经济企划厅等各省厅长官中进行了讨论与调整。高碕表示此次访华要实现松村不久前访华达成的各项协议，并强调虽然有人要破坏，但是“日中两国深厚悠久的关系是任何力量也不能破坏的”。高碕还说：已经与松村说好，将各自的余生致力于促进中日邦交正常化。

在高碕访华期间，负责对日工作的廖承志与之进行会谈。根据事前准备的方案，双方交换了有关中日综合贸易的备忘录，这一备忘录将廖承志、高碕达之助两人名字的第一个字母即“L”和“T”提出来，命名为“LT 协定”（或称“廖高协定”），根据这一协定进行的贸易即称为“LT 贸易”。

---

① 《周恩来会见日中贸易促进会专务理事铃木一雄时的谈话》，田桓主编《战后中日关系文献集（1945—1970）》，第 503—504 页。

与此前中日两国间签订的短期民间贸易协定不同，“LT 协定”确定的是 1963 年到 1967 年 5 年的贸易计划，平均每年的进出口交易总额为 3600 万英镑。由于是两国政府的有关人员签订的，所以该协定可以说是得到政府支持的，确定了原则性意见的准政府间的协定。

根据协定，中国向日本出口的主要物资为煤、铁砂、大豆、玉米、杂豆、盐、锡等，日本方面向中国出口的主要物资为钢材（包括特殊钢材）、化学肥料、农药、农业机械和农具、成套设备等。

备忘录明确确定日本向中国出口的某些商品采用延期付款的方式，成套设备采用分期付款的方式。具体的各项交易，由有关交易的各方签订个别合同。

在签署备忘录的同时，也确定了两国间在第一年（1963 年）双方出口商品的种类与数量和此后几年大致的出口数量。第一年的贸易情况如表 4－1所示。[①]

表 4－1　1963 年中日贸易统计

	种类	数量	金额
日本向中国出口	氯化铵	20 万吨	
	尿素	22.5 万吨	
	硫铵	5 万吨	
	钢材（包括 1.5 万—2 万吨特种钢材）		640 万英镑
	农药		100 万英镑
	农业机械		100 万英镑
	成套设备		100 万英镑
中国向日本出口	煤炭	10 万吨	
	盐	45 万吨	
	大豆	15 万吨	
	玉米	10 万吨	
	杂豆	3 万吨	
	锡	500 吨	

① 《廖承志和高碕达之助关于发展中日两国民间贸易的备忘录及第一次协议事项》，田桓主编《战后中日关系文献集（1945—1970）》，第 646—647 页。

“LT 协定”达成后，中日贸易活动又开始活跃起来。1964 年 8 月中日双方分别在对方设立了联络事务所（高碕北京事务所和廖承志东京事务所）。这一年，中日两国的进出口贸易额达到历史上最高的 3 亿美元。这时开始的中日贸易发展顺利的局面一直持续到 1967 年，甚至超过了“日台贸易”。

表 4-2 中国大陆和台湾在日本对东北亚贸易中所占比例

单位：%

年份	中国大陆	台湾
1964	20.7	18.6
1965	25.7	20.5
1966	26.0	16.9
1967	21.7	18.1

资料来源：添谷芳秀『日本外交与中国』102 頁。

根据“LT 协定”确定的原则，首相池田勇人在 1963 年批准了日本仓敷株式会社以分期付款方式向中国大陆出售成套维尼纶生产设备的协议。设备总价 2000 万美元，首付 500 万美元，其余 1500 万美元分五年支付，年息六厘，其中日本进出口银行为此提供融资。台湾方面认为日本的国家金融机构不应为共产主义国家提供“经济援助”，因此提出抗议，要求日本政府限制银行融资活动。但日本没有积极回应台湾方面的要求。

正当中日贸易顺利开展之时，1963 年 10 月的“周鸿庆事件”则再次使中日贸易面临考验。

周鸿庆是当时中国油压机械访日代表团的工作人员兼翻译，在访日期间受到同住一室的团员的批评，认为他在言谈中流露出对日本优裕的物质生活的羡慕。周鸿庆担心回国后受处分，就在 10 月 7 日凌晨 5 时许一个人偷偷地溜出酒店，乘出租车企图前往台湾驻日本“大使馆”。但由于司机不熟悉地址，周鸿庆在紧张的状态下又企图翻墙跳入苏联大使馆，被使馆工作人员拿获并扣留。苏联方面没有接受周想去苏联的请求，将周鸿庆引渡给日本警方。10 月 9 日，东京地方检察厅裁决：对周鸿庆“免予起诉”，移送东京出入境管理局收容所关押，由东京出入境管理局最终裁决其去留问题。

当时，中国代表团决定延期回国以解决周鸿庆问题，台湾方面也竭力鼓动周前往台湾。周鸿庆经过反复的思想斗争，做出了返回中国的决定。1964 年 1 月 1 日，周鸿庆得到出境许可证，1 月 9 日启程回国。

周鸿庆事件反映出日本在发展与新中国关系上的两面性。一方面有出于经济利益方面的考虑，愿意与中国大陆开展经贸往来；而另一方面又基于政治上的考量，不能不考虑美国方面与台湾方面的压力，与新中国还要保持一定距离。

“LT 协定”第一期结束后，1968 年 3 月，古井喜实、田川诚一等自民党亲华派议员及冈崎嘉平太等访华，在与周恩来会谈后，商定将“LT 协定”改称为“中日备忘录贸易”（亦称 MT 贸易），期限缩短成一年。

但是，这时中国国内爆发了“文化大革命”，外交路线受到来自“左”的方面的严重冲击。而虽然日本的佐藤荣作内阁提出的“非核三原则”在国际社会获得正面评价，但在外交上则极力偏向台湾方面，反对中华人民共和国政权，多次拒绝中国代表团访日，对中日关系的发展也产生了负面影响。针对佐藤政权处理中日关系的消极态度，1970 年 4 月，周恩来总理在接见松村谦三时阐明了中国的立场，即不与 4 种企业进行贸易。[①]

与“LT 协定”并存的另一个渠道是通过友好商社的“友好贸易”。这是从 1960 年 8 月周恩来提出“贸易三原则”的时候开始的。周恩来认为中日贸易可以通过政府间协定、民间合同、个别照顾（友好贸易）的方式进行。1962 年，中国国际贸易促进委员会与日本中日贸易促进会、国际贸易促进协会、国际贸易促进协会关西本部签订了议定书，决定在坚持中国方面提出的“贸易三原则”的前提下，继续发展两国民间贸易；1963 年先在中国北京，然后在上海举办日本工业展览会；1964 年在日本东京、大阪举办中国商品展览会，在展览会期间出售本国小商品。

四 国家关系紧张中的科学、文化、教育交流

进入 1950 年代中期，由于冷战局面越来越严峻，日本政府追随美国敌视中国的政策，中日两国间不断发生新的矛盾与问题。尽管如此，在民间

① 分别是支持“国民党反攻大陆”和站在韩国的立场上侵犯朝鲜的厂商；在台湾和韩国等国家和地区有大量投资的厂商；为美国攻击越南、老挝、柬埔寨提供军火武器的企业；在日本的美日合资企业和美国的子公司等。

贸易开展的同时，科学、文化、教育等层面的中日交流也还是开展起来。

1955 年 10 月 10 日，《人民日报》发表了《努力促进中日关系正常化》的社论，提出在贸易往来出现了前所未有的高潮的形势下，“应该有更多的各种各样的人相互往来……应该有更多的相互之间的文学艺术活动”。

这时，日本医学代表团来华访问，与中华医学会进行了医学经验交流，并且达成了协议，决定在两国医学界开展交流，包括对等地交换医学专家和教授到对方指定的医院、研究所、学校或地方进行研究或讲学，时间为 3 个月到半年。中华医学会先邀请了日本医学界人员来华。

11 月 4 日，周恩来在与日本医学代表团谈话时说：“过去中日两国来往非常频繁，16 世纪以来日本派很多人来中国留学，后来中国人又到日本留学。近几年断了来往，最近又来往起来了。我们希望恢复过去的样子。……美国都同中国坐下来谈了，为何日本人不能谈。日本应该超过美国，希望你们回去同你们的政府，特别是鸠山先生讲。日本这个几千年独立的国家，是有自尊心的，应该争取超过美国，不要走到西德的后面，我想中日两国邦交终究会恢复的，恢复得越早对两国人民和世界和平越有益。”①

11 月，日本拥护宪法国民联合会在团长、原首相、日本社会党委员长片山哲率领下访华。廖承志受周恩来总理的委托，先与片山哲会谈，提出了中日进行文化交流的问题。15 日，周恩来接见了代表团，就促进两国邦交正常化问题与日方交换意见，认为“国家与国家之间应该和平相处，并且应该用和平协商的方法解决彼此间的争端和悬案”。根据周恩来与片山哲会谈的精神，11 月 27 日，中国人民对外文化协会和日本拥护宪法国民联合会签署了《关于中日两国文化交流的协定》，约定由有关机构斡旋举办介绍对方国家的绘画、雕刻、建筑、电影、戏剧、音乐、文学及其他文化成就的展览会、表演会和进行图书引进出版等文化交流工作。

1955 年 12 月，中国科学院院长郭沫若率中国科学代表团访日。代表团在抵达日本后，进行了 20 多天的访问，除了在东京外，还到访千叶、仙台、名古屋、京都、大阪、冈山、广岛、福冈等地。冈山大学、九州大学

---

① 《周恩来与日本医学代表团的谈话》，田桓主编《战后中日关系文献集（1945—1970）》，第 236—237 页。

还特地为郭沫若举办了欢迎会，因为那里是郭沫若曾经留学过的地方。郭沫若后来在总结中认为此行有助于了解战后日本治疗战争创伤的实际情况。

在中国科学代表团访问时，日本的有影响的知识分子如东京大学校长矢内原忠雄、原文部大臣松村谦三、日本学术会议议长茅诚司等都向中国代表团表述了对侵略战争责任的认识，表示日本科学家都在互相提醒，不要为战争服务，而要为和平服务。[①]

第三节　中日邦交正常化的实现与若干问题的处理

一　中日邦交正常化的背景

虽然中日民间贸易及科学、文化、教育交流在1950—1960年代就开展起来，但是在当时的国际环境下，中日两国实现邦交正常化仍存在相当大的障碍。最大的问题当然是中美关系问题。然而，从60年代末开始，国际形势尤其是中美关系发生了重大变化，直接推进了中日邦交正常化的步伐。

1960年代末，中国与苏联在中国东北边界的若干地方，如乌苏里江上的七里沁岛和珍宝岛，也发生了巡逻队之间的冲突，开始是言语战和推搡，后来发展到棍棒武斗。1969年3月2日，苏军派边防巡逻队登上珍宝岛驱逐中方人员，发生武装冲突。3月15日和17日，中苏双方的边防部队再次在珍宝岛发生武装冲突。苏军动用坦克、装甲车、飞机和当时的“秘密武器”——“冰雹”火箭炮。解放军使用了反坦克炮、无后坐力炮、40火箭筒等轻武器和岸上的纵深炮火。战斗之后中方控制全岛。苏军指挥官边防总队长列奥诺夫·德莫克拉特·弗拉基米罗维奇（Leonov Democrat Vladimirovich）上校阵亡，一辆T-62坦克装甲车被击毁。

此事件之后，苏联在报纸上发布要对中国的核设施进行打击的威胁，同年8月，苏军在中苏西部边界铁列克提（今中国—哈萨克斯坦边境）对中方实行报复性打击，双方再次发生武装冲突。

① 郭沫若:《访日之行》（1956年1月13日），田桓主编《战后中日关系文献集（1945—1970）》，第258—263页。

鉴于上述情况，中国方面意识到与苏联的冲突对抗已经不可避免，需要对国际形势和中国面对的主要对手重新进行分析调整。早在珍宝岛冲突发生前，毛泽东就向陈毅、叶剑英、聂荣臻、徐向前四位元帅提出要研究国际问题，3 月 22 日，毛泽东询问陈毅等人："你们研究国际问题怎么样了？……我们现在孤立了，没有人理我们了。"[①] 可见，他此时已经开始思考在中苏关系紧张的情况下，如何调整中美关系这一重要问题了。

4 月，中共九大召开后，周恩来再次向四位元帅提出关于国际战略的问题，并特别强调从战略的高度，可对原来的看法和结论及时做出部分的甚至全部的修改。[②] 7 月 11 日和 9 月 17 日，陈毅等四位元帅分别提交了两份报告，即《对战争形势的初步估计》和《对目前局势的看法》。报告认为美苏马上就独自或联合发动对华战争的可能性还不大，而来自苏联的威胁更为严重，所以提出主动利用美苏矛盾的建议。[③]

这一时期，美国对中国的外交策略也有变化。由于美国在越南陷入战争的泥潭，希望中国减少，最好放弃对越南的支持，同时也把改善与中国的关系作为对苏战略外交的一张牌。美国总统国家安全事务助理基辛格（Henry Alfred Kissinger）认为：以前的美国政策制定者把中国看作"支离破碎的、盲目冒进的、未知的、无缘的异国，是坚持对外扩张主义，意识形态至上的国家"，因此长期以来与中国形成敌对的关系，这是错误的。他主张应该探讨中美两国的共同利益，不应从意识形态的角度而应以地缘政治学的观点来对待中国。他"确信"：尼克松（Richard Milhous Nixon）政府"将会创造出国际关系的新时代，通过与拥有人类全体的四分之一的民众生活着的国家进行接触，可以重新构筑美国外交的新展望"。[④]

1971 年 7 月 1 日，尼克松、基辛格和国家安全委员会成员黑格（Alexander Meigs Haig）准将三人在会谈中还确认：在与中国交涉前，很有必要唤起中国对未来来自日本的威胁的关心，使中国对"日本军国主义的复活"、"苏联的威胁"等抱有"恐惧之感"，而在台湾问题上则使其暧昧化

① 参见王永钦《1966—1976 年中美关系纪事》，《当代中国史研究》1997 年第 4 期。

② 熊向晖：《历史的注脚——回忆毛泽东、周恩来及四老帅》，中共中央党校出版社，1995，第 117 页。

③ 熊向晖：《历史的注脚——回忆毛泽东、周恩来及四老帅》，第 189、196—197 页。

④ 毛里和子『日中関係—戦後から新時代へ』岩波新書、2006、54 頁。

最好。[①] 基辛格主张：为了实现一个不是基于意识形态，而是以相互利益为基础的中美关系的"崭新的开始"，可以向中国暗示美国准备派遣特使到北京去。[②] 为此，美国频频向中国发出信号，寻找接触的机会。如美国宣布停止其舰队在台湾海峡的巡逻，并缓和对中国的贸易限制等。1969 年底，在华沙举办的南斯拉夫时装展上，美国驻波兰大使向中国外交官提出希望重启 1968 年以来中断了的中美大使级会谈。就此，周恩来认为中美之间深入接触的"门终于打开了"。[③]

1970 年 3 月，尼克松采取了缓和对华旅游限制的措施，4 月又实行放宽半成品及别的国家生产的非战略物资的对华出口等措施，同时摸索通过巴基斯坦以及罗马尼亚与中国接触的渠道。

1970 年国庆节，中国特别邀请了埃德加·斯诺（Edgar Snow）登上天安门，向世界展示他与毛泽东并肩站立的形象。埃德加·斯诺曾在 35 年前访问了延安，与毛泽东有许多接触。同年 12 月，毛泽东再次会见斯诺，称："如果尼克松希望访问中国的话，无论是作为旅行者还是总统，我们都欢迎。"这是向美国明确地发出接触的信号。

同年 11 月，周恩来会见巴基斯坦总统叶海亚·汗（Agha Muhammad Yahya Khan）时，将以下口信委托他代为传递："如果美方真有解决上述关键问题（即台湾问题）的愿望和办法，中国政府欢迎美国总统派特使来北京商谈，时机可通过巴基斯坦总统商定"。[④] 尼克松和基辛格立即响应，表示希望在"北京会谈"中就台湾问题以外的问题进行探讨。

1971 年 4 月，世界乒乓球锦标赛在日本名古屋举行，中国积极回应了美国乒乓球队希望访华的要求，开展了"乒乓外交"，为两国政治接触进行了预热。4 月底，尼克松收到了周恩来的亲笔信，其中写道："要从根本上恢复中美两国关系，必须从中国的台湾和台湾海峡地区撤走美国一切武装力量。而解决这一关键问题，只有通过高级领导人直接商谈，才能找到办法。因此，中国政府重申，愿意公开接待美国总统特使如基辛格博士，

---

① William Burr ed., *The Beijing-Washington Back-Channel and Henry Kissinger's Secret Trip to China—September 1970 - July 1971*, National Security Archive Electronic Briefing Book, No. 66, Feb. 27, 2002.

② 毛里和子『日中関係—戦後から新時代へ』51 頁。

③ 中共中央文献研究室编《周恩来传》（下），中央文献出版社，1998，第 372 页。

④ 《周恩来传》（下），第 385 页。

或美国国务卿甚至美国总统本人来北京直接商谈。"① 接着，尼克松于6月2日接到了周恩来的关于可以就台湾问题以外的问题进行探讨的消息。这样，从7月2日起，基辛格开始了他的秘密访华之旅。

1971年7月，基辛格在巴基斯坦访问时称"肠胃坏了需要休息"，其实是秘密访华了48小时。9—11日，他与周恩来进行了非常紧张的会谈。基辛格回国后的7月15日，美国公布了尼克松总统将于1972年上半年访华的消息。国务卿罗杰斯（William P. Rogers）在这一消息公布前的1小时向日本驻美大使牛场信彦做了通告。这对日本来说是很大的冲击，再加上"美元冲击"，日本认为受到了"两次尼克松冲击"。

1971年10月，基辛格正式访华，与周恩来进行了10次谈判，实际谈判时间长达25个小时。在台湾问题上，基辛格提议使用这样的表述："美利坚合众国认识到住在台湾海峡两岸的所有的中国人都主张一个中国，对此不提出异议"，得到了周恩来的认可，并称为"绝妙的发明"，为尼克松的访华扫清了道路。

在7月与10月基辛格与周恩来的会谈中，双方就台湾问题、未来的两国关系、印支、日本、朝鲜半岛、印度—巴基斯坦关系、苏联，以及总统访华时的公报草案等许多问题进行了协商，其中对台湾问题的讨论是双方最重视的。

周恩来在7月10日的第二次会谈上提出中美建交的条件为：承认中华人民共和国是代表中国人民的唯一的合法政府；承认台湾是中国不可分割的领土，是属于中国的；美国不支持"两个中国"、"一中一台"，以及台湾"独立"运动；不再主张"台湾地位未定论"。

基辛格表示不主张"两个中国"、"一中一台"，不支持台湾"独立"运动，并承诺在印支战争结束撤退时，撤退2/3的驻台美军。剩下的1/3也准备随着中美关系的推进而逐渐削减。不过他又强调说这是尼克松总统个人的决定，还没有经过议会和政府机构的认可，需要保守机密。他还表示在印支战争结束后，中美间的军事问题将会在尼克松现任期间内解决，而政治问题将会在总统的第二届任期的早些时间解决。也就是说，基辛格基本上接受了周恩来的原则，只是对"唯一的合法政府"的表述持保留态

---

① 《周恩来传》（下），第1850页。

度。基辛格明确表态在尼克松总统第二届任期的前半期实现中美建交。

关于是否将台湾驱逐出联合国，是否废除与台湾间的“台美共同防御条约”，在“唯一的合法政府”部分如何取得妥协等问题，两人的辩论十分激烈。结果达成在联合公报草案中写进“美利坚合众国认识到住在台湾海峡两岸的所有的中国人都主张一个中国，对此不提出异议”的妥协表述。对于这样的结果，后来美国的有些舆论表示不满，认为美国接受了中国的大部分要求，特别是关于台湾问题的讨论远远超出了基辛格和尼克松自己所承认的范围。① 但是，基辛格对中国表示的美国“绝不会对中国进攻”的态度，的确对缓和两国关系产生了重要作用。②

中美在北京进行紧张谈判的同时，围绕中华人民共和国在联合国的代表权问题，也到了最后的紧要关头。其实在1970年的大会上，阿尔巴尼亚提出的关于承认中华人民共和国为中国唯一合法代表，承认中华人民共和国是安全理事会五个常任理事国之一，并将台湾从联合国及其所属一切机构中驱逐出去等的议案已经获得了半数以上的赞同。在1971年的大会上，美国和日本尽管仍然进行最后的抵抗，提出中国大陆和台湾的联合国议席的“双重代表制”方案。但是在10月25日，阿尔巴尼亚等国提出的议案以76票赞成、35票反对（弃权17票、缺席3票）的压倒性多数通过。

二　中美关系的变化与日本的反应

1972年2月21日，美国总统尼克松偕夫人开始了作为美国总统对中国的第一次历史性访问，也是美国总统第一次访问尚未建交的国家。出发前，尼克松在白宫举行的盛大欢送仪式上明确表示，此行的目的是“寻求某种办法，使我们能够有分歧但不至于成为战争中的敌人”。

尼克松一行抵达北京后不到3个小时，病中的毛泽东马上提出要会见。毛泽东十分兴奋地从哲学的角度论述中美关系的战略意义，交谈持续了80分钟。

接下来的关于外交事务的谈判，完全是在尼克松与周恩来之间进行

---

① 毛里和子『日中関係—戦後から新時代へ』。

② 《中华人民共和国实录》第3卷，吉林人民出版社，1994，第723—724页。

的，一共进行了5次会谈。

关于台湾问题，尼克松重申了美国的承诺，即美国承认只有一个中国，台湾是中国的一部分；美国不再主张“台湾地位未定”，也不支持台湾“独立”；美国将谋求与中国关系正常化，并在4年内逐步从台湾撤军。

除台湾问题外，双方还就苏联、日本、印度支那、南亚次大陆等一系列国际和双边关系问题进行了广泛、认真、坦率的意见交换。

外交部副部长乔冠华和基辛格之间就联合公报的最后定稿则进行了十分紧张和艰苦的谈判。本来，公报方案已经有了草稿，但涉及台湾的部分，美国强调的是台湾问题的和平解决，要求将美国主张的“中国人民应该通过和平谈判的方式解决台湾问题”的表述写进公报，而中国关心的是全面撤退驻台美军的问题，对美国“逐步削减”的表态，并不能接受。另外，围绕如何处理“台美共同防御条约”的问题双方意见也不一致。2月25日傍晚，经周恩来亲自处理，这些问题得以解决，公报终于定稿。2月27日，中美在上海举行记者招待会，发表了《中美联合公报》，即《上海公报》。

尼克松访华与《上海公报》，给持续了20余年的中美冷战画上了句号，具有历史性的意义。

1971—1972年的中美谈判中，日本问题是双方都关心的。周恩来、基辛格及尼克松之间十分坦率地交换了各自关于日本问题的战略思考。

基辛格在见到周恩来的时候就想努力说服中国方面接受美国军队驻扎日本的现实，反复强调美军的存在是控制日本军事力量的阀门，强调《日美安保条约》是为制约日本军国主义的复活而存在，即所谓把魔鬼关在瓶子里的“瓶盖”论。他对要求撤退在日美军的周恩来这样答道：“从我在大学教学的理论来看，我们从日本撤退，就等于准许日本重新武装、打破在太平洋的另一侧日本与中国间的力量平衡，这是符合逻辑的。但这并不是我们的政策。日本如果大肆进行重新军备的话，就会轻而易举地重复30年代的政策。”

尼克松在北京的时候也强调：“日本存在着巨大生产力的经济实力，具有强大的国民能量，保持着战争失败的记忆，如果离开美国的保障，极有可能走向建构自身防卫体系的方向。”他认为只有美国可以“对日本具有并可能行使极强的影响力，我们的政策可能使日本不会对朝鲜及台湾做冒险的事”。[①]

周恩来强烈批判了日美安保体制的强化，认为美国对日政策其实是支持日本军国主义的复活。周恩来当然意识到日本军国主义的危险，所以要求美国对日本施加压力，但是也不赞成美国以此为由长期驻军日本，要求美军撤退，实现日本中立，并将这一希望寄托在要求和平的日本人民身上。

基辛格在了解了中国的主张后，意识到“今后中美日三国关系，对美国来说将会是最困难的问题之一”，在他给总统的报告中写道：

> 我们一致认为日本的扩张主义是危险的，但是在如何加以防范的问题上意见却不统一……他们在这个问题上抱有很强的成见，有着矛盾的感情。一边担心日本的重新军国主义化，一边说必须抑制我们和东京的军事合作……我强调说，如果正像他们所希望的那样日本中立化的话，就可能带来一个极其粗暴的民族主义。[②]

从美国后来的对日政策与态度来看，在历史问题上，美国基本上没有对日本右翼势力包括右派政治家的历史认识进行过批评，相反纵容了日本右翼势力的言行。所以在这里强调所谓抑制日本军国主义的意图，其实是调整与中国关系的策略。

由于冷战的隔绝，特别是处于“文化大革命”的过程中，中国对日本的基本情况，特别是战后日本社会的变化已经十分陌生。周恩来后来解释说那就是当时对日本做出军国主义已经复活判断的原因。[③] 不过，从国际政治的角度而言，美国用《日美安保条约》来抑制日本野心的作用也并不能完全否定，所以美国的这一表态也在某种程度上减轻了中国对日本的担心。

进入 1970 年代后，随着国际形势发生巨大变化，特别是中美之间的频频接触，日本内政也受到了巨大冲击。

战后以来，日本在外交政策上只能唯美国马首是瞻，不可能越过雷池

① 此处相关论述和引文参见毛里和子『日中関係—戦後から新時代へ』63—64 頁。

② 转引自毛里和子『日中関係—戦後から新時代へ』64 頁。

③ 张香山：《通往中日邦交正常化之路》，《日本学刊》1997 年第 5 期。

一步。特别是在敌视中国的态度上和反对中日邦交正常化的态度上，日本政府亦步亦趋地追随美国政府。所以，中国也针对日本追随美国的行为进行了批判。

但是，对于中美两国突然“接近”，甚至开始了秘密交往，美国是在最后一刻才通知日本的，使日本感到了深深的失落，就此将中美的“接近”称为“越顶外交”，显示了其十分不满但又无可奈何。并且，就在尼克松即将访问中国之前的1971年8月，美国发表了“新经济政策”声明，即停止美元兑换黄金，对进口商品一律征收10%进口附加税，迫使日元在同年底升值，从360日元兑换1美元变为308日元兑换1美元。对于长期追随美国的佐藤内阁来说，“越顶外交”和“新经济政策”是相当沉重的打击，被称为“尼克松冲击”。

鉴于美国对华政策发生了变化，日本国内各种政治势力和社会团体要求中日邦交正常化的呼声更加强烈。特别是1970年秋的联合国大会上，同意恢复中国在联合国的合法席位，把台湾驱逐出去的阿尔巴尼亚提案的国家超过了半数，标志着国际形势的潮流将会发生重大的变化，这促使日本社会各界更积极主动地思考与中国邦交正常化的问题。本来，为了敦促在改善关系上滞步不前的佐藤政府，周恩来曾对访华的松村谦三率领的MT贸易代表团提出，把对在台湾地区和韩国有着巨额投资的企业从中日贸易中排斥出去的“四项条件”，开始很多日本企业对此并不在乎。

但在1970年秋季以后，包括丰田汽车、旭化成等大型企业在内，相继表示可以接受“四项条件”，同时日本政界主张中日关系正常化的动向也不断高涨。同年底，藤山爱一郎担任会长的促进恢复日中邦交议员联盟、公明党系统的日中邦交正常化国民协议会、社会党系统的恢复日中邦交国民会议等组织相继建立起来。到1971年4月，中国方面对“四项条件”的要求开始缓和，促使持慎重态度的日本大商社也开始向中国“倾斜”。随着基辛格访华一事被公开，中国获得联合国合法席位，日本政界、财界主流出现了访问中国的热潮。1971年9月，新日铁宣布接受周恩来提的“四项条件”，成立“日华（台）协力委员会”、日韩协力委员会。关西财界的五团体代表团由佐伯勇率领访华，东京财界也在11月由东海林武雄、木川田一隆、永野重雄等率团访华。东海林武雄在归国谈话中说道：“应该努力为尽早实现邦交正常化创造条件。”东海林的这一归国谈话促使了日本财界全体对中国的倾斜，在日本国内掀起了“中国热”。

随着新的国际形势的出现，日本的政界及社会各界也开始积极地活动起来。他们频繁地访问中国，促进了战后中日之间的交流，同时也成为中国政府收集日本国内各方面的情况以及将中国政府的方针、政策传达到日本国内的重要渠道。

社会党是日本的第一大在野党，书记长浅沼稻次郎在1959年率领社会党第二次访华团来访时在北京做了著名的《美帝国主义是日中两国人民的共同敌人》的演讲。它是同中国政府交流历史最为长久、关系最紧密的政党。1970年10月社会党派出了第五次访华团，和中日友好协会发表了联合声明，社会党在中日邦交问题上的“四原则”方针也被写进了声明。

三　公明党委员长竹入义胜访华

以竹入义胜委员长为团长的公明党第一次访华团于1971年6月访问中国，与中日友好协会副会长王国权进行了会谈。公明党提出了“中日恢复邦交的五条件”，即只有一个中国，中华人民共和国政府是唯一合法政府；台湾是中国的一个省；废除非法的“日台和约”；美国从台湾撤走所有的武装力量；恢复中国在联合国的合法权利。公明党的鲜明立场得到中国的积极评价。但是，在看待日本军国主义复活的问题上，中日双方的认识产生了分歧，经过了长达10天的会谈也没能达成共识。就在会谈陷入僵局，竹入准备放弃和中方发表联合声明，率团回国之际，他突然接到通知，在6月28日和周恩来进行会谈。周恩来在会谈中表示，“中日双方在所有问题上达成一致是不可能的”，但是肯定了公明党的立场，说：“如果按照公明党主张的五点，日本和中华人民共和国的邦交就可以恢复，战争状态就可以结束，中日友好可以得到发展，中日两国就有可能在和平共处五项原则的基础上缔结和平条约，可以进一步考虑缔结互不侵犯条约。”① 不仅如此，周恩来还欣然同意发表中国政府和公明党的联合声明。

1971年9月，竹入由于发表了谴责“美日反动派”的讲话而遇刺受伤，周恩来、郭沫若等还致电慰问，其本人也与中国政府建立了互相信任的关系。

---

① 田桓主编《战后中日关系文献集（1971—1995）》，第20页。

1971 年 7—8 月，主张恢复中日邦交的日本国会议员联盟连续发表声明，敦促日本政府“应当从速恢复与中华人民共和国的邦交，解决两国间的所有各种问题，同时努力在下一届联合国大会上实现恢复中华人民共和国的合法席位”。议员联盟对日本政府在处理中国在联合国合法席位问题上违背历史潮流和国民舆论的态度表示强烈不满，要求政府“改变在联合国的政策”。[①]

1972 年 5 月，日本社会党中央执行委员长成田知巳和原社会党委员长佐佐木更三都为中日实现邦交正常化相继访华，公明党也组织第二次访华团再次访华。当时日本国内的首相选举正在火热进行中，田中当选的呼声很高。周恩来对佐佐木更三表示了“欢迎田中首相和大平外相访华”，“接待的标准和接待尼克松时一样”。对公明党访华团周恩来也表示：“如果田中先生当选首相、希望就中日两国的关系问题进行协商的话，我们欢迎。……尼克松可以来，日本新首相不可以来，没有这样的事!”这是向即将产生的日本新一届政府发出了积极的声音，并寄予了很大期望。[②]

1972 年 5 月，美国将冲绳的行政权“归还”日本的协定生效，6 月，处于内外交困的佐藤首相辞职。在自民党总裁的选举中，平民出身的田中战胜了其他对手当选，彻底打破了自民党党内论资排辈的不成文的规矩。

田中角荣上任伊始即将同中国的邦交正常化问题纳入新政府的主要外交策略考虑范围。在第一次内阁会议上，田中明确说道，“必须加快实现中日邦交正常化”；在第一次会见记者的时候他也表示：日中邦交正常化的时机已经成熟，要认真处理这一历史课题，对中日邦交正常化表示了积极态度。为了准备中日邦交正常化的谈判，在日本外务省内成立了由条约局长高岛益郎负责的工作小组。当时，这个工作小组考虑的是如何能实现与中国邦交正常化又不否定“日台和平条约”，以及如何应对中国对于战争赔款的要求等问题。这是日本方面最为担心的问题，所以在得到中国方面的明确意见前，田中角荣还不敢轻易有所“动作”。这时，多次访华并且自认为能够得到中国信任的公明党委员长竹入义胜便想主动担负起邦交正常化之前在两国间进行沟通的使者的责任，不过在开始的时候，他并没

① 田桓主编《战后中日关系文献集（1971—1995）》，第 24—25 页。

② 石井明・朱建栄・添谷芳秀・林暁光編『記録と考証　日中国交正常化・日中平和友好条約締結交渉』岩波書店、2003。

有得到田中首相的直接允准。另外，当时田中内阁和率领上海舞剧团访日的孙平化团长正在联系，就有关访华事宜做秘密的交涉，所以对在野党从中斡旋并不积极。

但是，为了促使田中内阁早日访华，实现中日邦交正常化，周恩来亲自部署了对日战略，迅速邀请公明党代表团于1972年7月下旬访华。公明党委员长竹入义胜7月23日接到了通过东京中日备忘录贸易事务所转来的中国政府邀请他访华的电报。此时的竹入本来希望此次能够以新当选的田中首相特使身份了解关于中国政府在实现邦交正常化问题上的全面立场为目的访华。他在后来的回忆中说：

> 能够在1972年这样的历史事件中参与斡旋，作为政治家真的是非常幸运。但那时我去扮演特使是空口无凭的，现在想起来也还出一身冷汗。我在去中国前约见大平正芳外相，夜访田中角荣首相府邸，但是都受到冷遇，没有获得政府的任何保证。田中称其内阁刚刚成立，内阁中的台湾派很强硬，因此没精力也无心去处理日中问题；甚至连写一句“竹入系本人密友”的请求也拒绝了。
>
> 考虑到不带着日本方面的意见去北京将无言以对，无奈便与同党（政治审议会会长）正木良朋一起私自拼凑了20条意见，将日本政府可能要坚持的“维持日台和约”及“容认日美安保条约”等一般主张列进去。就这样，7月25日从东京出发了。到北京后，我交给廖承志的就是这件私撰的方案，当时我很担心受到呵斥。然而，一切都很顺利。①

竹入来华后与周恩来进行了三次重要会谈。

7月27日，周恩来同竹入在人民大会堂举行第一次会谈。周恩来在回顾战后日本历届内阁对华政策的时候，对公明党在中日邦交问题上做的努力表示感谢，也感谢他转达中国方面田中首相和大平外相的意见。周恩来就恢复邦交的程序、复交后日本和台湾地区的贸易问题谈了看法。在座的中国外交部亚洲司副司长王晓云报告说，自民党日中协有两点安排已经初

① 『朝日新聞』1997年8月27日。

步取得了共识。先是发表联合声明、恢复邦交，然后再缔结和平条约。周恩来认为，我们的意见基本一致。并希望请田中首相、大平外相来北京，提出联合宣言，缔结和平友好条约；关于联合声明，可以不涉及《日美安保条约》，不涉及1969年佐藤和尼克松发表的联合公报，但日方应声明尊重“复交三原则”。对于周恩来表示将不提及《日美安保条约》问题，这一点让竹入松了一口气。

关于如何处理“日台和约”，周恩来问：“田中首相说中华人民共和国是正统，是合法的意思吗?”在竹入明确表示认可后，周恩来就“正统”和“偏安”的语义做了详细说明，竹入表示回国后一定提示田中以后要使用“合法政府”一词。

关于战争赔偿问题，周恩来谈了毛泽东的主张，说：“毛主席说放弃赔偿要求。……让人民负担不好。联合声明里也可以写上放弃要求赔偿权。”①

竹入后来回忆道，“第一次会谈上最受冲击的是，周总理十分简单地、没有显示出反感地说出了中国方面将放弃赔偿要求的主张，说是毛泽东主席的决断。我本来想过应支付500亿美元左右的，所以听了这一完全没有意料到的回答，我全身都发抖了”。周恩来向竹入说明了毛泽东关于放弃赔偿的理由，说：“如果要求赔偿的话，就会给日本人民加重负担。对此，中国人民有切身体会。……给人民加重负担是不好的。我想在联合声明里写进放弃赔偿的请求权也可以。”②

7月28日，周恩来同竹入进行第二次会谈。周恩来主要谈了战后中日关系和中美关系的不同，他认为与中美问题相比，中日问题是另一个问题。中日之间20余年来交往不断，有友好、备忘录贸易和文化交流；美台订有军事条约，日本和蒋介石虽订有和平条约，但没有军事条约。

周恩来说：“基辛格说他赞成中日友好。美国将会扯一些后腿，要做说服工作。并不是中日两国先搞的，而是步他们的后尘，是能够让他们接受的。”周恩来再一次强调说：“中美关系正常化不仅对中美两国而且对世

---

① 《周恩来总理和日本公明党竹入义胜委员长关于中日邦交正常化会谈的要点》，田桓主编《战后中日关系文献集（1971—1995）》，第89—91页。

② 石井明・朱建栄・添谷芳秀・林暁光編『記録と考証　日中国交正常化・日中平和友好条約締結交渉』。

界和平有利。中日关系也一样。我想能用中美联合声明去说服美国就好了。就是说像美国说的那样去做的，怎么样?”

7月29日周恩来同竹入进行了第三次会谈。周恩来谈到了《东京新闻》的报道，认为第一次、第二次会谈是交换意见，到田中首相、大平外相访华时最好可发表联合声明或联合宣言。

周恩来向竹入介绍了经过毛泽东批准的已被印成铅字的中国政府的“中日联合声明草案”的要点，包括8项要点和3项默认。即：

第1项　自声明公布之日起结束两国之间的战争状态；

第2项　表明日本充分理解中国提出的复交三原则；

第3项　指出中日复交符合中日两国人民的愿望和世界各国人民的利益；

第4项　表明两国要根据和平共处五项原则来处理国家关系；

第5项　表明中日两国不谋求亚洲、太平洋地区的霸权；

第6项　表明建交后缔结和平友好条约；

第7项　中国政府宣布放弃战争赔偿的要求；

第8项　两国在缔结和平友好条约之前，要签订发展两国经济、文化关系的协定。

在上述8项要点以外，为了照顾日本方面的“困难”，周恩来又宣读了涉及台湾问题的3项默契，即：(1)台湾是中华人民共和国的领土，解放台湾是中国的内政问题；(2)联合声明发表后，日本政府从台湾撤走其大使馆、领事馆，并采取有效措施，让蒋介石集团的大使馆、领事馆撤出日本；(3)战后，日本的团体和个人在台湾的投资和企业，在台湾解放之际，要给予适当的照顾。①

周恩来请竹入将中国政府提出的草案与田中首相、大平外相商量，并且表示，关于草案内容可再调整商议。

竹入听后深受感动，说：“不知道应该如何感谢才好。”对此，周恩来说：“不是感谢的问题，我们要努力使局势改变。”“竹入先生来中国的时

① 以上相关论述和引文参见《周恩来总理和日本公明党竹入义胜委员长关于中日邦交正常化会谈的要点》，田桓主编《战后中日关系文献集(1971—1995)》，第92—95页。

候，是不是心里非常地忐忑不安啊，现在没有必要了。”最后，周恩来表示希望田中首相访华的时间最好在9月下旬，称：“我将抽出比接待尼克松更多的时间接待他们，因为他们是来建交的”，同时对飞机的直航和廖承志率团访日之事也做了明确的表态。

会谈临近结束时，周恩来郑重地对竹入说：“这三次会谈的内容都非常地重要，除了田中首相和大平外相以外，一定要严格保密。”并强调“我是因为信任竹入先生，才把一切告诉你的。”①

竹入因此确信中日邦交正常化可以实现，非常兴奋。回国后的第二天，8月4日，他立即赶到首相官邸，将总结了会谈内容的笔记（即所谓的“竹入笔记”）转交给了田中首相和大平正芳外相。

竹入回忆说：“我避开记者逃跑似地回到日本，第二天即8月4日便去首相官邸报告。田中、大平态度大变，表示：果如此就可以去北京……在田中首相访华期间，虽然也出现了说‘添了麻烦’之类令人担心的场面，但大致是在我所带回的中国方案的基础上形成了《联合声明》。”

在关于这一过程的描述中，有人把竹入描述为田中派往中国的“特使”，甚至称其为日本式的基辛格。其实，竹入在后来的回忆中披露了他这次去中国前并没有取得田中角荣的作为其“特使”的认可，所以承认对中国方面存有“欺骗性”的行为。于是，又有一些人认为是竹入诱导了中国政府。

其实，根据《周恩来年谱》的记载，中国方面在竹入来华的当天就已经确定了《中日联合声明》的要点，在7月27日的中央政治局会议上进行了讨论，也送毛泽东审阅了。周恩来在结束了同竹入的会谈后马上主持政治局会议，说明草案在会谈前已经完成或者基本完成。

周恩来请竹入传递中国政府的草案，其实才是邀请竹入的真正目的。竹入认真地接受了周恩来的“除了田中首相和大平外相以外，一定要严格保密”的要求，回国后马上将中国政府草案交给了田中，可以说是担当了周恩来的“密使”。

竹入自己也认为：“其实我是在周总理的手掌上跳着舞，完成了桥梁

① 以上相关论述及引文参见徐行编著《周恩来与中日关系的历史性转折》，天津社会科学院出版社，2010，第138页。

的作用的。”[①]

竹入访华得到了重要的信息，并且立即转告了田中角荣。当时中日之间还有若干交涉的渠道，田中首相还在利用其他渠道与中国政府进行联络。综合各方面的信息，田中角荣判断已经完全可以访华了。于是，8月15日，田中会见了受周恩来之命访日的肖向前（中日备忘录贸易事务所首席代表），告知：“决定在尽快的时间内访华，正式接受访华邀请”，同时委托大平外相研讨日本方面的方案。从竹入手里拿到了中国政府草案的田中内阁，此后却撇开了公明党竹入，通过自民党古井向中国传递了日本政府的“联合声明草案”。9月中旬，由古井喜实率领的访华团把日本方面的方案带到中国，交给周恩来。其内容包括：（1）两国政府确认结束战争状态；（2）日本方面承认中华人民共和国政府是代表中国的唯一合法政府；（3）中国方面再次确认台湾是中国领土的一部分，日本方面理解并尊重中国的主张；（4）中国方面放弃对日本的赔偿请求权等。[②] 接着，日本方面又派出以自民党日中邦交正常化协议会会长小坂善太郎为团长的访华团。自民党第一次访华团于9月14日访华，实际其是田中访华的先遣队。就在访华团出发的当天，《东京新闻》的第1版用很大的篇幅详细报道了竹入和周恩来会谈的经过，并登载了中国政府草案的要点。

四 田中角荣访华与《中日联合声明》

1972年9月25日，田中首相在大平外相、二阶堂进官房长官等人的陪同下到访中国。这是日本的首相第一次踏上了中国的土地。半年前，美国总统尼克松访华时，机场的场面比较冷清，但这时，由于国际形势发生了巨大变化，所以田中乘坐的飞机在北京机场降落的时候，停机坪上站满了欢迎群众和穿着鲜艳衣服的中小学生，气氛十分热烈。

周恩来总理亲自到机场迎接田中角荣首相，并亲自陪同田中角荣到达钓鱼台国宾馆18号楼下榻。

当天下午2时55分开始，周恩来总理与田中角荣首相举行第一次会谈，直到4时30分结束。在第一次首脑会谈上，大平外相从日本内政的角

---

① 以上相关论述及引文参见徐行编著《周恩来与中日关系的历史性转折》，第139页。

② 毛里和子『日中関係—戦後から新時代へ』69頁。

度提出了日本与中国台湾和与美国等国家和地区的关系问题。关于台湾问题，核心是由于日本曾与台湾当局签订“日台和约”，结束了战争状态，但是中国方面认为“日台和约”是非法的、无效的，所以需要确认两国战争状态结束的问题；关于同美国的关系，大平希望中日邦交正常化不损害日本的对美政策。对于大平提出的问题，周恩来明确表示：日美关系是日本的问题，所以不会提及《日美安保条约》、“美台防卫条约”。这样的态度使谈判取得了进展。[①]

当晚6时，周恩来总理举行晚餐会，欢迎田中角荣首相一行。在祝酒词中，周恩来总理表示田中的访问揭开了中日关系史上的新的一页，在回顾中日两国两千年来友好往来和文化交流的历史后，明确指出：“自从1894年以来的半个世纪中，由于日本军国主义者侵略中国，使得中国人民遭受重大灾难，日本人民也深受其害。前事不忘，后事之师，这样的经验教训，我们应该牢牢记住。”但是他又同时强调：“中国人民遵照毛泽东主席的教导，严格区分极少数军国主义分子和广大的日本人民”，所以“促进中日友好，恢复中日邦交，是中日两国人民的共同愿望”，并表示“经过我们双方的努力，充分协商，求大同，存小异，中日邦交正常化一定能够实现”。[②]

周恩来总理讲话后田中走上主席台致答谢词。他在讲话中也首先就过去的历史表态，称：“遗憾的是，过去几十年之间，日中关系经历了不幸的过程。其间，我国给中国人民添了很大的麻烦，我对此再次表示深切的反省之意。第二次大战后，日中关系仍继续处于不正常、不自然的状态，我们不得不坦率地承认这个事实。”[③]

在这里，关于“麻烦”一词，田中讲话的原文是“迷惑”。在日语中，“ご迷惑になりました”的确是表达道歉之意的用语，但是直接翻译成中文的添“麻烦”，则削弱了道歉的成分。田中致辞时，坐在周总理旁边的中方译员林丽韫感到日方的译法不太准确，致使中方产生了“道歉规格不够

---

① 毛里和子『日中関係—戦後から新時代へ』72頁。

② 《中日两国人民应该世世代代友好下去——周恩来总理在欢迎田中总理大臣宴会上的祝酒词》，田桓主编《战后中日关系文献集（1971—1995）》，第103—104页。

③ 《田中总理大臣在周恩来总理举行的欢迎宴会上的祝酒词》，田桓主编《战后中日关系文献集（1971—1995）》，第105页。

高”的质疑。

26 日下午 2 时至 4 时 30 分，周恩来总理与田中角荣首相举行第二次会谈。周恩来在会谈开始时对前一天晚上田中用添“麻烦”来表示道歉提出了批评，“在中国，某人不慎把水泼在女孩子的裙子上，说给您‘添了麻烦’”——这是一种轻微的道歉。而日本军国主义的侵略战争给中国人民带来了深重的灾难，日本人民也深受其害，用“添了很大的麻烦”作为对过去的历史的道歉，中国人民是不能接受的。

对周恩来总理的批评，田中首相解释说，从日文来讲添“麻烦”是诚心诚意地表示谢罪之意，而且包含着以后不重犯，请求原谅的意思。这个表达如果在汉语中不合适，可按中国的习惯改。① 也就是说，田中已经意识到对“迷惑”一词的翻译是有问题的，所以不但当场做了回应、解释，而且特地把日文中“迷惑”一词蕴含的“百感交集”、“诚心诚意”道歉的微妙语境传达给中方。其实，田中早在出任首相之前的 1972 年 3 月 21 日，曾在众议院答辩时谈到自己作为一名士兵被派驻“满洲国”的经历。他称自己未曾杀、伤过中国人，并为此而“感到高兴”。但他同时表示：“我确实真心感到，给中国大陆添了太大的麻烦。因此，日中复交之时的头一句话，还应该是‘添了太大的麻烦’，对此我认为有必要从内心伏首。两国之间永远不能再战。至少我们应该表明一种强烈的姿态，那就是日本绝不再搞像过去那样的事情。”周总理也认为是译文的问题，所以双方达成了“谅解”。

接着，周恩来在发言中又谈了关于战争赔偿的问题。因为在此前的外长会谈中，日方外务省条约局长高岛益郎称因为台湾方面已经宣布放弃了赔偿，所以在与北京方面的谈判中就不需要再重申这一问题。周恩来对高岛的发言表示十分不满，认为“这是对我们的侮辱。我们尊重田中、大平首脑的想法，日本外务省的发言不是违背了两首脑的本意了吗?”并指责高岛：“与战前日本人的讼棍的想法一样。你就是一个讼棍，如果采取那样的形式主义的态度的话，请马上离去。”②

关于日美关系，周恩来认为：“在中日邦交正常化之际，我们没有必

---

① 吴学文：《风雨阴晴——我所经历的中日关系》，世界知识出版社，2002，第 37 页。

② 柳田邦男『日本は燃えているか』講談社、1983。

要提及《日美安保条约》。日美关系就这样持续就可以。我们没有打算要为难美国。"

听到周恩来的讲话，田中坦率地表示了谢意："听了关于放弃赔偿的发言，值得欢迎，非常感谢。对于中国方面的超越恩仇的立场，我不胜感激。"①

第三天，即27日，从下午4时10分开始，周恩来总理与田中角荣首相举行第三次会谈，就国际问题进行了讨论。晚上8时30分，毛泽东会见田中角荣，日方只有大平、二阶堂作陪，没有翻译员和书记员，所以日本方面没有详细的记录。当田中首相抵达中南海时，总理周恩来、外交部部长姬鹏飞和中日友好协会会长廖承志在毛泽东的住处门口迎接。对于毛泽东主席提到关于添"麻烦"的问题时，田中立即解释道："迷惑"这个词虽然是从中国传到日本的，可是日语"迷惑"是在百感交集地道歉时也使用的。毛泽东听后说："明白了。'迷惑/麻烦'这个词你们用得好。"

由于有这样的对话，田中毫不拘谨，也丝毫没有感到紧张，他觉得与毛主席谈话就好像是在与一位早已熟知的前辈进行谈话。

28日，下午3时起，周恩来总理与田中角荣首相举行第四次会谈，到4时50分结束。这是最后的首脑会谈，周恩来要求日本方面就台湾问题进行说明，大平外相表明"明天开始日台间的外交关系被解除"，并宣读了由4项内容构成的"中日邦交正常化后的日台关系"。这一文件称："鉴于日中邦交已经正常化，现统治台湾的政府与我国的外交关系被解除。"日本政府"今后当然不采取'两个中国'的立场，也全然不支持'台湾独立论'。因此对台湾也不抱任何野心"。关于正常化后的"日台关系"，将与台湾方面之间相互设立民间事务所，该宗旨将向国会及新闻记者予以仔细说明。②

9月29日，中日两国政府的《联合声明》正式发布。

《联合声明》发布后，日本外相大平正芳在北京举行记者招待会，首先强调了几个问题，即日中两国的不正常状态从今天起宣告结束，即从今天起两国建立外交关系；作为邦交正常化的当然前提，如声明第2条，

① 毛里和子『日中関係—戦後から新時代へ』74頁。

② 石井明・朱建栄・添谷芳秀・林暁光編『記録と考証　日中国交正常化・日中平和友好条約締結交渉』。

“日本国政府承认中华人民共和国政府是中国的唯一合法政府”；日本对于台湾问题的立场，如声明第 3 条，即因为《开罗宣言》规定台湾归还中国，日本接受了继承《开罗宣言》的《波茨坦宣言》，所以理所当然地坚持遵循《波茨坦宣言》的立场；关于中华人民共和国放弃赔偿，鉴于过去日中间不幸的战争的结果，中国人民所蒙受的巨大损失，我们认为对此应予坦率而正当的评论。大平还强调：“邦交正常化固然重要，但更重要的是，社会制度不同的日中两国，互相尊重彼此的立场，建立起持久的和平友好关系”，他还特别说明：“在联合声明中虽然没有触及，日本政府的见解是，作为日中邦交正常化的结果，‘日华（台）和平条约’已失去了存在的意义，并宣告结束。”

在记者询问是否意味着日本今后将诚心地援助中国的建设，以作为对中国放弃赔偿的回应时，大平答道：“中国方面处于战胜国、被害者的立场，因此，尽管处于可以提出任何要求的地位，但中国放弃了要求赔偿的权利。因此，日本应采取对此进行坦率地评价的立场。今后，两国将按照各自国家的计划自主地进行经济建设。我们将站在平等互惠的立场，相互进行经济交流，这是理所当然的。这与第五条没有直接的联系。”① 大平一行回到日本后，在日本第 70 次国会上所做的外交演讲中也再一次提到：“中华人民共和国政府在这个声明中宣布放弃战争赔偿，如果想到过去在中国大陆的战争所带来的灾难之巨大，我国应对中国方面在这个问题上所表明的态度表示深切的感谢。”②

关于与台湾方面的关系问题，日本方面此前已经进行了周密的安排。田中首相在 9 月 13 日曾致蒋介石亲笔信，表明日本虽然在 1971 年的联合国大会上为台湾进行了多方斡旋，但由于国际形势的变化，国民的呼声高涨，与中国大陆关系实现正常化的潮流已势不可当。虽然知道这会给日本方面与台湾方面的关系带来“痛切的矛盾”，但已经“竭尽诚心”了。③为此，自民党副总裁椎名悦三郎作为首相特使被派往台湾面见“行政院院长”蒋经国，含糊地表示：与台湾解除关系是“逻辑上的结论”，“中

① 田桓主编《战后中日关系文献集（1971—1995）》，第 112—114 页。

② 田桓主编《战后中日关系文献集（1971—1995）》，第 127 页。

③ 石井明・朱建栄・添谷芳秀・林晓光编『記録と考証　日中国交正常化・日中平和友好条約締結交渉』。

日正常化与日台条约在逻辑上不能两立”，但又称“今后照样维持原来的关系”。

但台湾方面在《中日联合声明》公布后，便发布了对日“断交”声明，称：“日本政府应对这一事态担负全部责任。”这样，从 1952 年开始的“日台关系”就被画上了句号。1972 年底，日本成立的财团法人交流协会作为日本方面的代表，与代表台湾的亚东关系协会继续推动两地间经济以及民间的交流。

第五章
战后日本对中日战争历史的认识与思考

1945 年 8 月日本战败后，社会上开始就战争责任问题进行讨论，直到今天，关于日本的战争责任仍然是日本社会始终在讨论但是也有相当多的争议的问题。日本在战败前不存在“战争责任”这一概念，许多日本人在那之前从未想过战争责任的问题，因为当时的战争观认为国家进行战争与取得殖民地是正当的。而在日本战败后，由于同盟国针对日本的战争犯罪进行了审判，褫夺了与战争有关人员的公职，从法律、政治与行政的各个侧面对日本进行了追究，日本人开始接受了“战争责任”这一概念。不过，当时对“战争责任”这一概念的解释基本可分为三种，其内涵各不相同，有的指向完全相反。第一种是从遭受战争伤害的国家和国民的角度对日本作为国家的发动侵略战争责任的追究；第二种是站在日本民众的立场对战争中的国家和军队指导者发动战争责任的追究；第三种则是站在原来的国家、军队指导者的立场，对民众包括军队中下层没有打赢战争的责任的追究。其中第三种反映了日本社会对“战争责任”的追究与思考，情况比较复杂，并且经历了相当曲折的过程。

第一节　从反省战败责任到反省战争责任

一　“一亿人总忏悔”口号的提出

1945 年 8 月 28 日，担任战后日本第一任首相的皇族东久迩宫稔彦在会见记者时提出所谓的日本再建方针。东久迩在他的日本再建方针中，对日的战败原因进行了分析，认为日本国民的战斗积极性由于受到言论自由的限制而没有被充分发挥出来，“国民被束缚，什么也不能做是战败的一大原因”，就此他提出将来要活跃言论，发展结社。但是，东久迩这一言论的指向并不是民主主义，其实他完全无视此时日本社会对“官僚”、“军阀”及“追随迎合者”的战争责任的批评。他的逻辑是：从战后日本出现的黑市经济就可以看出，“国民道德的低下”是日本社会的大问题，而这种“道德的低下”导致国民对国家没有尽忠，所以才使战争失败。按照他的逻辑，日本发动战争是没有责任的，日本民众应当承担的是战争失败的责任。所以他直接将批评的矛头明确地指向没有为战争尽力的民众，提出应“将一亿人总忏悔作为我国再建的第一步”。① 东久迩的主张就是前述第三种站在原来的国家、军队指导者的立场，对民众包括军队中下层没有打赢战争的责任的追究。

东久迩提出“一亿人总忏悔”口号后，日本社会产生了不同的反应。

一些对于日本发动侵略战争毫无反省意识的人立即接受了东久迩的主张，激烈地抨击被认为是在战争中态度不积极的人。1945 年 12 月，当时的众议院猛烈攻击所谓的“战争旁观者”。有的议员提出：“在战局十分紧张，国家处于生死存亡之际，那些人还袖手旁观，真是太冷酷无情了”，“如果容忍这样的人存在，甚至让持这种态度的人作为建设新日本的担当者，会使社会产生误解，因此是万万不可的”。② 有些战后成为和平主义者的人，当时也加入了对“战争旁观者”进行激烈批判的行列。显然，批判“战争旁观者”，其实就是对侵略战争的肯定。

“一亿人总忏悔”中的所谓“忏悔”，是指国民向日本国家和天皇忏悔，而不是向亚洲被害国的国民以及盟国谢罪，不是对侵略战争责任的反省。结果是包庇发动侵略战争的战争指导者，而反战人士和反战思想则受到压制。这就从根本上扭转了真正追究战争责任的大方向，扭转了日本国民整体对战争责任思考的方向，这是对战后价值观的一大挑战。

“一亿人总忏悔”的主张提出来后，在日本社会引起的反响更多是批评。对于一般的日本人来说，他们对这一论调的第一反应是：所谓“一亿”，其实就是指在战争中承受了巨大苦难的所有的日本人，但“本来是责任最重的人却呼吁那些责任最轻的人一律进行总忏悔，是无视两者在责任程度上的重大差异”。当然，作为构成“一亿”的日本民众本能地意识

---

① 東久邇稔彦「日本再建の方針」『毎日新聞』1948 年 8 月 30 日。

② 《第八十九次帝国议会众议院本会议议事速记录第 5 号》（1945 年 12 月 2 日），第 56 页。

到：在旧体制下握有权力的那些人的政治经营才是导致失去 300 万同胞，并使国民不得不饱尝生灵涂炭之苦的根本原因。而在“一亿人总忏悔”的原则下，那些人的责任则被解除了。因为所谓所有人有责任，实际上意味着谁也没有责任。[①]

东久迩不仅提出“一亿人总忏悔”，而且还要直接听取民众的呼声。结果，从 9 月起，每天有上千封信被寄到报社，有时一天就有 2000 封。那些信中，大部分的意见表示应“打倒官僚，彻底改组官僚机构”，并且要求政界、财界的上层人物整体下台。1945 年 9 月 8 日，有人向《每日新闻》投稿，明确表示反对“一亿人总忏悔”的原则，提出：

> 让一个人不剩地反省，让一个人不剩地忏悔，这不是对整个国民开刀吗？直到天皇宣布停战前，我们不都是在拼命地努力吗？分配不公正啦，各种事业上的消极和失误啦……导致战斗力低下的，难道不是那些官僚吗？而现在那些达官贵人们有哪一个说“应当反省”，“应当忏悔”了呢？你们难道不扪心问一问自己：能让那些特攻队和其他战死者的遗属们，让那些在工厂战死的遗属们同罪孽深重的官僚们一起忏悔吗？一起反省吗？

这篇文章立即在整个日本社会引起了极大的反响，各报纸都发表了许多支持的文章。而在议会中，也有人对“一亿人总忏悔”的理论提出了批评，认为追究责任不能追究到一般国民身上。[②]

其实，“一亿人总忏悔”的理论并不是东久迩的发明。在战争中，日本政府和军部就特别强调所谓的国民道德的建设。当时的口号中就有“没有道德就不能胜利”，“‘人和’就能构筑光明的大东亚”等内容。[③] 所谓“一亿人总忏悔”，不过是战争中那些强调国民道德建设口号的延伸，是与鼓吹战争的理论一脉相承的。另外，在日本投降前，当时负责日本国内治安的内务省警保局鉴于日本国民对战争的不满情绪，就曾向警察部长提出

---

① 大沼保昭『東京裁判、戦争責任、戦後責任』東信堂、2007、135 頁。

② 粟屋憲太郎編集『資料　日本現代史　2　敗戦直後の政治と社会 1』5 頁。

③ 森川方達編著『帝国ニッポン標語集：戦時国策スローガン・全記録』現代書館、1995、223 頁。

建议，称“对战争责任者的种种议论和破坏军民关系的言论今后可能会越来越多，在镇压的同时，应当宣传这样的观点，即对于现在的局面，应当由军、官、民共同承担”。[①] 很明显，这一建议与东久迩的“一亿人总忏悔”如出一辙，目的就是将全体日本人都牢牢地绑在军国主义的战车上。这也从反面进一步证明：东久迩提出的“一亿人总忏悔”，其实就是在继续战争中的价值观，与否定侵略战争、反思战争责任背道而驰。

“一亿人总忏悔”的主张明显是战后的日本皇族政府仍然抱持“总力战”的民族主义立场的表现，政府仍然站在“大东亚战争”的立场，要求民众全体对战争失败原因进行“忏悔”，而不是对发动侵略战争的责任进行忏悔，所以掩盖了战争指导者发动和领导侵略战争的责任。

不过，“一亿人总忏悔”的命题虽然存在掩盖战争指导者战争责任的根本错误，但是，作为在战争中全力支持政府政策的日本国民，也需要整体地、主动地对自己的战争责任问题进行思考。因为将战争责任全面地、简单地推给军国主义并不能解决日本人整体需要反省的问题。

要求一亿人向天皇和政府忏悔战争失败的责任，固然是肯定战争的理论，但是，也有一种主张凭借对“一亿人总忏悔”的批评而忽视一亿人作为民众整体对积极参与战争责任的反省，这也会使战后日本社会对侵略战争责任的追究走偏。

二　对战争责任的追究被引上歧途

1945 年 9 月 5 日，在战后召集的日本议会上，后来成为首相的议员芦田均提出了《追究导致大东亚战争不利结局的原因及责任》的意见书。他认为战争失败的根本原因是日本的“官僚统制的失败”。就是说，“官僚极端的利己和腐败导致了官民的对立”，言论的控制“封锁了对国家忠心耿耿的人们的言路”，所以“国民对国家的一切都漠不关心”，从而使政府陷入孤立。他认为，由于这场战争是举全日本的国力进行的“总力战”，所以为取得胜利，“必须让每个国民都认识到战争的责任。而如果只有政府和军部有责任意识的话，只能是失败的结果”。[②] 芦田均的主张反映了一部

① 《第 89 次帝国议会众议院本会议议事速记录第 5 号》（1945 年 12 月 2 日），第 56 页。

② 《第 88 次帝国议会众议院本会议议事速记录第 2 号》（1945 年 9 月 6 日），第 6、7 页。

分不大赞成政府与军部在战争中决策的人们的想法，即虽然批评政府和军部，但针对的是其对民众的漠视，而不是发动战争的责任。循着这一思路，12 月，议员鸠山一郎提出了《关于议员的战争责任的决议案》，议员一宫房治郎也提出了《关于战争责任的决议案》等等。

这些追究战争责任的议案，被认为是从日本内部开始对“官僚”“军阀”即历代的总理大臣及这些人的“追随迎合者”的战争责任进行的追究。当然，那些人对把日本推向战争道路的确有不可推卸的责任，但是，上述议案关于战争责任的追究还是站在战时“总力战”的立场上，追究的是导致战争失败的责任，而并不追究发动侵略战争的责任。或者说，这种追究是要否定指导战争的责任者的技术层面的责任，而并不否定他们发动战争的动机。也就是说，如果日本在那场战争中取胜，那些人的责任便全部烟消云散了。

就技术层面追究日本为什么会战败而言，也有一部分日本政治家、军人或主动，或被动地承认自己的责任。在那些人看来，战后初期部分政治家、军人的自杀、自决，其实也有表示承担责任的意思。但正如有的学者一针见血指出的：“这些人自觉承担的责任充其量是使日本陷入战败境地的责任，而并非发动、推行不义战争的责任。他们所认识的责任基本上是对天皇的责任，并不是对在自己领导下饱尝悲惨的、难以言表的痛苦的国民的责任。当然，更不是对在中国、东南亚地区那些被日军杀戮的 1000 万死者的责任。”① 然而，这些人的表演，居然博得了日本社会上一部分人的认可，甚至认为这些人维护了日本的“自尊”。②

这就是战争刚刚结束的时候，日本出现的从内部出发的对战争责任的追究。从战败后日本部分领导人对责任的认知上看，他们即使承认战败，也不可能承认战争对其他民族的巨大伤害这一客观事实，相反，他们一方面要竭力维护所谓大东亚战争的正当性和对亚洲的所谓“解放”的意义；

---

① 大沼保昭『東京裁判・戦争責任・戦後責任』134 頁。

② 1998 年，日本曾经上映了一部以日本战败之际的首相东条英机为主角的电影『プライド——運命の瞬間』，将东条英机描绘成维护日本尊严而主动承担战败责任的“英雄”。2005 年，他的孙女东条由布子为宣扬其祖父的“勇气”，强调“日本没有进行侵略战争而是进行了自卫战争”，将东条英机在东京审判时的宣誓供述书整理出版［東條英機（述）、東條由布子編『大東亜戦争の真実：東條英機宣誓供述書』ワック、2005］，并声称，“我认为这才是真正的日本军人，是真正的日本人”。

另一方面还要把日本国民拉入承担战争责任的行列。他们认为，对于日本的战败，从法的角度而言，虽然政治家控制的国家应负责，但从道义的角度而言，国民也应承担责任。这种追究与其他国家从外部对日本的战争责任的追究的立场有很大不同。这就造成了日本社会从战后初期就产生了在战争责任认识上的巨大误区。

之所以产生这样的情况，与日本社会内部提出追究战争责任的主体有很大的关系。在许多国家，战后追究战争责任的运动是由在战争中受到迫害甚至被迫逃亡到外国的政治家或知识分子发动的，被迫害和被迫出国的经历给了他们吸收新的思想与语言体系的机会。而在日本，提出上述议案的这些人基本是战前的执政者和知识分子。就以首先提出战争责任问题的芦田均来说，在战争期间，他并没有反对过日本的对外扩张政策，只是他了解西方人道主义立场的反军思想，所以在1940年日本众议院迫于军部的压力要开除斋藤隆夫的时候，芦田均是持反对意见的七名议员之一。在那之后，他也曾对日本的大政翼赞体制表示过不满。由于有这样的背景，所以战后的芦田均能够“超脱”地提出追究战争责任的主张，可是，他的皇国史观在战后并没有立即发生转变。在来自日本对立面的反法西斯同盟国及战争被害国的关于战争认识的新语言体系输入以前，这些人只能保留战争时期的语言体系。

所以，日本政治家和知识分子尽管出于对战争时期日本腐朽专制的法西斯政治的批评立场而形成他们的战争责任论，尽管他们的主张中包含了对战后日本走民主化道路的要求，但是从根本上来说，他们对战争的侵略性质并没有清醒的认识与反省，仍建立在“总力战”的语言体系基础上。所以，他们追究的依然是“战争失败的责任”，而不是“发动侵略战争的责任”。虽然他们也慷慨激昂地抨击战争时期的政治，但正如有人批评的，那不过是面对失败的冲击而自然产生的心理性的防卫，这种防卫用民族主义的形式表现出来。归根结底，他们仍然期盼战争的胜利，只是在没有取得胜利的无奈下才被迫思考失败的责任。按照这样的思维方式追究战争责任，只能将对日本的战争责任追究引上歧途。

肤浅的所谓战争责任的追究不可能涉及对亚洲各国的加害责任，不可能涉及违反国际法的战争犯罪，更不可能涉及天皇与一般国民的责任。即使有人提出官僚、军阀及“追随迎合者”的责任问题，但由于担心继续追究会牵连到其他问题，如牵出更重要的战争责任者，所以议会的讨论只能停留在提出抽象的决议，而不可能从根本上谴责战争，对真正发动侵略战争的军国主义者也没有形成明显的政治压力。战争时期的日本国会议员几乎毫无例外地拥护军部的战争政策，争先恐后地表达对战争的支持，所以，如果战后这些人不对自己的责任进行深刻的反省，没有否定自己在战争中的表现的决心，那么在战后关于战争责任追究的提案只能停留于表面。到 12 月，只有蜡山政道等 11 名众议员出于对战争期间接受大政翼赞会的推荐当选议员的行为感到“自责”，主动表示辞职，而真正发动了侵略战争的许多军国主义者则始终躲在幕后。

许多支持了战争的政治家这时也在自己毫无反省的情况下积极地响应上述议员的追究战败责任的提案，包括战后成为日本著名的妇女运动与和平运动领导人的市川房枝。但在战后初期，她对自己的战争责任并无任何自省，而是积极响应一些议员提出的追究战败责任的主张。她强调“由于被军人和官僚控制，虽然在大东亚战争中组成了妇女会，但是妇女仍然是没有自主性的行动的”,[①] 其实是借呼吁妇女权利而为自己的责任开脱。

这些人在战后提出的日本官僚制度的问题、妇女参政的问题并不是不存在，要求日本社会民主化当然是正当的要求，但是，要求日本社会民主化并不能代替对发动侵略战争责任的追究。即他们的问题是在呼吁日本政治民主化的时候，并没有正视日本发动侵略战争的责任。其实，早在日本战败前，就已经有人将两者结合起来，提出了民主化的要求。如作家石川达三早在 1944 年 7 月就在《每日新闻》上发表文章，呼吁说：“批判和压抑不能鼓舞战斗士气”，“得不到国民信赖如何进行总力战?”可见，其实就是在鼓吹战争。他们所期待的民主即使出现，官僚制度即使有所变化，日本仍然不可能摆脱在战争的道路上继续走下去的趋势。当然，在遭遇彻底的失败之前，否定日本侵略战争基础上的民主要求不可能得到政府的认可。

三　追究军国主义罪责的日本共产党的战争责任认识

战后初期由于日本政府与部分政治家的干扰，日本从内部进行的战争

① 市川房枝「女性の自主性行動」『朝日新聞』1945 年 8 月 20 日。

责任追究出现了十分复杂的局面：从日本给亚洲国家带来了战争加害的角度看，全体日本人都需要思考的侵略战争责任，因为“一亿人总忏悔”的口号而转为对民众未能积极参与战争的追究；从区别战争指导者与执行者的角度看，战争指导者对发动侵略战争首先应当承担的责任，也因“一亿人总忏悔”理论指向广泛的民众而被相对化和淡化了。在这样复杂的历史环境下，战败后的战争责任追究就只能首先从战争责任相对较轻的人揭发战争责任相对较重的人的方向展开。但是，在当时的日本社会，什么人能够当之无愧地自认为是责任较轻的人呢？于是，曾抵制政府和军部的政策，长期被迫在地下活动，因反对战争而遭到最残酷的镇压甚至被长期关押，至日本战败后才被释放出来的以日本共产党为中心的左翼人士，就成为战后初期最有资格追究日本战争责任的一批人。日本共产党人作为战后初期对战争责任的积极告发者的道义根据也因此得到了社会的承认。

日本共产党成立于 1922 年 7 月 15 日，当时是共产国际的一个支部。建党初期，日本共产党确定了第一步完成以废除君主制为主要内容的资产阶级民主革命，第二步继续进行社会主义革命的纲领。但是，日本共产党自成立后就遭到统治者的残酷迫害，1926 年 12 月重新在思想、组织上建党，坚决批判日本封建的天皇制和对外侵略政策，反对军国主义的战争。由于屡屡遭受镇压，其领导者大部分被捕，党的活动也被迫转入地下。

九一八事变前后，日本政府通过“共产科学院事件”①、“京都大学事件”② 等加紧对共产主义的镇压，军部更以法西斯式的手段对待被关押的日本共产党人，不仅使用审问、拷打等对肉体的摧残手段，而且利用社会的歧视和亲属的诱导等精神手段，到 1933 年 6 月，有 30% 被捕的共产主义者放弃了共产主义理想，发生了“集体转向”，“转向”此后成为日本社

---

① 共产科学院事件，即 1936 年日本政府对参加讨论日本资本主义问题讲座的马克思主义学者进行镇压的事件，又称“讲座派”事件。参与“讲座派”学者被指“企图在日本发挥苏联共产科学院作用”而遭逮捕。其理由是这一问题的讨论实际阐述了苏联共产科学院的见解。

② 京都大学事件，又称“泷川事件”，指 1933 年日本文部省大臣以京都大学法学部教授泷川幸辰的著作和讲演宣扬共产主义为由，通过给大学总长施加压力而罢免泷川教授。法学部教授会认为这干涉了大学自治，在拒绝无效的情况下集体辞职，得到学生支持。由此引发东京大学、东北大学及九州大学要求大学自治和学术自由的运动，后被警察镇压。由于这一镇压，日本大学的自治陷入瘫痪。

会的普遍现象。[①] 1937 年日本发动卢沟桥事变扩大对中国的侵略后，通过制造“人民阵线”[②] 等事件进一步强化对左翼力量的打击，大部分原来反对战争的自由主义者、社会民主主义者遭到镇压，除了个别立场坚定者外，多数则迎合社会潮流，“转向”支持国粹主义和颂扬侵略战争。然而，在共产主义惨遭镇压，意志不坚定的人“转向”，以致鼓吹战争成为潮流的时候，仍然有少数共产党人坚决不肯放弃原则，坚守原来的立场。他们就是一直在监狱中被关押的日共领导人德田球一、宫本显治等。

盟军占领日本后，以德田球一为首的数百名共产主义者从监狱中被释放出来后，日本人才知道战时在法西斯的淫威下许多人“转向”支持军部的战争政策的时候，还有人并没有屈服，甚至为了自由在监狱中坚持了 18 年。许多人从内心对他们感到钦佩，同时也对自己的“转向”感到惭愧。于是，从监狱中出来的日本共产党人受到极大的尊敬，被誉为“精神高贵、灵魂纯洁、受人爱戴”的人。战后初期，日本著名导演黑泽明的电影作品《青春无悔》[③]，就以这一历史为背景创作，公演后引起轰动。

1945 年 10 月，刚刚被释放的德田球一、宫本显治等发表了《向人民诉说》的声明，旗帜鲜明地追究军国主义的战争罪责，并且明确地指出了天皇的战争责任，提出了打倒天皇制的口号。11 月，志贺义雄[④]在《赤旗》再刊第 2 号上发表文章，提出“天皇是最大的战争罪犯”的观点。1946 年 2 月，在共产党机关杂志《前卫》创刊号上，宫本显治发表《关于批判天皇制》的文章，提出：因为天皇是通过对民族的征服而行动的，因此保留专制的君主是民族的耻辱。[⑤] 可以说，日本共产党是当时最明确的

---

① 鶴見俊輔『戦時期日本の精神史：1931—1945 年』岩波書店、1982、67 頁。

② 人民阵线事件，指 1937—1938 年日本政府借口有人宣传共产国际第七次代表大会的反法西斯人民战线方针而进行的镇压事件。遭到镇压的进步学者达 400 余人。

③ 《青春无悔》是日本著名导演黑泽明二战后作品之一，内容取材自“京都大学事件”，表现了知识分子对专制政权的不满，对战争的厌恶和对自由的追求，同时反映日本的传统女性在经过战争及战后的混乱期后，历尽艰辛，找到自我，成为新时代女性的变化。影片中倾向共产主义的自由主义者被视为那一时代的良知的代表，同时抨击了因“转向”而迷失自我的知识分子。人们通过影片也能够体会到导演对人生的理解：如果坚持自己的理想，就要承受孤独。影片上映后在日本社会引起轰动。

④ 志贺义雄，战前战后日本社会活动家，与德田球一一起在狱中度过了 18 年，坚持不“转向”。战后致力于日共重建，六次当选为众议员。

⑤ 宮本顯治「天皇制批判について」『前衛』第 1 巻第 1 号、1946 年 2 月、4、8 頁。

认为天皇负有战争责任并旗帜鲜明地提出废除天皇制的政治力量。在战后初期人们痛定思痛时，他们成了“日本社会中旧日的英雄形象轰然倒塌后而一夜之间成名的英雄”。[①] 这一时期，日本共产党的威信不仅存在于相信共产主义的人们中，连一些批判共产主义的人，对从监狱中出来的共产党人的人格魅力也都表示尊重，认为他们是“值得信赖的人”。反法西斯同盟国一方的外国人对这些日本共产党人批判战争的不妥协态度大加赞赏，连麦克阿瑟也赞赏这些人的“能力”，只是由于他们是共产主义者，所以觉得“太遗憾了”。[②]

日本共产党之所以能够站在彻底追究军国主义战争罪责的立场上，是因为日共在战争中被镇压后，成为唯一“手没有被污染”[③] 的政党，所以被认为与发动和扩大战争没有关系，而发动与扩大战争的责任是军国主义的罪行。日本共产党也认为自己可以站在与同盟国一致的立场，在追究日本军国主义的战争责任认识上没有什么“两难”选择的问题。

1946 年 1 月，长期在中国进行抗战的日本共产党领导人野坂参三（当时化名冈野进）回到日本。他回国后发表的充满激情的讲演深深打动了民众，受到了英雄般的欢迎，据说保守派都有人来参加。在名为《挽救因民主战线带来的祖国的危机》的讲演中，他提出“真正的爱国”者的主张：

> 诸位，看一看荒废的东京的街道吧，看看骨瘦如柴的市民们的面庞吧。带来这些苦难的是谁？使我们的民族蒙受了战败这一巨大耻辱的是谁？使我们的国家灭亡了的是谁？在爱国的名义下把大家推上战争的是谁？使几百万年轻人命丧战场的是谁？就是天皇、军阀、财阀、反动的官僚与政治家、反动团体。他们才是危害国家和民族的“国贼”。把爱国主义当成他们专享的东条及其追随者们才是最大的非国民，是令人憎恨的国民的敌人。
>
> 与此相反，我们共产党人在战争中做了什么呢？我们反复地向国

---

① 〔美〕约翰·W. 道尔：《拥抱战败：第二次世界大战后的日本》，胡博译，三联书店，2008，第 74 页。

② 大岳秀夫編·解説『戦後日本防衛問題資料集　第 1 巻　非軍事化から再軍備へ』209 頁。

③ 石田雄「戦争責任論五〇年の変遷と今日的課題」石田雄『記憶と忘却の政治学：同化政策·戦争責任·集合的記憶』明石書店、2000。

民们说明，这场战争是暴露了帝国主义的强盗性质的战争，是违背我们的国家利益的战争，我们反对这场战争。因此，满洲事变以来，数万的共产党人及其同情者被捕，数百人遭到警察的迫害而惨死。这就是我们共产党人的主张与行动，我们才是真正的爱国与爱人民。①

由于“战败赋予这些共产党的领导人超凡的魅力，使他们沐浴在高洁和敏锐的政治性的光辉中”，所以几个月后，野坂参三在占领军主导下的第一次总选举中当选为国会议员。

这一时期，以共产党为中心的左翼势力是彻底追究国家及以天皇为首的军国主义者的战争责任的主力。这种对军国主义战争责任的追究奠定了战后初期左翼民众运动的基础，甚至被认为是日本社会左翼运动“十分活跃的起爆剂”。日本共产党追究军国主义战争责任的活动十分积极，不仅在共产党及其系统内的团体机关报纸上发表文章，进行宣传鼓动，甚至也把文章发表在《民报》和《真相》等杂志上。日本共产党还积极开展社会基层组织层面的民众运动，呼吁将有战争责任的人“开除公职”，追究那些战争时期担任过街道（町）大政翼赞会会长或从事战争鼓动活动的领导人的责任。

日本共产党在战后初期对战争责任的追究，促进了日本社会各阶层对战争责任的思考，对全社会反省战争产生了积极的影响。在这样的影响下，日本社会开始出现了不仅关注战争时期政治领导人的战争责任，而且也关注其他领域中积极支持过战争的人的战争责任的倾向。如支持战争的文学家的行为就被揭发和批判。共产党及其周边的如以《人民评论》为代表的被称为“中国派”的知识分子，由于相对比较了解战争中的中国战场上的情况，披露了以南京大屠杀为代表的日本军队的战争犯罪。这种披露的目的在于证明：日本的战争犯罪不仅在于统治层面，而且一般的日本国民也应对亚洲各民族有战争责任，有必要进行反省。不过，在当时这种认识还属于一股比较小的支流，堪称“空谷足音”。只是因为日本共产党的行为已经赢得了普通民众的尊敬，所以共产党人揭露日本军队的战争罪行

① 野坂参三「民主戦線のために」日高六郎編集・解説『戦後日本思想大系：戦後思想の出発 1』筑摩書房、1968、256—257 頁。

能够得到日本社会的认可，产生积极的作用，对于建立战后日本正确的历史认识是很重要的一步。

日本共产党因自己特殊的战前与战争中的经历而在追究战争责任方面处于天然的优势地位。但是，日本共产党对战争责任的追究也存在一定的局限，这也是他们的追究没有对日本社会产生更大影响的原因。

首先，日本共产党对军国主义战争责任的追究具有比较明显的政治色彩：他们不仅追究对战争有直接责任的军国主义分子，包括天皇在内的日本政治家、军队上层、财阀、政客等，而且追究从共产主义“转向”、脱离共产党的人，而不管那些人是否有战争的直接责任。虽然从意识形态的角度而言，立场不坚定是共产主义者的大忌，但也应当承认，许多人在军国主义的政治高压下，在特高课警察实施的酷刑下从共产主义运动“转向”，但并没有完全泯灭良知，甚至并非都坚定地支持战争。过分追究“转向者”，容易将追究战争责任的社会运动引到狭隘的方向。

其次，以日本共产党为中心的对军国主义战争责任的追究，是从现行的统治体制及统治层与战前是一脉相承的这一认识前提出发的。无论是人事关系方面还是思想认识方面，战后日本的社会统治层与战前的统治层都确实有千丝万缕的联系，但是，由于战后的行政改革毕竟触及了社会上层，统治层面也发生了重组与变化。完全忽视这一变化，很难制定科学的政治方针与策略，容易偏到脱离民众的极左方向。对战前与战后的统治体制和统治层的连续性与断绝性的判断，始终是影响战争责任认识的关键问题。

由于上述原因，以日本共产党为中心对军国主义战争责任的追究，虽然通过揭发在战争中的活动与表现促使日本社会思考历史教训，但也存在一定的负面因素。这些负面的因素在日本社会引起了对日本共产党的担心乃至不信任，并孕育了对其追究战争责任的批评。批评主要是针对日本共产党的战争责任论中党派优先的倾向性问题，而对党派优先的狭隘性的批评反过来又导致对日本共产党追究战争责任道义性的怀疑。结果，日本共产党的战争责任追究未能促使日本社会建立起对战争责任的基本一致的认识。

所谓的党派优先的问题究竟表现在哪里呢？其实存在两个方面。第一，虽然对负有战争责任的人进行了严厉的追究，但是对现在属于自己阵营的人的过去行为则采取了视而不见的宽恕态度，无视其污点，从而让人对其追究的公正性产生了怀疑。第二，日本共产党主张必须用现在的行动来补偿过去的错误，而作为补偿的行动应站在人民的立场上，具体来说就是要站在共产党的党派立场上行动。这样的思维逻辑容易与“树立以共产党或左翼政治势力为主体”的政权的目的联系起来，[①] 因此显得过于狭隘，难以动员更广大的民众。

尽管存在上述问题，但不可否认，日本共产党对军国主义战争责任的追究是战后初期最勇敢、最彻底的追究，产生的社会影响使制定美国对日本占领政策规划的人都惊诧不已。他们难以想象日本知识阶层对共产党竟然有这样强烈的热情，因此也感到了紧张。

第二节　从战争被害立场认识军国主义战争责任

由于日本共产党的推动，也由于东京审判与乙、丙级战犯的审判，日本人第一次了解到包括南京大屠杀在内的日本军人在亚洲战场上的暴虐行为，日本战败后的第一个 10 年是关于军国主义战争责任讨论十分热烈的 10 年。

以日本共产党为中心的左翼势力基于日本战后的统治体制和统治层与战前是一脉相承的这一认识前提，主张从政治与法律层面彻底追究国家及以天皇为首的指导者的战争责任。日本共产党认为自己早就受到日本政府的“弹压”而被迫转入地下，所以对于战争是没有责任的，从而也就能够真正站在同盟国的立场追究日本的军国主义战争责任，不像一般的日本人那样在追究战争责任的时候面临“两难”的选择。

战争中在军部与政府的高压下支持了战争的许多人，战后由于受到西方人道主义的影响，成为对新事物有新鲜感的自由主义知识分子，他们开始摒弃战争中被军部强加的压抑感，接受占领军对日本的战争责任追究的普遍理念。但同时他们对伤害日本民族感情的外国军队的占领又有抵抗情绪，所以对占领军和左翼势力追究日本军国主义战争责任的具体方式感到难以接受，对从政治与法律的角度进行战争责任追究的态度消极。不过，

---

① 大沼保昭『東京裁判、戦争責任、戦後責任』136 頁。

他们根据西方的普遍理念，意识到战争中日本人缺乏自主性的问题，所以从伦理的角度承认战争责任。部分自由主义者还指出了天皇的道义责任，多数意见主张其退位。在这一问题的认识上，丸山真男的认识具有代表性，并且影响了日本社会，特别是知识分子。

在战争后期，曾经作为学生兵被推上战场的一批日本人这时已经成为社会的中坚，他们具有很深刻的战争体验，而一部分人在战后初期又接触到了马克思主义与自由主义，因此在国民的战争体验与国民的战争责任之间发生了认识的分歧，通过“昭和史论争”建立了“战后历史学”，出现了研究战争责任的新契机。这一时期，由于许多揭露日本军队在中国残暴行为的著作的出版，日本人开始了解了日本军队在中国犯下的战争罪行。以丸山真男为首的一批知识分子，提出在战争中被迫“转向”支持战争的知识分子应当是“悔恨的共同体”，以竹内好为代表的一批知识分子提出了日本人应自觉地认识对中国的战争责任，检讨战时的民族主义与对亚洲的战争责任问题，建立日本的民族主体性。这一时期对战争责任的思考重视内部与伦理的角度。即讨论为什么在日本人中关于战争责任的自觉性不强，阻碍日本人主体性地思考战争责任的原因是什么等。

一 觉醒的民众主体意识

战后初期，围绕战争责任的历史认识，日本共产党处于社会的前列，但战后日本社会是马克思主义、自由主义、实用主义等形形色色的思想流派并存的时期，世界上的各种“新思想”都在这里“表演”，并利用各种宣传工具进行竞争。虽然不能判断哪一种思想取得了主导地位，但一部分有觉悟的知识分子在思考战争时期的法西斯专制主义问题的时候，首先意识到“主体意识”的丧失，把“主体意识”的恢复与思考侵略战争责任结合起来。而在确立“主体意识”的同时，也波及是否继续维护以神格地位存在的天皇制及天皇的战争责任问题。也就是说，“主体意识”、对“天皇制”的怀疑与“天皇的战争责任”是三位一体的相关的问题。“主体意识”强调的是不屈从权威的精神，而这正是战争中被严重抹杀的精神，而抹杀民众“主体意识”的权威力量正是“天皇制”。

战败后日本知识分子首先根据自己的战争体验，从对战争教训和建立道德的思考中，特别是对战争时期“个人”与“国家”关系的分析中，意识到战争中自己“主体意识”的丧失。他们开始意识到：国家对个人权利的肆意侵犯与剥夺，“公”对“私”的侵犯，是导致战争一旦开始就无法得到控制的最重要原因。所以他们主张：战后的主要思想任务首先是要修复被破坏了的国家与国民的关系，以及国民之间的作为人的信赖关系。其实这是明治维新后遗留下来，大正时期始终没有完成的建立国民主体意识的任务。明治维新实现了日本从闭关锁国的封建社会向资本主义社会发展的转变，但是，由于封建因素的强大，资产阶级具有先天不足的致命弱点，所以在意识形态领域留下了许多问题。其中就包括没有处理好“个人”与“国家”的关系，没有处理好“公”与“私”的关系。

战后初期，美国从促使日本实行改革的立场出发，也很注重日本人“主体意识”的自觉。1946 年 7 月 25 日，盟军最高司令官麦克阿瑟曾召集《朝日新闻》《每日新闻》《读卖新闻》以及共同通讯社等日本大媒体负责人训话，称：“由于日本战败了，所以日本国民获得了自由。而在过去，8000 万日本人中 7000 万是没有自由的，那是民族的不幸。今后，全体国民都有自由。我知道日本国民和诸位都在为战败而感到沮丧，其实战败是国民的幸福。确实是因为失败而获得了幸福，今后会越来越幸福。”① 虽然这样的话展现的是麦克阿瑟的狂妄和对美国价值观的骄傲，但是日本媒体却没有感到刺耳，相反却给予积极的回应。

1946 年 10 月，即战后仅一年多，由黑泽明导演的电影《青春无悔》在日本上映。电影描写了战争期间部分日本青年的经历：在法西斯政治高压下，有的人（甚至是多数人）违心地迎合权势，虽然能够明哲保身，甚至飞黄腾达，但是迷失了自我；具有自我意识的人则往往反对政府的战争政策，但遭到警察的迫害及周围人们的白眼，甚至被起诉而锒铛入狱。主人公是一位教授的女儿，她爱上的教授的学生恰恰相信共产主义而且具有反战思想，并受到迫害。但教授的女儿仍然与他结婚，宁愿与丈夫一起到贫困的农村生活，共同承受迫害与压力，向人们展示真正的“自我”。导演希望传达给观众的信息是：对于日本来说，如果今后要从失败中站起来，就必须反省战争中失去“自我”的问题。这部电影在日本社会引起巨大的反响，多年来一直“叫座”。“青春无悔”成为那一时代日本年轻人的

---

① 田原総一朗『日本の戦後：私たちは間違っていたか』上、講談社、2003、42 頁。

口头禅。这说明日本人对在战争中失去自由和主体意识的痛苦与屈辱的经历有深刻的记忆。

主体意识的丧失特别表现在战争中日本政府对新闻的种种控制，当时的媒体人对此有深刻的记忆。所以，在盟军总司令部 1945 年 11 月 1 日宣布解散战时成立的情报局，取消新闻管制的时候，各报的编辑记者都心存感激，虽然那时还在盟国军队的管理之下。《朝日新闻》政治部记者臼井茂说："尽管在外国的管理下，但是记者并没有不愉快的感觉。可是在战争中，关于战局，除了转载大本营发布的消息外，不能有任何自己的报道。对战局以外的情况，也只是根据政府的规定，让写哪些就必须写哪些。"社会部记者奥野保男也认为：战争中迫于压力只能写煽动战争情绪的报道，所以对美国占领反而没有什么抵触了。①

日本战败后，知识分子多多少少抱有悔恨的心理，许多人意识到，不愿再发生像战争时期那样违背良心和真实的事了，对历史的教训要引以为戒。一些人希望把在战争中自己的痛苦与屈辱的战争体验用文字表达出来，同时也有一些知识分子思考产生这一现象的原因与责任。这就是战后初期知识分子经常讨论的关于"悔恨"的问题。著名的政治学者丸山真男提出"悔恨的共同体"概念，就反映了当时一部分知识分子发自内心的反省。②

法政大学的本多显彰教授曾经回忆道：

> 在我们大学教授中，确实有一些为战争初期日本的胜利而狂喜的头脑简单的人，也有对神国日本的威力不抱怀疑的人，但是，我的朋友中，真正从内心歌颂战争的人并不是那么多。但是，我们却容忍军靴践踏了校园。军人们来学校逮捕学生的时候，教授们的认真精神和尊严上哪里去了？看着自己的学生被踢、被打，教授们不仅没有一个提出抗议的，甚至有的还献上谄媚的微笑。
>
> 尽管是内心否定战争，但是在讲坛上还要宣扬"尽忠报国"。这是学者应该做的吗？我们缺乏反战的理性，缺乏反战的勇气，这是我们的不幸，是我们终生感到懊悔的。③

---

① 田原総一朗『日本の戦後：私たちは間違っていたか』上、74 頁。

② 『丸山真男集　第 10 巻』岩波書店、1996、245 頁。

③ 本多顕彰『指導者』光文社、1955、40—42 頁。

战前曾经试图对日本的国体和超国家主义的理论进行批评，但是受到压制，战后担任了东京大学校长的南原繁回想起当时军队要求大学生上战场的情形，对包括自己在内的知识分子的行为进行了反省：

> 我们是不是教给学生们“根据自己的良心去行动，哪怕是拒绝国家的命令”那样的精神呢？没有，我们不敢说。如果我们能够说那样的话，我们当然就能够首先站起来批判国家的战争政策。现在，我们在反省自己的怯懦，反省自己没有勇气，可是，至今对于当时采取那样的态度是否正确还很疑惑。①

战争中曾经担任中学、师范学校和东京大学教师的中野好夫在战后对自己的思想从“原罪”的角度进行了思考，认为自己对年青一代负有绝对的责任。战后他毫不犹豫地投身废除天皇制与拥护和平的运动中。他在1949 年发表的文章中说：

> 这次战败得到的一大沉痛的收获就是：知识分子的言论不一定是他们的真正的思想。他们往往是随着气候而变化的，像身上的衣服那样。
>
> 我不想说别人。正如我自己几次说过的那样，在太平洋战争爆发后，我是支持了战争的，我不想对过去自己的责任加以敷衍。以知识分子的巧妙的本领，在本来是水火不相容的两个极端之间走钢丝不是不可能的。但是我想应当正直而不想圆滑。因此我要明确地说明自己的过去，表明对将来的责任。我想用自己的坦诚的宣言和自己的一生承担责任。②

战后初期，发表了类似上述的意见，对自己在战争中的思想和行为进行反省的知识分子不在少数。这就是为什么日本的知识分子能够平静地面

---

① 『南原繁著作集　第 9 巻　日本の理想』岩波書店、1973、229 頁。

② 中野好夫「一つの宣言」『新潮』1949 年 2 月号、日高六郎編集・解説『戦後日本思想大系：戦後思想の出発　1』256—257 頁。

对麦克阿瑟的傲慢，为什么黑泽明的《青春无悔》能够常演不衰的原因。严格来说，当时多数的知识分子对这一战争的发动是没有能力制止的，因为他们无力左右国策，所以似乎也没有必要为此悔恨。但是，许多知识分子并不是仅仅从当时为什么没有能够阻止战争的结果来考虑的，更从伦理的角度思考战争时期他们的表现。因为确实有许多知识分子在当权者的压制下，为了保护自己，迎合当权者，或告密，或背叛，即使没有积极地为战争服务，但也没有反战，缺乏斗争的勇气。这些人觉得只有采取必要的行动，以悔恨的心情参加战后的和平运动，使屈辱的记忆明朗化，才能证明自己的良心。这就是当时知识分子悔恨心理的由来。

正如战后著名的哲学家和思想家鹤见俊辅所总结的："我们作为战后的人，也记忆了以前的屈辱。今后一旦发生不合历史潮流的事件的时候，一定要明确地反对。"丸山真男也同样指出："战争中的记忆与悔恨，是后来行动的动力。"①

二 拒绝"国家忠诚"的思考

战争中，为控制社会舆论，日本国内成立了"大日本言论报国会"，②站在政府的立场向日本国民积极鼓吹战争，许多知识分子积极加入这一组织。日本战败后，许多"大日本言论报国会"的成员一改以前声嘶力竭鼓吹战争的态度，而努力地表明自己"从一开始就反对战争"，声称"在战争期间就与军部对抗"，完全以"战争受害者"的面目出现。但也有一些知识分子不赞成那种文过饰非的做法，不回避自己支持了罪恶战争的事实，如很有名气的、研究日本经济的学者大熊信行。大熊信行战前在英国留学的时候，曾出版《经济本质论》，同时还推动日本兴起短歌运动，是有社会影响的评论家与歌人。在战争开始后，他一方面批评近卫文麿的法西斯政治体制改组运动；③另一方面担任了"大日本言论报国会"的理事。战后，他被"褫夺公职"，但是并没有影响他对自己思想行为进行反省。

① 久野収・鶴見俊輔・藤田省三『戦後日本の思想』岩波書店、1995、134頁。

② 战争期间以日本媒体组成的官办的职业团体，以"国体本义"为基础，以"言论报国"为特征，协助内阁情报局实行言论与思想的统制。

③ 1940年，以近卫文麿为中心发起法西斯政治体制改组运动，即解散各政党而建立以内阁总理为首的唯一的组织——大政翼赞会，在全国设立支部，实行"一国一党"的法西斯主义体制。

他从自己的个人体验出发反省战争及其影响，从政治学的层面将自己的战争体验作为研究对象，思考作为知识分子的乃至日本人的具有普遍性的战争责任认识的基础，并进一步作为实践原理加以提升。

大熊首先对自己在战争中的行为，特别是作为“言论报国会”成员发表鼓吹战争的文章等进行了反省，在季刊《理论》上发表了自我批评的文章。不仅如此，他认识到民众参与并支持战争的最重要原因是国家的引导，因此从批评国家的战争政策的角度撰写了一系列著作，如《战争责任问题》《国家走向何方》《国家恶》等。其中《国家恶》是最有代表性的一部著作。1948 年《国家恶》第一部发表，直到 1957 年全部完成并出版。这部著作反映了他根据自己的体验出发对战争责任的思考，提出了拒绝对国家的忠诚而主张对人类忠诚这一理论，并根据历史教训进行了论证，在社会上产生了相当大的影响。

大熊之所以从对国家批判的角度进行战争责任的思考，是因为其站在绝对和平主义的立场上，从第二次世界大战这一历史惨剧的体验出发来进行思考。他的论述从下列问题的提出开始：普通的民众一般是厌恶战争、向往和平的，但为什么“本应远离军国主义、侵略主义的人们，一旦发生了战争，就不得不屈服于国家的行为呢”？对于这一问题，他的回答是：因为国家要求国民忠诚于国家，而国民中又没有人会对国家忠诚表示怀疑。所以要破坏人类创造出的令人憎恶的战争，人们就必须拒绝对国家的忠诚。[①] 与此同时，他认为需要对曾经被视为崇高行为的战场上的“死”的意义加以重新理解，主张把拒绝国家发出的参战命令视作现代最崇高、富有勇气的行为。大熊一针见血地指出：大多数日本国民，包括知识阶层“并不热衷于狂热的天皇主义、大东亚思想”，事实上他们只是抱着“既然战争打起来了，就只有为国牺牲了”的想法参与战争。但是，日本社会一直就存在这样的道德逻辑：“战时作为国民从当然的爱国心出发支持战争的言行，不应受到责难”，而且“没有比这更让众人信服的逻辑了”。[②] 这就是大熊从战争责任的视角推导出的当时普遍的国家与个人的关系。而正是从这一角度出发，他悟出了这样一个道理：一旦国家政策发生错误，对

---

① 大熊信行『国家悪—戦争責任は誰のものか』中央公論社、1957、124 頁。

② 大熊信行『国家悪—戦争責任は誰のものか』39、125—126 頁。

国民的灾难将是巨大的。

事实上，战后日本已经受到了这一道德逻辑崩溃的惩罚，因为自日本战败后，政府曾经大力鼓吹的“爱国之心”已经近乎荡然无存了。

新宪法公布后，日本传媒机构就曾就战争与国家关系的问题对日本青年进行舆论调查。从调查结果就可看出，在回答“当外敌入侵国家时你准备怎么办”这一问题的时候，只有1/3的人回答“坚决抵抗”，1/3的人回答“设法逃跑”，还有1/3的人回答“无条件投降”。显然，这种答案在日本战败前是根本不可想象的。那时，如果不回答“坚决抵抗”，肯定会被视作“国贼”，不仅受到鄙视，还会遭到镇压。

大熊注意到了日本战败后民众的国家认同意识明显趋于表面化与形式化，认为这正是日本国民从自身的战争体验出发，从厌恶战争到不再相信将国民卷入战争的国家的表现。由于国家在广大国民心目中的地位一落千丈，日本人的国家观念空前地被削弱，因此也引起了国家意识与国家情感的衰落与急剧萎缩。在美国占领下，日本虽然完成了国家的重建，在表面上具有了完整的国家形式，但与战前昂扬的国家意志及澎湃的爱国热情相比，战后的日本已经无法再在日本人民的心目中树立起国家的新形象，也不可能让民众建立起一种全新的能够取代前者的新的国家观念。战后日本的国家意识在内容上则显得匮乏和单调，这种现象带来了日本知识分子内心最深层的人性分裂。大熊在战后不久就提出“国家恶”的论断，看似突然，但其实反映了一部分有觉悟的知识分子对战前日本被国家主义激起的高昂的国家意志与澎湃的爱国热情的反思，这种反思是难得的。

战后，许多知识分子都对这种社会现象感到困惑：战争中的日本，国家的形象被强调到无以复加的地步，国家的崇高地位是不可动摇的；日本国民对国家的忠诚也被提升到道德的最高一级，国民（当然也包括大多数知识分子）对国家的认同感也曾经那么强烈。但是，为什么战争刚一结束，不可一世的国家权威就一下子虚脱无力，变得越来越像一种摆设，一种可有可无的政治装饰呢？国家在国民心中的地位一落千丈，如冰消雪融一般地顿然消解，其原因只有一个，那就是以前貌似强势的国家意识，并没有建立在关注民众利益的基础上，所以是无本之木，无源之水。研究经济问题的大熊这时通过自己的体验，还发现了另一个问题，那就是过去强调国家本位的经济理论对人的生命再生产的影响，而对家庭问题的关注实在是太少了。正是基于这样的困惑，以大熊为代表的一部分知识分子产生了重视人类生命、重视人的个体与家庭，而淡化国家观念的意识。

大熊并没有将自己的认识仅仅停留在这一层面上，因为他进一步发现："国家倾尽全力进行的是战争，对于其他的任何事情，连百分之一的热度都没有。战争才是国家本来的行为。因此，只有在战争中国家的本质才会暴露无遗。"[①] 但是，他很痛心地看到，包括自己在内的许多知识分子，恰恰积极参与了国家动员的战争。如果不否定自己对战争的参与，也就无法否定国家的战争政策，尽管对自身的否定需要经历一番思想斗争。基于这一认识，他从严格的伦理的视角审视自己对战争的参与，从充满苦闷的否定战争的反思过程中最终推导出"拒绝国家忠诚"这一普遍性的原理。他提出的这一原理，其实也是许多思想家已经有所觉悟但不能或不敢提出来的。

大熊勇敢地提出国家忠诚的问题后，虽然也有人认为这样的认识过于激进，过于理想化，但是也逐渐引起了许多人的共鸣，人们慢慢地接受了他的观点，可以说其理论的"先进性得到了认可"。[②]

大熊信行关于国家忠诚的思考与认识日本对亚洲国家的战争责任直接相关。大熊认为：人必须将其思想置于自己的内在人格之上，无论如何变化，都应具有保持节操的自觉性，他把这种自觉看作一种道德能力，认为具有这样的道德能力，就不会容忍那种毫不进行自我反省的"思想"行为，而在战争责任面前，"不必追究是你做的还是他做的，应该想到的是我对此有责任"，[③] 把战争责任的省察作为自己的课题。正如他说的：

> 历经十几年的战争，我们在支那大陆，在南洋各国，尤其是在菲律宾诸岛所导致的伤害如何能够补偿呢？那些民族对我们的尚未清算的愤怒和憎恨，已经化作深深的宿怨而延续下来。而这些感情与他们对我们的认识相结合，正成为各民族人们心中的日本观或日本人观。今后无论如何是难以改变的，想到这一点我们的内心是如何的黑暗和

---

① 大熊信行『国家悪—戦争責任は誰のものか』82 頁。

② 大沼保昭『東京裁判・戦争責任・戦後責任』136 頁。有人批评大熊在思想方面的"一种自我陶醉"的问题，但也有人认为尽管如此，并不损害大熊思想的意义。

③ 大熊信行『国家悪—戦争責任は誰のものか』81、195—196、337—338 頁。

> 绝望啊。他们不会与我们的幻想一起消失，而会留在我们的幻想失去之后，会在今后长久成为构成日本现实的主要因素之一。将军、长官虽被问罪，但账并未了结。所有的日本人都不应将战争责任看作是与己无关的事，而应认识到与己密不可分，是与自己的生存责任相关的事，应自己亲自处理，而且最终在某一天，应该抵偿赎罪。①

大熊上述关于战争责任的思考，虽然深深地刺激了日本的知识分子，但多数知识分子在开始的时候并没有立即接受他的思想。看到一些知识分子在战后纷纷开脱自己战争责任的种种奇特的现象，大熊感到十分奇怪。他不理解那些人为什么不能正视自己在战争中的表现，为什么没有感受到战后自我转换过程中的苦恼。他认为："对自己的战争责任不讲清楚，而岔开谈其他问题"，是"对公众的侮辱"。②

在"皇国史观"的熏陶下成长起来的日本人，尤其是在战争中积极拥护政府战争政策的日本人，理解大熊的上述思想确实有一定的难度。如何处理国家、民族、家庭的关系，能否把对人类的忠诚置于对日本的忠诚之上，这是包括大熊在内的所有的日本知识分子，甚至是全世界的知识分子，当然也包括所有人需要思考的重大问题。因为一旦思考国家的战争责任，谴责战争期间强调超国家主义而产生的"罪恶"，就会遇到难以割裂的国家与民族的关系问题。对于日本人来说，批判国家主义，就需要使国家与民族有一定程度的分离。关于这一点，作为战后民主主义知识分子的代表、东京大学校长南原繁先生曾进行过这样的思考："要将国家和民族分离开来，国家必须为民族的理想服务。"③ 南原繁先生提出国家为民族理想服务的主张对于战后日本的思想重建确实有建设性意义，但是对如何思考国家与民族的战争责任，则还不够完善。因为日本长期以来自称是单一民族的国度，所以国家主义与民族主义本来是高度重叠在一起的。大熊信行注意到这一点后指出，人们在"谈论民族的时候，将民族作为实体，可

---

① 大熊信行『国家悪—戦争責任は誰のものか』6 頁。大沼保昭先生认为这篇短文是一个充满着悔恨情感并可升华为一曲悲歌的杰作。在《国家恶》的数篇感人至深的文章当中，这是一篇特别值得向读者推荐的短文。

② 大熊信行『国家悪—戦争責任は誰のものか』59、287 頁。

③ 大熊信行『国家悪—戦争責任は誰のものか』48 頁。

以认为国家就是其外壳。去掉国家而大谈民族，就如同只要龟身而不要其壳一样，这种没有壳的乌龟有谁见过吗？国家和民族的关系，对日本人来说，是同一事物，具有比龟身和龟甲关系更密切的意义”。[①]

美国在占领日本后实施的改革尽管存在诸多问题，对其评价也见仁见智，但改革否定了军国主义和专制的国家至上主义，这一点还是值得肯定的。不过，在否定军国主义的同时，日本的民族主义仍然顽固地保留着，于是出现了民族与国家在政治上被人为分离的结果。在国家主义遭到无情的唾弃和史无前例批判的同时，民族主义则逃避了惩罚。正是为了解决这一思想认识上的难题，作为思想家的大熊提出了他的上述思想。他从时代精神的深层开始思考，向超越时代的高度升华，使得日本投降以后出现了思想界深刻思考国家与人的关系的新思潮。不过同时也要看到，作为思想家的大熊，为了坚持其作为实践原理的对国家忠诚的拒绝，事实上也始终面对许多难以讲得清楚的问题，尽管他至死都在宣传这一主张。

三　“悔恨的共同体”意识

日本战败后，一些人从标志社会崩溃的种种迹象中发现原来的道德观念已经被战争摧毁殆尽，需要全面地重建。而在对于重建道德的思考中，首先需要确立“个人”与“国家”的关系。在人们根据自己的战争体验意识到战争中“主体意识”丧失的严重性后，日本共产党人的“主体意识”就被凸显出来了。而以丸山真男为代表的一部分认真思考社会问题的知识分子在战后追求“主体性”的时候，一方面对自己在战争中的行为进行反思，表示悔恨；另一方面则从理论上分析“个人”与“国家”关系中“主体意识”的意义。他在当时发表的一系列研究性文章对日本社会的影响极大。

丸山真男 1914 年出生于大阪，父亲是当时有名的记者。1937 年他在东京大学毕业后即留校任教。1944 年 7 月到 11 月，他应召加入军队，在朝鲜半岛服役。1945 年 3 月，他再次被征召，在广岛港湾的宇品服兵役，并亲身经历了原子弹爆炸。战争结束后，他返回东京大学继续任教。

丸山真男在年轻时就接触了马克思的阶级斗争理论和黑格尔的社会发

① 大熊信行『国家悪—戦争責任は誰のものか』141 頁。

展理论，所以他本以为明治维新以后以西方的肯定个性发展空间、允许自由发展为模式而建设的近代社会能够充分发挥人的潜质，从而建立自由主义国家。但是，走上战争道路后的军国主义日本逐渐强化了右翼法西斯专制理论，否认任何形式的“自由主义”、“个人主义”和“西洋近代”等概念，强调绝对化的“神国日本”之“国体”，强调举国一致的翼赞政治体制和一元化的统制经济。持自由化主张的丸山真男在战争中则被认为是危险人物，是东京警视厅特高课监视的对象。

日本战败后，丸山真男才感到获得了思想解放，能够自由思考。他在对共产党人被释放和战后思想的活跃表示欢迎的同时，也开始积极地写作和讲课，特别是对理论上的进一步思考。他尤为关注思想解放时代对“个人”与“国家”关系的讨论，尽管其思想与日本共产党和马克思主义仍有一定距离。

早在明治维新时期，福泽谕吉的理论就涉及了“个人”与“国家”关系，因此丸山真男在讨论这一问题的时候，也自然地联系到对福泽谕吉思想的理解、认识与评价。在对福泽谕吉的思想进行研究的时候，丸山真男发现了十分费解的问题，即福泽谕吉提出的“脱亚入欧”主张显然是深受西方思想影响，也是接受西方“个人主义”思想的自由主义者。但是，福泽谕吉同时也在鼓吹对亚洲的扩张，强调日本的国家利益，所以同时也是“国家主义者”。丸山真男认为，尽管福泽谕吉的思想存在上述两个不同的侧面，也有人一直在研究福泽谕吉究竟是个人主义者，还是国家主义者，但在丸山看来，需要研究的重要问题是对立的两者之间是否存在统一点。

年轻时期的丸山真男在战前曾经力图调和个人主义与国家主义的矛盾，提出建立在个人主义基础上的国家主义的概念，使所谓的“国体”意识现代化，强调国体中的立宪主义，并努力将其向合理性、现代性的层次发展。他力图建立一种既拥有主体意识，也主动地融合国家政治的思维模式。但经历了大正民主运动的挫折，特别是经历了战争的失败后，丸山真男意识到：日本在战争时期压制个人意志而强调国家意志，导致国家主义泛滥，过剩的统制严重压抑了自主的人格，从而使“总力战”处于麻痹状态。由此，历史的发展证明了个人主义与国家主义的矛盾是不可调和的，也就是说，日本战前的国体根本不能，也没有条件实现国民的个人化和民主化。

1946 年 5 月，丸山真男在新创刊的《世界》上发表了一篇对战后日本思想产生相当大影响的文章——《超国家主义的理论与心理》。在这篇文章中，他提出了“超国家主义”的概念，指出“超国家主义”是战时日本居统治地位的思想，但是“超国家主义”不是他提出的“国民主义”。他在文章中写道：

> 日本社会没有确立自由的主体意识，缺乏发自内心的责任意识，连当权者也把自己看作是“陛下的仆人”或者是被任意摆布的傀儡，所以社会被无责任意识的体系所控制。而来自上面的压制力层层地向下扩散，即所谓的“压力转移”。这一状况投射到国际关系上，即出现了日本将从欧美受到的压力转移到亚洲各国身上的现象。①

他在文章中还分析了近代日本不存在建立于近代个人主义基础上的“主体意识”，即“私”的意识的存在条件的问题，认为战前日本“公”与“私”的意识并无明确的界限，战争时期表现出来的是以“公”为名来进行对“私”的侵犯，是借“公”的名义追求“私”利益。而在政教并未分离的环境下，最高权力者天皇同时也是伦理的制高点。

这篇文章不仅抨击和批判了战争中日本的政治，并且指出了“超国家主义”的性质，强调在这样的“国家内部，私的利害被无限制地渗透”。②丸山真男的这一分析把矛头指向了日本权力与伦理的制高点——天皇制，道出了许多人长期压抑在心中的对日本政治的不满，在当时确实有振聋发聩之效。战争时期，由于言论控制，人们长期以来很少听到真知灼见，看不到有思想价值的出版物。战后初期，人们如饥似渴地读书，期待看到对曾经经历的痛苦与屈辱做出中肯分析的著述，而丸山真男的文章打开了一扇通向真理的大门。当时日本社会各界，无论老少，无论男女，特别是参加过战争的学生兵，都对丸山的文章有浓厚的兴趣，人们争相抢购刚刚创刊不久的《世界》杂志，以至于出现了“洛阳纸贵”的现象。③

这一年 10 月，丸山真男又以《明治国家的思想》为题进行讲演，他

---

① 丸山真男「超国家主義の論理と心理」『丸山真男集　第 3 巻』岩波書店、1995、17 頁。

② 丸山真男「超国家主義の論理と心理」『丸山真男集　第 3 巻』23 頁。

③ 『小田実全仕事　1』河出書房新社、1978、409 頁。

谈道：明治初期，自由民权运动与国家都认为“民权”与“国权”不可分，但从明治中期开始，政府强调自上而下的官僚性国家，以甲午战争为转折点，帝国主义的风潮抬头。这时的个人主义已经不是近代性的个人主义，只不过是脱离或逃避政治的个人主义。①

他又进一步阐明了战前日本不存在公民的主张，认为明治后的日本并没有产生能够主动担当社会政治责任的、近代意义上的公民，相反，却大量生产了对权威的政治决断只能采取卑微的屈从或效忠态度，万事“唯上”的随从或奴仆。② 没有形成近代国民主义，战前的爱国主义教育只能导致狭隘民族主义的产生。

丸山真男在思考这一问题的时候，是以欧洲的政治思想发展为参照的。西欧的近代国民国家的原理是在法国革命后建立起来的，那时的“国民”意识是超越身份和地方的，是对以身份制度及藩属制度为标志的封建体制的否定，是把人从封建性的村落或基尔特封建共同体的束缚下解放出来的意识。这些被解放出来的自立的个人是独立的，对地方和君主的忠诚意识已经被大大地淡化甚至消失了。丸山真男感叹明治维新后的日本思想建设并没有达到这一程度。

作为战后日本思想界十分活跃的学者，丸山真男以及他所代表的一批知识分子，在战后日本思想界十分混乱的状况下，为创建因战争而遭到破坏的价值体系付出极大的努力。由于战争的失败，旧的价值体系已不复存在，新的价值体系尚未建立，在这一“青黄不接”的时期，积极的思考与努力极为必要。这时的日本，人们无论是在精神上还是物质上都不可能再像以往那样寄托在所谓的国家、国体上了，而只能从自己的身上寻求根据。出于对战争中个人的“私”被践踏的经历，从对战争时期“个人”与“国家”关系的分析中，他们觉悟到了“主体意识”丧失的问题，而且将这一觉悟逐渐地向社会的底层传达。

从社会由专制向民主自由方向发展的角度看，“主体意识”的自觉是积极的，但是对于日本那样特殊的国家来说，是否一旦具有“主体意识”就能够对战争责任进行反省，则仍是一个问题。因为即使是在这时，有些

---

① 丸山真男「明治国家の思想」『丸山真男集　第4巻』岩波書店、1995、17頁。

② 丸山真男「日本のナショナリズム」『丸山真男集 第5巻』岩波書店、1995、69頁。

知识分子对“主体意识”的自觉仍然没有摆脱“总力战”的立场。芦田均认为：为了使日本在总力战中获得优势，必须让每个国民都意识到自己的责任。也就是说，有些知识分子认为他们对国家政策的批判，仍是出于忧国的至诚。他们的内心是期待战争胜利的。而解决这一问题，有必要拓宽日本民众的视野，从只关注日本本身的狭隘视野中跳出来，关注东亚，关注亚洲及世界。

第三节　从单纯的被害意识转向思考日本人的战争加害

从战后到1950年代，由于日本一部分主体意识觉悟了的知识分子的思考，战争责任认识取得了进展。虽然对“主体意识”的自觉反映了日本社会朝民主自由的方向发展，对于彻底否定过去在皇国史观控制下的历史认识有积极意义，但是，有了“主体意识”，并不一定能摆脱在战争历史认识上的“总力战”立场，也可能依然走向狭隘的民族主义。所以，仅仅站在日本战争受害者的立场，难以使每个日本国民都意识到侵略战争的责任。与此同时，从经历过战争的日本军人的战后思想的变化中可以看出：一般来说，经历了战争，经历了九死一生体验的人们，似乎对战争的厌恶程度更强一些，对和平的期望也更高一些。但是，如果他们只从战争被害的角度思考战争的历史，而不正视自己在战争中的“加害”责任，那么给予后代人的战争认识可能就不是正确的。

如何才能改变日本人强调战争被害而忽视战争加害的倾向？只有日本民众超越狭隘的民族主义，超越“一国史观”的狭隘视野，才有改变的可能。而到1960年代，在美国对越南进行大规模轰炸后，当世界各地掀起大规模的反战运动的时候，日本社会关于战争历史的认识也开始发生变化。

一　美国飞机轰炸越南与日本人的战争加害意识

1964年8月，美国军队的飞机开始对越南北部（当时的越南民主主义人民共和国）进行空袭，到1965年2月7日，空袭规模急剧扩大，“越南战争”开始了。虽然在印度支那地区的冲突由来已久，但是美国军队如此大规模的军事行动毕竟大大地破坏了国际关系与国际秩序，恶化了亚洲的国际环境。于是，世界各国开展了声势浩大的抗议活动，其规模比 1962 年“古巴危机”时要大得多。

但是在各国抗议游行活动十分活跃的初期，日本的行动相对则迟缓得多。虽然日本的一些和平团体、政党、工会也发表了抗议声明、抗议电报，并向美国大使馆递交了书面要求，但是没有出现大规模的民众行动。2 月 13 日，在东京的越南留学生 50 人发起游行，两天后，东京、大阪仍无反应，倒是冲绳和平委员会与工会组织了游行，但只有 150 人参加。

与各国相比日本落后的原因有许多，其中很重要的是媒体关于越南情况的报道并不充分，因此还没有引起更多人的关注。但是，媒体报道不久就跟了上来。《每日新闻》连载了大森实采写的《泥土与火焰中的印度支那》，《周刊朝日》连载开高健撰写的《越南战记》。这些媒体的报道形象细致地介绍了越南的实际情况，从而使越南问题逐渐成为人们关注的对象。据说当时市民们在日常的对话中，除了谈天气，就是谈关于越南的问题。

这时，由战后重要的思想家与社会活动家鹤见俊辅、小田实等人发起，创立了反对“越南战争”的“越南和平联合会”（日语表示为“ベ平連”，简称“越平联”）。这一组织超越了政党、工会及多数的和平团体，在反对美国轰炸越南的和平运动中起了重要作用。

鹤见俊辅是当时在日本社会有很大影响的思想家与学者，1922 年出生于东京。他的外祖父是曾担任过台湾总督府民政长，后来又任满铁总裁的后藤新平，父亲鹤见祐辅曾是铁道院的官僚，后来成为参议院议员。由于在战争中从事政治活动，所以在战后初期他受到“褫夺公职”的处分，“旧金山和约”生效后才返回政界，担任鸠山一郎内阁的厚生大臣。由此可见鹤见俊辅的家庭是比较特殊的。他青年时代正值日本的战争时期，在美国留学期间还被作为间谍而逮捕，遣送回日本。但不久他就接到了征兵令，成为一名军人。虽然因身体的原因他没有被直接派往战场，但是作为下层士兵在印度尼西亚爪哇服役期间，他一方面受到上司的斥责殴打，另一方面也目睹了日本军队对俘虏和“慰安妇”的暴行。所以，他的战争体验可以说是结合了“被害”与“加害”的经历。①

---

① 鶴見俊輔「戦争責任の問題」『鶴見俊輔著作集 5 時論・エッセイ』筑摩書房、1976、43 頁。

战后，鹤见俊辅与丸山真男、武田清子等政治学学者，通过创办《思想之科学》杂志，对日本的思想界施以极大影响，成为公认的日本现代思想家。1965 年 3 月，在世界各地纷纷掀起反对美国对越南的战争的浪潮中，鹤见俊辅与安保斗争中的负责人高畠通敏一起讨论，计划在原来的“无声之会”的基础上开展反对美国在越南的战争。他们希望有更年轻的人来出面组织活动，于是当时 32 岁的作家小田实便成为他们的动员对象。①

小田实 1932 年生于大阪，恰好比鹤见俊辅晚出生 10 年，在战争期间渡过了他的少年时代。对于他来说，记忆最清晰的莫过于 1945 年 8 月 14 日，即日本天皇发布所谓“御音”的前一天，当时美国飞机空袭大阪。中学一年级的他在极其恐怖的防空洞中度过了难忘的一天，直到第二天日本宣布投降。他在防空洞里看到：当密集的炮弹在上空爆炸时，人们觉得死亡即将来临的瞬间，表现出了种种与平时口号表达的凛然大义全然不同的状态。他自己也在想：如果这时被炸死，人的一生有什么意义呢？所以，当时包括他自己在内的许多人，其实丝毫没有与敌人决一死战的勇气，相反，都在暗自思考：如果此时因日本战败而结束战争，确实不失为一件好事。作为在军国主义教育下成长的少年，正是在这样的思考中对战争产生了怀疑。② 在东京大学学习古希腊哲学后，更培养了他对许多问题的思考与反省精神。1951 年，19 岁的小田实出版了他最初的小说——『明後日の手記』，而在 1956 年 24 岁时，又出版了『わが人生の時』。这两部著作使他成为“早熟的作家”。③ 他之所以写出那样的著作，是因为需要回答自己一直在思考的问题。战争期间，日本人在“为日本献身”、“为天皇献身”口号的号召下走向战场，而为天皇战死被称为“光荣的牺牲”，即“散华”。但是在战后，日本的知识分子意识到，所谓的“散华”，其实是在“公”的名义下的无谓牺牲，是在政府和军部欺骗下的牺牲。小田实联想到自己在战争后期躲避空袭时惊心动魄的经历，同时也联想到在访问冲绳时看到的大量的当地居民的牺牲，更深刻意识到所谓的“为日本献身”、“为天皇献身”其实是没有任何意义的，小田实将这样的死称为“难死”。

① 小熊英二『「民主」と「愛国」』新曜社、2002、769 頁。

② 小田実『「べ平連」・回顧録でない回顧』第三書館、1995、493 頁。

③ 小田実『「難死」の思想』岩波書店、2008。

1965 年，他总结这一认识，写成了《难死的思想》一书，其中提出了“难死”的概念。

小田实提出“难死”的概念，并不仅仅是对死亡进行哲学思考，而且是与他对日本人的战争责任的思考联系在一起的。他在美国留学的时候，发现在和平环境中成长起来的美国年轻人，对于战争与贫困几乎没有什么想象力。当小田实谈到 13 岁因受到空袭而到处逃跑的体验的时候，美国的年轻人竟然认为他在开玩笑。[①] 受到这一巨大的刺激，小田实对“语境”的差异有了切身的体会。而类似的问题，作为日本人的他同样在韩国也遇到了。1964 年 8 月，小田实到韩国访问。在这以前，他一直认为位于东亚的韩国和朝鲜与日本在历史上有相当密切的联系，所以韩国人肯定以日本人为朋友。但是在访问了韩国后，他却发现韩国人对日本吞并韩国期间实施的殖民统治保留着的完全是清晰和牢固的负面记忆。这让他意识到：“韩国人与日本的关系，与日本人同美国的关系是多么相似。”就像许多日本人抱怨美国人不了解空袭给日本造成的特别的感性记忆一样，日本人不也是很不了解日本对韩国进行殖民统治给韩国人造成的感性记忆吗？他回想起一位韩国人曾告诉他的一件事：在美国留学的时候，年轻的日本留学生由于不知道当年日本统治韩国的时候强制推行日语教育的历史，所以向韩国留学生发问：“你们在哪里学的日语？”韩国留学生只好苦笑而不作答。小田实意识到：韩国人与日本人关于战争历史认识的差异，其实是战争“被害”与“加害”的差异。

小田实从电视上看到了美国飞机对越南轰炸的景象，立即想起了大阪的空袭经历，感到心灵上受到了冲击。[②] 所以当鹤见俊辅来电邀请他出面组织反越战运动的时候，他义愤填膺地投入组建“越平联”的活动中，并将他关于战争“被害”与“加害”的认识带入“越平联”的活动中。

1965 年 4 月 24 日，在“越平联”的呼吁下，日本举行了 1500 人参加的第一次大规模游行活动。不久，“越平联”在各地建立分支组织，6 月 9 日，作为统一行动日，发动全日本 200 多个地方的市民一起走上街头，举行集会游行，抗议美国对越南的轰炸，仅东京就有 10 万人参加。7 月 1

① 『小田実全仕事 8』153 頁。

② 『小田実全仕事 9』114 頁。

日，又举行了第三次游行。从这以后，日本社会反对越南战争的舆论开始占绝对优势。①

1965 年 8 月 14 日晚至 15 日，小田实等人借用赤坂王子饭店的国际会场，邀请国会议员、政党、社会贤达及知识分子的代表参加，就“越南战争”问题进行彻夜的讨论，东京的多数电视台同时进行转播。讨论一直持续到第二天的早晨，讨论的内容从批评美国对越南的空袭发展到批评日本政府支持美国的态度。参与讨论会人员的代表性十分广泛，反映出在“越南战争”的刺激下，无论是保守派还是进步派都希望在民众面前展示反战的姿态和呼吁和平的主张，形成日本全国上下集体思考战争问题的局面。②在那之后，日本的和平反战活动也逐渐开始与美国的反战和平运动联合。1965 年 11 月，小田实等又在美国的《纽约时报》刊登反战广告，1966 年 6 月约请美国和平活动家到日本各地讲演，召开“日美市民会议”。

从 1965 年 9 月开始，“越平联”决定以每月第四周的星期六（后改为每月第一周的星期六）作为行动日，在东京举行游行。游行队伍在千代田区的清水谷公园集合，徒步行进到新桥的土桥，沿途呼喊口号，散发传单，进行街头讲演等。这样的活动一直持续到 1973 年 10 月 6 日，共游行了 97 次，最后一次还有 500 人参加。另外，在这期间还举行过临时特别游行。此外，在日本的其他地方，如 1965 年 10 月，福冈举行“十日一游行”活动，确定每月逢 10 日、20 日、30 日的傍晚，游行队伍在市政府前集合后开始行进；京都也从 11 月开始，每月第一周星期六，从市政府前到丸山公园游行；东京的三鹰—武藏野地区，则举行传统的日本式的提灯游行，1967 年 7 月开始，每月 1 日、15 日举行游行，一直持续到 1990 年。

在以“越平联”为代表的反对美国对越南战争的运动发展过程中，产生了意想不到的结果，即促使日本人开始从战争加害者的角度思考自己的责任。导致产生加害认识的契机是在日本的越南留学生的活动。

---

① 据『朝日新聞』1965 年 8 月的舆论调查，反对美国对越南进行空袭的占 75%，支持空袭的仅有 4%。

② 参加讨论的有许多日本的政治家与社会活动家，如自民党的宇都宫德马、江崎真澄、中曾根康弘、宫泽喜一，社会党的胜间清一、羽生三七，共产党的上田耕一郎，公明党的渡边城克，民社党的麻生良方等，以及横滨市长飞鸟田一雄，原陆军中将佐藤贤了，原防卫研修所所长佐伯喜一，学者坂本义和、长洲一二、服部学、日高六郎、星野安三郎，作家小田实、开高健。讨论由桑原武夫、鹤见俊辅主持。

反对美国的越战运动一开始，留日的越南学生就走上街头，呼吁日本铁路工人拒绝为驻日美军基地运送用于越战的武器。当时，美国在日本有相当多的军事基地，生活在基地周围的日本居民整日受到美国军队飞机噪声的骚扰，不断举行抗议活动，但同时当地的经济运行则又需要通过为军事基地的美军提供各种服务而维持。承担为美军军事基地运送汽油任务的日本铁路工人，虽然也意识到他们运送的物资将被美国军队用于屠杀越南人民，但因为是命令却不得不执行。这些情况使许多日本人意识到：日本人是美国军事基地的受害者，但是，也成为越南战争中间接的加害者。

小田实等"越平联"领导人敏锐地发现了日本人在反对美国对越南战争中的矛盾心理，并且意识到这是日本人的战争责任认识突破单纯强调战争被害束缚的契机。根据"难死"的思想，小田实结合自己少年时代的经历，开始引导日本人从自己受到空袭的体验开始回忆，进而联想到受美国飞机轰炸的越南人民的体验，由此思考战争被害与加害的关系。他经常向参加反战运动的日本人提出这样的问题："难道不是日本给空袭越南的美军飞机提供基地，给他们修理坦克，给他们生产凝固汽油弹的原料吗？这难道不是我们的加害的责任吗？""迄今为止，致力于和平运动的大部分人，都是站在被害的立场上思考问题而建立其和平意识的，而我希望从加害的立场出发思考问题和从事和平运动。"他强调："日本人已经认识到这一战争并不是别人的事情。日本对于美国来说可以说是被害者的立场，但是对于越南来说，则是加害者的立场。"①

在认识到越南战争中加害责任的基础上，小田实进一步就曾经发生在太平洋战争中的情况引导人们进行思考。他一针见血地指出：那时的日本国民由于受到美国军队的空袭，所以一直认为自己是战争的受害者。但是，日本人支持或者直接参加了侵略中国和亚洲的战争，导致亚洲更多的非战斗人员的死伤，就此，日本人不也是加害者吗？这种从被害与加害两面性的角度思考问题的方式，的确是一个认识上的飞跃。在朝鲜战争期间，日本也向美国军队提供"特需"，并得到了经济上的极大的利益，但是当时反战的人们却没有意识到日本的加害责任问题。

---

① 小田実「爆弾でベトナムに平和をもたらすことができるか?」、「ベトナムに平和ベを!」市民連合編『資料・「ベ平連」運動』上、河出書房新社、1974、137 頁。

对于多数日本人来说，认识自己的战争被害是比较容易的，但是认识自己的战争加害，则比较困难。小田实提出的这一思考思路，使日本人认识自己的加害责任有了可能。在小田实的影响下，“越平联”的参加者开始从“被害”与“加害”的两面去思考问题，参加和平反战运动。他们认为：在具有对加害责任的自觉后，就会思考自己的加害对被害者产生的责任，从而选择不制造加害行动。

日本社会关于战争加害意识的自觉，给当时的国际社会以很大的冲击。

石田雄曾回忆说：“1965 年 9 月，我与妻子一起从墨西哥回到日本，开始是断断续续地而且是作为外围的成员参加（反对越战的）游行活动。但是，我逐渐从思想与组织两方面发现了‘越平联’的意义。因为在这里强调日本人不仅仅是战争被害者，而且同时是战争加害者，这种两面的认识，特别是强调加害一面的认识，确实是‘越平联’的功绩。”①

1966 年 6 月，“越平联”在东京举办日美共同反战集会，美国和平活动家提出了这样的问题：为什么日本人对远离自己的越南战争有如此强烈的关心呢？而在对日本的和平反战运动进行考察后他发现，原来“日本人至今仍然对自己最近的历史保持着深刻的记忆”。因为他见到的日本人在谈对空袭的认识的时候，总是说：“你们现在在亚洲经历的正是我们曾经经历过的。”所以，他认为日本人是“将自己放在既是鱼，又是捕鱼者的位置上”。②

其实，“越平联”1965 年在美国的《纽约时报》刊登反战广告的时候，标题就是《失败者的智慧》，其中说道：“因为有在中国本土进行过 15 年战争的经历，日本人有沉重的教训。”这一呼吁给从来没有失败经历的美国人留下深刻的印象，由此意识到日本人原来“对死亡有从被害与加害两方面的强烈的联想”。

小田实在强调“加害者体验”的时候，并没有将“加害”的自觉与“被害”的记忆对立起来。也就是说，他并不否认当年应国家的命令而被征用的士兵是国家的被害者，他强调的是“被害”与“加害”的不可分割

① 石田雄『一身にして二生、一人にして両身：ある政治研究者の戦前と戦後』岩波書店、2006。

② 「魚と漁師」市民連合編『資料・「ベ平連」運動』上、91 頁。

性。之所以这样，是因为考虑到大多数战争的体验者其实并不是从内心拥护战争，或者说并不是彻头彻尾的战争狂人。他们只是因为勇气不足，不能勇敢地抵制战争，在战后还因此感到悔恨。他认为：承认这些人同时也是战争的“被害者”，有助于整个日本社会从加害立场做反省。

但是，当时也有一些没有经历过战争的年轻人并不理解这样的意图，而将问题推向了极端。他们在强调日本“加害”责任的同时，激烈地批判“被害者”意识，认为那些说自己是“被害”的年长的人们是赞美战争的保守派。这种激进的认识一度发展到“打倒战死者”口号的提出。1969 年 5 月 20 日，立命馆大学的学生们（全共斗）将在 1953 年竖立的纪念阵亡学生的“海神像”推倒破坏，用绳子吊起来进行“斩首”。当时的《朝日新闻》社论曾报道说，学生们向成年人问罪：你们为什么不从战场上逃跑？你们不逃避战争，就同法西斯没有区别。

尽管发生了这种偏激的情况，但是毕竟证明了在反对越战的和平运动中，日本人关于战争加害的意识增强了。1968 年，针对日本基督教团体对曾经支持战争行为的反省，鹤见俊辅提出了国家的“原罪”概念，指出“美国作为国家，是在牺牲了黑人和原住民的基础上建国的”，也就是说美国在国家建立的时候，就已经对国民有“原罪”了。而作为日本国民，头脑中也应当始终记着自己犯罪的账簿。从当时的那些学生兵的信件来看，他们高唱着所谓“为了和平”的口号，但是对中国、朝鲜等国家和地区进行了不当的统治，而且没有任何的反省。他们对于国家的“原罪”没有任何对抗与逃脱的勇气，其实是精神上的“卑怯”。①

以“越平联”为代表的反战运动成为日本和平运动的一个重要阶段，而其特殊意义如鹤见俊辅所说：“从日本国内看，‘越平联’批判日本政府对越南战争的间接支持；从国际上看，‘越平联’强调日本应从战争加害者的视角把握亚洲各国民众的动向。”②也就是说，在反对美国对越南的战争中，日本人开始从战争加害者的角度思考自己的责任。

二 本多胜一的“中国之旅”

在引导日本人从加害的角度思考战争责任的问题上，记者本多胜一的

① 鶴見俊輔「戦争責任の問題」『鶴見俊輔著作集 5 時論・エッセイ』43 頁。
② 鶴見俊輔『戦時期日本の精神史：1931 - 1945 年』258 頁。

作用也是功不可没的。

本多胜一是日本《朝日新闻》的记者，1931 年出生，主要报道战地新闻。美国对越南开战后，本多首先将目光集中在越南的战场上，从 1967 年起，他开始以战争为题材在《朝日新闻》上连载调查报告，对越南南部的调查报告为《战场上的村庄》，对越南北部的调查报告为《北爆之下》。他从日本记者的视角，报道了美国军队在越南战场上的种种暴行。

本多胜一在报道中始终贯穿着强烈的责任意识，其一是始终在思考日本在战争中的角色；其二是美国与日本的民族优越感即民族差别意识的问题。

关于日本在战争中的角色，他在报告中说：越南战场上的美国军人使用的是在日本制造的军用汽车和登陆艇，美国飞机使用的燃料是由日本人运输的。据后来的调查，日本向美国军队提供的“越南特需”占当时日本对外输出额的 10%—20%，这成为支撑日本经济高速发展的重要一环；日本不仅向美国军队提供横须贺、冲绳等军事基地，甚至还将羽田机场提供给美国军队使用；75% 的美军伤员被送到日本治疗，日本简直成了美国进行越南战争的后方基地。[①]

本多的调查报告还用大量的篇幅介绍了与美国军队战斗的越南解放战线的士兵的情况。在他的笔下，经受美国飞机空袭和物资封锁的越南解放战士在“民族解放”口号的感召下，虽然只有简陋的武器装备，缺乏食品药品，但对胜利充满信心，而美国军队则残害了和平的居民。例如，在《战场上的村庄》这篇报告中有如下记载：

> 五辆（美军的）战车在金黄色的稻田中横冲直撞，等待收割的稻穗被肆意地碾压在车轮下。田地上被压出了许多车辙。而且战车根本不沿着已经被前一辆车压出的旧的车辙行进，而是随心所欲，为所欲为，所以稻田被破坏得乱七八糟。在那些美国大兵的心里，根本就没有耕作农田的农民们的心情。

本多用生动的笔触描写战争中美国军队与越南解放战士及民众的形

① 小熊英二『「民主」と「愛国」』589 頁。

象，对比十分鲜明，同时也提及了日本在战争中的犯罪。他的调查报告在当时颇有影响，引起了许多人思想与感情的共鸣。读了本多的调查报告后，许多读者给《朝日新闻》写来信件，对战争表示了强烈的反对。

关于民族优越感即民族差别意识，本多的论述也有其独特的角度。

本多在越南采访的时候，发生了如莽密屠杀事件[①]等美国大兵对越南民众的大规模屠杀事件。在日本的媒体上报道这样的屠杀事件，使人们不知不觉地将在越南的美国兵的形象与在日本的美国兵的形象重合起来。特别是他描写越南的孩子们站在美军基地的铁丝网外，期待里面的美国士兵把糖果和罐头扔出来的情形，让许多经历战败的日本人觉得这与美国占领日本后的情景一模一样。所以他在文章中自然而然地表露了与同位于亚洲大陆的越南人民共通的感情。他写道：在确认越南人的皮肤颜色的时候，我想我们都是亚洲人。[②]

本多的批评并没有停留在美国军队的暴虐行为上，因为他发现还存在更深层的民族差别意识的问题。本多发现：美军在越南的行动确实暴露了其残暴的性质，而那些残暴行为不断被美国的媒体报道出来，在美国社会及国际社会都引起相当多的批评。但是，日本军队过去在中国战场上的行为，战争中的日本媒体却从来没有报道过，更不要说引起国际舆论的关注。他认为，日本人不应只批评美国在越南的行为，也要思考自己在中国曾经做过的事情。而这就必然要正视日本在中国战场上的行为，正视日本对朝鲜、对阿伊努人、对冲绳人的差别意识问题。正是出于这样的思考，本多胜一在完成了《战场上的村庄》的报道后，决心到美国去，就美国的人种差别问题进行采访。之后，他又在 1971 年制订了到中国进行采访的计划，旨在调查日本侵华战争期间日本人的民族差别意识问题。[③]

从 1971 年 6 月中旬到 7 月下旬，本多胜一用了大约 40 天的时间，按照日本侵华战争的“进程”，相继访问了东北属于原“住友”公司的工场、矫正院、细菌实验与活人解剖处、平顶山大屠杀的地点，以及各地的万人

① 莽密是位于越南南部地区的村庄。1968 年，美国军队在这里秘密屠杀了包括老人、儿童与妇女在内的 500 多人，到第二年才被揭露出来。而制造这一屠杀事件的美军中尉威廉姆·卡里在被判处终身劳役后又被总统尼克松下令假释。

② 本多勝一『戦場の村』朝日新聞社、1981、161 頁。

③ 本多勝一『中国の旅』朝日新聞社、1981、11 頁。

坑、北京的卢沟桥等地。日本战败投降以来，作为日本记者在中国就日军的战争行为进行这样长时间、大范围的调查，还是第一次。当时的中国处于“文化大革命”时期，与国外的接触很少。但中国的外交部门对本多的采访相当重视，提供了许多便利条件。采访结束后，从8月末到12月，本多在《朝日新闻》上相继发表了以其调查采访为基础的四篇报道，即《平顶山》《万人坑》《南京》《三光政策》，还配以相关的照片。1972年，朝日新闻社出版了本多胜一调查的单行本——《中国之旅》。这本书的出版在日本社会引起了极大的反响，很快售罄，不得不加印、再版。从1972年初版出版到1997年，《中国之旅》已经再版了22次。[①]

本多在《中国之旅》一书的“前言”中，就到中国采访的理由写道：

> 第一，日中两国的外交关系已经断绝了很长的时间，这是很不正常的。恢复邦交的重要性也是不言而喻的。但是如果日本对过去侵略中国的历史不加以反思，对自己的责任不表明态度，是不能期待恢复邦交的。在战后的26年中，日本政府从来没有正式表示过要对过去的责任进行调查，媒体也没有努力从正面正视那一段历史，没有让国民真正了解那一段历史过程。作为日本记者，我认为我们应当有这样的责任。
>
> 第二，在中国，有千百万人在战争中遭到杀害，而一般的日本人对此即使不认为是虚构的，也仅仅是抽象的了解，对于侵略中国的具体情况则并不知情。结果就发生了像要求国家“护持”靖国神社[②]那样的运动，发生了民众的力量被逆历史潮流的势力所愚弄的情况。
>
> 第三，在越南战争中，美国军队制造了诸如苏密事件那样的屠杀，不过终于被披露出来了。于是日本的一些人对那样的报道说：“就从屠杀事件被报道出来这件事看，还是美国人厉害啊！”美国人是否厉害，那是另一个问题。但是日本的报道确实没有这种情况。战争已经过去26年了，人们对当时中国的许多情况还不了解。与其感慨美

---

① 本多勝一『中国の旅』9—12、298—299頁。

② 1960年代开始，日本的右翼保守势力鼓动以“日本遗族会”为代表的一部分日本社会力量，提出要求日本政府出资管理靖国神社，此即靖国神社的国家“护持”活动。自民党保守派利用这一机会多次向日本国会提出靖国神社的国家“护持”法案，但是未能通过。

国的报道，还不如亲自动手来实践。

第四，最近，日本国内从战争被害的角度开展了一系列的控诉和记录的活动，所谓的被害，“广岛、长崎”自不待言，也有“东京大空袭”。这些当然是很重要的，但是更需要的，难道不是记录作为加害者对亚洲各国的侵略活动吗？在日本也出版了许多关于当时日本的同盟国纳粹德国的加害记录，可是竟没有当时日本军队的记录。

第五，中国现在对日本的“军国主义复活”问题高度警惕。但是许多日本人却不理解，觉得中国人神经过敏了。中国人之所以对日本的军国主义复活十分警惕，是有其历史与心理背景的，那就是因为战争中日本军队的残暴形象深深地刻在他们的心中。作为中国人，“日本军国主义”并不是一个抽象的概念，因为他们至今仍然记得亲人被杀害，住房被烧毁的情景。而如果日本人稍微了解一些那样的情景的话，就可能理解中国人的警惕了。

在战争已经结束26年的今天，确实有一些人对于我进行那样的采访提出疑问：“怎么现在还做这样的事？”但是，我倒是认为现在必须做这样的事。其实日本战败的时候就应当这样做了，只是到今天才开始。遭受屠杀的被害者一方是否忘记了是他们的事，但是制造屠杀的一方国民如果忘记了，则是犯罪。

本多胜一的《中国之旅》出版后，在日本引起了相当大的轰动。许多人在读了这本书后，第一次知道战争期间日本军队在中国做了什么。但是这本书也引起了日本右翼势力的极大恐慌。

本多在书中曾说：“日本人知道南京大屠杀，一般是根据战后东京的军事审判。关于那一审判，公开发表了一些记录。但是，我从来没有想过能够在南京对被害者进行直接的调查。”在他的书中，详细记录了当时对4位南京大屠杀亲历者的访谈内容。43岁的姜根福在讲述南京大屠杀时，介绍了两名日本少尉进行屠杀比赛的情况，而本多也将这一情况记录下来。其实，关于此，在1937年12月13日《东京日日新闻》（《朝日新闻》前身）上也有记载，是由浅海和铃木两名特派员报道的。但是，本多的书在日本出版后，两名少尉的遗属却认为本多书中叙述的事情子虚乌有，竟对本多和朝日新闻社提出诉讼，要求报社和本多向他们谢罪并予以赔偿。

2005年8月24日，东京地方法院对诉讼做出判决，认为原告所谓的本多的著述“一看就是虚构的”理由是不充分的，所以对原告提出的诉讼不予受理。原告不服，接着又向东京高等法院提出诉讼，而东京高等法院在2006年5月24日表示支持一审判决。原告继续向东京最高法院提出诉讼，同年12月22日，最高法院继续支持一审结果。而日本学者也找到了新的证据：两名军人其实后来在自己的家乡——鹿儿岛的小学校中讲述战争经历的时候，还曾公开说自己就是“百人斩”的“主体”。[①] 这样一来，虽然经历了反复的诉讼，但那些质疑的意见不仅没有影响本多胜一的声誉，反而使更多的人了解了历史的真实。

本多在后来总结自己撰写《中国之旅》的体会时谈道：

> 以前虽然写过许多的报道，但这次报道产生的各种反响是前所未有的。报纸杂志连载，出版单行本专著，等等。因为这本书报道的内容都是中国方面的视角，即对中国方面的当事人进行采访后写出来的。如果对同一事件在日方也有有关的资料或当事人的话，我也尽量地进行全面的介绍。而且还欢迎对有关的事实提供证言。[②]

受到本多胜一的影响，在其采访报告及《中国之旅》发行后，陆续有一些关于南京大屠杀目击者的证言发表出来。例如：在1971年《潮》这一杂志中刊载了《被掩盖的南京大屠杀的记录》；在1971年《丸》这一杂志中陆续刊载了畑俊六的《确实进行了南京大屠杀么?》和铃木二郎的《我目睹了“南京大屠杀”》；在1971年《周刊·朝日艺能》中刊载了太平洋战争研究会的文章《南京屠杀中的日本士兵们》；1972年《每日周刊》中刊载了三留理男撰写的《中国报告（最终回）——冷酷的杀尽作战南京大屠杀》；等等。

三 从加害角度思考战争责任的和平团体

在日本社会关于战争历史认识发生变化的过程中，也相应地出现了各

---

① 秦郁彦「南京大虐殺について調査」『政経研究』第42卷第1、4册，2006年。

② 本多勝一『中国の旅』300頁。

种和平团体，这些团体的积极努力也进一步促使日本人的战争认识发生变化。

1950 年代开始，日本的反战、反核、和平运动从遭受原子弹爆炸的广岛、长崎起步。原子弹“被爆体验”是战后和平运动的出发点。这一时期建立的许多团体，以反对核武器、核试验为目标，应当说有其合理性，但是也有片面性。所谓合理，是指反对使用核武器的出发点基于“战争残酷”的认识，具有和平倾向，与日本战后的“和平宪法”是一致的。所谓片面，是指仅仅站在原子弹被害立场上的反战，不能得到世界各国民众的广泛理解与支持。

从 60 年代起，日本民众出于对和平的向往和对《日美安保条约》的反对，在和平运动与民主主义运动相结合的基础上，又建立了相当多的以维护日本“和平宪法”为宗旨的和平组织，包括至今仍活跃着的保卫日本“和平宪法”第 9 条的组织——“九条会”。民主主义本来是在美国的占领政策下起步的，但是由于冷战的需要，美国并不期望日本的民主主义运动走上正常的轨道，而力图将其拉到美国的战略目标上。但是，由于和平运动的发展与壮大，在某种程度上影响了日本的民主主义运动，以至于战后日本的左翼运动中，和平运动占有突出的地位。这样的和平团体有可能反思日本的战争加害责任，如前文所提的“越平联”等。

随着讨论战争责任和战后责任在日本社会的深入，一些和平团体的影响力扩大了，也有一些新的和平团体建立起来，其中就包括专门针对日本的战争责任认识而建立的“中国归还者联络会”（简称“中归联”）。

“中归联”是 1957 年在日本成立的和平团体，其成员是原来作为日本战犯在中国的战犯管理所中改造，在 1956 年被陆续释放回日本的旧军人。

作为促进中日友好的团体，“中归联”除了与其他促进中日友好的和平团体一起进行和平活动外，还从事一项只有他们才能进行的重要工作，那就是以现身说法的形式揭露日本侵华战争的侵略性和罪恶。“中归联”的成员在自己的家乡经常与各和平反战团体举行集会，在会上讲述战争经历，控诉军国主义的毒害，揭露战争的罪恶行径，他们将这样的活动称为“证言”活动。当时日本社会还没有完全从战争的阴影下走出来，而右翼势力也刚刚挣脱了战后美国的占领压力，活动十分猖獗，所以“中归联”与日本右翼时常针锋相对。

不久，光文社发现了“中归联”的活动，而且敏锐地意识到：“中归联”的成员作为战争的亲历者，而且又有在中国被改造的经历，他们的“证言”对日本人全面认识战争很有意义。于是，该出版社找到了“中归联”本部，建议将“中归联”成员在社会上讲述的“证言”整理出来结集出版。这当然也与“中归联”的目标不谋而合。于是，首批15篇文章汇集为1957年出版的“中归联”成立以来的第一本书——《三光——日本人在中国的犯罪记录》(简称《三光》)。这也是战后在日本出版的第一本旗帜鲜明地站在谴责侵略战争立场上的著作，向日本社会介绍当年日军的残暴罪行，而且其中提到的每个事件都真实可查。此书甫一出版即在日本社会产生了极大反响，据说仅20天就售出5万册。①

《三光》一书之所以在日本社会产生极大的反响，是与日本当时的社会现状分不开的。在50年代初的那一段时间，许多反映乙、丙级战犯的图书在日本相继出版。例如集中了701篇军人遗书、遗言的《世纪的遗书》，企图通过那些阵亡军人出征前的“豪言壮语”，唤起日本人的“悲情意识”，曾在日本社会产生了很大的反响。又如集中了东京审判中战犯的回忆，以巢鸭监狱的名字命名的《巢鸭新闻》，在日本甚至再版将近200次。在这些出版物中，作者和编者都是站在战争“受害者”或者“牺牲者”的立场上，鼓吹所谓“大东亚战争”对亚洲的“解放”，强调自己的战争被害而回避战争加害，对战争丝毫没有反省。甚至有的人还气势汹汹地批判东京的国际审判，叫喊审判是“胜利者对失败者的审判”，喋喋不休地控诉审判的不正当性。

但是，与那些图书立场完全不同的《三光》的出版，让许多日本人第一次知道了日本军队在战场上究竟做了什么，让人们了解到了日本军人在战场上令人可憎的面目。这本书犹如清凉剂，使许多人从被鼓吹的战争狂热中清醒过来。许多普通人也第一次知道：原来还有与从巢鸭监狱出来的人立场完全不同的战犯。② 日本右翼与保守势力在冷战开始后借机对侵略战争历史进行大肆翻案，《三光》一书的出版，是对这一势力的有力打击，由此也激起了右翼与保守势力的强烈反弹。两个月后，属于右翼势力的

---

① 『帰ってきた戦犯たちの後半生—中国帰還者連絡会の四十年』36頁。

② 『帰ってきた戦犯たちの後半生—中国帰還者連絡会の四十年』39頁。

“护国青年社”的暴徒以暴力袭击光文社，迫使光文社负责人神吉晴夫停止了《三光》一书的发行。但是，新读书社将此书更名为《侵略——在中国的日本战犯的自白》，在1958年七七事变纪念日的时候重新出版。右翼势力的反对不仅没能阻止这本书的发行，相反却为这本书发行打了“广告”。因此，《侵略》一书出版后仍旧获得了良好的销售业绩，一个月售出25万册。[①] 通过在日本国内的斗争活动，“中归联”的成员受到了极大的鼓舞。他们意识到，右翼势力越是反对，就越要与他们针锋相对的，只有不断推出新书，才能争取更多日本民众的理解与支持，才能获得日本社会的认可，通过揭露战时日本的加害行为促使日本民众思想改变，从而推动日本社会的前进。

到20世纪末，中国归还者联络会出版发行的图书书目如表5-1所示。

表5-1　1950年代至20世纪末“中归联”出版的图书书目

发行时间	书名	作者	出版社
1956	战犯	野上今朝雄	三一书房
1957	三光——日本人在中国的犯罪记录	中归联	光文社
1958	侵略——在中国的日本“战犯”的自白	中归联	新读书社
1972	我们在中国做了什么？	西谷实	侵略史研究会
1973	望乡——我是侵略中国的战犯	横山光彦	サイマル出版会
1975	侵略——从军士兵的证言	中归联	日中出版
1975	从中国归来的战犯	岛村三郎	日中出版
1977	一个BC级战犯的战后史	富永正三	水曜社
1978	战鬼——日中最前线	江先光	丛文社
1979	未被处刑的战犯	小川仁夫	日中出版
1981	难以泯灭的记忆——活体解剖的记录	汤浅谦口述，吉开那津子记录	日中出版
1981	枪剑与人偶——日中战争最前线	江先光	丛文社
1982	新编·三光	中归联	光文社
1983	慰安妇·秀云	江先光	丛文社
1983	白云与钢筋——诗集	佐藤荣作	出版实行委员会
1984	完全版！三光	中归联	晚声社

① 步平、王希亮：《战后五十年日本人的战争观》，黑龙江人民出版社，1999，第26页。

续表

发行时间	书名	作者	出版社
1984	一千名战鬼	江先光	丛文社
1985	菊花与日本刀	鹈野晋太郎	谷泽书房
1985	坠入地狱——宪兵少尉土屋芳雄	长冈纯夫	日中出版
1986	一名宪兵的记录	土屋芳雄	朝日新闻山形支局
1987	我们在中国做了什么？——日本“战犯”的记录	中归联	三一书房
1988	天皇的军队（一）	中归联	日本机关报出版中心
1989	天皇的军队（二）	中归联	日本机关报出版中心
1991	天皇的军队（会员供述记录）	本多胜一、长沼节夫	朝日新闻社
1995	白狼的爪迹——山西残留秘史	永富博道	新风书房
1995	我们在中国做了什么？——日本“战犯”的记录	中归联	新风书房
1995	觉醒——抚顺“战犯”管理所的 6 年	中归联	新风书房
1996	战犯归来的后半生	中归联	新风书房

除了“中归联”，在日本还有参与更广泛一些的以战争中的学生兵为主建立的组织，即“日本战殁学生纪念会”（“海神会”）。

1949 年，当日本社会尚未完全从战败的废墟上恢复的时候，还有一本书的出版引起了社会轰动，那就是后来较有社会影响的、发行达 200 多万册的《听，海神之声》。[①] 这本书汇集了战争中阵亡的应征入伍学生（战殁学生）的笔记、信件和文章。战后初期，像这样以纪念战时阵亡人为主题的出版物形形色色。其中，这本书开宗明义地强调：“再也不要因战争而流血，再也不要发生新的战争”，没有把主旨仅仅停留在一般性的悼念上，因此引起了极大的社会反响，汇入了战后日本社会上上下下涌动着的反战、和平潮流。不久，以纪念战殁学生为宗旨的团体“海神会”也在 1950 年成立。从《听，海神之声》一书的出版到“海神会”组织的建立，恰好说明了战后日本社会初期对战争历史认识演变的曲折过程。

在策划编写《听，海神之声》的时候，有的人以为其目的是单纯纪念

① 《听，海神之声》，日文原名为『きけわだつみのこえ』，于 1949 年由东京大学消费生活协同组合出版部（即后来的东京大学出版会）出版，绝版后由光文社多次再版。

阵亡者，所以提出要对学生的战斗精神加以弘扬。但是策划者强调：编写这本书的理念绝不是要歌颂战争，而是要通过阵亡者呼吁反对战争，呼吁绝不能使悲剧重演。所以，收入《听，海神之声》的文章必须遵循一个重要原则，就是要从那些笔记、信件和文章中听到阵亡者建设“没有军队与战争的世界”的真诚呼唤。

从表面上看，战后日本社会的主流声音确实都在呼吁建设没有军队与战争的国家，呼吁亚洲与世界的和平。但是，要达到这样的目的，就必须正视和批判日本自明治维新以来对其他国家与民族的侵略、掠夺与凌辱，必须反对合理化、美化战争和神化战殁者的倾向。要把对战殁者的追忆、纪念与对日本近代史的反省、对其他民族的战争责任的自觉，同反战活动结合起来。而要做到这一点，就需要对长期束缚人们的军国主义思想有清醒的认识，需要对战争时期的皇国史观有分析批判的能力。[①]

策划编写《听，海神之声》，其实是对日本人建立正确的关于战争历史认识的考验，是对日本人的战争责任意识深度的考验。而“海神会”的建立则是日本民众在战争历史认识上觉悟的标志。

1960 年代开始，由于日本的右翼保守势力控制了“日本遗族会”，开始在日本社会鼓吹靖国神社“国营化”（即国家“护持”），主张将战前国家管理的靖国神社重新国有化。这反映了日本的保守势力在战后企图恢复靖国神社在战前和战争中的政治地位，从而恢复对战争阵亡者的“英灵”的评价，进而企图达到肯定日本发动侵略战争的目的。对此，日本国内出现了截然不同的态度，其中“海神会”的态度十分明确，即坚决反对靖国神社的“国家管理”。“海神会”认为：一旦实现了靖国神社的国家“护持”，就是恢复了靖国神社在战争中的特殊的国家神社的地位，合祀在那里的阵亡者也就恢复了“英灵”的身份和地位，而侵略战争的责任就可以一笔勾销，日本发动侵略战争的铁案也就可以“推翻”，日本仍然是“建设大东亚新秩序”和“抵制英美殖民统治”的“亚洲的领袖”。因此，“海神会”对自民党的议案发表了反对声明，指出：“国家权力介入神道祭祀的结果是超宗教，从而导致极其恶劣政治的发生”，“战殁学生虽然被认为是合祀在靖国神社，但是如果在靖国神社举行国家祭祀，就等于恢复到

---

① 「日本戦没学生記念会（わだつみ会）趣意書」http://www.wadatsumikai.org/info。

战时的超宗教的地位，战殁学生的灵魂也是不得安宁的”。[①]

“海神会”建立后，一直坚持这样的认识：战争是国家层面的事业，战死是因为国家的命令；而日本进行的侵略战争，与天皇、天皇制、皇国史观有决定性的关系。特别是从70年代开始，“海神会”一直在为扩大这一认识而努力。如在1978年出版了《讨论天皇制》，1989年在昭和天皇去世之际，出版了《质疑天皇制》，并发表了《请听数千万战争牺牲者的声音》的声明，强调“对天皇与天皇制战争责任的追究是重要的课题”。

随着时间的推移和战争历史记忆的淡化，“海神会”越来越感到，实现原来确立的“以纪念战殁学生为契机，让体验过战争的一代人与没有体验过战争的年青一代进行交流，共同思考战争责任，为和平而奋斗”的目标面临新的困难。特别是日本战后的历史教育逐渐淡化了关于侵略战争历史的教育，使日本的年轻人成了“不懂得战争的孩子”，“海神会”希望年轻人能够头脑清醒地批判新民族主义、军国主义以及由于经济大国而出现的“私生活保守主义”，能够将“国家”与“国益”同公共、社会、人类区分开。所以，“海神会”一直努力促使对战争具有不同经历的人们进行交流。

四　战后50年与村山富市首相谈话

1993年，日本新党领袖细川护熙与有关党派领袖协商，于8月9日组成了日本38年来第一个非自民党的七党联合内阁，结束了自民党一党专政的历史，细川护熙也成为日本历史上第79任、第50位首相。细川护熙上任后，就以前的战争性质问题回答记者提问时表示：“深刻反省过去因我国的侵略行为及殖民统治给很多人带来了巨大的痛苦与悲伤，并对此表示深深的歉意。”关于战争性质，细川首相表示：“我本人认为，那是侵略战争，是错误的战争。”由于他在发言中明确地使用了“侵略行为”和“殖民统治”这样的词语，在历代首相发言中，可以说是最深入涉及此内容的，对于历史认识问题的解决向前迈出了一大步，也可以说是为了国际社会普遍关注的、即将到来的战后50周年纪念活动做了铺垫。

日本纪念战后50周年的活动之一是计划建设悼念战争死难者的和平祈

---

① 日本戦没学生記念会『废除恶法“靖国神社法案”的声明』1974年5月20日。

念馆。祈念馆将建在东京九段的靖国神社的大鸟居对面，预算为123亿日元。这是考虑到日本还没有一个国立性质的战争纪念标志性建筑，以至于选择每年8月15日的纪念活动地点成为敏感的问题。当然，提出这一计划的前提是“悼念在亚洲太平洋战争中的殉难者和祈祷永久和平”。

但是，日本的右翼与保守组织却要求把这里设计成单独悼念日本的战争殉难者的场地，并且希望把日本遗族会的事务所也设在那里，即用国家资金来运营受命于遗族会的机构。于是，围绕建设成什么样的祈念馆，在日本社会展开了激烈的争论，以至于1995年即战后50周年的时候，祈念馆的建设仍在计划中。

进入1995年后，日本社会关于如何纪念50周年的讨论也进入白热化。此时是自民党、社会党、先驱新党三党形成的联合政府，社会党党首村山富市担任首相。他本人力图在战后50年时就日本对战争历史的态度向国际社会做出交代，但是也遇到来自右翼与保守势力的强大阻力。而这一时期也发生了许多难以预料的突发事件。一是1995年1月17日的阪神大地震，导致6500多人死亡，这是战后50年来日本最大的灾难；二是3月20日奥姆真理教教徒在东京地铁的车厢里投放沙林毒气，结果造成13人死亡和5500多人受伤。这些事件虽然都是偶然发生的，但当时各政党竞争激烈，首相处理这些事件的漏洞易被放大，作为攻击对方的口实。村山富市首相因没有及时命令自卫队前去救援而遭受批评，社会党在5月地方选举及7月参议院选举中败北。村山有意辞职，但被挽留，并改组内阁，这一情况导致国会通过态度明确关于战后50周年的决议更加困难。

根据前一年自民党、社会党、先驱新党三党联合政府成立时达成的一致意见，计划在1995年由众议院通过战后50周年决议。按照这一决议，日本方面理应对其发动侵略中国的战争和对朝鲜半岛的殖民统治做出明确的反省与道歉。但右翼与保守势力则早就组织了抵抗运动，竭力阻挠日本的反省与道歉。以自民党议员为中心组成了“战后50周年国会议员联盟”，是抵抗运动中的骨干。议员联盟针对历史问题又专门成立了历史研究委员会，反对细川首相关于战争的认识，表示要建立“正确”的关于战争的历史观。他们认为日本当时的历史教科书是形成“错误”的战争史观的根源，所以呼吁为“改正”历史教科书的记述而进行“新的战斗”。历史研究委员会事务局长、参议员板垣正（甲级战犯板垣征四郎之次子）曾说："即将迎来终战50周年，围绕着战争的历史观和历史认识的问题重新凸显出来。……这使人们再一次深刻地感到，不仅政治家，而且日本人本身的历史认识正处于严重的危险状况。同时，人们也看到了战后占领政策的影响力和以倾向左翼为基础的教育的影响力是多么的大。但是，无论从哪个角度出发，我们都必须指出：这种教育是错误的，因为它不能给下一代青年和儿童带来对本国历史的自豪感和身为日本人的喜悦。更何况它是片面地断定日本有罪，并把自虐式的历史认识强加于人。"① 可见，日本的右翼政治家也把历史认识和历史教育作为攻击的主要目标。特别要指出的是，该委员会明确提出：因为自民党冲在第一线容易引起误解，所以要让学者出面，他们负责给予资金和其他方面的支持。在这样的策略下，由历史研究委员会资助的19人就历史诸问题进行了讲演，并将讲演稿汇总成反映日本右翼关于战争历史问题认识的《大东亚战争的总结》一书。

"战后50周年国会议员联盟"还通过"日本遗族会"等组织向地方议会施加压力、收集反对意见、动员右翼团体、召开"国民大会"等一系列抵制决议的活动。自民党也与之呼应，在其决议中提出要对战争死难者进行哀悼，反对在决议中提"侵略行为"，至多提"侵略性行为"。就在国会表决之前的6月3日，原外相渡边美智雄还发表讲话，试图牵制决议的通过，他认为"日本虽然统治了韩国，但并不能认为那是殖民统治"，"日韩合并条约是在毫无异议的情况下签订的"。②

这样，日本众议院在1995年6月9日通过的决议内容为：

> 本院于战后50年之际，对全世界的战亡者及因战争而牺牲者，献上诚挚悼念。记取世界近代史上多次殖民支配及侵略行为，并认识到我国过去所做的行为，特别是给亚洲人民带来的痛苦，在此表反省之意。我们必须超越战争历史观的差异，谦虚地吸取历史教训，致力于建立和平的国际社会。本院根据《日本国宪法》持久和平的理念，在此表示愿与世界各国携手，寻求人类共同的未来。

---

① 歴史・検討委員会編『大東亜戦争の総括』展転社、1995、15頁。

② 荒井信一『歴史和解は可能か—東アジアでの対話を求めて』岩波書店、2006、6頁。

这个决议被国际舆论批评为暧昧且模糊的决议，亚洲的民众更认为无法接受。中国方面主要批评决议内容不明确，主体也不明了，并未明确指出由谁实施了殖民统治和侵略行为。韩国方面则认为决议反映了日本企图将过去的侵略和殖民统治正当化的潮流。新加坡的舆论则认为决议表现出对过去军国主义的同情甚至拥护，延续了战前的体制。其实，该决议在众议院只有230名议员投赞成票，不到议员总数的半数。所以，该决议虽然勉强通过，但在提交参议院表决时遭到了否决。①

村山富市首相深刻认识到，如果上述决议不能充分表达日本在战后50周年的决心的话，对日本的国际形象将是巨大的损害。所以他决心在8月15日以“内阁总理大臣谈话”② 的形式表达自己的观点。

1995年8月，村山富市首相访华，他前往卢沟桥事变发生地凭吊，并参观了建在那里的中国人民抗日战争纪念馆。在实现了访问后，8月15日，村山富市首相针对纪念二战结束50周年的活动发表了讲话，向遭受日本侵略行为的受害者进行了道歉，表示了积极的“与亚洲和解”的姿态，这就是有名的“内阁总理大臣村山谈话”。在谈话中，村山首相说：

> 我国在不久的过去一段时期，国策有错误，走了战争的道路，使国民陷入存亡的危机，殖民统治和侵略给许多国家，特别是亚洲各国人民带来了巨大的伤害和痛苦。为了避免未来重犯错误，我会虚心地对待毫无疑问的这一历史事实，谨此再次表示深刻的反省和由衷的歉意。同时谨向在这段历史中受到灾难的所有国内外人士表示深痛的哀悼。
>
> 今天，日本成为和平富裕的国家，因此我们会常常忘记这和平之可贵与来之不易。我们应该把战争的残酷告诉给年青一代，以免重演过去的错误。我们要同近邻各国人民携起手来，进一步巩固亚太地区乃至世界的和平。为此，重要的是同这些国家建立基于深刻理解与相

① 荒井信一『歴史和解は可能か—東アジアでの対話を求めて』53 頁。

② 根据日本的惯例，“内阁总理大臣谈话”表达的是内阁会议的决议，而首相个人意见的发表被称为“内阁总理大臣的谈话”。为使谈话具有正式的意义，当时的官房长官受命无论如何也要去掉那个“的”字，为此他走访了岛村宜伸文部大臣、平沼赳夫运输大臣、江藤隆美总务厅长官等右派阁僚，力图获得支持。

互信赖的关系。日本政府将本着这种想法，开展在研究近代史上日本同近邻亚洲各国的关系和扩大同该地区的交流这两个方面的和平友好事业。[①]

“村山谈话”可以说是对众议院决议的补充。谈话本身因为右派政治家的阻挠，将“侵略战争”改为“侵略”等，也有很多地方不够明确、较为暧昧，但作为战后表明日本政府正式态度的讲话，为其后历届日本政府所沿袭，“至今为止仍是日本政府公开见解的代表”。[②] 其讲话精神被舆论界称为“历史性的村山谈话”。在那之后，村山首相又专门对来访的《人民日报》记者郑重表示：“痛切反省由于我国的殖民侵略对中国人民造成的巨大伤害和痛苦，对此表示衷心的道歉。”这是日本首相第一次就日军侵华的战争责任明确表示道歉。

1995 年 8 月 31 日，村山富市首相为纪念战后 50 周年，还发表了关于“和平友好交流计划”的谈话。该计划中提出要组织中日两国学者共同对历史问题进行研究，并为此设立基金，而作为共同研究的前提，首先在日本设立“亚洲历史资料中心”。

根据内阁会议的决定，对战前公文档案的主要收藏机构国立公文书馆、外务省外交史料馆、防卫厅防卫研究所图书馆收藏的从明治初期到太平洋战争结束为止的有关亚洲的资料进行数字化，在日本国立公文书馆中设立相对独立的机构，利用现代化的技术手段，将日本明治维新以来的包括内阁，外务省，陆、海军省的与亚洲近邻有关的档案文献数字化，并公布在网上，建立可以实现资料共享的数字化档案馆。

“亚洲历史资料中心”将数字化的资料整理上网，提供检索的平台。自 2001 年 11 月中心设立以来，每年公开 15 万—20 万件资料，共 200 万—300 万页“画像”。到 2014 年 4 月为止，资料公开数量达到 190 万件，计 2810 万页“画像”。

日本“亚洲历史资料中心”的建立，方便了研究者对近代日本历史的研究工作。

---

① 竹内実、21 世紀中国総研編『「必読」日中国交文献集』蒼蒼社、440—441 頁。

② 『毎日新聞』2005 年 2 月 12 日。

第四节 围绕战争历史的教育和历史教科书

1945 年 10 月起，盟军总司令部陆续发表了关于日本教育的四大指令，对于摧毁日本天皇制的法西斯教育起了重要作用。从此，天皇的《教育敕语》被废除；作为宣扬军国主义、极端的国家主义和神道思想的主要工具——修身课——被停止；军国主义和超国家主义思想被禁止散布。[①] 但是，在日本根深蒂固的“皇国”史观当然不肯轻易退出历史舞台，因此，围绕教科书制度与教科书内容的斗争便贯穿了战后整个日本社会的发展过程，出现了日本教科书的“改善”和“改恶”这两个截然相反的发展方向。

一 从“国定教科书制”到“教科书审定制”

战前日本的教科书是由政府负责编写的“国定教科书”，本来就充斥了军国主义教育内容。在战时体制下，日本政府要求对国民的军国主义教育须进入特殊的阶段，所以，在这一时期教科书直接地鼓吹战争，当时社会上流传的各种政治口号在教科书中都有体现，关于战争总动员的口号充斥了教科书：把战争称为“大东亚战争”，称为“圣战”，而在战争中死亡的军人就是为天皇献身的“英灵”；“八纮一宇”也成为口号被到处使用，其实是为了给“大东亚共荣圈”寻找正统化的根据，以证明其对外侵略的合理性。各种课本中满篇都是宣扬“国威”、宣扬“神国”和宣传忠君爱国的内容，像《生在皇国的光荣》《十二月八日》《珊瑚海的胜利》等。

鼓吹战争的军国主义教育渗透到各学科的教科书，包括音乐、美术、地理等科目。在这时的音乐课本中可以看到修身、国语、历史等课本中的许多内容被谱上曲，让学生“坚定必胜的信念，意识到必须亿万人同心协力，达到大东亚战争的胜利”。在小学生的“习字”课本中，书写“十二月八日”（日本发动珍珠港事件的时间）这几个字居然成为学生们必须练习的基本功。关于地理教科书，文部省对教师的要求是：“让学生从地理上了解神所赐给的国土的优越性，从地理上把握我国处于大东亚全区域的

① 德武敏夫『教科書の戦後史』新日本出版社、1995、23 頁。

中心地位。”可以说，“国定教科书”在动员日本国民参加侵略战争的过程中，起了特别重要的作用。

战争结束后，驻日盟军总司令部针对日本过去实行军国主义教育给世界和平带来的巨大灾难，出台了一系列对日教育政策，要求日本当局修改教育内容：废止在教科书中凸显明治天皇的《教育敕语》；禁止在教科书中传播军国主义和超国家主义思想；停开修身、日本历史和地理等鼓吹侵略战争的课程；删除教科书中鼓吹天皇制和军国主义的教学内容；对教员进行甄别，把军国主义分子及反对占领军政策的人驱逐出学校和教育机关；禁唱《君之代》；禁止拜奉天皇“御像”和遥拜皇宫；等等。此后，盟军总司令部陆续发表了关于审查教师资格、关于审查教育行政官员资格、关于废除国家神道、关于停止修身课等有关日本教育的备忘录。这四份备忘录被称为关于日本教育的“四大指令”。[①]“四大指令”对于摧毁日本天皇制的法西斯教育起了重要作用。

1947 年末，根据《日本和平宪法》规定的主权在民、放弃战争的和平主义、尊重基本人权的原则，制定公布了日本的《教育基本法》和《学校教育法》及新的《学习指导要领》。由此确定了战后日本教育的基本原则。日本的教科书在这一基本原则的指导下，也开始发生变化。

在教科书制度方面，战后最大的变化是从 1948 年开始的。文部省在 9 月发表了教科书审定制度，规定教科书分为审定和国定的二元化体系，明确自 1949 年起实施审定制度，“国定教科书”逐渐向“审定教科书”转变，即原来政府把持的编写教科书的权力逐渐向民间转移，学者可以自行编写教科书。学者编写的教科书经交文部省审查合格后即可出版发行，学校根据自己的意愿从审定合格的多种教科书中选择愿意使用的一种。作为教育制度，这显然是对战前专制制度的改善。[②]

最早开始进行教科书编写工作的是由森末义彰任委员长的一个研究团体，其中有许多为中国历史学界所熟知的日本著名进步历史学家，如远山茂树等。他们决定修改 1946 年末开始作为“国定教科书”使用的中学历史教科书——《日本的历史》。

---

① 关于盟军对日教育政策的一系列指令文件，参见『戦後日本教育史料集成　第 1 巻　敗戦と教育の民主化』三一書房、1982、33—45 頁。

② 山住正己『教科書』岩波書店、1970、78 頁。

虽然文部省设立了教科书调查官和教科书审定审议会，以对提交的教科书稿本进行审定，但是比起战前和战争中的“国定教科书”制度，“审定教科书”无论从内容上还是制度上应当说都是一种“改善”。教科书审定制度的确立对于许多日本历史学者来说，实现了他们多年来向往的学术自由和教育自由的理想，于是，各种民主的研究团体、研究会如雨后春笋般地涌现，开始在编写历史教科书方面下功夫。随着日本战后和平运动的发展与和平反战力量的壮大，“国定教科书”占据的比例开始减少。表5－2的数字说明了这一趋势。

表5－2 “国定教科书”和“审定教科书”所占比例变化

年份	“国定教科书”发行量比例（%）	“审定教科书”发行量比例（%）
1949	80.2	19.8
1950	46.9	53.1
1951	19.0	81.0
1952	2.6	97.4

资料来源：德武敏夫『教科书的战后史』60頁。

可见，到1950年代初，“国定教科书”在教科书的发行量中所占比例已经微乎其微了，说明教科书审定制度已成为不可逆转的趋势。

这一时期，在推动教科书从国定制向审定制改变的过程中，以日本教职员工会——“日教组”为代表的进步组织起了极其重要的作用。

日教组成立于1947年，其成立宗旨是提高日本教职员的经济、社会和政治地位，促进教育和研究的民主化。在促进日本教育制度的改革，特别是在批判军国主义教育和皇国史观教育方面，日教组是主要力量。日教组提出的口号适应了社会潮流，所以很快成为日本最大的教职员团体，同时也招致日本右翼和保守势力的反对。1951年，由于朝鲜战争影响到日本，美国提出重新武装日本的种种主张，日本的教育工作者感到会出现新的危机。于是，日教组领导50万教师进行了积极的应对，动员教师们向学生讲述日本发动侵略战争的历史，在日本社会掀起反战、反对重新武装日本的声势浩大的运动。1953年在维也纳召开的第一届世界教师会议上，日本代表团提出了“不让我们的学生再次走上战场”的口号，还表演了以这一口号为宗旨的诗歌朗诵，感动了与会者。教师组织的这些活动，后来被统称为“和平教育”，从此，和平教育成为日本教育界的优良传统，并形成了每年召开会议的制度。1952 年，日教组提出了十条“教师的伦理纲领”。[①] 50 年代中期，针对日本右翼势力在教科书问题上的“反扑”，日教组以反对日本政府对教育的统制和保障国民的教育权为目标，带领日本教育界的进步力量进行抗争。在促进教科书改革方面，日教组是中坚力量。

日教组的活动并不局限在教育领域，事实上，许多教育问题与日本的政治和社会的发展有密切的关系。所以，日教组在保卫日本“和平宪法”，反对修改《日美安保条约》、反对越南战争、收回冲绳等运动中都冲在了第一线。

教科书制度向审定制的转变表明坚持“皇国”史观、“神国”史观的“国定教科书”的衰落；坚持科学史观和遵循唯物主义的“历史是科学”的论断，根据考古资料和经过实证研究的史实形成历史研究成果，开始取代坚持唯心主义历史观、宣扬无史实根据的日本历史教育。在关于战争责任问题的表述上，承认侵略战争的责任，批判发动战争的军国主义的新教科书的比重，也很快超过了美化战争行为、歌颂为天皇和为“圣战”献身的旧教科书。

20 世纪五六十年代，日本教育界涌现了一批积极从事科学、民主教育的教育家，如教育学方面的胜田守一、宗像诚也、宫原诚一、周乡博，历史学方面的远山茂树、家永三郎、高桥真一、松岛荣一，以及马场四郎、重松庸泰、桑原正雄、松泽聪、德武敏夫等。他们编写的各个学科的教科书在教育界获得好评，产生了巨大影响。

这一趋势必然引起右翼和保守势力的恐慌，而这种恐慌则表现在掌握教育大权的文部省制定了严格的教科书审定规则，给申请审定的教科书制造种种障碍，如给对教科书进行审定调查的教科书调查官以相当大的权力，他们的口头意见就可以决定教科书是否合格，掌握着教科书的生杀予夺大权。同时，文部省还对选择教科书的方式加以调整，力图限制最基层的学校对教科书的选择权利，而尽量将选择权集中在文部省容易控制的地方教育委员会手中。

---

① 『戦後日本教育史料集成　第 3 巻　講和前後の教育政策）』三一書房、1983、507—532 頁。

1955 年起，日本政府制定的教科书的审定标准和《学习指导要领》发生根本转变，规定把日本对中国的侵略称为“对大陆的进出”，为掩盖侵略战争的历史事实定下了基调。而根据新的教科书审查制度，80% 新编写的教科书被认定“不合格”。这被认为是对教科书的“第一次攻击”，最终导致了持续 15 年左右的教科书“冬天时代”，即教科书的“改恶”。[①]

二 家永三郎教科书诉讼

1965 年，以家永三郎为代表的日本进步力量就右翼势力把持文部省对教科书的审查向法院提起诉讼，这对日本历史教科书的“改善”起到了决定性的作用。

家永三郎生于 1913 年，1937 年东京大学毕业后即在大学的史料编纂所从事史料编纂工作，后在新潟、东京的学校教授历史。战后，他从 1946 年起担任了文部省教科书编纂委员，主持编写日本中学和高中的历史教科书。他主持编写的历史教科书曾被审定合格，获许出版。1960 年代他已经是日本著名的教育家和历史学家。1963 年，家永三郎将新编写的高中教科书《新日本史》提交文部省审定，但是被退回，1964 年 3 月再次提交文部省审定，文部省又提出 293 条修改指示。

教科书调查官对家永三郎编写的教科书提出的问题主要有：

家永三郎编写的教科书明确指出《古事记》《日本书纪》中关于日本的起源都是天皇为了使其统治正当化而编造出来的故事，而没有原封不动地把那些叙述作为历史事实来介绍。

关于战争历史的描述，家永三郎在原稿中使用了 5 幅插图说明战争给日本人民带来的灾难。

家永三郎编写的教科书对日本发动的侵略战争进行了严厉的谴责，并指出为了把战争美化为“圣战”，为了掩盖日本军队的失败和在战争中的残暴行为，（政府）不让大部分国民充分了解战争的真相，而要国民盲目地支持这些鲁莽的战争。

上述问题都被文部省指出并要求修改。

家永三郎认为文部省对教科书的审定违背了日本宪法中规定的学术和

---

① 森川金寿『教科書と裁判』岩波書店、1990、44 頁。

教育自由的原则，是对教育行政的介入，所以决定根据国家赔偿法的原则，以日本政府为对象，向东京地方法院提起诉讼。从此，家永三郎的诉讼拉开了在教科书问题上同日本政府保守倾向进行斗争的序幕。

家永三郎就教科书问题向日本政府提出诉讼的消息，通过媒体立即传送到各地，在日本教育界乃至全社会引起了相当大的震动。日本各界正义进步的人士、团体受到极大鼓舞，家永三郎的诉讼也迅速得到日本社会广泛的支持。家永三郎提出诉讼 4 个月后，在日本成立了“支持教科书诉讼全国联络会”，联合支持家永三郎的组织团体和个人，并且规模不断扩大，形成了声势浩大的斗争。

诉讼刚刚开始，文部省又将家永三郎 1965 年编写的教科书审定为不合格。于是，家永三郎决定不妥协，于这一年 6 月就文部省的审定违宪和违法提出第二次诉讼，要求撤销不合格的结论。

进入 80 年代后，日本政府再次修订审定规则，严格审定标准，对家永三郎的教科书提出了多达 420 处的修正指示。家永三郎于 1984 年 1 月第三次以日本政府为对象提出违宪和违法的诉讼。这样，从 1965 年起，家永三郎在教科书问题上以日本政府和文部省为对象提起了三次诉讼。

三次诉讼在东京地方法院、高等法院和最高法院分别进行，每一次诉讼都需要经历初审、二审和终审三次判决，各次判决的结果不尽相同，在日本社会造成了相当大的影响。直到 1997 年 8 月 29 日日本最高法院对第三次诉讼做出最后的判决，整个家永三郎教科书诉讼才告结束。大概连家永三郎也没有想到的是，这一斗争从 1965 年开始，一直持续了 32 年。

家永三郎第一次提起诉讼时的原告证人是原东京大学校长南原繁和东京大学教授宗像诚也，两人都是日本社会的名流，在教育界享有很高的声誉。在战争期间，南原繁作为东京大学的教授就曾经从学术上反对作为军国主义理论基础的超国家主义观念，后来还曾经为终止战争而努力过。战后，他出任东京大学校长，积极推动教育改革和学校制度改革，提倡民主主义教育。宗像诚也战后在东京大学教育学部担任主任教授。他主张学术研究必须走出学校和书斋，面向社会，强调理论与实践的统一，反对霸权，尊重人的尊严。在日教组组织的教育研究大会和国民教育研究所的活动中，他一直是骨干。

1970 年东京地方法院判家永胜诉后，文部省的审查有所缓和，教科书关于日本侵略事实的记载有所改善。从1974年起，部分中学和高中的历史教科书中开始有了关于南京大屠杀的记述，之后记述日本侵略罪行的教科书也越来越多。

家永三郎提起第二次诉讼后，由东京大学史料编纂所松岛荣一、法政大学附属第二高中教谕吉村德藏为之作证。此外，为了发动日本关西地区进步力量对家永三郎教科书诉讼的支持，以得到法官杉本良吉的支持，审讯在京都地方法院进行，关西当地的学者参与作证。

1970年7月17日是家永三郎第二次提起的教科书诉讼一审判决的日子，因为审判长是杉本良吉，所以被称为“杉本判决”。判决书在开始部分就明确指出：

> 国家对于教育的责任是为国民教育创造各种条件，但是基本不允许介入教育内容；教育内容并不像一般的政治那样以政党政治为背景，不能采用少数服从多数的原则。
>
> 接受家长的委托而从事教育工作的教师为了使其研究的结果被学生理解，必须培养学生的认知能力、思考能力和创造能力。所以必须保障教师的研究的自由，同时尊重教育和讲课的自由。从这一立场出发，国家单方面要求教师必须使用某种教科书，限制教师选择教科书的自由，强行通过《学习指导要领》给教师施加法律上的约束力，都是对教育自由的侵犯。
>
> 现行的教科书审定制度还不能说是违宪，但是如果错误地运用而使审定涉及教科书的思想内容，那就是违宪了。
>
> 根据《教育基本法》第10条，教育行政如果对教育课程等教育内容的介入超过一定的限度，就属于不正当，是不允许的。而教科书审定，应当只涉及教科书技术性的错误，而不应涉及其记述的内容。[①]

正是基于上述原则，杉本法官认为文部大臣违背了《日本和平宪法》第21条第2项和《教育基本法》第10条，要求文部省撤销对家永三郎的

① 步平主编《中日历史问题与中日关系》，第216—217页。

审定指示，判决家永三郎胜诉。①

杉本判决对日本进步力量的鼓舞极大，在判决宣读后的17日下午，东京律师会馆举行了集会，庆祝胜利。会上，许多人发言，认为这是国民的胜利。日本的各大报纸也纷纷报道了这一消息。相反，自民党和保守派的政治家们对这样的判决感到吃惊，文部大臣坂田道太连预定的记者招待会也没参加，就赶回自己的办公室。

家永三郎的教科书诉讼和杉本判决对日本进步的和平教育影响是巨大的，鼓舞和坚定了许多人的斗志和决心。更重要的是，这一诉讼促进了日本社会对于战后道路的深刻思考。在那之后，尽管诉讼遇到了许多挫折和困难，但是支持家永三郎的队伍在不断壮大。

关于南京大屠杀问题，在家永三郎提出第二次诉讼的杉本判决后，有的教科书就开始记述。

1980年，家永三郎将全面改订的教科书《新日本史》交付审定，教科书审定审议会给他提出了420条审定意见，被确定为“附带条件的合格”。其实，那些意见中的大部分是对历史的歪曲，家永三郎无法接受。1982年，在日本政府提出了“近邻国家原则”后，家永三郎再次将《新日本史》提交文部省审定，但是没有被受理。1983年，家永三郎再次提出审定的申请，经过审定后，《新日本史》被确定为合格，但被提出70处修正指示。

家永三郎认为文部省在三次审定过程中有大量的违宪、违法行为，而且1982年不予受理也是不合法的，因此再次以政府为对象，提起了第三次诉讼。这次诉讼是对教科书第三次攻击的正式反击。

家永三郎这次全面改订的教科书被文部省提出修正的问题主要涉及天皇制问题，对幕末维新时期“草莽队”的叙述，以及日本的侵略战争等。

关于南京大屠杀事件，家永三郎编写的教科书是这样记述的：“占领南京后，日军杀害了大量中国军民，被称为南京大屠杀。”但是审定审议会的修正指示认为：“这样写，就会让人理解为（日本）军队是进行了有组织的屠杀”，但实际上“多数的中国军民是在混乱中被杀的”。

关于南京战役中日军对妇女的暴行，家永三郎的原稿是这样写的：

---

① 森川金寿『教科書と裁判』岩波書店、1990、36、37頁。

“日军在占领南京之际杀害了大量中国军民，有不少的日本官兵强奸了中国妇女。”但是修正指示说：“军队士兵对妇女的暴行是世界共通的现象，不要专门说日本军队。”

关于关东军七三一部队和在南京以外地区对妇女的暴行，家永三郎的原稿在“关于对中国的侵略”部分有如下的注释：“……日军在各地杀害居民，烧毁村庄，强奸妇女，对中国人的生命、贞操、财产造成了难以计数的莫大的损害。另外，在哈尔滨市的郊外设立了名为七三一部队的细菌战部队，对数千名以中国人为主包括外国人俘虏进行了活体实验后加以杀害，这一暴虐的行为持续到苏联对日开战。”而修正指示则称：“关于七三一部队问题，目前还没有值得信赖的学术研究成果、论文和专著发表，所以在教科书中反映为时尚早。”修正指示还要求将文中的“贞操”一词去掉，理由仍然是：“军队士兵对妇女的暴行是世界共通的现象，不要专门说日本军队。”

关于冲绳作战，家永三郎的原稿写道：“冲绳县成了地面战的战场，以老人和儿童占多数的 16 万人死于非命，其中不少是被日本军人杀死的。”而修正指示认为：“冲绳县民的牺牲中，确实有不少是被日本军人杀死的。但是集团自杀是最多的，必须把集团自杀的情况加上，才能表现冲绳作战的全貌。”文部省之所以强调这一问题，是因为家永教科书的记述暴露了天皇军队的残忍，不仅对亚洲各国的人民犯罪，甚至对本国国民也实施了残暴的屠杀。而强调写上“集团自杀”，则是鼓吹日本人的“尽忠报国”。

家永三郎第三次提起的诉讼，在时间上同前两次诉讼交错在一起，所以法庭上做了多次辩论。围绕这些辩论，日本社会对于教科书问题有了更加深刻的认识。特别是在家永三郎先生的带动下，有更多的人加入与右翼和保守势力否定侵略战争责任的行为做斗争的行列中来。筑波大学附属高中教谕高嶋伸欣先生也提出了与家永诉讼相呼应的要求国家赔偿的诉讼。

高嶋伸欣先生从 1980 年开始就参加了编写高中现代社会教科书的工作。1992 年，他参与执笔编写 1994 年使用的《新高校现代社会》教科书。在审定之后，他所承担的部分几乎全部被加上了修正指示，要求他必须修改。但是，高嶋伸欣先生对大多修正指示并不认可。

例如，教科书原稿在《报道天皇》的标题下谈到了 1989 年天皇故去时候的情况，说当时媒体组成了特别报道组，进行了异乎寻常的报道。这本来是事实，说明了当时社会的实际情况。但是修正指示认为："题目的内容整体不明确，选取的素材也不确切"，"对昭和天皇用'死去'一词不合适"。

再如，教科书认为日本在战争中给亚洲各国造成了巨大的伤害和牺牲，而关于这一责任的认识，日本人与亚洲各国人民之间还有相当大的差距。为此，教科书强调要减小与亚洲各国人民的认识差距，在说明这一主张，分析日本与亚洲各国认识差距产生的原因的时候，教科书指出福泽谕吉的"脱亚入欧论"，是日本侵略亚洲合理化的理论基础。这样的认识本来是科学的、准确的，但是修正指示认为"不确切"。

还有，教科书在讲述日本应如何得到亚洲各国的理解的时候，举了日本向海外派出扫雷艇的例子，认为当时日本向外派遣扫雷艇，应当征求东南亚各国的意见，争取他们的理解和支持。因为日本没有那样做，所以引起东南亚一些国家的批评。而修正指示则说："派遣扫雷艇是为了我国油船的安全，没有必要征求东南亚各国的意见。教科书那样说，不是过于屈尊下就了吗?"

从上述文部省的审定意见来看，教科书所反映的问题已经不只是恢复"神之国"、鼓吹军国主义、美化战争的老问题，而且涉及当代日本在国际社会中的地位与形象的新问题。但是两类问题是有密切联系的，在现代和当代历史的教育上，右翼和保守势力竭力通过教科书向日本的年轻人灌输渗透"神之国"和军国主义的思想。

家永三郎的第三次诉讼提起后，一审判决家永部分胜诉，东京高等法院二审时对家永三郎提出的文部省对教科书中的8处地方审定违法的要求再次判决，认定文部省在3处地方的修正指示是违法的，即关于"草莽队"的问题、关于南京大屠杀问题和关于日军对妇女的暴行问题。对于其他问题，东京高等法院也提出了意见。

关于南京大屠杀问题，法院的判决是：

> （经文部省）改正以后的最终记述是用"在激昂的情绪中日军杀害了中国军民"这样的说法解释被称为南京大屠杀的事实真相。学术界以前关于南京大屠杀的研究是重视掌握杀害的数字以及屠杀的对

象、理由、实态，在各种说法中有一种认为是由于中国军民的抵抗而激昂起来的士兵才不顾军官的制止大杀出手的，的确有很难否认的证明资料。但那只不过是说明了所谓南京大屠杀事实真相的一部分。至少在审定的当时，学术界可以说并不是全部或者大部分可以用“激昂”来说明叫作南京大屠杀的杀人行为。本来，教科书原文记述除了关于时期一点外，并未涉及杀害的原因、实态，只以“杀害了”这一客观的事实而记述，对此，（文部省的意见）为把握整体的关于杀害的理由、实态，却在记述中加入“在激昂的情绪中”，以此来说明被称为南京大屠杀的事实真相。对于重要的问题，只依一方面的事实而说明全部的问题，并修改教科书的记述，这是放弃了审定基准，导致“利用了片面的不充分的见解，对未确定的事物加以确定的记述”的结果。因此，附以修正意见是在其判断过程中明显的重大失误，离开了文部省的裁定权范围，也是违法的。

关于日军对妇女的暴行问题，法院的判决是：

如（文部省）意见所说，在战争行为中士兵污辱妇女的行为是古今东西所共通的现象，但尽管如此，这毕竟是应予谴责的非人道的行为。在近代战争中特别强调了尊重个人的人格、人权，对侵害妇女贞操的行为严加谴责，对于战争时对俘虏、非战斗人员人权的保护已为国际规范所重视。但对近代以前的战斗行为与近代战争按同一原则处理显然不够合理，不考虑行为的方式及被害内容，一律称为世界所共通的现象，无论如何是不能被认为有合理的根据。

另外，修正意见是基于这样一个认识基础，即占领南京之际，日军士兵对中国妇女的侵害贞操的行为，在数量以及行为方式等方面是在通常的战斗行为中产生的，不应当特别提出来，但对照学术界对该问题的认识即可了解到：在学术界占支配地位的意见是将在占领南京之际日军士兵对中国妇女侵害贞操的行为与对中国军民的屠杀这一事件一起特别予以批判，在作为研究对象的日本军队的暴虐行为中，占领南京之际发生的情况绝不是通常的情况，学术界的这一见解是明确的。

> 文部省关于南京占领之际的论述的修正意见背离了学术界通行的认识，搞错了审定基准的解释适用，在其判断过程中有不可宽恕的失误，超越了裁量权的范围，也是违法的。[①]

东京高等法院尽管没有支持家永三郎的全部诉讼理由，但是就上述问题的判决，应当说是对家永三郎以及支持他的日本和平进步人士的极大鼓舞。

1997 年 8 月 29 日，日本东京最高法院对家永三郎的诉讼做出三审即终审判决，这是一次有决定性意义的判决。判决的结果是，在东京高等法院认定文部省在 3 处地方即“草莽队”、南京大屠杀、日军对妇女的暴行的问题上的修正指示是违法的基础上，东京最高法院又判定文部省在七三一部队问题上的修正违法。就是说，经东京最高法院最终判定，文部省对家永三郎教科书的审定有 4 处违法。

家永三郎持续进行了 32 年的诉讼，在日本社会产生了相当深刻的影响。日本的教育界以家永三郎为榜样，掀起了相当活跃的促进和平教育的运动。

家永三郎诉讼的影响，特别表现在这些年日本教科书关于侵略战争的认识和日本军队的暴行的记载上。就这些问题的记述，教科书悄悄地发生“改善”的变化。

关于从军“慰安妇”的问题，到 1994 年，日本高中的 23 种日本史教科书都已经记载，世界史教科书中也有 8 种加以记载。

关于七三一部队的问题，到 1988 年，有的日本高中教科书开始记载；而到 1994 年，多数高中日本史教科书开始记载；1997 年，至少有 1 种初中日本史教科书予以记载。

关于南京大屠杀问题，到 1990 年代初，几乎所有的高中日本史教科书都予以记载（在数字问题上有差异）；初中历史教科书，在 1997 年也有 6 种教科书予以记载（共 7 种）。

家永三郎的诉讼经最高法院的裁决后虽然可以说已经结束了，支持教科书诉讼全国联络会也可以说完成了历史使命，但是围绕教科书问题的争

---

① 以上两处引文出自『教科書検定訴訟を支援する連絡会 News』。

论和斗争并没有终结。对于这一形势，日本进步力量是有所认识的。所以在家永先生的诉讼后，以高嶋伸欣为原告方的对日本文部省的再次诉讼——“横滨教科书诉讼”又开始了。同时，该联络会事务局经过讨论，决定在1998年8月21日举行解散大会，同时倡议开展新的运动，即通过互联网把关心教科书问题的人们联结起来，组成新的“面向21世纪的孩子与教科书的全国网络”，以在新的形势下将围绕教科书的斗争坚持下去。①

第五节 日本社会关于靖国神社的争论

靖国神社是战争期间日本统治者推行天皇崇拜和军国主义的重要工具，并不是单纯的宗教性场所，它与日本所发动的侵略战争紧密地联系在一起。战后，靖国神社本身的政治立场并没有改变，但是社会地位发生了变化，日本社会围绕靖国神社的地位问题进行了激烈的辩论，这一辩论的背后，反映了日本的战争责任认识。

一 靖国神社的本质

靖国神社虽然可以被认作日本社会关于神道教信仰的宗教场所，但其实具有特殊的地位。因为与绝大多数具有悠久历史的神社相比，作为靖国神社前身的“东京招魂社”是专门为在明治维新之际为明治政府战死的日本军人建立的，是供奉和祭祀那些人的神社。战前，日本政府宣扬说：为神格的天皇或神国日本战死的人，不是一般的阵亡者，当然更不是“怨灵”，而是保卫国家的神，即“英灵”、“英魂”、“忠魂”，而那些人的整体构成“靖国之神”。② 1869年，在现在靖国神社的位置上建成了“东京招魂社”，10年后的1879年正式改名为“靖国神社”。③

从神道教的宗教信仰的角度看，日本是所谓“多神并存”的国家，号称“天地神祇八百万”。神道教尊崇的神首先是从古代人的信念、希望中

---

① 以上相关叙述和引文均参见步平主编《中日历史问题与中日关系》，第223—225页。

② 村上重良『靖国神社：1869—1945—1985』岩波書店、1986、51頁。

③ 靖国神社問題特別委員会編『国家と宗教：「靖国」から「津」、そして大嘗祭へ』日本基督教団出版局、1978、4頁。

自然产生的理想之神，那就是日本神话中的神。另外则认为凡是得益于日本风土的人以及日本土地上的万物皆可成为神。所以，从自然的角度看，日月星辰、山川土地、风雪雷电、草木花卉，包括人造的弓箭刀枪等均可成为神；从人的角度看，天皇当然是神的化身，此外有专司学问的神，有专管耕种的神，有保护航海和渔业的神等诸多的人格神。各个时代的敬神标准不同，所以神的数量在不断地增加，神社就是安放那些神并供人们参拜的场所。目前，日本的神社有 8 万座左右，与佛教寺院的数量大体相当。通过宗教的载体聚拢民众力量。

作为单纯的宗教意义上的神道教或神社本来是人类社会发展中的很自然的现象，对神社中神的祭祀也很正常。但日本明治维新后才建立的作为神社之一的靖国神社，则与普通神社不同。对于在靖国神社问题上引起的风波，需要从其产生背景及在历史上的作用的角度进行深入的考察。

原来，在神道教的教义中，还有一种说法，那就是非正常死亡（包括战死）的人是不能成为神的，而是“怨灵”。“怨灵”会给人世间带来瘟疫、灾难等。按照这样的说法，明治维新后的日本政府就遇到了新的问题。因为在明治维新期间，有许多站在天皇和明治政府一方的军人在内战中战死。如果不给这些军人以适当的名分，显然是很不利于天皇权威的建立和日本“国体”的强化的。于是，在 1869 年，即明治维新后的第二年，就由当时日本近代陆军的创始人，时任军务官副知事的大村益次郎主持，在东京都千代田区九段建立了“东京招魂社”，为在天皇地位的强化中献身的日本军人进行大规模的招魂仪式，这就是靖国神社的前身。

日本明治政府认为站在政府一方作战阵亡的军人是为日本天皇牺牲的，即为日本国家牺牲的，所以规定靖国神社由国家管理。靖国神社占地面积相当大，28 米高的“鸟居”（神社入口处的典型标志）号称是“日本第一大鸟居”，在靖国神社中，有参拜用的拜殿、本殿，有存放阵亡者名册——“灵玺簿”的奉安殿，还有大量的附属设施，特别是面向日本国民进行战争教育的展览馆——“国防馆”（现在的“游就馆”），由阵亡者家属——遗族——使用的靖国会馆等。在靖国神社中每年举行例行的祭祀仪式：将新阵亡的军人“合祀”进靖国神社，对供奉在神社中的“英灵”进行参拜，使“靖国之神”的观念深入日本民众心中。因为“靖国之神”是保卫日本和天皇的神，所以在举行仪式的时候，天皇和政治首脑一般都要参加，并将那些仪式以法令的形式制度化，成为国家性的政治活动。①

由此可见，靖国神社是与天皇制度的确立有密切联系的事物，是明治时期的创立者在实施维新、迈向近代化的过程中，为了统一国民的意志和完成民族的认同而创造的一种精神工具，是同战争有密切联系的。由于有上述的历史背景，所以靖国神社实际上就是明治政府的“国家宗祠”，战争的阵亡者是否可以进入靖国神社，则以是否对天皇忠诚为唯一的评判标准。靖国神社从建立起就由日本陆、海军省和内务省管理，使用国家的经费，并且可装饰以皇室专用的16瓣菊花纹章。在日本的神社中，只有与天皇有直接关系的如明治神宫或供奉天皇的祖神——天照大神的伊势神宫才有这样的特殊待遇。这说明天皇、国家、靖国神社融为一体，神道教也就不再是一般的宗教，而成为有特殊地位的宗教——“国家神道”。②

靖国神社作为国家管理的神社，与天皇制度结合，大大突出了神道教的政治地位，使其高居于其他宗教之上，同时也为政治与宗教的结合创造了条件。随着战争时代的开始，对天皇的崇拜和军国主义的强化，靖国神社的地位得以进一步突出，神道成为对日本举国上下有巨大影响的宗教，即成为“国教”，政治与神道就此紧密结合起来。

二　靖国神社在战争中的地位

明治维新后，日本发动甲午战争、占领台湾、参与八国联军对中国的侵略、发动日俄战争、出兵西伯利亚干涉十月革命等，直到1931年发动九一八事变，继而在1937年扩大侵华战争，1941年又发动亚洲太平洋战争。在战争期间，日本各地的神社都是祈祷胜利和祈求日本军人出征“武运长久”的场所，而那些阵亡者，则作为为天皇和日本以及“圣战”献身的“英灵”，通过郑重的仪式，被隆重地合祀在靖国神社中。特别是自1931年后，由于日本发动的侵略战争规模扩大，阵亡人数急剧增加，日本政府需要强化军国主义宣传，征用大量日本人进入军队。为了欺骗和愚弄社会舆论，政府和军队通过要求民众参拜靖国神社而宣扬为天皇牺牲的“靖国精

---

① 日本遺族会編『英霊とともに三十年：靖国神社国家護持運動のあゆみ』日本遺族会、1976、65頁。

② 国民文化会議［ほか］編『知るや「靖国」知らずや「英霊」：公式参拝・国家護持とは何か？子どもがねらわれている』国民文化会議、1985、36頁。

神”。随着日本国内法西斯势力的膨胀和对国家控制力的加强，国家神道也就成为国教，靖国神社在日本社会生活与政治生活中的地位越来越重要。

在战争期间，靖国神社每年的“例祭”与“合祀”活动大大增加，天皇或政府首脑也频繁地参加，通过电台向全国进行实况转播，竭力在日本青年人的思想意识中培养为天皇献身、为国家献身的精神，向日本的年轻人灌输“死后进入靖国神社成为‘英灵’”的荣誉感。在靖国神社进行的教育与在日本军队中及在学校中进行的军国主义的教育是密切相关的。在当时的课本中，也有为靖国神社专门编写的内容，并且把供奉在靖国神社中的日本军人的事迹编入教材，宣扬他们从年轻时代就树立起的为天皇献身的精神，也鼓吹死后进入靖国神社受到天皇参拜的光荣。靖国神社声称：日本是世界上有绝对优越性的“神国”，具有领导世界的责任，而天皇是神的后代，所以以天皇的名义进行的战争都是“圣战”，参与“圣战”的人，无论其以前的行为善与恶，是与非，只要是为“神格”的天皇或“神国”日本战死的就是“英灵”，都会被合祀在靖国神社。因此，靖国神社成为鼓吹军国主义思潮的重要阵地，而且随着战争规模的扩大和社会参与的深入，其作为军国主义宣传工具的作用越来越大。

但是，作为国家神道重要阵地的靖国神社带来的问题也日渐突出。1931 年九一八事变和 1932 年一·二八事变后，在靖国神社举行了“满蒙、上海事变阵亡者合祀”的临时大祭，日本政府要求东京各学校的学生都要在军事教官的带领下前去参拜。当时，属于基督教系统的教会学校的学生曾经表示反对，认为参拜靖国神社不符合基督教教义。但是文部省下达命令称，参拜靖国神社是出于教育的目的，旨在“培养”学生的爱国与忠诚。要求不分任何宗教信仰，均必须参拜。于是，对靖国神社的参拜成为政府规定的全社会性的活动，靖国神社从形式到内容完全成为日本政府鼓吹战争的御用工具，它有别于其他的神社，是国家的祭祀场所，脱离了单纯的宗教性质。①

伴随战争的扩大，阵亡人数的增加，靖国神社中的活动愈加频繁，在每年的例祭之外还要举行多次特别的祭祀，不断地把阵亡的日本军人合祀到靖国神社，并通过种种“慰灵”仪式鼓动日本的年轻人加入军队，加入

① 大江志乃夫『靖国神社』岩波書店、1984、76 頁。

为天皇献身的行列。另外，在靖国神社中的国防馆中，还展出了阵亡者使用过的武器、用具及遗书等。在靖国神社中每举行一次仪式，就是一次对日本年轻人进行的军国主义教育。

此外，靖国神社与日本的战争遗族也开始了密切联系。日本政府为了动员更多的日本人参加战争，给战争遗族以优厚的待遇，而在靖国神社举行仪式的时候，也要邀请部分遗族代表参加，给他们提供交通和食宿。阵亡者的子女被称为"靖国遗儿"，而阵亡者的母亲则被称为"九段之母"。这些战争遗族逐渐成为日本社会上的一个特殊群体，一方面，他们的亲人在战争中阵亡，无论是在生活上还是感情上都受到了打击；另一方面，他们又成为日本政府宣扬靖国精神和鼓吹军国主义的工具。

通过日本政府的社会性的宣传和鼓动，靖国神社在日本军国主义宣传中具有极其重要的地位，下面以图 5－1 来表示。

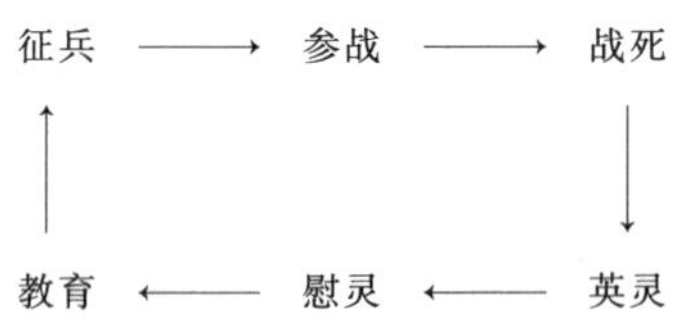

图 5－1　靖国神社在军国主义宣传中的作用

也就是说，日本的青年人一旦被征入军队，就意味着参加战争和可能在战争中阵亡。将战死的军人作为"英灵"合祀进靖国神社，通过"慰灵"对民众进行为天皇献身的教育，这是战争期间日本军国主义教育的基本路径。在这一路径中，靖国神社是重要的环节，如果缺少了靖国神社，军国主义教育的链条就会中断。所以说，靖国神社在日本的对外侵略战争中占有不可替代的重要位置。

到 1939 年，日本在侵略战争的泥潭中越陷越深，而战死的日本军人也越来越多，国内的军国主义教育也随之进一步加强。为了适应这一局面，日本政府决定在东京以外的每一都道府县都相应地建立一所与靖国神社性质相同的神社，名为"护国神社"。护国神社即靖国神社的地方版。这样，祭祀和慰灵等活动就不仅仅在东京的靖国神社举行，而在地方的护国神社也可举行，增加了宣传的范围和力度。在日本统治的中国东北地区，日本关东军在长春建立的"建国忠灵庙"，也是"护国神社"的性质。

到战争的后期，在靖国神社举行的仪式已经越来越频繁，在靖国神社"灵玺簿"中登记的日本军人的数量也越来越多。甚至在日本宣布投降后的 1945 年 11 月，在美国军队占领日本的背景下，靖国神社还坚持举行了一次合祀仪式，声称把在战争中阵亡的所有的"英灵"都已经合祀在靖国神社中了。根据最新的统计，目前在靖国神社中合祀的阵亡者数量达 246 万之多，具体为：

明治维新	7751
西南战争	6971
甲午战争	13619
侵占台湾	1130
镇压义和团	1256
日俄战争	88429
第一次世界大战	4850
出兵山东	185
九一八事变及占领东北	17176
卢沟桥事变及侵略中国	191250
珍珠港事件后	2133915
合计	2466532

三　战后否定靖国神社的国家神社地位

盟军在日本登陆后，麦克阿瑟就考虑用基督教改造日本甚至改造亚洲文化。更激进的一些人甚至向他进言，提出烧毁靖国神社的主张。麦克阿瑟在犹豫不决的时候，请许多人进行了论证，咨询了战前曾担任上智学院院长、战后成为罗马教皇特使兼梵蒂冈代理公使的德国人布鲁诺·彼德尔。彼德尔神父对麦克阿瑟说："不管是战胜国还是战败国，向为国家牺牲捐躯的人们表示敬意是他们的权利与义务……如果烧毁靖国神社的话，将会在美军的历史上留下一个不名誉的污点。……靖国神社其实是国家神道的核心。如果说靖国神社是错误的国家主义的基础的话，那么，应当废除的是国家神道的制度，而不是靖国神社本身。"①

① 袖井林二郎『マッカーサーの二千日』223 頁。

麦克阿瑟听从了彼德尔神父的劝告，保留了靖国神社。但他已经认识到靖国神社与日本政治及战争的关系，鉴于靖国神社在战争时期扮演的角色以及它在日本走向军国主义政治过程中的地位与作用，占领日本的盟军总司令部为铲除军国主义的滋生地，为防止军国主义和法西斯主义的东山再起，在占领日本的初期对靖国神社以及国家神道采取了压制和打击的政策。这一政策主要体现在 1945 年末公布的“第 68 号敕令”和“国教分离指令”。前者是针对在战争中优待军人和战争遗族的“特别援护体制”的，即取消对军人和遗族的优待；后者是针对靖国神社和国家神道的，即取消国家对靖国神社的保障和支援，切断国家与神道的联系，明确宣布“政教分离”。这样，国家神道被取消，靖国神社就失去了国家神社的特殊地位，而成为普通的宗教设施。①

1946 年，天皇发表了“人间宣言”，称自己是人而不是神，从而否定了日本的统治者长期以来鼓吹的“天皇是神”、日本是“神国”国体，同时也废除了历来关于国家神道的法令。于是，包括靖国神社在内的大量的国家管理的神社失去了原来的特殊地位，神社中的神官也失去了在政府中的职位，神道教的国家宗教地位从此崩溃了。1947 年 5 月 3 日施行的《日本国宪法》，又从法律上明确了宗教与政治分离的原则。在这样的政治背景下，“国家神道”体系最终瓦解。但是，原来有相当力量的神官并不甘心退出历史舞台，他们联合起来成立了“神社本厅”。神社本厅竭力向盟军总司令部强调神道教在日本的特殊地位和神社对日本社会的影响力，盟军总司令部于是同意将神社原来所拥有的国有土地无偿或部分有偿地让渡给神社经营，但不包括靖国神社和各地的护国神社。显然，这是因为它们在战争中的表现和影响。可以说，战后初期，伴随对军国主义的批判与清算，靖国神社的社会地位急剧下降，甚至到了难以为继的状态。日本军国主义思潮的影响尽管很深，但是在战后初期来自盟国的政治压力比较大的背景下，也不得不有所收敛，被迫接受了上述的现实。以后成为日本首相的石桥湛山曾经以无可奈何的态度发表“靖国废止论”，主张废除靖国神社。他说：“大东亚战争作为使日本蒙受万代无法抹去耻辱的战争，把国家推到几乎灭亡的边缘，丧失了我们在甲午战争和日俄战争中取得的一切

① 大江志乃夫『靖国神社』76 頁。

战果。对于在这场战争中献出生命的人们，我们很难再像过去的‘靖国英雄’那样加以祭祀，尽管这非常遗憾。”①

国家神道虽然从制度上被瓦解，但是长期影响日本社会的以天皇为中心的日本国体教义和神社中央集权性的编制并不可能立即崩溃。就在“神道法令”颁布的第二天，日本各大神社的有关神职人员便联合宣布成立“神社本厅”，以所谓“宗教团体”的形式把当时全日本的约 7800 个神社组织起来。这说明国家神道以宗教团体的名义留存了下来。靖国神社也在这样的背景下，换上宗教的外衣，争取在日本社会的发言权和影响力。

战后初期的靖国神社竭力争取日本战争“遗族”这一特殊的社会团体，因为这些人的数量超过 1000 万，在战争中曾经受到优待，参与政治的积极性比较高。这些人在战争中失去了亲人，而战后取消了对遗族的优待后，他们的生活状况与以前相比有明显的落差。开始的时候，遗族提出“自救”或“互救”的口号，要求以争取福利的目的建立自己的组织——“遗族厚生联盟”，即后来的右倾政治团体——“日本遗族会”的前身。盟军总司令部对成立的遗族会做了严格的规定：不允许从事政治活动，仅限于福利的目的；不允许提出与靖国神社有关的要求。②

但是，自以苏联为首的社会主义阵营和以美国为首的帝国主义阵营的对抗激化后，1950 年代的国际形势也发生了剧烈变化。两大阵营的出现改变了国际关系的总格局，冷战局面开始形成，各国纷纷选择在两大阵营中的位置，日本则唯美国马首是瞻。美国为了将日本建成自己在亚洲的“不沉航母”，也改变了制裁日本军国主义的立场，放松了对靖国神社的管制。靖国神社跃跃欲试，企图恢复在战争中国家神道的社会地位，而典型的表现就是通过日本遗族会要求靖国神社“国营化”（“国家护持”）。

1956 年，日本国会众议院中专门讨论对从海外撤退回来的遗族进行援助的委员会上，有人提出了思考“靖国神社国家护持”即“国营化”的问题。当时最大的两个政党自民党和社会党分别提出了关于这一问题的看法。

社会党及日本社会的进步力量都明确表示反对靖国神社“国营化”，

---

① 日本遺族会編『日本遺族通信』第 52 期。

② 田中伸尚［ほか］『遺族と戦後』岩波書店、1995、42 頁；田中伸尚「日本遺族会の 50 年」『世界』1994 年 9 月号。

认为这是企图复活国家神道的借口；自民党的多数人认为作为宗教性的靖国神社不能由国家管理，如果需要国家管理，就必须去掉靖国神社的宗教色彩与神道色彩，在这一理论基础上，自民党提出了《靖国神社法案》；神社本厅与全国神社宫司会以及遗族会等团体则坚持在靖国神社进行传统的祭祀，也就是恢复国家神道的活动。这样，关于靖国神社"国营化"问题，在日本社会基本上形成了推进派、有条件的支持派和反对派三个派别。

1966年，日本政府不顾国民的反对，制定了将每年的2月11日定为"建国纪念日"的政令，[①] 给靖国神社"国营化"推进派以巨大鼓舞。于是，遗族会不失时机地发动请愿活动，寻求了2350万人签名，要求国家经营靖国神社，并将请愿书送到了国会。

1969年4月，战争遗族的议员协议会内部形成了统一认识，在5月16日自民党总务会议上确定将靖国神社国营化议案作为自民党的提案向国会提出。6月30日，自民党向国会众议院提出了《靖国神社法案》，而这一年正是靖国神社创建一百周年。于是，围绕靖国神社"国营化"的争论，从社会转到了国会。

但是，1969年国会辩论集中于当时的《日本大学运营临时措施法案》，全部在野党都强烈反对自民党的《靖国神社法案》，而基督教团体、佛教团体、创价学会、立正佼成会及和平组织也提出了激烈的批评。所以该提案在还没有完成审查的情况下就被宣布为废案。

1970年，自民党原封不动地将《靖国神社法案》再次提交第63届国会讨论，当时正值《日美安保条约》改订。由于这是十分敏感的问题，在十年前曾经掀起了巨大的社会波澜，所以为了避免与在野党的对抗，结果与上一年一样，5月13日该法案又被宣布为废案。

1971年，自民党第三次将《靖国神社法案》提交第65届国会，虽比前两年稍有进展，在5月24日，被允许向内阁委员会就提案进行说明，但没有进行审议，依然成为废案。

---

① 2月11日是日本传说中的神武天皇即位的日子，1872年被定为日本的"纪元节"。因为这一节日与日本的"神国"思想有关，所以战后于1948年被废除了。日本保守势力从1950年代起就呼吁恢复该节日，日本政府1966年宣布将2月11日改为日本的"建国纪念日"。

1972 年，第四次提交第 68 届国会，仍未进行审议而在 6 月 16 日成为废案。

1973 年，第五次提交第 71 届国会，被田中角荣首相称为“靖国的最后的机会”。这一次以自民党干事长为首的 11 人作为提出人，而以众议院中所有的 235 名自民党议员作为赞同者，体现了一种举党一致孤注一掷的态势。但是直到 9 月 27 日国会讨论结束的时候，仍因分歧太大而被众议院冻结。

1974 年，众议院议长宣布解除冻结，继续在第 72 届国会上讨论。4 月在众议院内阁委员会继续讨论。自民党议员倚仗多数议席的优势，不顾在野党议员的抵制，在 5 月 25 日强行单独表决通过，提交参议院辩论。但是 6 月 3 日参议院会议结束，该议案第六次被宣布为废案。

在随后进行的参议院选举中，由于执政的自民党与在野党的议员比例相当，不再可能像在众议院那样强行通过《靖国神社法案》，于是自民党不得不再考虑别的方法。

在自民党持续不断地向国会提出《靖国神社法案》的时候，日本社会的各政党、团体与阶层也相继做出了回应，反对的声浪越来越高。

各宗教团体反应最迅速，特别是基督教与佛教的团体，掀起了规模很大的运动，到 1973 年，立正佼成会、妙智会、元应教、善邻会等新的宗教团体中署名反对的就有 1100 万人。① 至于基督教各团体和创价学会等大的团体的抗议就更大了。市民层面的抗议活动也很踊跃，一时间，“靖国问题”成为日本社会普遍关注的问题。不仅是日本国民，连在日本的朝鲜人的团体和亚洲其他国家的人也都关注日本靖国神社问题的发展。

① 村上重良『慰霊と招魂』岩波書店、1974、217 頁。

第六章
战后日本社会围绕战争责任认识的逆流与中日历史问题的浮出

战后日本社会关于战争责任的探讨，经历了复杂曲折的变化。战后国际军事法庭的审判和日本社会进步力量的反思，引起了日本社会整体关于战争责任认识的讨论。如第五章所述，战后初期，由于日本共产党旗帜鲜明地指出军国主义的战争责任，战争时期占据主导地位的军国主义思潮和皇国史观都受到了批判。在那之后，日本社会各阶层对于军国主义战争责任以及日本的战争加害责任的思考也朝积极的方向发展。那一时期，虽然坚持军国主义的历史认识或者对军国主义战争责任认识模糊的不乏其人，但是在美国占领军施加的政治压力下没有发表意见的空间。

冷战开始后，由于美国制裁日本军国主义政策的改变，日本社会内部在战争责任问题上本来朝向思考与反省的潮流发生了改变，日本社会的反战和平力量也开始发生动荡与变化。由于这种变化与如何认识对中国的侵略战争有直接关系，这就导致了中日历史问题的产生与激化，甚至影响了战后中日关系的正常发展。

中日历史问题典型地表现在来自日本右翼与保守势力对战后日本历史教科书改善趋势的攻击，以及推动日本政治家参拜靖国神社的问题上。

第一节　历史教科书问题与“宫泽谈话”

一　历史教科书的“改恶”倾向

20 世纪五六十年代，日本教育界进步知识分子推动了历史教科书朝认真追究侵略战争责任的积极方向改善，但是也遇到了来自保守派的抵制与攻击，围绕历史教科书关于战争描述的倾向，日本社会开始了关于历史认识的激烈争论。

日本社会的这一变化受到来自美国的影响。1949 年，美国对日本共产党的态度发生了 180 度的转变，开始攻击日本共产党，同时还针对战后日本的民主势力和教育制度出现的民主倾向。日本政府发出“整肃赤色分子”的指示，对各行各业中有共产主义倾向的人进行“清洗”。

1950 年 6 月 6 日，根据麦克阿瑟的指示，日本共产党中央委员会的 24 名委员被“清洗”。第二天，17 名《赤旗报》编辑委员被“清洗”。6 月 26 日，即朝鲜战争爆发后的第二天，麦克阿瑟发布指令，称日本作为和平民主的社会，不能容忍《赤旗报》在谈论朝鲜事态的时候有“煽动性的行为”，因此勒令其无限期停刊。[①] 此时，对共产党的“清洗”也波及其他领域。

教育界是受冲击最大的领域之一。法政大学、名古屋大学等 30 多所大学中发生了清除共产党教授的事件，日本大学的自治和学术自由遭到了严重侵犯。日教组、日本学术会议等组织都发表声明，对“清洗”表示强烈抗议，学生还举行了游行。日本著名学者、东京大学校长南原繁所领导的大学教授联合会也发表声明，指出：仅仅因为参加某一政党这一单纯的事实而被“清洗”开除，这侵犯了受宪法保障的学术自由。

1951 年 9 月 8 日，“旧金山和约”和《日美安保条约》同时签署，美国要把日本变为与苏联进行斗争的强有力的同盟国，发挥日本在美国亚洲冷战战略中的经济、军事作用。为了达到这个目的，美国通过对日和约和安全保障条约把它在日本的 500 多个军事基地的地位确定下来，强化了它在日本的军事统治地位。日本首相吉田茂在自由党议员总会上发表讲话，提出“要从物质与精神两方面强化再军备，在历史、地理教育中一定要培养作为再军备基础的爱国心”。[②]

在这样的背景下，日本的和平教育就成了保守势力推进“再军备”的重要障碍。为了打击和平教育，日本政府将日教组作为主要目标，罗列的罪名则是和平教育的“赤色偏向”，如和平教育提出的民族的真正独立是“反美、亲苏”。此外，还以一些事件为借口，镇压和平进步力量，如“京都市旭丘中学事件”就是代表性事件之一。

---

① 麦克阿瑟关于《赤旗报》无限期停刊的指令，参见『戦後日本教育史料集成　第 3 巻　講和前後の教育政策』45 頁。

② 『朝日新聞』1952 年 9 月 2 日。

“京都市旭丘中学事件”发生在1953年末。当时，个别保守派的学生家长就京都市旭丘中学把《民族独立之歌》教给学生等问题做文章，向教育委员会提出意见。文部省即以此为借口批评学校实行“偏向教育”，要调离三名教员。日教组表示抗议，要求文部省收回命令。后来因校长提交辞职书，教委宣布学校临时停课，在日教组介入管理后，恢复上课，但学校内部产生分化，持续到第二年6月正式开学。开学后，对教员的惩戒令被法院判决撤销，首相吉田茂对法院判决提出上诉，法院不予考虑。

在打击日教组的过程中，日本政府提出的原则是“保证教育的中立性”，为此还提出了禁止和限制教师参与政治活动的法案。由于当时保守派政党在国会中占据2/3以上的议席，日教组和进步教师的活动受到了限制。

自民党进一步将矛头指向日本的教科书，力图恢复教科书的“国定制”。1955年8月起，自民党在全日本范围内发行了名为《值得忧虑的教科书》的宣传册，发起了对教科书的第一次攻击，集中攻击教科书的政治“偏向”，称那些教科书是被日教组利用的“赤色教科书”。

保守党挑起的教科书风波为文部省压制有进步倾向的教科书提供了机会。文部大臣当时就表示要通过整顿法规而对之严格审定。10月，文部省以强化教科书审定为名，调整审定审议会委员。结果，许多本来已经通过民间审定的教科书被定为不合格而“清洗”了下来。

在对1957年的教科书进行严格审定的同时，日本政府向国会相继提出了三个重要的教科书法案，即：《临时教育制度审议会设置法案》规定在政府内设立内阁直属的审议会，目的是便于推行教育制度的根本改革，包括修正《教育基本法》；《关于地方教育行政组织与运行的法案》（也称《任命制教委法案》），为了使地方的教育行政朝中央集权化方向发展，废除原来经过民主选举的教育委员会，而建立由政府任命的官僚统制的教育委员会；《教科书法案》核心内容是强化教科书的审定，逐渐实现教育内容的国家统制化和教科书的“国定化”。

上述三个法案从内容上看都有很强的针对性，都明显地针对教科书的“改善”趋势，特别是后两项法案。

从1956年10月起，文部省在初等中等教育局内设立专门对教科书进行审定调查的“教科书调查官”，并赋予调查官以相当大的权力，使一批政治态度极其右倾的人把持了教科书的审定。例如，战前，日本著名的皇国史观的鼓吹者平泉澄的弟子村尾次郎就被任命为调查官。村尾次郎公开声称："我就是皇国史观论者，我就是国粹主义者。国粹主义有什么不好？"①

由于教科书审定制度发生了这样的变化，所以1958年的教科书被这些教科书调查官审定后，出现了高达33%的不合格率。这样高的不合格率，仅次于教科书审定制度刚刚开始的那一次。

进入1960年代后，两大阵营的对抗更加明显，同时日本经济迅速进入恢复后的高速发展时期。在这样的背景下，一方面，经济力量的壮大和军事力量的膨胀使皇国史观的抬头又有了新的机遇，来自美国和西方阵营的谴责军国主义的压力几乎消失；另一方面，进步力量反对日本与美国结盟的斗争进入新阶段。来自两方面的力量直接冲击日本社会，日本的教育方向也在这些力量的左右下发生新的变化。

到1959年，日本与美国在1951年签署的《日美安保条约》第一期即将结束，两国政府开始协商修改安保条约的问题。由于日本和平力量一直反对把日本绑在美国的战车上，所以，1959年3月，日本134个社会团体召开大会，自发组成"阻止修改《日美安保条约》国民会议"。到1960年3月，参加国民会议的组织达到1633个，发动民众掀起了声势浩大的"安保斗争"。4月26日，国民会议发起第15次统一行动，以"我们再也不要战争"为动员口号，发动330万人参加请愿、集会和示威，向国会递交请愿书17万封，成为日本历史上"空前的大请愿"。5月9日，国民会议又进行了第16次统一行动，提出解散国会和对岸信介内阁的不信任案。为配合美国总统艾森豪威尔预定的6月19日访日行程，岸信介政府和自民党在5月19日深夜强行通过该条约，导致"安保斗争"运动急剧高涨。6月5日，650万人举行抗议活动，6月15日，580万群众参加抗议在条约上签字和美国总统访日的活动。当晚，7000名学生冲进国会，与3000名防暴警察发生冲突，东京大学女大学生桦美智子被打死，矛盾进一步激化。条约虽然自动生效，但岸信介内阁在"安保斗争"中完全丧失了人心。

《日美新安全保障条约》签署后，日本在增强军备的道路上向前迈进了一大步。日本防卫厅则在《日美新安全保障条约》生效的背景下，加快了向日本国民进行"国防教育"的步伐，提出《关于教育的呼吁书》，强

① 德武敏夫『教科書の戦後史』106頁。

调在学校中进行“爱国心”和“保卫祖国的气概”的教育，并批评战后对这一教育的忽视。该呼吁书还指责战后日本的小学教育没有对学生进行“爱国”的积极教育，而且中学的教科书中没有关于国防和自卫队以及防卫厅的具体的、积极的介绍。

声势浩大的日本“安保斗争”虽然没能阻止条约生效，但却促使岸信介内阁下台，艾森豪威尔总统终止访日。更重要的是，岸信介进一步修改《日本和平宪法》的计划因此彻底流产。之后新上台的池田首相表示，不再考虑修改《和平宪法》的问题。“安保斗争”极大地震动了美国政府，促使其认真研究日本国内形势，重新探讨美日关系，减轻了要求日本“再军备”的压力，以缓和紧张局势。

岸信介下台后，池田内阁吸取教训，力图将国民的注意力引向经济发展，提出收入“翻番”的计划；在教育方面，提出“在经济发展中注重人的能力开发”，即强调能力教育的问题。作为具体的措施，提出要培养“社会精英”的战略。文部省根据这一情况提出，为了把日本建成国际上沟通东西方的桥梁，建成强大的国家，必须注重人才的培养，“培养社会期望的人才”。按照文部省的意见，所谓“社会期望的人才”是：作为个人是自由的；作为家庭人是具有爱心和责任感的；作为社会人是为工作献身的。实际是把忠诚教育从个人、家庭和社会扩展到对国家。文部省认为，国民爱自己的国家是当然的，日本人就应当爱日本。但是爱日本是理念上的，是抽象的，至具体层面就是爱天皇，爱天皇与爱日本是一致的。爱国与爱天皇是同一件事。这样一来，关于复活日本历史的神话教育就有了一定的基础。

关于日本是“神国”的教育，本来是日本战前配合军国主义教育和皇国史观的教育而进行的，战后已经受到批判，但是，在此政治倒退之时，这种神话教育也借机死灰复燃了。

1967 年 5 月，极端保守的右派自民党议员内藤誉三郎强烈要求文部大臣剑木亨弘在小学教育中加入日本的神话，特别是关于天皇是神的后代及其开国的传说，声称“即使根据现在的宪法，天皇也是日本国家以及日本国民统一的象征”，利用神话可以使学生从小树立对天皇的崇敬。

其实，1960 年代初期文部省就曾表示：“关于日本的建国，如果采用日本建国的神话，容易使学生明白，希望（教科书编写者）考虑。”到了

1968 年，文部省发布的对小学的《学习指导要领》中则有了明确的规定：

> （在进行古代史教育的时候）也利用日本的神话和传说，我国的神话大约在 8 世纪纪初的《古事记》和《日本书纪》中有集中的描述。要向学生说明那些事情是被记录下来流传至今的，那些神话表现了古代人们的看法和关于国家形成的认识。

关于天皇的问题，《学习指导要领》则更露骨地提出，为了加深历史教育，应当深化对天皇的理解和敬爱。

由于文部省有这样的规定，所以从 1970 年代起，使用神话鼓吹天皇制度和皇国史观的教科书得以公然发行。

二　提出“近邻国家原则”的“宫泽谈话”

1960 年代中期起，家永三郎以提起教科书诉讼的方式对日本在历史教育方面的倒退进行抵制，并且对右翼攻击历史教科书的行为进行反击。

在家永三郎诉讼正在进行的时候，日本文部省在 1977 年公布了新的《学习指导要领》草案。《学习指导要领》草案在“中小学的特别活动”一项中提出，学校均应进行“升国旗，齐唱国歌”的仪式。而在此之前，文部省已经向学校建议举行“升国旗，齐唱国歌”的仪式，但遭到了日本民主团体的抗议，也遭到了多数学校教师的抵制。

《学习指导要领》对教科书表述“日之丸”、《君之代》的方式也做了更严格的规定。本来在音乐教科书中只简略介绍《君之代》的歌词，这次按照文部省的规定歌词要占一页，小学 1—4 年级教科书上要有歌的旋律，而 5—6 年级教科书上则要附有伴奏的乐谱。根据教科书审定基准实施细则，教科书要收录歌词的假名与汉字两种形式。

新《学习指导要领》的制定带来了教科书审定制度的改变。

教科书审定审议会将原来的审议规程从 12 条增加到 21 条，严格规定了审定的程序，特别重要的是扩大了文部大臣的权力。该规程规定：凡提交审定的国语教科书，在客观性事实方面出现 5 处以上错误的记述、错误的引用或脱字漏字者，其他教科书出现 10 处者，文部大臣有权将其退回。

1981 年 6 月，文部省公布了对即将在次年使用的高中社会科教科书的审定结果。与过去的审定情况不同，这次没有被审定为不合格的教科书。但是，问题并不那么简单，被审定为合格的教科书，都被指出要大量修正，有的教科书被提出了600多处修改。而更成问题的是，这一时期的教科书在侵略战争的表述上与原来相比有明显的倒退，特别是关于“侵略”战争的认识上。

在1960年代初，教科书调查官和教科书审定审议会就曾经对教科书中关于日本对中国的侵略的内容提出过修正的要求。而进入1980年代后，这种审查愈发严厉了。在对1982年使用的教科书审定时，许多教科书在谈到侵略的时候，都被教科书调查官和教科书审定审议会提出修正指示，要求作者将“侵略”等态度鲜明的表述改为“进出”等含混模糊的表述。

表6-1 文部省对高中日本史和世界史教科书审定意见一览

审定前的白皮书	审定后的样本
1908年，东洋拓殖株式会社建立，日本移民可以用土地作抵押从会社贷款，因此加速了从朝鲜夺取土地的进程	1908年……建立，从事购买农地和募集日本移民的业务，朝鲜人可以用土地作抵押取得贷款，促使了土地集中
3月1日，京城（现首尔）举行了高呼朝鲜万岁的集会游行，不久波及整个朝鲜	3月……举行了宣称朝鲜独立的集会，游行和暴动波及整个朝鲜
在朝鲜，否认朝鲜人的独立性，强行推广日语和使用日式的名字（创氏改名），设立神社，强迫人们参拜	在朝鲜，推行使用日语，使用日式的名字（创氏改名），设立和参拜神社等极端的同化政策
国际联盟断定日本的行动是侵略……	国际联盟不认为日本的行动是正当的自卫
同日本的侵略进行斗争	同日本的进攻进行战斗
占领南京后，日军杀害了大量中国军民，被称为南京大屠杀	日军在粉碎中国军队激烈的反抗中情绪激昂，在占领南京后杀害了大量中国军民，被称为南京大屠杀
占领南京的日军屠杀了大量非战争人员，受到国际舆论的谴责	由于中国军队的激烈抵抗，日军损失严重，激愤中的日军在占领南京之际屠杀了大量中国军民，受到国际舆论的谴责
日本在宣扬其侵略正当的“大东亚共荣圈”构想的同时，又向东南亚发动侵略	日本在宣扬“大东亚共荣圈”构想的同时，为确保其石油、锡、橡胶等重要资源的充足而进入了东南亚
同年7月，进驻了法属印度支那。这一对东南亚的侵略……	同年……进驻了。这一对东南亚的进出……
冲绳县成了地面战的战场，以老人和儿童占多数的16万人死于非命，其中不少是被日本军人杀死的	冲绳县成了地面战的战场，以老人和儿童占多数的16万人，有的死于（美军）炮火下，有的被迫集团自杀，其中也有不少被日本军人杀死

从表6－1列举的例子可以看出，文部省审定后的教科书同送审前相比，在对侵略战争罪恶的描述上进行了掩盖和歪曲。

在审定过程中，这些修正意见就被《朝日新闻》等报纸披露。1982年6月26日，日本各大媒体报道了前一日结束的文部省对教科书审定的结果，在国际社会引起轩然大波。

中国、韩国等亚洲国家对日本教科书掩盖侵略事实的行为立即提出了强烈的抗议。

中国《人民日报》发表文章，指出日本篡改侵略的历史严重伤害了中国和亚洲各国人民的感情，中国和亚洲各国的抗议是正当的，绝不是干涉内政。文部省把“对中国的侵略”改成“对中国的‘进出’”，称日本在南京的大屠杀是中国军队抵抗的结果，既是对日本人民，特别是日本年青一代的欺骗，也是对中国人民的极大侮辱。[①] 中国外交部第一亚洲司司长肖向前约见日本公使，认为把“侵略”改为“进出”，把南京大屠杀的起因说成“中国军队的激烈抵抗，日军损失严重，激愤中的日军在占领南京之际屠杀了大量中国军民”，“明显是歪曲历史事实的真相，是不能同意的”。[②]

韩国《东亚日报》发表文章说：“日本的教育当局把什么样的内容写进教科书，用什么样的方法进行教育，固然是日本自己的事情。但是，在那样的教科书中对过去侵略朝鲜半岛和进行殖民统治的行为进行美化，那我们就不能漠视了，因为我们清楚地记得在日本帝国主义的暴政下度过的是多么辛酸的日子。”文章还批判了日本文部省把“侵略”改为“进出”，把“弹压”改为“镇压”，把“出兵”改为“派遣”，把“掠夺”改为“转让”的审定意见，指出：“朝鲜半岛、中国大陆以及东南亚甚至全世界对日本的侵略历史都是一清二楚的，日本对那一历史是掩盖不了的。”

据统计，1982年7月到9月的3个月间，仅亚洲19个国家的主要报纸就发表了对于日本教科书的批判文章249篇。

来自各国的批评意见十分强烈。7月27日，日本文部省初等中等教育局局长铃木勋在接受《朝日新闻》记者采访时企图推卸文部省的责任，认

① 《日本文部省要改弦易辙以中日友好为重》，《人民日报》1982年7月24日。

② 《肖向前约见日本驻华公使，要求日方纠正文部省篡改侵华历史的错误》，田桓主编《战后中日关系文献集（1971—1995）》，第353页。

为此次教科书的修改责任不在文部省和日本政府，而在出版公司和民间。但是他也不得不承认：“‘教科书问题’事出有因，至少有两处有关‘侵略’的记述是根据文部省教科书审定审议会的‘改善意见’修正的。”① 针对这一讲话，8 月 1 日，中国教育部外事局局长也约见日本驻华公使，表示日本文部省对事情的发生“负有直接的责任”，鉴于“这件事已引起中国人民和教育工作者的强烈不满”，日本文部省大臣小川平二访华是不适宜的。②

与此同时，日本国内的进步组织和团体也举行了各种集会，对歪曲历史事实的行为进行抗议。冲绳的居民还组织了到东京的抗议团。

日本政府在亚洲各国以及本国国民的抗议浪潮中感到焦虑，也意识到教科书问题已经发展为国际性问题的严重性。为此，铃木善幸内阁通过官房长官宫泽喜一发表了被称为“近邻诸国条款”的谈话，表示政府在审定教科书的时候要“从国际理解与国际协调的角度考虑近邻亚洲各国对近现代史的认识”。8 月 26 日，当时的内阁官房长官宫泽喜一就日本政府的立场表明了下述四点意见。

> （1）日本政府和日本国民深刻认识到过去我国的行为，曾经给包括韩国、中国等亚洲各国的国民以极大的痛苦和损害，站在反省和决心不能让这类事件再度发生的立场，走上了和平国家的道路。我国对韩国，曾在昭和 40 年的日韩联合公报中，阐述了“过去的关系令人遗憾，对此进行深刻反省”的认识，对中国，则在日中联合声明中，阐述了“痛感过去日本国通过战争，给中国国民造成重大损害的责任，对此进行深刻的反省”的认识。这也就确认了，上述我国的反省和决心，这种认识现在也没有任何改变。
>
> （2）该日韩联合公报、日中联合声明的精神，在我国的学校教育，教科书审定之际，也当然应该受到尊重，而今天韩国、中国等国家，对与此有关的我国教科书的记述，提出了批评。作为我国，在推进同亚洲近邻诸国的友好、亲善的基础上，要充分听取这些批评，政

① 『鈴木初中局長に聞く』『朝日新聞』1982 年 7 月 27 日。

② 《中国教育部通知日方，日文部大臣目前不宜访华》，田桓主编《战后中日关系文献集（1971—1995）》，第 355 页。

府有责任予以纠正。

(3) 为此，在今后的教科书审定时，要经过教学用图书审议会的审议，修改审定标准，充分实现上述宗旨。在实施这些之前，作为措施，文部大臣要表明见解，使上述第二项宗旨充分反映在教育方面。

(4) 作为我国，今后也要努力促进同邻近国家国民的相互理解，发展友好关系，对亚洲乃至世界的和平与稳定做出贡献。①

在宫泽喜一对日本历史教科书问题做出上述谈话后，8 月 28 日，吴学谦副外长再次约见日本大使，提出，“尽管日本政府表示要充分听取批评，负责纠正教科书的有关记述，但是并没有提出能够令人满意的、明确而具体的纠正措施，同中方的要求相距甚远”。9 月 6 日，日本驻华大使鹿取泰卫奉政府之命会见吴学谦，表示：“日本政府根据铃木首相早日解决教科书问题的指示，对教科书问题的解决办法再次作了研究，决定采取进一步的措施。日本政府将负责纠正教科书中存在的问题，通过修改教科书审定标准，从本年度起可望纠正教科书中关于中方特别指出的有关问题的表述；关于已经审定的教科书，将通过发表文部大臣见解，刊登《文部公报》下达，在教学中实际上满足中方的要求；今年 9 月召开教科书审定调查审议会，11 月底以前作出修改教科书审定标准的结论，11 月底前后，发表文部大臣见解，在明年 4 月教科书使用前贯彻落实。”②

9 月 8 日，吴学谦副外长再次约见鹿取大使，表示“日方这次提出的纠正错误的具体措施……尽管还有一些含糊不清、不能令人满意之处，但同过去所作的说明相比，是前进了一步”。10 日，《人民日报》发表评论员文章，“希望日本政府言必信、行必果”。至此，持续了两个多月的日本历史教科书风波终于平静下来。进入 9 月后，中日两国都为中日邦交正常化十周年举行了纪念活动，日本首相铃木善幸访问了中国。

① 《日本内阁官房长官宫泽喜一关于“历史教科书”问题的谈话》，田桓主编《战后中日关系文献集（1971—1995）》，第 370 页。

② 《日本政府决定采取进一步措施　负责纠正教科书中存在的问题》，《人民日报》1982 年 9 月 10 日。

第二节 政治家参拜靖国神社对中日关系的影响

一 《靖国神社法案》的提出

从1969年到1974年，保守政党关于靖国神社“国营化”的议案6次提交国会，但都没有被通过，此后，执政的自民党在参议院选举中与在野党议员的数量差距开始缩小，比例相当，因此不再可能像以前那样利用其优势地位强行通过相关议案，《靖国神社法案》也就被搁置。但是自民党要将靖国神社“国营化”的目标仍未改变，于是试图通过迂回的方式来实现。

1975年3月5日，自民党战争遗族议员协议会召开总会，出席会议的有众议院议员122人，参议院议员29人。会上，众议院文教委员长藤尾正行发言，认为《靖国神社法案》尽管倾注了自民党的“智慧”，但是自民党议员在国会超过半数的情况下仍未获通过，那么在自民党议员人数相对减少的情况下，通过《靖国神社法案》的难度就更大了。所以他主张“另辟蹊径”，寻找“迂回”的方法。①

但是，究竟寻找什么样的“迂回”方法，藤尾的主张此时还不很成熟，也没有得到更多自民党议员的赞同，所以在1975年的国会召开期间，自民党没有像前几年那样提出靖国神社“国营化”的议案，也没有形成新的法案向国会提出。这一年的国会是自1969年以来第一次没有关于靖国神社问题法案被提出的会议，当然也没有围绕靖国神社问题进行的讨论。

不过，此时担任众议院文教委员长（不久成为众议院内阁委员长）的藤尾正行和国会对策副委员长三原朝雄已经在思考和酝酿新的主张，他们将其称为《靖国神社慰灵表敬法案》，又被称为《靖国神社法案》的“迂回法案”。这一法案的主要内容包括四方面：第一，促成天皇与国家机关人员正式参拜靖国神社；第二，促成外国使节正式参拜靖国神社；第三，促成自卫队仪仗队整队参拜靖国神社；第四，将法案的名称确定为《关于向为国殉职人员的表敬（典仪）的法律案》。

---

① 日本遺族会編『英霊とともに三十年：靖国神社国家護持運動のあゆみ』日本遺族会、1976、167頁。

藤尾等人认为，靖国神社“国营化”法案在国会的失利证明一蹴而就地实现《靖国神社法案》通过的目标有相当大的困难，因此应当采取分阶段实施的策略。第一步如果促成上述三种情况的参拜，特别是天皇与国家机关人员的正式参拜，就等于证明了靖国神社与国家的特殊关系，就是间接地实现了“国营化”，距真正的“国营化”就只有名义上的差别了。所以他的主张被称为《靖国神社法案》的“阶段论”；所谓的《慰灵表敬法案》又被称为“迂回法案”。也就是说，他认为在国会从正面通过《靖国神社法案》虽然没有希望，但是从侧面进行“迂回作战”，先通过上述《慰灵表敬法案》还是有很大希望的。

需要说明的是，藤尾在这里提出了“正式参拜”（在日语中表达为“公式参拜”）的概念。那么，什么是“正式参拜”呢？藤尾在这里并没有提及关于“正式参拜”的具体定义，但是，在日本以往的观念中，参拜确实分不同的情况。一种参拜是作为阵亡者的亲属从“私”的角度，出于对阵亡者怀念的参拜，没有明确的政治目的的参拜，可以被认为是“私人参拜”。另一种则是从“公”角度，作为政府或某部门的代表，出于对阵亡者的精神的崇敬与颂扬，带有明显的政治目的的参拜，就是“正式参拜”。作为政治家，由于有“公”与“私”两种身份，所以也可能有“正式参拜”与“私人参拜”相交叠的情况，而且区分这两种情况并不容易。

尽管上述藤尾正行的意见还没有正式提交国会审议，但1975年保守政党的活动也并非付诸东流，他们至少在下面两个问题上取得了“突破”。

一是这一年在武道馆中举行的全国战殁者追悼仪式上，将代表战殁者的标志柱上的文字，从原来的“全国战殁者追悼之标”改为“全国战殁者追悼之灵”。虽然从“标”到“灵”只是一字之差，但象征意义却产生了根本变化。如果用“标”字，表明仍然是把阵亡者作为普通人来看待，对他们的追悼则是出于一般性的悼念。但是一旦使用“灵”字，则表明恢复了战时靖国神社主张的把阵亡的人作为“英灵”对待的传统，将战殁者作为“靖国之神”来看待。这样一来，所谓的“追悼”就被转化成了对“英灵”精神的弘扬。所以，使用“灵”的概念，是国家神道观念死灰复燃的表现。

二是当时的首相三木武夫在自民党内派系的压力下，1975 年 8 月 15

日参加了在武道馆中进行的全国战殁者追悼仪式，然后又直接前往靖国神社进行了参拜。三木首相宣称这次参拜是以私人身份进行的，并没有“公”的意义，不代表政府，更不代表国家。也就是说，作为政治家的三木想向日本社会表明，他一方面以“公”的身份，参加以国家名义在武道馆举办的追悼仪式；另一方面，则以“私”的身份去参拜靖国神社。尽管做了掩饰，但作为在任的首相，毕竟首开于8月15日这一特殊的日子参拜靖国神社的先河，为今后首相在同一天参拜靖国神社打开了大门。同时，他的表态又提出了关于参拜靖国神社的所谓“公”与“私”的区别的新说法。在三木首相参拜了靖国神社后，日本社会立即展开了对首相参拜是“公”还是“私”的辩论。

日本社会党和共产党援引《和平宪法》第20条有关政教分离的条款，对三木武夫参拜靖国神社提出违宪的指责。对此，三木武夫辩称自己的参拜是以“私人身份参拜，并不代表政府”。但是，对于是“私人参拜”还是“代表政府参拜”，其实并没有区分的标准。针对这样模糊的说法，日本政府认为必须提出明确的原则，否则将在社会上产生巨大的波动。于是，内阁法制局不得不就区分私人参拜与正式参拜做出解释，明确提出了作为“私人参拜”的四条原则：（1）在参拜前即表明系私人立场；（2）不乘坐公用车辆前往靖国神社；（3）不在登记簿上书写在“公”的机构中担任的职务名称；（4）不带随员。内阁法制局解释说：符合上述四项原则的参拜可视为“私人参拜”，而政府官员“私人参拜”不违法。若“正式参拜”，则毋庸置疑属于违反《和平宪法》第20条的行为。

但是，这样的解释其实还留有一个“漏洞”，那就是没有说明所谓“私人参拜”是指符合上述四项原则中的一项还是符合全部四项。对于只符合（1）（2）（3）原则者，究竟是属于“正式参拜”还是“私人参拜”，法制局并没有给予明确的说明。这一“漏洞”其实也就给以后的政治家参拜靖国神社提供了可乘之机。

尽管藤尾的参拜提案尚未提交1975年国会，但因为这一年正好是世界反法西斯战争与中国抗日战争胜利30周年，也是日本投降30周年，所以也是很重要的时机。这一年，遗族会中成立了“终战30周年特别委员会”，该委员会力图借这一机会推动对“英灵”的慰灵与“彰显”活动，并考虑建立“彰显英灵的新国民组织”。关于这一问题，委员会确定的基本原则是：（1）以最终实现国家“护持”，即靖国神社“国营化”为目标；（2）以《靖国神社法案》在国会的通过为目标，分阶段实施，以取得进展；（3）鉴于各宗教团体有不同的意见，为了广泛动员，考虑建立新的全体国民性质的组织。

关于如何分阶段实施上述策略，终战30周年特别委员会也提出了具体的措施，即首先实现天皇、首相、国宾的正式参拜；然后确定“慰灵日”，从根本上改变《和平宪法》与参拜靖国神社的矛盾；在靖国神社举行大规模的慰灵祭，广泛邀请国民参与，进行国家护持的启蒙宣传。

可见，终战30周年特别委员会实际上提出了分阶段实现靖国神社“国营化”目标的策略，认可了藤尾的主张。所以，以实现“正式参拜”为目标的运动开始活跃起来。

根据上述建立“彰显英灵的新国民组织”的主张，1976年6月22日，在九段会馆正式成立了“报答英灵会”，由原最高法院法官石田和外担任会长。

“报答英灵会”的成立宗旨中这样说：“为了我们国家在国际社会中的存在与发展，许多同胞献出了他们的生命，以身殉国。对于他们的牺牲，我们理所当然地应当怀着崇敬的心情表示我们的感谢。”同时还强调：“对于那些人的牺牲，国家至今还没有什么表示，因此我们的活动是非常必要的。为此我们要实现对靖国神社的正式参拜。”“报答英灵会”宣称：作为现代的日本人，不应忘记为日本今天的繁荣富强献身的前辈，尽管他们已经作古，但是作为后人应当怀念他们，应当向他们致敬，把他们看作“英灵”而慰灵。这是日本人的责任与义务。

“报答英灵会”这一机构的建立，表明保守派一方面以自民党为代表在国会中进行自上而下的活动；另一方面也通过民间组织开展自下而上的国民运动，力图利用“民族性的传统心情”做文章。作为运动的开端，“报答英灵会”确定了以实现对靖国神社的“正式参拜”为目标的具体做法。即（1）发动1000万人的签名请愿活动，首先完成250万人，因为靖国神社中的“英灵”就是250万。（2）在各都道府县以及町村议会开会的时候，推动相关决议的通过；与此同时，在政府与国会中也成立了“报答英灵议员协议会”。

“报答英灵会”建立后，开展了相当活跃与广泛的运动，在民间一度产生了比较大的影响。这一团体活动的特点是不仅仅以“正式参拜”为唯一的活动目标，而是根据形势与需要，不断地制定短期目标与变换新的手法，以争取更多的理解与支持。例如1976年纪念天皇在位50周年，以及1978年日本政府举行建国纪念日庆祝活动的时候，“报答英灵会”都根据形势积极配合，承办了庆祝活动。

二 甲级战犯被合祀入靖国神社

1979年4月，日本共同通讯社发表了一条震惊世界的消息：在第二次世界大战的远东国际法庭上被作为甲级战犯而处以死刑的东条英机等14人，已经在前一年的10月被秘密地合祀进了靖国神社。

这一消息之所以惊人，是因为涉及两个重要问题。一是东条英机等甲级战犯是早在战后初期就被处决的众所周知的战争罪犯，而这一审判的结果是连日本政府都在“旧金山和约”中予以明确承认的，所以将这些人合祀到靖国神社，确实是令人难以置信。二是这样一件涉及重大原则的事情，靖国神社居然做得神不知鬼不觉，躲过了媒体的报道和关注。当被披露出来时，此事已经过去了将近半年。

其实，甲级战犯被合祀到靖国神社并不简单，涉及日本政府中的许多部门。

1946年2月2日，日本政府公布了《宗教法人令修正案》，宣布废除神祇院官制及有关神社的一切法令。虽然这一法令标志着从制度上完全消灭了国家神道，同时也表明今后在皇宫的祭祀活动均属于天皇个人的行为，但是同时也提出对“战时或事变时战死、战伤死和战病死特别是因公殉职的军人、军属或有关人员”的合祀的选定标准不变。也就是说，今后靖国神社所进行的合祀活动属于宗教法人的行为，但是哪些人可以被合祀到靖国神社，仍然应由国家作主，作为宗教团体的神社不能自行决定。这一自相矛盾的原则，使得成为宗教法人的靖国神社仍然与国家层面保持了联系。

与此相呼应，日本国会又在1952年通过了《对战伤病者战殁者遗族的救助法》，开始由国家对遗族进行“救助”。而1953年对该救助法加以修正后，那些因发动战争而被处死刑的人，以及被判处为战犯的那些人的遗族，也与一般战殁者遗族一样，可以享受年金和慰问金。1954年，日本再次修改《恩给法》，规定对与战后审判有关的，在拘禁中死亡或被判死刑的人的遗族也享受与一般战殁者遗族同样的待遇；1955 年再次修正《恩给法》，规定战犯的拘禁时间等同于其在职时间，拘禁期间受伤或生病与在职期间的受伤与生病同样对待。也就是说，被作为战犯审判而死亡的军人等同于在战争中阵亡的军人，而在拘禁中的受伤或生病也与在战争中的伤病一样。这样一来，无论是甲级战犯还是乙丙级战犯，他们被监禁的经历等同于继续在军队中服役。他们同样可以被认为是在履行“公务”中而受伤、得病。他们被处死或者在监禁中死亡，也不属于国内法意义上的“法务死”。这一规定表明日本已经从制度上免除了那些人的战争责任，大大淡化了那些人战犯的身份。

根据这一原则，靖国神社认为对战争中阵亡军人进行合祀的时候，也应当考虑曾经被判处死刑的那些战犯。1956 年 4 月 19 日，厚生省救助局以局长的名义将发给靖国神社的通知转发各都道府县，要求各都道府县和地方复员局将各地战争阵亡者调查统计名单上报厚生省救助局，由厚生省救助局再通知靖国神社。靖国神社根据通知，在春秋两次合祀祭上进行合祀。

从 1956 年到 1971 年的 15 年间，靖国神社将战后陆续调查清楚的阵亡军人合祀到神社中，而且合祀的范围有所扩大，除了在战争中阵亡的军人外，还包括了根据军队的要求参加战争的“满洲开拓团”、“义勇军”，根据《国家动员法》被征用的“国民义勇队”的阵亡队员，以及被征用船只的阵亡船员等。而从 1959 年春季大祭开始，战后在各地被判死刑的乙丙级战犯也合祀了。1965 年，厚生省救助局把在东京审判中被判处死刑的 7 人以及后来在巢鸭监狱中死亡与未判刑而死亡的 7 人共 14 人的名单——“祭神名票”送到了靖国神社。靖国神社在崇敬者总代表会议上表示接受，理由是：“由于战争事变而服从国家的命令，为公务而献身”，当然应当进入靖国神社。[①]

当时，日本国会正在审议自民党提出的《靖国神社法案》，而且遇到了相当大的阻力。由于担心一旦对这 14 人进行合祀可能会招致更强烈的反对与批评，为了不制造“麻烦”，靖国神社就没有进行实际的合祀，一直

① 田中伸尚［ほか］『遺族と戦後』233 頁。

拖到 1978 年。这一年，在靖国神社的崇敬者总代表会议上通过了将 14 人合祀的决议，于是在同年秋季合祀祭上进行了合祀。但是消息是在 1979 年 4 月 19 日才在报纸上披露的。

上述经过说明，对甲级战犯的合祀，并不是靖国神社单独的行为，而是作为厚生省行政活动的一环实施的，其根据是在国会通过的《对战伤病者战殁者遗族的救助法》。源于靖国神社确定合祀的对象，必须在厚生省和都道府县的协助下得到“祭神名票”后才能进行。

14 名甲级战犯被合祀到靖国神社，这使本来就争议颇多的靖国神社的问题更加复杂，同时也更加暴露了靖国神社在战争责任问题上的立场。

针对社会舆论的质疑，靖国神社公开表示：14 名甲级战犯都是为国家尽忠的人，是“昭和年代的殉难者”。遗族会福祉事业部末广荣称当时日本向各国开战与那些甲级战犯没有关系，因为“从当时国内外的情况与战争的形势来看，战争是不能不打的。被合祀进靖国神社的人确实是当时军队与中枢的首脑人物，但他们都是在执行命令，说他们‘独断误国’过于苛刻”。[①] 其实，14 人中的武藤章早已经被熊本县合祀在熊本的护国神社里了，而松冈洋右也早被合祀在山口的护国神社中。此次又将他们专门合祀到靖国神社，公开违背了日本政府曾经表示过的对东京审判的认可。

由于《靖国神社法案》多年未能在日本国会通过，国际社会对靖国神社问题十分关注，加上政治家参拜靖国神社又不断引起风波，所以甲级战犯被合祀到靖国神社的消息在 1979 年被披露出来后，招致日本社会各界的批评。

本来，中国方面针对日本首相于在任期间参拜靖国神社的活动是委婉地表达意见的。在东条英机等 14 名甲级战犯被作为“昭和年代的殉难者”合祀在靖国神社后，中国的媒体也进行了报道。[②]《人民日报》首次把首相参拜靖国神社与合祀甲级战犯的问题联系起来，反映了中国对参拜靖国神社的政治含义的关注。但 1979 年日本首相大平正芳参拜靖国神社的时候，中国方面关注的仍然是正式参拜还是私人参拜的问题，而没有涉及甲级战

① 『読売新聞』1979 年 4 月 19 日。

② 《铃木内阁成员大举参拜“靖国神社”》，《人民日报》1980 年 8 月 17 日。

犯被合祀的问题。[①] 1980 年，铃木善幸首相率内阁成员于 8 月 15 日参拜后，《人民日报》转述了社会党的批评意见："近几年来，靖国神社的政治色彩似乎越来越浓"。[②] 针对铃木善幸首相连续三年在 8 月 15 日参拜靖国神社，《人民日报》发表社论明确指出：参拜靖国神社是"一种非常危险的动向，如果听其发展，对中日友好关系将极其有害"。[③] 同日，该报还发表了一篇关于靖国神社的介绍，其中谈道："看了靖国神社里的种种景象和种种活动，不能不提出这样一个问题：日本统治阶级中的某些人，是不是真正从思想上接受了第二次世界大战的教训？如果说，他们也总结了自己的教训，那究竟是什么样的教训呢？"[④] 此后的一段时期，《人民日报》连续刊载日本国内反对首相参拜靖国神社的消息和文章，指出："进入八十年代后，每逢 8 月 15 日，日本总有一些重要官员参加'战殁者追悼会'，而且从来没有说过一句对侵略战争表示忏悔的话。""作为曾经受过日本军国主义长期侵略的中国人民理所当然地要加以揭露，并同日本人民一道与之进行坚决的斗争。"[⑤] 这样的政治表态说明首相参拜靖国神社的行动引起了中国方面的关注与担忧，但为了维护来之不易的中日邦交正常化与和平友好条约缔结之结果，为使中日关系继续获得长足健康发展，还是避免从正面直接交锋。

不过，自从甲级战犯被合祀到靖国神社后，战后一直参拜靖国神社的日本昭和天皇却停止了对靖国神社的参拜。关于天皇的不满，由曾担任过宫内厅长官的富田朝彦在其笔记中记录了下来，[⑥] 担任过昭和天皇侍卫长的德川义宽在 1986 年与诗人冈野弘彦探讨昭和天皇所赋 10 首和歌的时候，

---

① 以首相身份参拜靖国神社的首相是：东久迩稔彦（1）、币原喜重郎（2）、吉田茂（5）、岸信介（2）、池田勇人（4）、佐藤荣作（11）、田中角荣（5）、三木武夫（3）、福田纠夫（4）、大平正芳（3）、铃木善幸（9）、中曾根康弘（10）、桥本龙太郎（1）、小泉纯一郎（6）。按，（）中数字为参拜次数。

② 《铃木内阁成员大举参拜"靖国神社"》，《人民日报》1980 年 8 月 17 日。

③ 《前事不忘，后事之师》，《人民日报》1982 年 8 月 15 日。

④ 《东京靖国神社观察记》，《人民日报》1982 年 8 月 15 日。

⑤ 《中日友好基础不容军国主义势力破坏》，《人民日报》1982 年 9 月 3 日。

⑥ 《中日友好基础不容军国主义势力破坏》，《人民日报》1982 年 9 月 3 日。『東京経済新聞』在 2006 年 7 月 20 日披露了已故原宫内厅长官富田朝彦的笔记；又可参见半藤一利・秦郁彦・保阪正康『昭和天皇「靖国メモ」未公開部分の核心』『文藝春秋』2006 年 9 月特别号。

也谈到了这一情况。

三 政治家“正式参拜”靖国神社

自从藤尾正行1975年提出《慰灵表敬法案》，特别是三木武夫首相当年8月15日参拜了靖国神社后，对靖国神社的“正式参拜”，成为日本社会十分关注的问题。在当时的情况下，政治家特别是内阁总理和各省大臣一旦响应号召去参拜，就面临“正式参拜”和“私人参拜”的抉择。

对《慰灵表敬法案》的提出进行了前期准备的自民党村上勇议员关于“正式参拜”的描述很有代表性。他认为真正的“正式参拜”应当是相当隆重的，在盛开的樱花下，军乐队奏起激动人心的旋律，威武雄壮的仪仗队在前面开道，天皇和皇后率领政府官员和部下来到靖国神社，进行参拜。其实，这正是“报答英灵会”所期望的场景。

但是，作为政府的官员，如此兴师动众地动用国家的资源对仍然是宗教法人的靖国神社进行参拜，难道是正常的吗？对于这一点，不论是日本的革新派与进步势力，还是政府官员，都是有疑虑的。在“报答英灵议员协议会”的研究会上，众议院法制局局长大井就明确提出：“靖国神社是宗教团体，（政府官员）正式参拜是违背政教分离的原则的。”①

三木首相在1975年8月15日参拜靖国神社，尽管其申明是“私人参拜”，但是开了首相在8月15日参拜靖国神社的先河。由于反响过大，第二年，三木首相没有去参拜。而1977年成为首相的福田因为8月15日正在访问东南亚，也没有去靖国神社，所以这一问题沉寂了一段时间。

1978年夏，福田首相在安倍晋太郎官房长官的陪同下乘公车去参拜了靖国神社，并且在登记簿上公然写上了总理大臣的职务。尽管他在事前表示是以“私人身份”去参拜，但突破了法制局确定的“私人参拜”四项原则中的三项。在国会被质询的时候，福田首相仍然强调自己的参拜属于私人性质，理由是祭祀用的“玉串料”不是从公费支出，而是自己支付的，所以不应当作为国家的活动。“玉串”是神社祭祀中专门使用的一种物品，在榊木的树枝上绑上用木棉或纸做的花，祭祀的时候奉祭在神的前面。当

---

① 『知るや「靖国」知らずや「英霊」：公式参拝・国家護持とは何か？子どもがねらわれている』38頁。

然，参拜的时候使用这种“玉串”是需要交费的，被称为“玉串料”。这样一来，原来众议院法制局规定的四项原则就不得不修正，而改为两点，即一是不作为政府的活动，二是不用公费支付“玉串”的费用。但是，所谓“不作为政府的活动”是一个相当模糊的概念，难以把握。因为作为总理大臣的活动，肯定会兴师动众，即使口头表示不属于政府的活动，也难以表明是纯属个人的行为。所以，真正能够检验的只有一条，那就是看是否用公费支付“玉串料”了。这一点也成为后来关于靖国神社问题诉讼的核心问题。

1979年，担任首相的大平正芳没有在8月15日参拜，但是选择在春秋的例大祭的时候进行了参拜。当然，他参拜的时候也强调是私人性质，没有使用公费。

1980年，在参众两院的选举中，自民党均获得大胜。在这次总选举中，以遗族会为首的旧军队、自卫队、右翼宗教团体、神社本厅，报答英灵会，报答英灵议员协议会（其中自民党议员140名）对自民党夺回在议会中的优势起了积极的作用。特别是遗族会，成了自民党重要的“票仓”。选举后，自民党和保守势力都相当兴奋，他们认为过去《靖国神社法案》之所以不能通过是因为自民党议员在议会中没有占优势，而现在形势终于有了变化。他们预计在三年内解决已经成为悬案的《靖国神社法案》问题。在得意之际，铃木善幸首相在内阁会议上回答是否参拜靖国神社的问题时说：“作为阁僚尽量去参拜。”在他的21人的内阁中，就有19人进行了参拜。首相以下的13人在参拜登记的时候写下了自己的职务，但是又辩解说是内阁成员自己商量的决定，而不是内阁的“决议”。这次的参拜引起了中国方面的关注，《人民日报》在8月17日发表了社论，指出靖国神社是与日本军国主义有密切关系的机构，对其一举一动，中国人民是始终关注的。然而，日本的保守派却不以为然，相反，在这一年的秋天，当时的法务大臣奥野诚亮公然提出“正式参拜”合乎宪法。

1981年4月，在议会中又建立了“大家参拜靖国神社国会议员会”，以首相、阁僚为后盾。8月15日，以首相为首的18名阁僚再次参拜了靖国神社。9月，总理府总务长官成立了私人咨询机构——“战殁者追悼日恳谈会”，讨论是否确立战殁者追悼日，这是回应“报答英灵会”要设立“英灵之日”的主张。

恳谈会以庆应大学塾长石川忠雄为主席，参加者有作家江藤淳、曾野绫子，原最高法院（判事）法官高辻正己等。1982 年 3 月末，恳谈会提交了最终报告。报告称："日本国民现在所享受到的繁荣与和平，是许多人牺牲了生命换来的"，因此"对那些在大战中献出了生命的我们的同胞应当进行追悼，这种感情是超越宗教、宗派、民族、国家的界限的人类的自然普遍的感情。这样的追悼也是人类最基本的活动"。报告强调追悼的目的是"面向将来的和平而不是别的"。报告提出以每年的 8 月 15 日作为"追悼战殁者祈念和平日"。

日本政府在内阁会议上基本接受了上述报告，确定在每年的 8 月 15 日进行纪念活动。由于考虑到 8 月 15 日的特殊性，特别是考虑到日本以官方形式参与或组织活动会对二战期间受日本侵略的国家产生刺激，日本政府最终决定把这一天定名为"追悼战殁者和祈祷和平日"，由政府主办全国性的纪念活动。

其实，日本政府的这一举动是"醉翁之意不在酒"，根本目的在于与靖国神社问题建立联系。所以，在这一报告公布后，许多媒体以"靖国法案的迂回作战"、"靖国法案的延长线"、"为正式参拜进行铺垫"等尖锐的语言对此进行揭露。石川忠雄在记者的一再追问下，也只能含糊地说报告与参拜靖国神社没有关系，举行悼念活动只是"人类的自然普遍的感情"。

然而，试图以"人类的自然普遍的感情"这样充满人性和人道的用语来掩盖问题的本质是不可能的，上述报告本身就充斥了谬误与矛盾。

首先，报告中把被悼念的那些人的"牺牲"与今日的繁荣联系起来，说是由于那些人的"牺牲"换来了今日的繁荣，是荒谬的。如果把这种逻辑用到反对侵略战争的正义的反法西斯国家身上，确实是符合实际的理论，但是用于发动侵略战争的日本，无论如何都让人感到难以接受。再一想，这种理论不正是战争中为鼓动日本人走上战场而宣扬的"大东亚战争"的理论吗？但是，日本发动的战争并没有给人类社会带来繁荣，而是把亚洲推向战争的深渊。而在战争中阵亡的许多人，其实成为日本军国主义政策的牺牲品。鼓吹日本阵亡者的荣誉，显然是要为他们的参拜寻找理由。

其次，报告中称对阵亡者的追悼是为了今后的和平，并强行把追悼战殁者和祈祷和平关联，也是一种南辕北辙的说法。事实是，日本发动的战争绝不是为了和平，恰恰是破坏了和平。所以在东京审判的时候，特别明确了对和平犯罪的战争责任。尽管日本的战争阵亡者并不一定清楚他们的战争责任，甚至确实有的人是出于东亚的和平与繁荣的目的，但是，作为日本政府，在战后有责任将历史的真实和正确的历史认识告诉日本的民众，而不是故意掩盖历史事实。

日本政府认可上述报告可以折中来自国内外两方面的压力，但是日本右翼的宗教和政治势力却并不满足于此，因为他们的目标是要实现日本首相正式参拜靖国神社。而为满足这些人的“愿望”，1985 年，中曾根首相对靖国神社的参拜终于迈出了“正式参拜”的一步。

1985 年 8 月，中曾根首相基于“战后政治总决算”的精神，通过官房长官表示了将以总理大臣的身份正式参拜靖国神社的态度。为了强调这一参拜的正当性，作为内阁官房长官私人咨询机构的“阁僚参拜靖国神社恳谈会”提交了报告，修正了政府历来关于参拜靖国神社的见解，而且通过内阁法制局对“正式参拜合宪”做出解释。在这一年 8 月 15 日的参拜仪式上，中曾根首相率领内阁成员乘坐公车浩浩荡荡地来到靖国神社，不仅全部写明自己的公职身份，而且用公款支付了“玉串料”。也就是说，完全违背了原来法制局明确的“私人参拜”的四项原则，而且公开声明属于“正式参拜”。于是，日本政治家在靖国神社问题上终于摆脱了一切约束。

然而，从 1980 年代开始，围绕靖国神社问题的争论已经从日本社会逐渐发展到了国际社会。1983 年 8 月 15 日，中曾根首相及内阁官员参拜靖国神社就已引起在野党、群众团体及舆论的不满和反对，称这一行为是“逆流中的 8 月 15 日”，引起国际社会的关注。《人民日报》在 8 月 21 日发表了《前事不忘，后事之师》一文，指出：“包括中国在内的亚太地区各国人民，对过去日本军国主义带给他们的灾难，更没有忘却。他们都在注视着日本的发展方向。但凡日本政治中出现某种军国主义复活的苗头，都会引起他们的不安。他们一直希望日本成为这个地区安定与繁荣的因素，而不是相反。”[①] 这一表态其实是在提醒日本方面：首相参拜靖国神社的行为容易使人们联想到军国主义的复活。遗憾的是这一提醒并没有奏效。

---

① 《前事不忘，后事之师》，《人民日报》1983 年 8 月 21 日。

1985 年 8 月 14 日，中国外交部新闻发言人针对中曾根的表态，在新闻发布会上明确提醒说："中曾根首相等日本内阁大臣如果参拜靖国神社，将会伤害世界各国人民，特别是深受日本军国主义之害的包括中日两国人民在内的亚洲各国人民的感情。"① 外交部发言人还劝告日本政府慎重行事。然而，8 月 15 日，中曾根还是明确以首相身份参拜了靖国神社。由于中曾根首相是名副其实的"正式参拜"，在日本国内引起了轩然大波，也激起了国际社会的强烈反响。中国外交部在批评中明确指出由于首相参拜"合祀了 A 级战犯"的靖国神社，使问题表面化，"伤害了中国人民的感情"，对中日两国关系的发展产生了根本性的消极影响。

8 月 27 日，中共中央政治局候补委员、书记处书记姚依林在答日本记者问时强调说："日本政府成员正式参拜供奉着包括日本甲级战犯在内的靖国神社，伤害了蒙受战争侵略之害的各国人民的感情。这个行动不能不引起中国人民的关注。"② 结果在九一八事变 54 周年之际，发生了中日邦交正常化以来中国学生第一次以激烈的方式抗议首相参拜靖国神社的游行。中日关系的正常发展受到了冲击。

考虑到中日关系的大局，1985 年 10 月 11 日，邓小平在会见日本外相安倍晋太郎时说："日本的历史教科书问题、参拜靖国神社问题，给我们出了很大的难题。两国领导人都要经常注意避免出现这样那样的政治问题，因为这些问题一出现，人民就联系到历史。我们知道日本政府有自己的解释，但对人民来说，不仅中国人民，也包括日本人民，他们看问题要看事实，看本质。出于继续发展中日友好关系的愿望，我建议日本的政治家、日本政府和各位朋友关注这个问题。对日本方面来说，不做这些事没有任何损失，不做这些事也可以很平静地、很稳定地、持续地发展两国之间的经济政治关系。真正达成谅解应该是在这个地方。"③

安倍晋太郎向中曾根首相介绍了访华情况后，中曾根首相决定中止参加 10 月举行的靖国神社秋季大祭，尽管日本一些媒体把中曾根的靖国神社参拜形容为"龙头蛇尾"，但中曾根在首相任职期间，再也没有参拜过靖国神社。

---

① 孙东民：《日宣布中曾根首相正式参拜靖国神社》，《人民日报》1985 年 8 月 15 日。

② 《姚依林答日本记者问》，《人民日报》1985 年 8 月 28 日。

③ 外交部政策研究司：《中国外交》，世界知识出版社，2005。

第三节 历史修正主义的抬头

1980 年代开始，高速发展的日本经济列车出现了停滞的迹象，到了 80 年代后期，泡沫经济开始崩溃，导致了经济持续不景气。自 1955 年以来始终处于执政地位的自民党的腐化问题逐渐暴露，内部派系的均衡被打破，自民党陷入分裂。1989 年参议院改选时，自民党惨败，失去在参议院的多数党地位，而社会党则成为改选第一大党，党势一度上扬。此后不久两党皆陷入衰退局面，但在 1993 年众议院选举中，自民党竟未能获得过半数议席，沦为在野党，失去了长达 38 年的执政地位，宣告“55 年体制”的正式结束。① 这一情况引起了日本社会的剧烈动荡，历史修正主义思潮逐渐抬头。

一 “自由主义史观”——危险的倾向

进入 1990 年代中期以后，针对家永三郎的教科书诉讼以及日本社会出现的思考与追究日本的战争责任的讨论，右翼与保守派政治家提出将从军“慰安妇”的记载从历史教科书中删除的主张，与以往不同的是，此时的部分政治家的主张，得到了鼓吹历史修正主义的一部分知识分子的呼应，这些人号称自己的思想属于“自由主义史观”，并成立了“自由主义史观研究会”。

“自由主义史观”的核心理论就是要改变战后关于日本战争责任的基本定论，因此被称为“历史修正主义”思潮。推动这一思潮的主要代表人物是东京大学教育学部教授藤冈信胜。

1943 年出生的藤冈信胜就读的北海道大学，当时是深受苏联影响的学府，所以大学期间他也成为日本共产党党员，如其自己所称，是曾经的社会主义者，加入过“历史教育者协议会”。而历史教育者协议会是坚决主张深刻反省过去军国主义教育，确立正确的历史认识的由日本的历史教师建立的组织。1981 年他转到东京大学任职，1991 年成为教授后到美国去了

---

① 经历了波折之后的自民党一度恢复执政地位，维持一党独大的格局直至 2009 年。在那之后则不得不与公明党联合保持执政地位。而社会党由于在 1994 年与自民党组建联合政府的过程中流失大量的支持力量，于 1996 年解散。

一年。虽然在美国的时间并不长，但正是国际局势发生剧烈变动的时期。一方面，以苏联为首的社会主义阵营出现了激烈的动荡，东欧剧变和苏联解体都发生在这一时期；另一方面，由于海湾战争爆发，许多人对二战结束以来能否建立和平的世界产生了怀疑，特别是许多日本人对战后日本走和平道路产生了怀疑，认为那是虚幻的“一国和平主义”。藤冈信胜就是其中的代表之一。他从美国回来后，一反过去社会主义者的立场，认为应建立新的日本近代历史观。

他认为迄今为止的日本历史认识与历史教育存在问题，即战后日本的近现代历史始终受到来自外界对日本怀有“敌意”的意识形态的影响，从而形成三种历史观。第一种是来自以苏联为首的社会主义国家对日本的“敌意”而形成的“共产国际史观”，这种历史观把日本的明治维新看作半封建性的被扭曲了的改革，之后在不彻底的改革基础上建立了天皇专制统治，而这种专制统治必须粉碎；第二种是来自以美国为首的西方列强对日本的“敌意”而形成的“东京审判史观”，这种历史观认为战争是日本为实现征服世界的野心而发动的，而以盟国为代表的正义一方对日本进行了惩治；第三种是来自中国、朝鲜、韩国的“敌意”而形成的要求日本对其战争责任进行反省的“谢罪外交史观”。[①] 藤冈信胜强调说：上述三种“敌意”历史观把“自明治维新以来日本的近现代史都描写成漆黑一团”，要求日本对近代发动的战争进行反省与谢罪。他认为这样的反省与谢罪是“自虐”式的，“给战后日本的历史教育以极大影响”。[②]

从 1994 年 4 月起，藤冈在《社会科教育》杂志上接连发表文章，批评日本近现代史教育，认为日本的近现代史教育完全接受了上述三种历史观，是失败的，因为按照那样的历史观培养出来的日本人“缺乏对本国历史的自豪感，视野狭窄，自我封闭”。[③] 他认为：导致教育“失败”的主要原因是战后对日本战争责任的追究，是日本屈从于美国、苏联、中国、朝鲜、韩国等的政治压力，接受了从东京审判开始的长期把日本置于被告席上的“使日本人始终怀有罪恶感的作战计划”，即“抹杀日本人国家意识

---

① 藤岡信勝「自虐を正義と勘違い/悪意に満ちた歴史観を強要/中学社会教科書を読んで」『産経新聞』1996 年 6 月 28 日。

② 藤岡信勝等「激論・こんな教科書では教えられない」『諸君!』1997 年 3 月号。

③ 藤岡信勝、自由主義史観研究会『マンガ教科書が教えない歴史 1』扶桑社、1996。

的洗脑计划”。藤冈还认为：为了消除“自虐”式历史教育的影响，要把日本明治以来的历史作为光辉的历史进行宣扬，要把从日俄战争开始的日本对外战争描写为日本的自卫战争。还强调必须对日本近现代史教育进行改革，成立改革历史教育的研究团体。为了表明学术观点的创新和独立，他强调要建立不受任何意识形态左右，独立于苏联、美国及中国等国家的历史认识的“自由主义”历史观；自称是战后初期以石桥湛山为代表的日本政治上的自由主义在历史认识方面的发展；宣扬其“摆脱意识形态的束缚，完全从自由的立场上大胆地修正历史，改革历史教育，以达到多样化的目的”的主张。①

《社会科教育》是面向日本初、高中包括小学老师发行的刊物，影响相当大。因此藤冈的文章发表出来后，在日本社会，特别是历史教育领域产生了比较大的影响，也引起了关于历史认识的激烈辩论。1995 年 7 月，即在第二次世界大战结束 50 周年之际，以藤冈信胜为首的“自由主义史观”研究会正式成立，并决定创办名为《近现代历史教育改革》的杂志。“自由主义史观”研究会的活动在 1996 年达到高潮。

“自由主义史观”的产生和该研究会的成立并不是孤立偶然的事件，而是日本右翼势力在战后 50 年之际否认侵略战争责任和攻击历史教科书逆流的一个组成部分。由于军国主义及民族主义思潮在战后的日本已经成为“过街老鼠”，所以站在历史修正主义立场上的“自由主义史观”竭力撇清与战争时期的军国主义的关系，也一再强调他们的意图并不是炫耀所谓“日本优越”的民族主义。但是，他们对日本战后历史教育发难的舆论阵地则是以政治态度右倾“闻名”的“产经”系统的《产经新闻》《正论》，以及保守派的《诸君》《周刊新潮》《文艺春秋》《新潮 45》《VOICE》《SAPIO》等。而这些媒体则把藤冈等“自由主义史观”论者捧为“时代的宠儿”，对其思想大肆鼓吹。

《产经新闻》从 1996 年起开辟了名为“教科书中没有教过的历史”的专栏，用一年的时间连续刊载“自由主义史观”研究会会员撰写的攻击现行教科书的文章。在“自由主义史观”研究会和编写新教科书会的鼓动和影响下，日本国内有 4 个县的议会和 24 个市町村的议会通过了将有关侵略

① 藤岡信勝「私が反日歴史教育に挑んだ決定的な動機」『正論』1996 年 1 月号。

事实的记述从教科书中删除的决议，由此“刮起了巨大的反对教科书的‘龙卷风’”。[①]

“自由主义史观”研究会与奥野等保守派政治家一样，也选择从军“慰安妇”问题作为对战后历史教育进行攻击的“突破点”，其关于“慰安妇”问题的主要观点可以基本归纳为：

第一，藤冈等人认为“慰安妇”问题纯属虚构，是左翼势力利用贪财的老年原“慰安妇”策划的阴谋。他们认为：“慰安妇”其实只是自愿卖身的妓女，根本不存在强制的问题。所谓“从军慰安妇”这一名词在战争中是不存在的，当时的日本军队没有从军“慰安妇”制度，而“慰安所”只是在军队的保护下经营的民间企业。

第二，战时的日本在法律上是允许卖淫的，日本军队为维护战斗力，承认在战场上的卖淫并不违背法律；不仅没有资料证明“慰安妇”是被强制的，而且她们可以获得较高的收入，是属于商业行为；军队中开设的“慰安所”与在文部省楼内设立的民办食堂是同样性质。

第三，在军队中设立“慰安所”的制度不仅不违法，而且不限于日本，但是教科书没有向学生讲明这一点，使他们误解为只有日本人才那样好色、淫乱和愚劣，使他们敌视自己的国家和军队。

第四，向尚没有进行充分性教育的中小学学生灌输关于“慰安妇”问题的知识没有意义，会产生不好的影响。[②]

“自由主义史观”研究会之所以选择从“慰安妇”问题入手攻击战后日本的历史教育，是因为他们已经清醒地意识到：如果“听任”对“慰安妇”问题的追究，不仅牵涉日本的战争责任，更重要的是动摇了被民族主义者一直鼓吹的日本传统与精神，动摇了日本人的“自豪感”。

从1996年起，“自由主义史观”研究会、政治态度同样保守的教育研究团体“日本教师会”、由保守的大学教师和历史研究者组成的“昭和史研究所”等纷纷向文部省提出从教科书中删除“慰安妇”问题记载的要求，并将这一要求通过种种活动向日本社会扩散。受到这些势力的影响，

① 藤岡信勝「『新しい歴史教科書をつくる会』という巨大な竜巻」新しい歴史教科書をつくる会編『新しい日本の歴史が始まる:「自虐史観」を超えて』幻冬舎、1997、11頁。

② 自由主義史観研究会「『緊急アピール』中学教科書から『従軍慰安婦』記述の削除を要求する」『あごら』第227号、1997年。

1996 年 12 月，冈山县议会率先通过了将“慰安妇”问题从历史教科书中删除的决议，之后又有神奈川、宫崎县以及一些市、町的议会也陆续做出了同样的决议。日本人的历史认识再次出现了逆流。

二　“自由主义史观”与“大东亚战争史观”

“自由主义史观”是战后日本社会否认侵略战争责任，坚持“大东亚战争史观”的新的表现形式。

战后日本社会关于从明治维新开始到 1945 年战败为止的历史认识形成诸多思想派系，但是“自由主义史观”论者将各种各样的历史观简单地归纳为两类，即所谓“只说日本罪恶的历史观”和“不说日本坏的历史观”。[①]“自由主义史观”论者将他们所说的“东京审判史观”“共产国际史观”和“谢罪外交史观”统称为前者，即“只说日本罪恶的历史观”；而将日本“皇国史观”中的“大东亚战争史观”和战后的“大东亚战争肯定论”列为后者的代表。他们认为两类史观都是片面的，而主张应当“从日本当时的政策能否避免那一场战争的角度出发，对避免战争的可能性和现实性进行具体的历史的分析”。其实，这样的战争观就是“大东亚战争史观”的翻版。

首先，上述关于历史观的分类方法显然没有任何科学依据。“只说日本罪恶的历史观”其实是在敦促日本深刻反省战争责任、走和平道路的基础上提出的科学的历史观，其针对的“日本罪恶”，正是日本必须反省与思考的。而日本反省发动侵略战争的责任，不仅不会损害自身的利益，反而会提高其在国际社会的地位与影响，并非“只说日本罪恶”。“自由主义史观”论者将那样的主张归纳为“自虐史观”“黑暗史观”“反日史观”，并且进行猛烈的攻击，体现了其历史认识的狭隘与偏激。

其次，“自由主义史观”论者表面上似乎也与“大东亚战争史观”和战后的“大东亚战争肯定论”拉开距离，其实有很大的欺骗性。因为“大东亚战争”论是众所周知的将日本推向战争道路从而导致崩溃的反面教材，所以，在战后的日本再像战争中那样鼓吹“大东亚战争”，显然很不

---

① 藤岡信勝「子供たちはこんな教科書を使っている」『産経新聞』1996 年 8 月 5—11 日（七次连载）。

合时宜。所以，“自由主义史观”论者不敢公然肯定“大东亚战争”，而提出所谓不偏不倚的“自由主义”的第三条道路。但第三条道路其实是不存在的，拒绝反省就必然是肯定“大东亚战争”的。

“大东亚战争史观”是指战争时期日本的军国主义战争指导者所宣扬的战争观，其基本点是：

（1）东亚各国需要联合起来抵制西方列强的扩张，而文明开化的日本理所当然地应成为东亚的“盟主”。从这一意义上而言，日本不仅要保卫本土生命线，还要保卫包括中国东北甚至中国、朝鲜等地日本的利益线。

（2）东亚各国的反日活动破坏了日本成为“盟主”的目标，日本理所当然地应予以镇压，包括占领。

（3）20 世纪起日本进行的战争是为了保护条约所给予的权利而被迫进行的“自卫”：日俄战争是针对俄国在东亚的扩张；发动九一八事变、建立“满洲国”是阻止苏联的“共产主义在东亚的传播”；从袭击珍珠港开始的太平洋战争则是针对欧美殖民侵略的代表亚洲人民利益的“自卫”。

（4）日本的“自卫”战争也是出于维护亚洲的利益与西方列强进行的抗争，目的是“解放亚洲”，在亚洲建立“共存共荣的新秩序”，取代欧美的殖民统治建立“大东亚新秩序”的战争，即“大东亚战争”。[①]

但是，无论使用多么华丽的辞藻包装，“大东亚战争”都已经被历史证明是走上军国主义道路的日本掩盖其对外扩张野心的遁词，所以在战后初期随着对东条英机等日本战争罪犯的审判，“大东亚战争”这一概念也理所当然地受到严厉的批判，日本的学术界一般不再使用“大东亚战争”这一名称来概括那一阶段的历史。[②] 那一时期，即使有人在心中仍然坚持“大东亚战争史观”，但在用语上也不得不有所收敛。

但在冷战开始后，这种情况开始发生变化。1953 年，当时担任吉田茂内阁文部省大臣的冈野清豪在国会回答质询时就说：“我不准备评价大东亚战争的善恶，但是日本以世界各国为对手打了四年仗这一事实本身就足以证明日本人的优秀。”[③] 1960 年代初，随着日本经济的恢复和发展，否认战争责任的舆论更加强烈。对日本战时外交起过重要作用的神川彦松在

① 『満洲国史』編纂刊行会編『満州国史』総論、謙光社、1973、93 頁。
② 岡部牧夫編著『十五年戦争史論：原因と結果と責任と』青木書店、1999。
③ 《关于日本的自由主义史观》，《抗日战争研究》1998 年第 4 期。

《通向太平洋战争之路》中公开说："只强调战争责任，会把日本人都培养成只有劣等感的民族，因此必须修改对战争的评价。"[①] 1964 年，日本作家林房雄明确提出"大东亚战争肯定论"，重新把"大东亚战争"定位在"自卫战争"、"亚洲民族解放战争"的性质上，掀起了战后为侵略战争历史翻案的一次浪潮。那些人不仅原封不动地使用"大东亚战争"的概念，而且坚决不承认"战败"，而使用"终战"一词表示战争的结束。自民党右翼系统的各种组织，如"光明的日本国会议员联盟"、"保卫日本国民会议"、"历史研究委员会"等都是"大东亚战争肯定论"的支持者，而历史研究委员会编写的《大东亚战争的总结》则是"大东亚战争肯定论"在新的形势下的翻版。

正因为"大东亚战争史观"是"皇国史观"的一种表现形式，在日本社会的名声并不好，所以"自由主义史观"论者一再强调"自由主义史观"不同于"大东亚战争史观"。然而将"自由主义史观"与"大东亚战争肯定论"加以比较，就会看出它们之间并没有任何区别。

第一，"自由主义史观"与"大东亚战争肯定论"都是站在当年的战争指导者的立场上，鼓吹日本的所谓"自卫战争"观。《大东亚战争的总结》一书的主要撰稿人中村粲说："日俄战争既是一场拯救亚洲的战争，同时也是日本的自卫战争。如果对俄罗斯听之任之，下一个受害的就该轮到日本了。所以这完全是日本的自卫战争。"[②] 而藤冈则认为日俄战争是"为防止日本沦为殖民地的伟大的保卫祖国之战，鼓舞了新兴的明治国家的精英及民众健康的民族主义，日本人把他们的智力与精力奉献给了战争"。[③]

第二，"自由主义史观"与"大东亚战争肯定论"对战后历史教育的态度是完全一样的。《大东亚战争的总结》一书攻击日本战后的历史教育，称"历史教科书关于近现代史部分的记述变得越来越糟"，"处于令人非常忧虑的状态之中"；[④] 而"自由主义史观"论者则认为日本战后的历史教育被日教组所统治，宣传的是"东京审判史观"，要从根本上改变"东京审

---

① 井上澄夫等「『自赞』『自虐』史観について」『あごら』第 229 号、1997 年 5 月。

② 中村粲「大東亜戦争はなぜ起こったのか」、歴史・検討委員会編『大東亜戦争の総括』展転社、1995、13 頁。

③ 藤岡信勝、自由主義史観研究会『マンガ教科書が教えない歴史 1』155 頁。

④ 上杉千年「歴史教科書は子供達に何を教えているか」『大東亜戦争の総括』90 頁。

判史观”的影响，必须从改变历史教科书开始。

第三，“自由主义史观”同“大东亚战争肯定论”都是从否认具体的犯罪事实出发来达到从根本上否定侵略战争性质，美化日本人精神的目的。他们共同否认的战争犯罪包括从军“慰安妇”的强制性、占领南京时进行的大屠杀、在中国的“三光作战”等。例如关于从军“慰安妇”问题，奥野诚亮认为那是在“女性自由意志下的商业行为”，“慰安妇”就是允许公娼存在时代的妓女；① 藤冈也认为，“在军队里设慰安所同在文部省里设食堂是一样的，都是民营的机构，没有问题”。② 板垣正认为“从军慰安妇不是被军人用绳子绑着的”；藤冈则称，“没有证明慰安妇被强制的正式资料”。

第四，持“大东亚战争肯定论”的右翼人士并不否认他们对“自由主义史观”论者的欣赏。“光明的日本国会议员联盟”会长奥野诚亮看了藤冈的文章后说：“还是有站在日本的立场上讲话的学者”，“要是没有他们，日本就会成为充满自虐精神的国家而灭亡了。教育如果不能培养对自己国家的自豪感，对于将来就是留下了祸根”。他明确地说：“藤冈先生说的话，也是我经常说的，我们的感受是一致的。”③ 同时，“自由主义史观”论者实际上也无法回避同“大东亚战争肯定论”以及“皇国史观”的一致性。1996 年 9 月 5 日，藤冈应自民党参议院议员的政策研究会邀请做讲演，有人问藤冈：“在教育中强调日本人的自豪感，难道没有导致回到‘皇国史观’的危险吗?”藤冈没有直接回答，只是说：“战后正因为总是顾虑被批评为‘皇国史观’，所以才畏畏缩缩。”显然，他在这里对“皇国史观”也没有否定。

第五，“自由主义史观”研究会成员同持“大东亚战争肯定论”者并没有根本的区别。如撰写《大东亚战争的总结》的 19 个人中有 6 人也是藤冈信胜主持的《近现代历史教育改革》杂志的撰稿人。

三 “新历史教科书编纂会”与《新历史教科书》

“自由主义史观”研究会对日本历史教育的攻击，针对的正是自家永

---

① 『大東亜戦争の総括』443 頁。

② 藤岡信勝等「『従軍慰安婦』を中学生に教えるな—『自虐の日本史』を学ぶ子供たち」『諸君!』1996 年 10 月号。

③ 『AERA』1996 年 8 月号。

三郎的教科书诉讼以来日本历史教育的变化。他们要竭力扭转家永三郎教科书诉讼在最高法院判决后出现的历史教科书改善局面。

1997 年日本文部省公布了对第二年起使用的 7 个出版社出版的初中历史教科书的审定结果，这 7 种初中历史教科书全部记述了从军“慰安妇”问题，其中 6 种记述了南京大屠杀问题，这是历史教科书在描述战争历史方面明显改善的标志。

藤冈信胜在看到教科书的审定结果后发表意见说：“战后日本历史教育和日本中学的历史教科书是‘集中了世界上一切反日的资料而对日本进行惊人的颠倒黑白的描绘的产物’，全部 7 册历史教科书的文字给人以一种十分暗淡的情绪影响，我认为必须让有识之士迅速了解这一情况。”[①] 藤冈信胜在 1996 年 11 月 26 日东京大学教育学部学生研讨会上还提出：“教科书的目的是把下一代日本人培养成日本国民，日本的年轻人不应当以日本为耻辱。培养民族主义意识是国家教育的最基本的义务。所以不能让与日本的国家目的相反的教科书流行。对教科书的审查关系到国家的尊严，所以必须坚持淘汰不符合要求的教科书。”他把承认了日本战争责任的历史教科书称为犯了“战后历史教育的大罪”，说这样的教科书“贯穿了彻底的反日史观，彻底地否定了日本”。[②] 为了阻止教科书的改善趋势，他联络日本知识界中政治态度右倾的作家、医生、演员、学者以及一些企业家，在 1996 年底组织“新历史教科书编纂会”，这就把对历史教科书的攻击推向高潮。

1997 年 1 月 30 日，“新历史教科书编纂会”公布了其宗旨，即：

> 我们要为了生活在 21 世纪的日本的孩子们编写新的历史教科书，决心从根本上修正现在的历史教育。因为战后的历史教育使日本人忘记了应当记得的文化与传统，使日本人失去了自信心。特别是近现代史的教育，使日本人成了永远也谢不完罪的罪人。冷战结束后，这一自虐的倾向进一步被强化了，现行的历史教科书原封不动地记述原敌

---

① 『日本の息吹』1996 年 9 月号。

② 『諸君!』1997 年 2 月号。

国的宣传报道。世界上还没有像这样的历史教育。

我们要编写新的历史教科书，要将日本放在世界历史的视野中，正确地表现日本国与日本人的形象。要展示我们祖先的光荣，总结他们的失败，体验他们的苦难与欢乐。我们编写的书不仅要成为教室里的教材，而且要成为父母教育孩子的教材。要让我们的孩子具有日本人应有的自信与责任感，要通过教科书使他们献身于世界的和平与繁荣。[①]

发起成立“新历史教科书编纂会”的除了藤冈信胜以外，还有以《战争论》等鼓吹“大东亚战争史观”漫画作品出名的漫画家小林善则、以出版否认日本侵略战争责任的《国民的历史》闻名的电气通信大学教授西尾幹二、学习院大学教授坂本多加雄、明星大学教授高桥史郎等。这些人也都是“自由主义史观”研究会中的骨干。[②]“新历史教科书编纂会”成立后，确定了活动目标，即在2001年教科书审定期开始的时候，向日本文部省提出新的历史教科书的审定本。

根据日本政府的规定，所有的中学教科书，均应由出版教科书的出版社负责报送文部省的教科书审定机构审定，每四年一次。1997年的时候，出版中学历史教科书的是“东京书籍”等7家出版社。而由于“新历史教科书编纂会”成立后也编写了《新历史教科书》，计划在扶桑社出版，所以，到2000年的时候，向文部省报送审定历史教科书的出版社就在原来7家的基础上增加了扶桑社，即共8家出版社。经过第一轮审定后，2000年12月，审定机构对各家出版社报送的历史教科书提出的修改意见数量为：[③]

东京书籍	18处
日本文教出版	41处
日本书籍	35处
大阪书籍	13处

① 『新しい日本の歴史が始まる：「自虐史観」を超えて』314頁。

② 『新しい日本の歴史が始まる：「自虐史観」を超えて』320頁。

③ 按，还有一家“教育出版”的修改意见不详，故不列入。

帝国书院	29 处
清水书院	22 处
扶桑社	137 处

可见，文部省对扶桑社的历史教科书的审定意见最多，是审定意见最少的大阪书籍的 10 倍以上，是审定意见数量第二位的日本文教出版社的 3 倍以上，可以说多得异常。①

"新历史教科书编纂会"送审的历史教科书共计 328 页，但被提出需要修改的地方多达 137 处；而有 31 页的内容是一整页或将近一整页都被提出需要修改的。也就是说，该书的 1/10 都是需要修改的，而这些记述一旦被大量修改，则又会和其他内容发生新的矛盾，将再次出现许多相关的地方需要修改的问题，工作量相当庞大。

但是，日本文部省为这本书通过审定也提供了许多便利的条件。例如告知扶桑社说：只需对部分内容进行修改，就能使教科书审定合格。另外，一般的送审教科书根据审定意见修改后，可以再有一次修改的机会；如果再次修改后仍不合要求，就会被取消资格。但是，对于"新历史教科书编纂会"编写的这本历史教科书，文部省破例给了三次修改机会，以致整体的教科书审定结果的发表被推迟了约一个月。

2001 年 4 月，文部省宣布上述 8 家出版社报送的历史教科书均通过了审定，可以提供给学校在 2002 年使用。因此，扶桑社的《新历史教科书》终于堂而皇之地成为日本中学历史教科书的一种。

扶桑社的《新历史教科书》在通过了文部省的审定后，在"自由主义史观"研究会与"新历史教科书编纂会"的配合下，展开了大规模的宣传活动，以争取日本中学选用这本教科书。尽管花费了大量金钱，但是，其结果并不"理想"。到 2001 年 8 月教科书选用工作尘埃落定的时候，扶桑社《新历史教科书》的选用率只有 0.039%，也就是说，平均两千多名日本中学生中，才有一人使用这本教科书。因此，"新历史教科书编纂会"不得不承认此次遭遇了"惨败"。但是他们仍然不甘心，决心"重整旗鼓"，争取在下一次的审定时有好的结果。

---

① 出版労連教科書対策委員会編集『教科書レポート NO.45（2001）』日本出版労働組合連合会、2001。

表 6－2　各出版社历史教科书在日本中学占有率的变化

单位：%，个百分点

出版社	2002 年使用	1997 年使用	增减
东京书籍	51.3	41.1	10.2
大阪书籍	14.0	19.3	－5.3
教育出版	13.0	17.8	－4.8
帝国书院	10.9	1.9	9.0
日本书籍	5.9	12.9	－7.0
清水书院	2.5	3.4	－0.9
日本文教出版	2.3	3.5	－1.2
扶桑社	0.039		0.039
总计	100.0	100.0	0.0

资料来源：出版労連教科書対策委員会編集『教科書レポート　N0.46（2002）』日本出版労働組合連合会、2002、66 頁。

2005 年，经过修订的扶桑社《新历史教科书》再度通过了文部省的审定。虽然在当时东京都知事石原慎太郎等人的大力鼓吹下，一些学校采用了这本教科书，但是最终的选用率只有 0.4%，绝大多数的日本中学仍然不采用这本教科书。扶桑社在遭遇这一次失败后，也失去了信心，决定不再继续作为这本教科书的出版单位，而“新历史教科书编纂会”内部也发生了分裂。

四　《新历史教科书》的历史观及其对侵略战争的描述

扶桑社出版的《新历史教科书》的记述典型地反映了历史认识的大幅度倒退。在该书的“前言”中提出：“所谓学习历史，并不是像人们一般认为的是了解过去的历史事实。其实学习历史是为了了解过去的人是如何思考的。”① 其实，在该教科书 2001 年的送审本上，对于这一意思表达得更加露骨，明确指出“历史不是科学”，而是“故事”，强调不能以今天的标准评价过去的不公和不正。②

这一段话其实涉及历史学功能的理论问题。作为历史教科书，当然需要向学生介绍历史事件发生的过程，也就是“讲故事”。但是，教科书不

① 本书所引用的《新历史教科书》中的内容，除特别说明外，均为扶桑社 2005 年向日本文部省提交的送审本。

② 扶桑社 2001 年向日本文部省的送审本。

可能以完全超脱的立场向学生“讲故事”，否则历史学将沦为所谓的单纯的“事实”描述，历史教师的责任也被抹杀了。因此，教科书与教师不但应对历史上发生的事件向学生说明原委及过程，更重要的是需要对重大的历史事件做出明确的分析与判断。

其实，标榜“讲故事”的《新历史教科书》也并不是单纯地描述事实。例如，这本教科书以很大的篇幅介绍毫无史实依据的日本神话传说，客观上起到了夸大日本历史悠久和独立性的作用；原封不动地刊载天皇的《教育敕语》，实际肯定了为天皇献身的精神；形象生动地介绍日本国民对侵略战争的狂热的支持，起到了肯定战争的作用。编者把许多必须加以批判的历史问题以“了解过去的人如何活动、如何思考”为由，进行所谓“客观”的描述，故意不予以评论。在“客观地”、“不加判断地”叙述“过去的人如何活动，如何思考”的过程中，把“皇国史观”和“神之国”的观念潜移默化地传达给读者。不难看出，这就是所谓的“存在即合理”的不折不扣的唯心主义史观。

《新历史教科书》通过精心选取的历史资料，让读者按照编者设计的叙述过程一步一步地进入其唯心主义史观的理论体系。

第一步，《新历史教科书》在讲述日本远古历史的时候，强调日本文明的悠久与独特，竭力回避日本与亚洲大陆文明的关系，否认传统的日本文明受中国古文明影响的定论，甚至还想暗中建立日本文化与中国文化对立的关系。[①] 教科书在这一部分使用了相当多的资料与图片，其实是为证明后面所叙述的日本国的“优秀”所做的铺垫。

《新历史教科书》之所以这样立论，还有更深层的考虑，即不仅彻底改变中国文明对日本影响的基本事实，而且还要将中国描绘成日本的对立面，宣扬中国对日本的威胁。积极支持该书编写的涛川荣太曾经露骨地提出：近代以前3000年的中日关系，“其实是日本被殖民地化的恐怖历史，是日本摆脱中国威胁的历史”。[②]

---

① 其实，在西尾幹二的《国民的历史》中，就已经明确地提出了日本文明与欧洲文明、中国文明的不同，而且认为日本文明是与欧亚大陆对峙的一个“文明圈”。西尾幹二『国民の歴史』産業新聞社、1999、第一節。

② 濤川栄太「戦後歴史教育の大罪」『新しい日本の歴史が始まる:「自虐史観」を超えて』、189 頁。

第二步，在上述基础上，教科书以栏目的方式肯定性地叙述所谓的“神武天皇东征”。但神武天皇是日本传说中的人物，其是否存在本来是有相当疑问的。这样的叙述当然还是为了突出日本是与众不同的“神之国”。为了在学生中树立天皇始终拥有绝对权威的“万世一系”的形象，教科书甚至回避日本中世纪天皇势力虚弱而且被架空的历史事实。

把《古事记》和《日本书纪》中的部分神话与传说写进教科书中以证明天皇制存在的正当性，从而制造“神国”意识，并不是《新历史教科书》的发明，而是战前日本历史教科书的特征。但这一特征也正是日本走上战争道路的内在原因，所以在战后有良心的日本知识分子对此进行了批评，并决心推动历史教科书改善。而《新历史教科书》的编写则反映了这一方面的倒退。

第三步，在对日本近代历史与社会进行描述时，特别强调近代日本在亚洲首先摆脱了西方列强的压迫，甚至战胜西方国家的巨大成功。固然，日本在日俄战争中战胜俄国确实在亚洲产生了相当大的影响，但是教科书强调这一点其实仍然是为了证明这是日本作为“神的后代”的必然结果，从而说明日本在亚洲领袖地位的毋庸置疑。《新历史教科书》在近代史的开端部分就力图建立如下的逻辑关系：日本从幕府后期就在亚洲率先意识到来自西方列强的冲击和威胁，从而奋起反抗和自强，但是中国和朝鲜还没有那样的自觉。中国仍然固守着传统，认为自己的文明是世界的中心，而把世界包括英国看作野蛮民族。所以日本能够独立，而中国和朝鲜都没有可能。这种逻辑关系与教科书在古代部分的“神国”日本之铺垫恰好形成了呼应。

《新历史教科书》对日本近代历史的这种描述，与战前的日本历史教科书如出一辙。战前的教科书就一直强调这样的观点：“在与欧美列强的对抗中，我国是东亚的领袖。但清朝与朝鲜都没有意识到这一情况，清朝还把自己看作世界第一，与现实大相径庭。”

第四步，《新历史教科书》将明治维新成功的核心归结为武士献身天皇的“忠义”精神，而不讲维新过程中要求改革统治权力的倒幕派下级武士利用民众斗争推翻幕府的过程。教科书还强调武士道“为了公共利益而活动”的立场，指出“全国的武士，最终是站在为天皇献身的立场，以皇室为统一整合日本的中心，所以使得政权的转移比较顺利地进行”。如此突出武士与武士道，将日本近代社会巨大变动的原因仅仅归结为武士的精神与力量，这就淡化甚至掩盖了日本军国主义思想膨胀的问题。正是由于这样的立场，所以《大日本帝国宪法》与天皇的《教育敕语》在《新历史教科书》中与在战前的教科书中一样被推崇。

第五步，在确立了日本比亚洲优越的前提下，《新历史教科书》对战前发生的一切问题的叙述逻辑也就自然确定下来了，即近代以来日本在亚洲的活动，当然包括战争，都是作为亚洲当然领袖的活动，都有合理合法的依据，即使发生过屠杀与伤害，也是不可避免的，是日本为了自存自卫所必须采取的行动。如在中国东北和朝鲜土地上进行的甲午战争与日俄战争，是“确立日本安全保障的战争”，是“正当的战争”；日本之所以合并朝鲜，是因为朝鲜像是从大陆刺向日本的一把匕首，一旦被敌国控制，是日本最大的危险；对中国东北、华北地区乃至全中国的“进攻”，是因为中国的“反日”运动危及了日本的“合法”权益。

以上的“五步”环环相扣，步步深入，构成《新历史教科书》的理论体系。从另一个角度来看，这一理论体系也可分解为两个系统，即在日本的独特文明的基础上，日本国家的系统和日本天皇与国民的系统。而这两个系统，恰恰构成日本在战前和战争中所竭力维护的所谓的“国体”。战前的日本教科书就是从所谓日本的独特文化出发，从两个方向引导日本走上战争道路的，而《新历史教科书》回复战前教科书的叙述逻辑，可见是十分危险的。

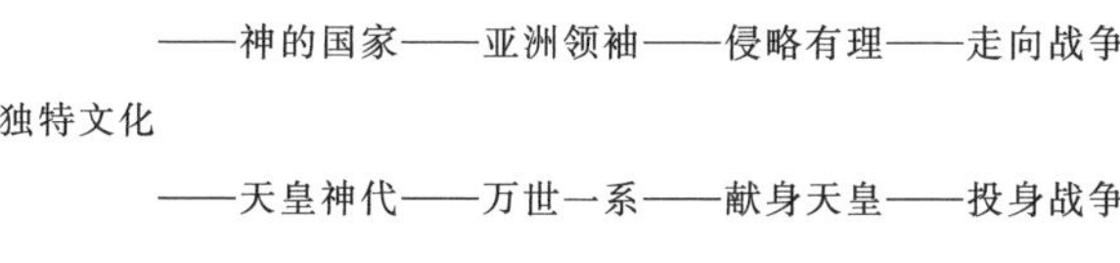

图 6-1　《新历史教科书》叙述逻辑

《新历史教科书》通过以上的“五步”将读者渐渐地引入其编织好的理论体系。一旦进入这一理论体系，则叙述逻辑完全回到了战前军国主义时代由国家编写的历史教科书的基本立场，而日本发动侵略战争的历史事实，侵略战争的责任等问题就被彻底地转移或充分地淡化了。所以，这种历史教科书的出现反映了战后日本社会在历史认识问题上的大倒退。

在上述叙述逻辑的“指导”下，在对侵略战争的叙述中，《新历史教科书》仍然沿用了战前历史教科书的“大东亚战争”的概念，站在当时日本政府与军队的立场上，强调把亚洲从欧美殖民的统治下“解放”出来的意义，并以各种方法掩盖日本发动侵略战争，实施加害的历史事实。

对于日本与国际社会都很关注的日本军队在战争中强征“慰安妇”作为性奴隶的问题，本来在以前的历史教科书中有明确的记载，但在这本教科书中根本不见踪影。

关于国际舆论普遍关心的南京大屠杀的问题，在2001年版的《新历史教科书》中还闪烁其词地简略记载“南京事件”，而在2005年版中只在注释中提到发生了“南京事件”，称“关于这一事件的实际情况，在资料上有许多的疑问”。显然，这就是根本否定了南京大屠杀的存在。

关于劳工问题，在这本教科书中也掩盖了其强制的性质，只笼统地提到“征用”。而所谓“征用”，这里是与“征兵”并列使用的，也就是说，在编者看来，当时无论是参加军队还是参加劳动，都是义不容辞的社会义务，所以不存在非法强制的问题。

《新历史教科书》全面否认侵略战争的责任，回避侵略的历史事实，而关于日本民众的战争被害也描述得相当的简略。如对原子弹被害的实际情况几乎没有描述，对原子弹被害的人数也没有提及，对导致15万人死亡的冲绳作战问题，在这本教科书中也只有两行短短的文字。由于这本教科书的历史观是建立在日本是“神国”，是“解放”亚洲者的立场上，建立在鼓吹日本人为天皇与日本献身的立场上，所以强调战争中日本“军人发扬了敢打敢拼的斗争精神”，强调平民也“为了战争的胜利而在困难中劳动、战斗”，当然也就不能渲染战争带给日本人民与国家的灾难。

《新历史教科书》中还刊载了一幅日本女学生为神风敢死队壮行的照片及一封特工队员的遗书全文，遗书中写道：“如今抛弃了一切，为了前赴国家安危，献身于亘古不变的大义，我在此开始突击，即使魂魄归国、身似樱花散落，也将化成亘古护国之鬼。”可见，这本教科书绝不是引导日本学生思考日本政府不尊重人的生命把日本引入战争，以致走向灭亡边缘的教训与历史责任，也没有引导日本学生思考战争的性质与战争的善恶，相反，同战争中的教科书一样，力图给青少年灌输战争与为天皇献身的思想。

总之，《新历史教科书》无论从整体结构、叙述逻辑还是具体描绘来看，都与战后日本社会的和平思想相悖，具有走向战争道路的危险倾向。因此，在这本教科书出笼后，有良知的日本人就意识到其危险性。

《新历史教科书》以“偏颇”的意识形态，歪曲与篡改已经得到国内外证实的历史事实，是对尊重史实的战后历史教育原则的践踏。这本教科书的问题已经超越了历史观自由的层面，而审查当局仍然以历史观上的自由为由，不阻止这种歪曲历史的教科书的编写，说明了当局是其“共犯者”，必须对此负起一定的责任。①

其实，《新历史教科书》的出现与日本国内修改《和平宪法》动向有一定的关系。海湾战争后，日本为了摆脱美国的军事“保护”，扩大军事力量并向海外派兵，进行了十分活跃的舆论准备，如右翼和保守势力鼓动“修改宪法第九条”的运动和推动国会通过《日美防卫合作新指针》相关法案等活动就是其中的典型表现，因为战后《和平宪法》是日本行动难以逾越的“障碍”。《和平宪法》是建立在对侵略战争的反省的国民意识之上的，若修改《和平宪法》，就需要从根本上改变国民的历史认识。保守派认为战后出生的人口已占日本人口的大多数，他们对战争的恐惧和厌恶远不及经历过战争的一代，所以通过教科书改变国民历史认识的机会已经到来。《新历史教科书》的最终目的就是要建立“军事大国日本”，使日本获得进行战争的主动权。②

五　历史教科书记述的全面倒退

经日本文部省2001年审定通过的历史教科书，不仅扶桑社的教科书存在诸多的问题，就连1997年在许多记述上有很大进步的其他7家出版社的历史教科书，其改善的趋势也被阻止，发生了不同程度的倒退，不同程度地出现了回避战争责任、淡化战争罪行、抹杀正义呼声的问题，可见，教科书改恶的倾向又出现了。

7家出版社历史教科书从1997年到2001年的变化是很明显的（参见表6－3至表6－7）。

---

① 『朝日新聞』2001年4月26日。

② 俵義文『徹底検証あぶない教科書：「戦争ができる国」をめざす「つくる会」の実態』学習の友社、2001、97—98頁。

表 6－3 关于“从军慰安妇”问题的记述

1997 年版教科书	2001 年版教科书送审本
东京书籍	**东京书籍**
许多年轻妇女也被作为从军“慰安妇”强制性地征用到战场上	被删去
大阪书籍	**大阪书籍**
A 另外，朝鲜等国的年轻妇女也被作为“慰安妇”强征到战场	A 被删去
B 也有的人认为不仅是政府的赔偿，对于被强制征用的士兵和从军“慰安妇”个人也应当赔偿	B 被删去
C 在战后赔偿问题的部分附有照片，文字说明为：为要求日本政府进行战后赔偿而游行的韩国的原“慰安妇”	C 被删去
教育出版	**教育出版**
A 还有许多朝鲜妇女被作为“慰安妇”强征到战场	A 还有许多朝鲜女性同时被送到战场
B 战争结束 50 年后的现在，亚洲各国的人们要求对战争被害进行赔偿的呼声仍很强烈。其中不仅有从军“慰安妇”，还有被屠杀、被抓劳工和强制劳动的人们	B 被删去
C 到 1994 年，除上面照片中的从军“慰安妇”外，还有许多被抓的劳工和被强制劳动的受害者，共有 20 多件关于战后赔偿的诉讼在进行	C 被删去
日本书籍	**日本书籍**
还有，强迫女性作为“慰安妇”从军，对她们进行了迫害	另外，朝鲜等亚洲各地的年轻女性被强制性地作为日本兵的“慰安妇”送到战场上
日本文教出版	**日本文教出版**
也有作为“慰安妇”跟随军队行动的女性	被删去
清水书院	**清水书院**
另外，朝鲜和台湾的女性中，有在战场上的“慰安所”中服役的	另外，在非人道的慰安所中，不仅有日本人，也有朝鲜和台湾的女性
帝国书院	**帝国书院**
A 在战争中，男人被征兵，女性被作为“慰安妇”征用，经历了难以承受的苦难	A 被删去
B 来自这些地区的人们中，有作为“慰安妇”的人	B 被删去

表 6－4　关于南京大屠杀问题的记述

1997 年版教科书	2001 年版教科书送审本
东京书籍	**东京书籍**
战火从华北燃烧到华中，同年，日军占领了南京，当时屠杀了 20 万人，包括妇女和儿童	战火从华北向华中蔓延，同年日军占领了南京；在这一过程中，屠杀了包括妇女和儿童在内的大量中国人，这就是“南京事件”
大阪书籍	**大阪书籍**
日军在各地遇到了激烈的抵抗，在占领南京后屠杀了据说 20 万的民众，遭到各国的批评。当时向日本的国民封锁消息。这一事件被称为南京大屠杀事件，中国方面认为被屠杀的人数是 30 万	日军在各地遇到激烈的反抗，而且战场也扩大了。在占领南京时，杀害了包括妇女、儿童在内的许多人，受到各国的批评。南京事件虽然受到国际舆论的抨击，但是由于日本向老百姓封锁消息，在战后进行东京审判时，人们才得知这一事件的规模和牺牲者的实际情况
教育出版	**教育出版**
A 日军占领上海和首都南京，夺走许多中国民众的生命，破坏了他们的生活秩序。占领南京之际，日军大量屠杀包括放下武器的士兵、儿童和妇女的当地居民，进行了掠夺，这就是南京屠杀事件	A 日军战线向南扩展，占领上海和南京时，夺去了许多中国民众的生命。在占领南京之际，日军犯下了包括杀害俘虏、儿童和妇女的暴行
B 事件的牺牲者达 20 万以上，中国方面认为包括死于战场的达 30 万人。这一日军的暴行遭到世界舆论的抨击，但是一般的日本国民在战后才知道这一历史事实	B 被删去
日本书籍	**日本书籍**
A 日军进攻华北、上海，占领南京，夺去各地许多中国民众的生命，破坏了他们的生活	A 年底，日军占领南京。当时，因为据称有 20 万的俘虏和平民遭到屠杀，所以受到国际舆论的批评
B 日军在占领南京后的两个半月中，屠杀了包括女性、儿童和俘虏在内的 15 万到 20 万中国民众。这一事实当时不让日本的民众知道	B 直到战争结束，许多日本人并不知道这一事件
日本文教出版	**日本文教出版**
A 日本军队占领上海、南京、广州等城市。占领南京时，屠杀了大量中国民众，这就是南京屠杀事件	A 日军占领南京之际，杀害了大量的中国民众，这就是南京屠杀事件
B 日本国民并不知道	B 而日本的国民不知道
C 关于在这一事件中牺牲的人数，估计包括俘虏和一般市民在内有十数万人。远东国际军事法庭称有 20 万人，中国说有 30 万人以上	C 这一事件的牺牲人数尚无定论

续表

1997 年版教科书	2001 年版教科书送审本
清水书院	**清水书院**
另外还在中国有许多残暴的行为。特别是在占领南京之际，不分青红皂白地杀害了中国方面的放下武器的士兵、老人、妇女和儿童。包括士兵在内，死亡的人数在十数万以上，中国方面估计有 30 万人。当时，各国都强烈谴责这一大屠杀事件，而日本人几乎都不知道这一事实	烧杀掠夺的行为陆续发生。特别是在占领南京之际，无差别地杀害了包括放下武器的士兵、老人、妇女和儿童在内的民众。如果包括战死的士兵，这时的死亡人数很多。各国强烈谴责这一南京大屠杀事件。关于死者的数量，有数万人、十数万人、30 万人的几种估计
帝国书院	**帝国书院**
日军向南进攻，占领上海和首都南京。在南京杀害了包括妇女和儿童在内的许多中国人，各国谴责了日军的暴行	日军向南进攻，占领上海和当时的首都南京。在南京杀害了包括妇女和儿童在内的许多中国人，各国谴责了日军的暴行

表 6－5 关于“三光作战”问题的记述

1997 年版教科书	2001 年版教科书送审本
大阪书籍	**大阪书籍**
另外，从 1940 年开始，对华北抗日根据地实行了烧光、杀光、抢光的所谓“三光作战”，摧残中国人民的生命，破坏他们的生活	被删去
教育出版	**教育出版**
另外，从 1940 年开始，日军对华北抗日根据地进行了“烧光、杀光、抢光”的所谓“三光作战”。这一行为遭到国际舆论的谴责，但是一般的日本人直到日本战败后才知道这样的事实	被删去
日本书院	**日本书院**
另外，日本在 1940 年对共产党游击力量活跃的华北农村进行了烧光、杀光、抢光的所谓“三光作战”，威胁民众。当时，日本国民不知道这一事实	日军从 1940 年起为摧毁华北的抗日根据地进行了军事行动，中国方面称为烧光、杀光、抢光的所谓“三光作战”
日本文教出版	**日本文教出版**
驻华北的日军对共产党游击队进行的烧光、杀光、抢光的作战从 1940 年开始到第二年	被删去
清水书院	**清水书院**
1941 年和 1942 年，对共产党力量大的地区进行了烧光、杀光、抢光的“三光作战”	被删去

表 6－6　关于七三一细菌部队问题的记述

1997 年版教科书	2001 年版教科书送审本
教育出版	**教育出版**
七三一部队在中国进行了国际公约禁止的细菌战和化学战，把俘虏称为“原木”，对其进行活体解剖和人体实验	被删去

表 6－7　关于“侵略”一词的使用

1997 年版教科书	2001 年版教科书送审本
东京书籍	**东京书籍**
朝鲜掀起了广泛的民族抵抗运动，于是，被解散的士兵同农民联合起来，开展了名为“义兵战争”的武装斗争。义兵战争就是朝鲜人民拿起武器反抗日本侵略的战争	朝鲜的民族抵抗运动广泛开展，以反对日本的侵略。被日本解散的士兵与农民联合起来。 关于“义兵战争”的记述被删去
大阪书籍	**大阪书籍**
A 题目：帝国主义列强的世界和形势	A 题目：日清、日俄战争与日本侵略亚洲
B 日本进一步侵略朝鲜	B 被删去
C 于是，日本在牢牢控制朝鲜后，进一步向中国伸出侵略的触角。企图从北方侵略亚洲的俄国联合德国、法国，强烈要求日本把辽东半岛交还给清朝	C 另外，日本在牢固地控制了朝鲜后，开始进入中国。但是，企图从北方进入亚洲的俄国联合德国、法国，强烈要求日本把辽东半岛交还给清朝
D 题目：帝国主义列强侵略中国	D 题目：被帝国主义列强瓜分的中国
E 日本军部和国家主义者主张满洲是“日本的生命线”，企图通过侵略满洲以转移日本国民对于生活贫困和政党争斗的不满情绪	E 在日本军部和国家主义者中，有一部分人认为满洲是“日本的生命线”，企图通过对满洲的控制转移日本国民对于生活贫困和政党争斗的不满情绪
F 题目：全面侵略中国与战时体制	F 题目：日中战争的扩大与国民生活
G 国民政府终于实现了与共产党的统一战线，同日本的侵略进行斗争	G 国民政府停止同共产党的争斗，组织了抗日统一战线，决定与日本战斗
H 题目：日本侵略东南亚与太平洋战争	H 题目：走向亚洲与太平洋的战争
I 日本为打破在中国战场上的僵局，侵略东南亚以夺取资源，并切断同盟国支援中国的道路	I 日军为打破日中战争的僵局，向南夺取资源，同时切断美国和英国支援中国的道路
J 到 1945 年 8 月 15 日，有大约 255 万日本兵被派出参加侵略战争	J 被删去
教育出版	**教育出版**
题目：日本侵略中国	题目：第二次世界大战与日本

续表

1997 年版教科书	2001 年版教科书送审本
日本书籍	**日本书籍**
题目：帝国主义列国侵略中国 题目：开始 15 年战争	题目无，正文中保留了“侵略中国” 题目：开始 15 年侵略战争
日本文教出版	**日本文教出版**
A 题目：欧洲各国侵略亚洲 中国将日本的侵略控告到国联，但日本在 1932 年成立“满洲国”。国联派调查团了解实情，提出了否认“满洲国”的决议 日本不加宣战就将战争扩大到中国全境，中国的共产党与国民党联合（国共合作）组成抗日民族统一战线，抗击日本对中国的侵略	A 题目：欧美列强进入亚洲 1932 年，日本建立“满洲国”，国联接受中国的控诉，派遣调查团了解实情，提出了否认“满洲国”的决议 战争开始不久，中国的国民党和共产党实现合作，组成抗日民族统一战线
B 题目：侵略东南亚	B 题目：战争的扩大
清水书院	**清水书院**
题目：近代日本与中国，侵略朝鲜	合并后题目取消
帝国书院	**帝国书院**
A 题目：列强侵略中国 由于外国的侵略，在中国掀起了驱赶外国势力的运动	A 题目：三国干涉与“北支”事变 于是，在中国也发生了排斥外国势力的运动
B 题目：军部的抬头与侵略中国	B 被删去
C 题目：日本侵略满洲	C 被删去

从表 6－3 的比较中可看出，1997 年日本 7 家出版社的历史教科书中，都分别记述了从军“慰安妇”的内容，有些出版社还提出了“慰安妇”的赔偿诉讼问题，强调了“慰安妇”的“强制性”。而 2001 年教科书，只有一家出版社（日本书籍）的历史教科书出现了“慰安妇”的字眼；另外一家出版社（清水书院）只是提了“慰安所”，所包含内容也大大缩减。而其他的 5 家出版社，则将 1997 年版中已有的“慰安妇”问题的记载全部删除了。①

从表 6－4 对南京大屠杀的记述中，1997 年 7 家出版社的教科书多使用“南京大虐（屠）杀”或“虐（屠）杀”等概念，3 家出版社（大阪书籍、教育出版、日本文教出版）使用了“南京（大）屠杀事件”的概

① 石山久男「中学歴史教科書はどう書き換えられたか」『教科書レポートNO. 46（2002）』16 頁。

念，被屠杀的人数多采用“十数万人以上”，“20 万人”，中国方面记述“30 万人”等形式。2001 年通过审定的教科书中，仅有 3 家出版社用了“虐（屠）杀”的字眼，其他出版社只用“杀害”或“杀死”，即不再用“屠杀”来表述，称“南京事件”的出版社达 2 家。关于被屠杀的人数，只有两家出版社具体标明了数字，其他出版社只用了“多数”、“大量”等含糊词语，或者用注释的形式，标明“尚无定论”等。

从表 6－5 可知，对于侵华日军在中国实施惨无人道的杀光、烧光、抢光的战争罪行，1997 年的教科书中，5 家出版社有记述，而 2001 年的教科书中有记述的只剩下一家（日本书院）。由表 6－6 可见，1997 年有一种教科书记述了七三一细菌部队做人体实验的罪行，2001 年所有教科书都已没有这一记述了。

从表 6－7 可见，关于“侵略”的用语，7 家出版社在 1997 年教科书中普遍使用了“侵略中国”、“侵略朝鲜”、“侵略亚洲”等概念。而 2001 年通过审定的教科书中，“大阪书籍”的教科书题目中“侵略中国”已经完全没有“侵略”的字样。而“日本书籍”则将原来的“开始 15 年战争”改为“开始 15 年侵略战争”。其他出版社都回避了“侵略”的字眼，变成“日中战争”、“太平洋的战争”、“北支事变”、“第二次世界大战”、“战争的扩大”等用词，完全回避了对战争性质的表述。

另外，与 1997 年的教科书相比，在日本统治朝鲜，掠夺中国东北人民土地，强掳朝鲜、中国劳工，强迫殖民统治地区人民参拜神社，实施“皇民化”运动等殖民统治问题的记述上，2001 年审定的教科书普遍做了大幅度的削减，有些出版社干脆全部删除。关于对亚洲各国的加害和亚洲人民抗日的内容，1997 年的教科书，有 3 家出版社记载了朝鲜、中国台湾地区等受殖民统治人民的抗日斗争，有 4 家出版社记载了对亚洲各国人民的“虐杀”（镇压）内容。2001 年审定的教科书则把抗日斗争内容全部删除，只有一家出版社简单记载了对朝鲜“三一运动”的镇压。另外，也只有一家出版社提到“弹压中国系住民”，其他出版社都把对亚洲各国的战争犯罪内容删除了。

第七章
中日关系重新调整时期的历史问题

进入1990年代后，国际环境因冷战的结束发生了重大变化，进而对中日关系产生了重要的影响。一方面，曾经在战争中受到伤害的国家与民众的国家主权意识和人权意识明显强化，提出了曾被忽视的战争赔偿的问题；另一方面，日本的右翼与保守势力也强化了对政治的影响力，导致日本政治右倾化。特别是随着中日两国经济发展产生的结构性的变化，中日历史问题明显突出，向学术界提出了新的挑战。

第一节　冷战结束与民间战争赔偿要求的提出

从1990年代中期开始，韩国与中国的战争受害人向日本法庭提起了关于战争赔偿的诉讼。这是在冷战结束后多元化的国际社会背景下对战后处理不彻底的日本战争责任的继续追究，反映了冷战结束后许多在战争中受到伤害的国家与民众的国家主权意识和人权意识的明显强化。进入21世纪后，日本地方法院、高等法院、最高法院陆续对诉讼做出判决。目前，大部分诉讼都在日本最高法院进行了判决。

关于战争赔偿的诉讼一般要经过地方法院、高等法院和最高法院的三级审理，诉讼过程相对漫长，最终结果往往也与原告的要求有很大距离，特别是经济赔偿的要求很难实现。但诉讼过程本身就具有促进日本社会加深认识侵略战争责任的意义，而且诉讼结果对推动战争受害问题的政治解决和促使战后赔偿立法也有相当大的影响。

另外，作为特殊的解决方式，战后诉讼的结果中也出现了“和解”的情况。2000年，日本鹿岛建设公司向花冈劳工诉讼的中国原劳工提出“和解”，拨出5亿日元作为针对986名受害人的“和解基金”。2008年，另一家口本公司西松建设有限公司，也表示同意对在其两处战时作业所（广岛安野作业所和新潟县信浓川作业所）做苦工的强掳劳工进行赔偿。2009年，安野“和解基金”为2.5亿日元（按93日元=1美元算，约合269万美元），针对360位强掳劳工进行赔偿；2010年，信浓川“和解基金”为1.28亿日元（约合138万美元），为183名强掳劳工提供赔偿金。这些赔偿“和解”本来应该促使强掳劳工问题朝着全面解决的方向发展，但是在中国和日本对于“和解”的批评也相当强烈，可见，“和解”模式仍很不成熟。

一　民间战争赔偿诉讼的提出

根据日本律师联合会的统计，到2004年10月为止，向日本法庭提起的关于战争赔偿的诉讼已达77件，其中以中国大陆方面的战争受害人为原告的诉讼有23件，台湾和香港方面的近10件；韩国及在日韩国人的诉讼约30件；其余的则分布在菲律宾、美国、英国、荷兰等一些国家。因此可以说，民间战争赔偿诉讼不仅是中日之间的问题，其实是涉及范围相当广泛的问题。①

最早的关于战争赔偿的诉讼是由在日本的韩国人于1977年提起的，20世纪七八十年代，这样的诉讼很少。1970年代的诉讼有5件，1980年代的诉讼有3件，其余占90%的诉讼都是在1990年代以后提起的，所以说基本是以冷战结束后的国际社会为背景的。中国战争受害者的赔偿诉讼最早是在1995年提起的。这些诉讼的对象（被告）大部分是日本政府和日本的企业，也有个别的诉讼对象是个人。

根据日本的司法制度，战争赔偿诉讼一般需要经过地方法院、高等法院和最高法院三级审理。上述77件诉讼案由于提出的时间及审理时间的种种差异，判决结果各有不同，以原告诉讼请求被法院驳回居多。（参见表7-1）②

---

① 根据日本律师联合会提供的《战争·战后补偿裁判一览表》归纳、统计。

② 到2014年末，多数诉讼已经提到了最高法院，相当一部分在最高法院也已做出了判决，只有少部分正在审理中。

表 7－1 2005 年战争赔偿判决结果一览

单位：件

	支持或部分支持原告诉讼请求	驳回起诉或驳回原告赔偿请求	原告主动放弃诉讼请求	原告与被告间和解
地方法院	9	45	2	2
高等法院	5	33		2
最高法院	1	17		

在 77 件诉讼案件中，已经有 58 件在地方法院进行了审理。从判决的结果来看，除判两例和解外，原告的诉讼请求在一审法院得到支持或部分支持的有 9 件，占地方法院审理总数的 16%，而原告起诉或赔偿请求被驳回的有 45 件，占 77.6%。对原告的胜诉，日本政府作为被告向高等法院提出了上诉，而原告在败诉后，也向高等法院提出了上诉。到目前为止，高等法院已经就 33 件案例判决原告败诉，占高等法院已判决案例的 82.5%，而支持或部分支持原告诉讼请求的案例只有 5 例，占 12.5%。针对这一结果，大部分原告与被告也都向最高法院提出了上诉。已经有 17 例被最高法院驳回诉讼请求，占最高法院已判决案例的 94.4%。可见，从一审到三审，胜诉的比例是越来越低。

中国战争被害人的诉讼最早是 1995 年 6 月 28 日由被强迫抓到日本花冈的原中国劳工提起的。此后，劳工、"慰安妇"、细菌战受害者、遗弃化学武器受害者以及日本在中国进行屠杀和轰炸的战争受害者也陆续在日本法庭提起了诉讼。① 到 2004 年 10 月，以中国方面为原告的诉讼案中，涉及劳工受害的 13 件，其他分别为日军性暴力受害 4 件，细菌战受害 1 件，遗弃化学武器伤害 2 件等等。这些诉讼大部分在一审的地方法院进行，部分提到了二审的高等法院，还没有一例提到最高法院（参见表 7－2）。

表 7－2 截至 2009 年 5 月中国战争受害者提起的诉讼

	原告	被告	地方法院审理情况	高等法院审理情况	最高法院审理情况
1	花冈劳工	鹿岛建设公司	1995.06.28 起诉 1997.12.10 驳回	1997.12.11 上诉 2000.11.29 和解	

① 松尾章一編『中国人戦争被害者と戦後補償』岩波書店、1998、16 頁。

续表

	原告	被告	地方法院审理情况	高等法院审理情况	最高法院审理情况
2	性暴力被害者（第一次）	日本政府	1995.08.07 起诉 2001.05.30 驳回	2001.06.12 上诉	
3	南京大屠杀、七三一细菌部队及无差别轰炸等被害者	日本政府	1995.08.07 起诉 1999.09.22 驳回		
4	性暴力被害者（第二次）	日本政府	1996.02.23 起诉 2002.03.29 驳回		
5	劳工刘连仁	日本政府	1996.03.25 起诉 2001.07.12 部分支持	2001.07.23 日本政府上诉 2005.06.23 驳回	
6	平顶山被屠杀平民	日本政府	1996.08.14 起诉 2002.06.28 驳回	2002.07.08 上诉 2005.05.13 驳回	
7	日遗毒气弹被害（第一次）	日本政府	1996.12.09 起诉 2003.09.29 支持	2003.10.03 日本政府上诉	
8	日遗毒气弹被害（第二次）	日本政府	1997.10.16 起诉 2003.05.15 驳回	2003.05.26 原告上诉 2007.03.13 驳回	
9	细菌战伤害	日本政府	1997.08.18 起诉 2002.08.27 驳回	2002.09.03 上诉	
10	劳工（东京第二次）	日本政府企业	1997.09.18 起诉 2003.03.11 驳回	2003.03.19 上诉	
11	劳工（长野）	日本政府企业	1997.12.12 起诉		
12	劳工（广岛）	西松建设公司	1998.01.16 起诉 2002.07.09 驳回	2002.07.10 上诉	
13	劳工（京都大江山镍矿）	日本政府企业	1998.08.14 起诉 2003.01.15 驳回		
14	性暴力被害者（山西）	日本政府	1998.10.30 起诉		
15	劳工及大轰炸被害者	日本政府	1999.08.31 起诉 2003.03.26 驳回		
16	劳工（北海道）	日本政府	1999.09.01 起诉		
17	南京大屠杀受害人李秀英	田中正明	1999.09.17 起诉 2002.05.10 驳回	2002.05 上诉 2003.04.10 支持	
18	劳工（福冈）		2000.05.10 起诉 2002.04.26 部分支持	2002.06.28 三井矿山上诉	
19	性暴力被害者（海南）	日本政府	2001.07.16 起诉		

续表

	原告	被告	地方法院审理情况	高等法院审理情况	最高法院审理情况
20	劳工（新潟港湾）	日本政府企业	2000.09.12 起诉 2004.03.26 支持	2004 日本政府上诉 2007.03.15 驳回受害人请求	
21	劳工（新潟）	日本政府企业	2002.03.13 起诉 2004.03.26 支持	2004 日本政府上诉 2007.03.15 驳回受害人请求	
22	劳工（群马）	日本政府企业	2002.05.27 起诉		
23	劳工（福冈第二次）	日本政府企业	2003.03.28 起诉		

截至 2009 年 5 月，中国战争受害者对日本提出的民间索赔诉讼案共计 23 件（未包括台湾及香港地区在日本提诉之案），原告分别为大屠杀、无差别轰炸、遗弃毒气弹及炮弹、细菌战、强掳劳工、“慰安妇”等受害者或其遗属，被告分别为日本政府及相关日本企业。在已结案的案件中，大部分败诉。

以上诉讼只有个别案例在一审法院得到支持或部分支持：

2001 年 7 月 12 日，东京地方法院认为日本政府对中国劳工刘连仁在战后救济不力（刘连仁在日本投降前逃进深山，直到 1958 年才被找到），判决应赔偿 2000 万日元。之后日本政府向东京高等法院提出上诉。

2002 年 4 月 26 日，福冈地方法院判定强行将中国劳工带到日本和强制劳动是不法行为，并不受时效的限制，判三井矿山向被害者 15 人每人支付 1100 万日元。之后三井矿山向福冈高等法院提出上诉。

2003 年 4 月 10 日，东京高等法院判决支持南京大屠杀受害人李秀英对田中正明的诉讼要求。

2003 年 9 月 29 日，东京地方法院判定日本政府对遗弃在中国的化学武器负有“不作为”的责任，判决赔偿 13 名受害人共 1.9 亿日元。之后日本政府向东京高等法院提出上诉。

在那之后的高等法院和最高法院的判决，基本推翻了地方法院的判决，没有支持中国受害人的赔偿请求。

作为特殊情况，若干诉讼在原告与被告之间达成了“和解”，包括 2000 年 11 月“花冈事件”中国劳工幸存者及死难者家属与被告日本鹿岛建设公司达成“和解”，鹿岛建设公司向中国劳工谢罪并赔偿5亿日元；2009年10月23日，日本广岛安野中国受害劳工联谊会（筹）代表抗日战争期间被强掳到日本广岛安野的360名劳工，与曾经掳役迫害他们的日本西松建设公司达成“和解”，西松建设公司提供2.5亿日元的赔偿金对360位强掳劳工进行赔偿；2010年西松建设公司再向信浓川183名强掳劳工提供1.28亿日元的赔偿金。

二　战后赔偿诉讼的国际背景

为什么在战后，特别是在1990年代后出现了诸多关于战争伤害的诉讼？这是与战后国际形势的发展及日本的政治形势有密切关系的。

第一是战后对日本战争责任的研究有了新的突破，战后审判不彻底的问题越来越明显地暴露出来。战后对日本的审判中免除了天皇的战争责任。但是，战后陆续发表的许多回忆文章和公开的许多档案都证明：天皇的战争责任是被美国有意掩盖了。1946年1月25日，驻日本盟军最高司令官麦克阿瑟给美国陆军总参谋长艾森豪威尔的电报中说：“已经通报说由于没有发现关于天皇战争犯罪的明确的证据，所以不应将天皇作为战犯起诉。”但是，在电报的后一部分，麦克阿瑟又说：“一旦将天皇作为战犯起诉，我们的占领政策必须做相当大的调整，为了对付日本的游击队，至少需要100万军队和几十万行政官员，并且要建立战时的补给体制。”可见，免除天皇的战争责任，不是天皇没有责任，而是美国出于占领日本的政治性考虑。①

由于东京审判的档案在1970年代后期开始解密，关于天皇战争责任的研究从1980年代开始活跃起来，在许多问题上有了相当大的突破。所以在1989年1月7日昭和天皇去世后，许多地方的人们也包括日本的进步力量重新提出了天皇的战争责任问题。针对这一情况，当时的日本外相宇野宗佑称：“关于日本的战争责任，‘旧金山和约’已经完全采纳了远东国际军事法庭的审判，因此有关天皇的战争责任也在国际解决了。”② 其实这种解释并不符合历史事实。

---

① 粟屋憲太郎『東京裁判論』大月書店、1989、201頁。

② 荒井信一『戦争責任論：現代史からの問い』岩波書店、1995、151頁。

另外，东京审判中被有意掩盖的日本在侵略战争中违背国际公约进行生物战（细菌战）和化学战（毒气战）的行为，在 1980 年代中期以后由于资料的解密和历史研究的推进而逐渐被揭露出来。

当时，对日本军队的这些罪行是进行了调查的，而且积累了一定的证据。但是，美国出于自身的利益，在获取了重要的情报资料后，将对日本这些战争罪行责任的追究压制了下来。而对这些罪行的重新追究，基本是从 1980 年代中期开始，直到 1990 年代初才有了重大的突破，在日本社会产生了影响。

第二是"旧金山和约"的种种问题，在冷战局面结束后逐渐暴露出来。

"旧金山和约"是在冷战的局面下达成的。美国由于迫切需要日本成为与苏联对抗的忠实的"同盟国"，发挥其在冷战形势下的经济军事作用，所以改变了原来准备制裁日本的政策，一手操纵对日讲和谈判。结果，最大的战争受害国中国及朝鲜没有被邀请参与讲和会议，许多亚洲国家或者没有参加，或者参加了但没有批准和约，苏联参加会议但是拒绝签署。所以"旧金山和约"其实是日本同欧美各国签订的和约，而日本同亚洲许多战争被害国的战后处理实际并没有完成。[①] "旧金山和约"第 14 条虽然规定了日本有支付战争赔偿的义务，但是又以种种理由加以限制。所以日本在亚洲实际只与缅甸、菲律宾、印度尼西亚和南越订立过赔偿协定。多数战争被害国在美国的政治与经济的压力下，放弃了对日本的战争赔偿的请求权。关于对个人人权被害的赔偿问题，仅仅在第 16 条中有所涉及，但局限于对成为日本军队俘虏的盟军的军队成员。[②] 因此，"旧金山和约"是没有反映亚洲被害国利益与要求的条约。

如果说在东西方冷战的局面下，有些国家为了自身经济的发展，不得不考虑来自美国的经济援助，所以容忍了美国对日本的包庇的话，那么，在冷战结束后的 1990 年代，在国际社会趋向多元化的新形势下，战争被害国的权利意识高涨，被害国政府对被害者作为个人向日本方面提出赔偿要求的态度也发生了变化。重新思考"旧金山和约"的问题，也就是必然

① 『私たちの戦争責任:「常識」に挑む』システムファイブ、1996、74 頁。

② 荒井信一『戦争責任論：現代史からの問い』、183 頁。

的了。

第三是在冷战局面结束的新形势下，各个主权国家进一步融入国际社会，国家主权意识和人权意识都有明显的强化，因而对战争被害的追究出现了新的局面。

战后，放弃对日本的战争赔偿的要求，是在一定的国际环境下由种种外交政治判断与国际政治力学综合作用的结果。当时，许多原来的帝国主义的殖民统治地区与被占领地区的国家通过独立战争相继走上了独立的道路。但是由于经济基础本来就比较薄弱，多年来又遭受了殖民主义的统治与压迫，以致经济十分落后，加上长期的战争，资源受到破坏，人民生活处于困难之中，政治制度的建设和基本人权意识的树立都需要时间，所以受到战争伤害的人们的尊严在战后没有得到真正的恢复。而且在相当长的时间里，他们的心声没有表露的机会。可以说，对于受到战争伤害的人及其家属来说，依然没有能够迎来真正的“战后”。

与此同时，不彻底的战后审判和片面的讲和条约，又掩盖了日本社会对侵略战争责任的反省。日本右翼和保守势力不断否认侵略战争责任，这激起了遭受日本军国主义侵略和伤害的各国国民的义愤。于是，要求日本政府赔偿与谢罪的呼声日益高涨。

此外，国际社会以日军性暴力受害人为突破点，在联合国人权委员会上通过了1996年的特别报告，指出日本政府应对遭受日本军队性暴力的受害人予以赔偿，正式谢罪，并纠正错误的历史教育。1998年4月，在联合国人权委员会上再次提交《国家对女性暴力犯罪的报告书》，在明确了日本加害责任的前提下，呼吁日本政府切实承担起对受害人给予赔偿的法律责任，并批评了设立“国民基金”而回避政府谢罪的做法。[①] 这些行动对被害人人权意识的树立和强化起了重要的作用。

第四是在进入1980年代以后，日本的非政府组织（NGO）的活跃给战争赔偿诉讼带来了新局面。

1980年代中期，日本经济发展到高峰，要求成为政治大国的呼声日益高涨，同时带来两个方面的社会变化。一方面，保守派把“政治大国”的目标与否认侵略战争责任的行动结合起来，引发了政治家“正式参拜”靖

① 〔韩〕日本的“慰安妇”问题历史馆：《所谓的日军“慰安妇”问题》，第9页。

国神社和修改历史教科书等问题；另一方面，建立在和平运动基础上的市民团体把提高日本在亚洲及国际地位的问题与对战争责任的认识问题结合起来，强调日本应通过对战争的反省来恢复亚洲战争被害国的信任，并在此基础上发展与各国的友好关系。而进入 1990 年代后，新的右倾化形势虽然分化瓦解了和平进步力量，但也使一部分人头脑更清醒。他们意识到必须使战后出生的人从没有战争责任的思想障碍中解放出来，促使他们冷静地看待历史事实，对原来的战争国家体制进行反省。而为了做到这一点，就必须了解被否定的原来的国家行为，了解原来的体制下受害的人。

1990 年代后，日本国内开始成立以调查中国战争被害的历史真实为目的的和平团体，如揭露日本强掳中国劳工罪行的“中国劳工问题思考会”，以揭露细菌战部队罪行为目的的“七三一部队展实行委员会”，以揭露调查日本细菌战侵略罪行为目的的“铭心会”等。这些团体来中国进行调查，同时也在调查的过程中与中国受害者建立了联系，特别是了解了那些战争受害者的感情和要求。1995 年 5 月，日本进步的市民团体和各界人士自发地成立了“支持中国战争被害人诉讼要求会”，以日本社会有影响的学者、作家和社会活动家如家永三郎、大田尧、藤原彰、本多胜一、森村诚一等为中心，专门开展支援中国战争受害者诉讼的种种活动。①

和平团体和其中一些骨干力量的活动也影响了日本国内一些有进步思想的律师，后者也开始考虑如何为促进中国战争受害者提起赔偿诉讼而努力的问题。如 1994 年 10 月，日本进步律师成立“中国战争受害人调查团”，以著名律师尾山宏为团长，小野寺利孝为干事长，联合了日本国内有良知的数百名律师，以“南京大屠杀”“七三一细菌部队”“慰安妇”等战争责任问题为中心组成若干小组，多次到中国进行调查，并与中国的战争受害人取得联系。② 而以土屋公献为团长，一濑敬一郎为事务局局长的律师团体则在揭露、调查日本细菌战侵略罪行的市民团体的配合下，着手协助中国的细菌战受害者提起诉讼。另外，还有的律师协助中国劳工的诉讼等。

---

① 小野寺利孝「戦後補償裁判闘争の課題と展望」『季刊・中国』第 50 号、1997 年 9 月。
② 松尾章一編『中国人戦争被害者の証言』皓星社、1998、8 頁。

三　诉讼结果的判断与诉讼的法理障碍

战争赔偿诉讼的过程是相当漫长的，最终结果难以预料。人们往往以是否得到经济赔偿为原则判断诉讼结果的成功与失败，这样看失之偏颇。其实，要特别重视诉讼过程客观上对促进日本社会加深认识侵略战争责任的意义。战后赔偿的意义不仅是“对过去的清算”，而且是通过诉讼，在法庭上聆听要求恢复尊严的人们的声音，在同他们的交流中，由年青一代思考进行“创造未来”的战后赔偿。而从这一角度看，诉讼结果应当从三个方面分析。①

第一是看法庭的判决对原告提出的历史事实是否予以承认，这是最基本的要求。中国受害人作为原告在提起诉讼的时候进行了比较充分的准备，在有的诉讼中还得到了历史学者的支持，所以在法庭的判决中，一般没有对历史事实提出更多疑议，多是予以承认的。尽管在我们看来是理所当然的事情，但是由法庭在法律上予以承认，对于诉讼要求的进一步解决，特别是对下一步认定日本政府等被告的责任有积极意义。

第二是看法庭的判决对原告提出的被告应承担责任的要求是否予以认定，这一点较前者进了一步，所以面临的困难也更大了一些。因此在有的判决中尽管承认了历史事实，但是并没有认定被告（主要是日本政府）的责任。而部分判决则对日本政府或企业的责任给予了认定，这种从司法的角度确定国家等被告的义务对于明确日本的侵略战争责任具有重要意义。

第三是看法庭的判决对原告提出的赔偿要求是否予以认定，这是最终的要求，也是最困难的一步。这一要求如得到法庭的支持，可以说是全面的胜诉，能够为今后通过立法全面解决所有被害者的问题打开局面。但是，即使这一要求没有得到法庭的支持，也不能说是全面的败诉，而要看法庭对原告上述两点要求的承认和认定情况。

到目前为止，许多战争赔偿诉讼在日本的法庭上遇到了法理上的障碍，比较主要的是“国家无答责”原则和“时效”两个问题。

“国家无答责”原则是在明治宪法中确立的，称国家对于在行使权力的过程中产生的伤害，包括战争中的伤害可不负责任，这是从所谓绝对主

① 松尾章一編『中国人戦争被害者と戦後補償』49 頁。

义时代，即“王权神授”时代发展过来的法理。在那一时代，统治者宣称神没有给予王以犯错误的权限，所以王是没有错误的（King do no wrong），使“国家无答责”原则正当化。其实，在否定了“王权神授”的战后，一般认为政府如果有违法行为，则是有可能给国民带来伤害的，所以日本现行宪法的第17条规定了国家的责任，根据这一条制定了《国家赔偿法》。《国家赔偿法》生效后，“国家无答责”原则当然就不存在了。但是，日本法庭在对中国的战争受害诉讼进行判决的时候，认为对当时的行为需要根据当时的法律来判断，往往以“战后的赔偿诉讼是由《国家赔偿法》生效前的国家权力行为造成的，所以仍然适用国家无答责原则”为由驳回原告的诉讼赔偿要求。①

针对日本法庭的上述理由，原告律师提出了反驳，认为“国家无答责”原则即使在明治时期也不是作为普遍的法理适用于任何场合的，如国家以强制性手段导致的伤害就不适用这一法理，更不能适用非日本人的中国原告，如果想用这一原则驳回原告的诉讼要求，法庭需要得到法律的授权，而法庭并没有也不可能得到授权。

由于原告和律师提出了上述反驳，法庭在审判中虽然仍坚持把“国家无答责”法理作为“绝对的障碍”，但是2003年两次判决中，已经开始部分地采纳原告律师的主张。这主要表现在2003年1月15日对京都大江山镍矿劳工诉讼的判决和3月11日在东京法庭就劳工问题第二次诉讼的判决中。

京都地方法院的判决在一般性地承认“国家无答责”法理后，就此次诉讼提出：如对劳工不存在强制的话，则可以适用“国家无答责”法理，但是，中国劳工是被日本旧军队在没有法律依据的情况下强行征用的，所以不适用“国家无答责”法理。而东京法庭在第二次诉讼的判决中也指出：在现在的形势下，援引“国家无答责”法理是不正当的，很难看出其合理性。

上述两次诉讼可以说在“国家无答责”这一“绝对的障碍”上形成了一个小小的缺口，但要使这一障碍完全崩溃，还需要进行相当大的努力。

---

① 水島朝穂編著『未来創造としての「戦後補償」:「過去の清算」を越えて』現代人文社、2003、11頁。

“国家无答责”法理一旦被否定，另一个重要的法理障碍即“时效”的问题便凸显出来。日本法庭不支持原告根据中国《民法》对被告的不法行为进行审判，而主张运用日本《民法》。但日本《民法》第724条在判例中规定了“时效期”，即原告的权利在经过一定的时间（20年）后就会消灭。而中国原告的赔偿要求多数是针对20年以前的伤害，因此在形式上是过了时效期的。

对此，原告和律师主张中国的战争受害人并不是在明知自己有赔偿请求权的情况下而不向日本法庭提出的。因为直到1978年中日签订《和平友好条约》前，从法的角度而言，两国间的战争状态是在继续的，在那种状态下，原告不可能提起诉讼。在战争继续的状态下，时效期与除斥期是停止计算的，关于这一点甚至“旧金山和约”也加以确认了。

原告和律师还指出：战后日本长期隐瞒了有关“慰安妇”、强制劳工及其他有关日本战争犯罪的资料，只是在国会追究下，才陆续公布了一部分。这种对资料的隐瞒也影响原告提出诉讼要求。本来，日本政府作为不法行为的实施者，应当主动明确赔偿的责任，但是在搁置了50年后，仍要由原告方面提出，因此原告是不应承担“时效”的责任的。

对于“时效”问题的态度，在原告及其律师的努力下，同时在国际舆论的压力下，日本的法庭近年也有所变化。1998年，日本最高法院提出一条原则，即在“明显地违背正义和公平理念”的特殊情况下，原告的权利是不消灭的。

2002年4月，福冈诉讼中判三井矿山向被害者15人每人支付1100万日元，福冈地方法院就是以强制劳工属于“明显地违背正义和公平理念”为由而否定了“时效期”问题。

值得注意的是，对于“国家无答责”和“时效”两大诉讼障碍，在近年的判决结果中分别有所突破，但是还没有两大障碍同时被突破的情况。

战后赔偿诉讼的前景，应当包括两个方面的判断。一是道义方面的，即侵略战争的历史事实是否得到了承认，日本政府的战争责任是否得到了认定，战争被害人的正义是否得到了伸张。二是经济方面的，即被害人的经济方面的赔偿要求是否得到实现。当然，这两个要求是紧密联系着的，作为战争被害人来说，得到赔偿是正义得到伸张的最终体现。但是，个案的诉讼即使能够取得全面胜诉，获得赔偿的也只是原告中的少数人，仍然不能满足大量的战争受害人的要求，真正解决这一问题的方法是对于战争赔偿的立法。所以，战争赔偿诉讼的结果是与战争赔偿立法能否实现紧密联系在一起的。

目前，国际社会中有些国家已经就战争赔偿进行了立法，这些立法使日本如何解决战后遗留问题面临很大的挑战。

美国针对战争期间强制收容居住在西海岸的11万日裔美国人的问题，在1988年制定了《市民自由法》，承认侵犯了那些人的自由和宪法上的权利，表示了谢罪，每人补偿2万美元。1990年10月，受害人都收到了美国总统署名的谢罪信，信中表示：我们明确地站在正义的立场上，承认在第二次世界大战中非正义地对待日裔美国人的错误。①

德国在1956年针对在战争中受到纳粹迫害者确立了《联邦补偿法》。1996年，联邦宪法法院承认对强制劳动应当给予个人的补偿。2000年，在国会通过了《成立“记忆·责任·未来基金会”法案》，为证明政府与企业对强制劳动都有责任，决定由联邦政府、州政府及企业提供100亿马克，创立补偿基金财团，对在纳粹政权下被强制劳动的犹太人和俘虏进行补偿。2001年起，每人开始获得5000—15000马克。

另外，加拿大1988年立法，对战时强制收容的日裔加拿大人每人赔偿2万加元；1999年立法，对被日军俘虏的加拿大人每人赔偿2.4万加元。英国、荷兰、挪威、新西兰等国也对被日军俘虏或被拘留的本国人提供补助金。②

日本对参加过战争的日本旧军人通过“军人恩给”的方式予以补偿，对战争中阵亡的军人家属——遗族，也通过“年金”的方式给予补偿，而对被害者却没有任何措施，这是很不公正的。针对这一情况，日本民间团体和律师团体提出过若干议案，并成立了“战后补偿法律师筹备会”，提出了《对外国人战后补偿法》。2000年在日本国会，由民主党、共产党、社民党三党提出了《促进解决战时被强制的性的被害者问题法案》和《国立国会图书馆法的部分修正法案》。前者在于要求政府向战时被强制的性伤害的被害者给予谢罪，制定恢复名誉的必要的措施。而后者的目的是要

---

① 水島朝穂編著『未来創造としての「戦後補償」:「過去の清算」を越えて』44頁。

② 田中宏、中山武敏、有光健他『未解決の戦後補償：問われる日本の過去と未来』創史社、2012。

求政府为调查事实真相提供便利，首先是在国会图书馆中设立和平调查局，开展资料的搜集和调查研究工作。作为在野党的提案，在日本国会当然会遭到执政党的反对。但是，自 2000 年提出以来，赞成的国会议员在逐渐增加，到 2003 年 1 月 31 日在参议院提出时，已经得到了 73 名国会议员的支持。

针对日本在战争中强制性的从军“慰安妇”问题，从 1995 年起，联合国人权委员会等机构相继向日本政府提出了解决战后赔偿问题的报告与劝告。日本政府在十分被动的情况下于 1993 年承认设置和运营“慰安所”的行为，并建立了亚洲妇女基金，企图以民间慰问金的形式向战争中受到伤害的“慰安妇”予以补偿。不过，受害人拒绝接受这种方式的“慰问”，而要求日本政府的正式谢罪。

综上所述，中国战争受害者在日本法庭的诉讼虽然道路曲折漫长，但是对于促进日本的战争责任认识和解决战争遗留问题是有意义的。1995 年以来，战争赔偿诉讼在日本多次开庭审理，尽管还没有获得胜诉，但是诉讼过程本身已经在日本社会产生影响，事实上这也是对否认侵略战争责任的言行的有力反击。

四　德国的和解模式与对日战争索赔的思考

2000 年 11 月，“花冈事件”的中国劳工幸存者及死难者家属与被告日本鹿岛建设公司达成和解。但是，对于“花冈和解”是不是解决战争索赔的一种新模式，则有不同的认识，而且产生了激烈的争论。

“花冈事件”发生在日本侵华战争末期的 1944—1945 年期间。当时，被强行绑架到日本的中国劳工，包括平民和战俘近 1000 名被征用到日本秋田县花冈矿山，在鹿岛组（即今鹿岛建设公司）的花冈作业场从事超强度的苦役。这些劳工是被强征到日本的近 4 万名劳工中的一部分。

在花冈矿山服役的中国劳工从事修改河道的苦役，每天从事 15—16 小时的超强度劳动。劳工住的是用木片搭起的工棚，以橡子面、苹果渣充饥。严冬时节，劳工不仅仍工作在冰冷的泥水中，而且身着单衣，足穿草鞋，只能用水泥袋披在身上御寒，还要忍受监工的打骂摧残，每天都有多名劳工被殴打、虐杀致死，仅半年时间，就有 200 多人被迫害送命。忍无可忍的中国人决心以死反抗。

1945年6月30日晚，耿谆、王敏率700名中国劳工发起暴动，打死监工，逃往附近的狮子森山。日本出动2万军警围捕枪杀，致使113名劳工当场死亡，在被抓回后的审讯中，又有305人死亡，死亡人数占劳工总人数的42.4%。

围绕“花冈事件”的基本诉讼经过如下。

1989年12月22日，以耿谆为代表的“花冈受难者联谊筹备会”向迫害过他们的鹿岛建设公司发出公开信，要求对方谢罪、在日本大馆市和中国北京建纪念馆，赔偿每位受害者500万日元。[①] 这一年日本昭和天皇去世，报纸杂志发表了大量的回忆战争历史的文章，引发了日本社会对“过去的战争”的热烈讨论。“花冈受难者联谊筹备会”给鹿岛建设公司发出的公开信在日本的报纸上披露后，引起了日本和平团体与进步人士的关注。于是在一些社会活动家的带领下，组成了“中国劳工问题思考会”；该团体认为，作为日本人，应当回应受害的中国劳工的声音。“思考会”的骨干有学者田中宏、内海爱子，律师新美隆、内田雅敏，旅日华侨林伯耀等。他们受“花冈受难者联谊筹备会”的委托与鹿岛建设公司进行交涉，从此拉开战后中国民间对日战争受害索赔的序幕。

1990年7月5日，“花冈惨案”受害者代表耿谆及遗属代表与鹿岛建设公司副社长村上光春就谢罪与赔偿问题进行当面交涉。谈判结束后，发表了“共同声明”。鹿岛建设公司承认对“花冈惨案”负有“企业责任”，并表示了“谢罪之意”，对于赔偿，鹿岛建设公司只承认了双方之间存在“必须通过对话努力进行解决的问题”，表示日后协商解决。但事后鹿岛建设公司反悔，使交涉陷入僵局。1993年，“中国劳工问题思考会”与中国人民抗日战争纪念馆联合举办了“花冈悲歌——花冈事件展”，还发动日本民众到天津的抗日殉难烈士纪念馆举行追悼会。

由于“中国劳工问题思考会”的努力，中国劳工问题开始受到日本社会的关注，田英夫等一批国会议员也参加了活动，日本主要的电视台NHK放映了介绍中国劳工在日本受迫害的纪录片。1995年6月28日，耿谆等11名原告向东京地方法院提起诉讼。1997年12月10日法庭以诉讼超过时

---

① 公开信要求鹿岛建设公司：（1）向死难者家属及幸存者郑重谢罪；（2）在日本的大馆市和中国的北京建立纪念馆；（3）向986名受害者每人支付500万日元的赔偿。参见「中国人強制連行を考える会」『ニュース』第1号、1990年1月25日。

效为由，宣布原告败诉。原告不服，提出上诉。二审经过六次开庭，2000年11月29日，在日本高等法院主持下，由日本律师团代表原告方与被告达成“和解”，“和解”的原则是：

> 1　被告鹿岛再次确认1990年7月5日的“共同声明”。[①]
>
> 2　但是，“共同声明”并非主张鹿岛具有法律意义上的责任，关于这一点，已经为原告（中国方面的11名被害人）所了解。
>
> 3　将5亿日元委托给利害关系人（中国红十字会）。该经费作为“花冈和平友好基金”专门用于被害者（986人），可追悼受难者的亡灵，资助受难者遗属的生活及其子女的教育等。
>
> 4　包括原告在内的所有受难者的家属确认本和解作为花冈事件悬案的全面解决，放弃今后在日本或其他国家或地区提出要求的权利。
>
> 5　今后，11名原告以外的人如对鹿岛提出赔偿的要求，利害关系人（中国红十字会）及原告有责任协调，鹿岛将不负责任。[②]

“花冈和解”是日本企业对中国二战劳工第一次实质性的赔偿，在亚洲是首例。由于这次“和解”是在东京高等法院主持并确认下实现的，具有一定的法律意义，对于其他的战争受害者的赔偿诉讼也有相当大的影响。鹿岛建设公司再度确认1990年7月5日的“共同声明”，即承认强制劳工的事实，认识到企业的责任，对花冈事件幸存者及遗属表示深刻的谢罪；出资5亿日元作为基金，委托中国红十字会管理，专用于“花冈事件”的中国受害者（986人）遗属的慰灵、生活资助等方面。这的确可以作为今后解决种种索赔诉讼的一种模式。

但是，由于鹿岛建设公司在“和解”条款和“关于花冈事件和解的声明”里明确提到，“本基金的捐出，不含有补偿、赔偿的性质”，要求控诉

---

① 该“共同声明”的基本内容是：（1）鹿岛承认强制使用劳工的事实，作为负有责任的企业，鹿岛向被害者和遗属表示深刻的谢罪；（2）双方认为应以对话解决问题；（3）基于“前事不忘，后事之师”的精神，努力使之早日解决。

② 「中国人強制連行を考える会」『ニュース』第60号、2000年12月6日。由于原告及律师对于“和解”条款的理解尚有不同意见，所以至今仍有待解决的一些问题。

人认可这一点，而且还要求控诉人确认“作为花冈事件悬案的全面解决”等，显然是侵犯了“花冈事件”除 11 名控诉人以外的其他受害者的合法权益；鹿岛建设公司强调的“基金的捐出，不含有补偿、赔偿的性质”，是对受害者的再次伤害，所以也埋下了争议的种子。

“和解”条款提出后，耿谆因气愤住院，认为花冈诉讼彻底失败，“和解”所列条款是套在受难者身上的枷锁，于是反对和解，拒绝领取发放金和在“和解”文件上签字。

与德国建立基金对战争受害人的补偿相比，鹿岛的“和解”存在的问题是突出的。

德国在战后对战争责任的认识和对战争受害人的补偿也经历了曲折的过程。在战争时期，纳粹德国的警察和军队根据当时的种族主义法律，强捕并奴役了大量劳工。大多数强制劳工为希特勒统治下第三帝国的公共部门所雇用，包括学校和医院。但是对那些人的赔偿没有纳入战后德国的国家赔偿中。

1951 年，联邦德国总理康拉德·阿登纳（Konrad Adenauer）在一个意义重大的演讲中提到了德国道义上的责任和赔偿的义务：“以德意志民族的名义犯下的巨大罪行，使得我们有义务做出道德上的反省和实质上的补偿。”

在那之后，德国考虑设立基金会对战争受害人进行赔偿，即“记忆·责任·未来基金会”。但是，德国在成立基金会的时候，并没有明确承认其法律责任。研究纳粹统治时期和解协议的权威学者贝斯勒（Michael Bazyler）认为，“德国从来没有承认其法律责任，并且在和解协议里面坚持认为其责任仅仅是道义上的，而不是法律上的”，相反，德国企业最关心的是免除法律责任的问题，他们认为对于奴役劳工和强役劳工的任何赔偿都应该由政府承担，因为他们不得不使用这些劳工来支撑战时纳粹德国的经济。①

由于战后相当长时间政府并没有向劳工个人提供补偿，所以战后针对德国公司的诉讼蜂拥而至，许多诉讼也牵涉了德国在美国的公司。出于担

① Michael Bazyler, “Japan Should Follow the International Trend and Face Its History of World War II Forced Labor”, *The Asia-Pacific Journal*, Vol. 5 - 3 - 09, January 29, 2009. http://www.japanfocus.org/ - Michael-Bazyler/3030.

心名誉受损影响经济活动，许多企业考虑提出决定性的方案，以便一劳永逸地结束所有诉讼。

格哈德·施罗德（Gerhard Schröder）当选德国总理以后，德国政府为了防止诉讼对国家和本国企业不利而承担了责任。在同意和解的同时，德国公司要求“法律上的和平”（legal peace），即现在和将来美国法院都不得审理此类案件。相应的，1999 年初，施罗德总理寻求和美国就此问题进行国家与国家之间的协商解决。美德谈判者制定了一个解决方案，既可以解决道义责任和历史责任问题，同时又可确保德国公司在美国享有永久和全面的“法律上的和平”。[①] 这一解决方案就是创立国家基金会，作为法庭之外唯一可以解决此问题的阵地，目的是解决纳粹时期遗留下来的所有赔偿问题，包括奴役劳工和强役劳工问题。

《柏林协定》（*Berlin Accords*）是一套批准谈判达成的妥协的协议，它包括德国、美国以及其他和谈判有利益关系并且参加谈判的国家共同签署的一个《原则联合声明》（*Joint Statement of Principles*）以及德、美签订的一份旨在保证“法律上的和平”的《执行协议》（*Executive Agreement*）。根据这些协议，德国联邦议会通过立法成立了“记忆·责任·未来基金会”，注入资金 100 亿马克，由德国企业和政府各承担一半。2001 年当联邦议会确定“法律上的和平”已充分实现时，开始向受害者发放资金。[②]

根据“记忆·责任·未来基金会”相关规定，德国奴役劳工，也就是那些被从集中营里驱赶出来被迫拼命劳动的人，每人得到 7500 美元。强役劳工每人得到 2500 美元。如果强役劳工遭受了极大的苦难，则每人可以获得和奴役劳工同样数额的赔偿。[③] 几乎没有哪个奴役劳工、强役劳工及其遗属对所获得的赔偿表示满意，但是大多数最后还是接受了，因为这毕竟是公义的象征，也是在当时情况下能取得的最好结果。1999 年德国总统约翰内斯·劳（Johannes Rau）的话准确地表达了劳工们的情绪：“他们只想要我们明确承认他们遭受的苦难和我们对他们的不公对待是违反正义

① Gideon Taylor, "Where Morality Meets Money", *Holocaust Restitution*, edited by Michael Bazylerand Roger Alford, New York: New York University Press, 2006, pp. 83 – 88.

② Gideon Taylor, "Where Morality Meets Money," *Holocaust Restitution*, pp. 89 – 92.

③ Gideon Taylor, "Where Morality Meets Money," *Holocaust Restitution*, p. 81.

的……我们永不会忘记（他们的苦难）。”①

德国公司自始坚持认为政府应该承担奴役劳工和强役劳工的主要责任，这和日本公司的观点是一致的。然而，两者明显的不同是，德国政府愿意承认责任，而日本政府坚决拒绝承认责任。由于德国政府的参与，问题变成是在国家与国家之间的政治解决，所以能够保证长久的“法律上的和平”。而由于日本政府不承认责任，所以企业与原告之间的和解难以越过政治的门槛。部分原告认为日本企业在“和解”方案中没有明确的道歉的表示，所以拒绝“和解”，使和解的结果出现了尴尬局面。

第二节 针对日军战争暴行的诉讼与日本人的战争责任认识

进入1990年代以来，对日本在第二次世界大战期间的战争犯罪责任问题的追究开始引起人们的关注，不仅是在被日本侵略过的亚洲的被害国，即使是在日本国内，这一追究也相当活跃。而日本在战争中强征日本和亚洲许多国家的妇女充当“慰安妇”以及实施性暴力的行为是要追究的主要问题之一。作为被害国的国民，战后一直没有放弃对在战后审判中没有得到真正解决问题的继续追究，但1990年代以来对日本历史上的侵略罪行的追究，并不仅仅是战后谴责侵略罪行的继续，在新的历史条件下，这一追究具有特殊的意义。只有了解了这一追究的重要意义，才能够高瞻远瞩地处理好历史遗留的问题，才能够真正建立起21世纪的世界和亚洲的和平局面。

一 日军对女性的性暴力犯罪的提出

在战后对日本侵略罪行的审判中，日军的性暴力问题已经作为日本的侵略罪行受到审判，但是只限于个别的审判中。在印度尼西亚的法庭上，曾经审判了日军强抓荷兰少女和35名女性到“慰安所”的“斯马兰慰安所”事件。当时作为被告的12名日本军人，除两人无罪外，其他人分别

---

① Gideon Taylor, “Where Morality Meets Money,” *Holocaust Restitution*, p. 166.

被判 7 年至 20 年不等的徒刑或死刑。[①] 在美国的关岛，中国的太原、南京以及徐州，也各有一例关于日军性暴力犯罪的审判。[②] 但是，与日本军队在战争中强征大量"慰安妇"的实际情况相比，那样的审判是远远不充分的。尤其令人遗憾的是，尽管当时许多被害国都就日军的性暴力问题提供了证言，特别是曾经被强征了大量"慰安妇"的朝鲜和中国台湾，曾经建立过大量"慰安所"的菲律宾，但是在东京审判中却根本没有触及这一问题。因此，日军的性暴力问题应当说是战后遗留的主要问题之一。

关于"战后遗留"的含义，可以从两个意义上理解。一是日本侵略罪行没有得到深刻的谴责和批判，即在战争责任认识方面遗留了许多问题；二是对于被迫害和被奴役的亚洲女性本身没有给予赔偿，她们始终背负着战争的伤害，战后还要承受社会不公正的待遇和歧视，即在实际的处理方面也遗留了许多问题。

战后，日军的性暴力问题似乎被人们淡忘了很长时间。但是在经济高速发展的背景下，一些躁动的日本人凭借金钱的力量到亚洲一些国家寻求"性"服务，1970 年代，有 50 万日本男性把钱花在韩国的所谓"妓生(キーセン) 观光"[③] 上。这样的行为激起了仍然带着战争创伤的韩国人民的愤怒，有觉悟的韩国人批评日本的这一行为说："日本的男性在战争中用军刀逼迫韩国女性作为'挺身队'为他们服务，战后不仅不反省，现在又用金钱的力量迫使'妓生'为他们服务。"[④] 特别是接受了现代教育的韩国女性，更主张对历史上日本军队性暴力问题进行追究。她们认为："在战争中牺牲在日本军队铁蹄下的我们的女性同胞的血不能白流，我们要为她们的名誉和历史的真实而努力。"以韩国梨花女子大学教授尹贞玉为首的一批韩国女学者从 1988 年起在日本各地进行调查，陆续发表了文章，于是，一度被淹没的日军的性暴力犯罪问题逐渐浮出水面。[⑤]

1990 年 1 月，尹贞玉教授的《挺身队取材记》发表，披露了日本军队有组织地强征朝鲜女性实施性暴力的罪行，在国际社会产生强烈反响。同

① 『季刊・戦争責任研究』第 4 号、1994 年。

② 岩川隆『孤島の土となるとも：BC 級戦犯裁判』講談社、1995。

③ "妓生"源于朝鲜语，指古代在宫中的官妓或一般的艺妓，"妓生观光"则指以观光为名义的买春活动。

④ 金文淑『朝鮮人軍隊慰安婦：韓国女性からの告発』明石書店、1993。

⑤ 尹贞玉等『朝鮮女性がみた「慰安妇」问题』明石書店、1993、37 頁。

年6月，日本政府代表迫于国际社会的压力，在国会答辩时称“慰安妇”是战争中由民间业主与军队“共同活动”的产物。1990年5月，借韩国总统卢泰愚访日的时机，韩国的妇女团体发表了要求日本解决战争中妇女“挺身队”问题的声明。10月，韩国的37个社会团体组成了“解决挺身队问题委员会”，向日韩两国政府发出公开信，要求日本政府调查、谢罪和赔偿，并且要求在历史教科书中加以记载。同年12月，在汉城（首尔）召开了亚洲女性人权评议会，韩国代表重点提出了战争中日军的性暴力问题，呼吁亚洲各国女性共同关注。[①]

1991年，曾在战争中被迫害充当日军“慰安妇”的韩国人金学顺向东京地方法院提起诉讼，控诉自己被强关在日军“慰安所”中遭受日军官兵的有组织的性暴力的遭遇，要求日本政府给予国家赔偿。[②] 该起诉对于当时国际社会关注日本军队对女性的性暴力犯罪问题是一个重要的契机，同时，也带动了在战后迫于社会压力，对自己遭受的伤害羞于启齿的各国女性。于是，韩国、中国、菲律宾等国家和地区的日军“慰安所”的性暴力受害者相继说出自己的名字，开始以个人身份要求日本政府进行谢罪和国家赔偿。而日军有组织地实施性暴力，建立“慰安所”的整体情况也逐渐地明了化。

日本政府对日军的性暴力问题正式表态经历了曲折的过程，在国际和国内和平运动的促动下有所变化，但至今仍然是相当“暧昧”的。

1990年6月，日本社会党议员本冈昭次在众议院预算委员会上就以“慰安妇”为代表的日军性暴力犯罪问题质询，要求政府承担责任，进行调查。而劳动省职业安定局局长在回答时居然称，利用“慰安妇”是民间业主从事的活动，与军队和国家都没有关系，政府难以调查，也谈不上谢罪和赔偿责任。[③]

1990年代后，专业历史学者和民间学者以及市民活动家进行了大量的调查与资料的搜集整理，使日军在战争中建立“慰安所”的调查研究有了

① 『「慰安婦」問題Q&A:「自由主義史観」へ女たちの反論』3頁。

② 韓国挺身隊問題対策協議会・挺身隊研究会編『証言－強制連行された朝鮮人軍慰安婦たち』従軍慰安婦問題ウリヨソンネットワーク訳、明石書店、1993、前言。

③ 『「慰安婦」問題Q&A:「自由主義史観」へ女たちの反論』15頁。

较大的进展。[1]

以中央大学吉见义明教授为首的研究人员是日本最关注“慰安妇”问题的学者，他们在日本防卫厅图书馆中找到了诸多资料，足以证实战争期间遍布各地的“慰安所”从设置到管理都是在日本军队的命令下进行的。[2]特别是他发现了原日本陆军省医务局医事课长金原节三的《陆军省业务日志摘录》，对这一日志进行研究后可见：（1）自战争开始后，从日本陆军中央部到派到各地的部队，都直接指挥、管理了设置在亚洲各地的军队“慰安所”；（2）设置“慰安所”的直接背景是针对日本军队中发生的大量的性犯罪；（3）日本陆军也有在荷属印度尼西亚强征当地妇女的计划。[3]日本学者的调查和研究结果通过报纸和“日本战争责任中心”的机关刊物《战争责任研究》陆续披露，证明不仅在日本的防卫厅图书馆，甚至在外务省、文部省以及日本和美国的国家档案馆等地，都有大量的有关文献存在。[4] 1993 年开始，日本的学者与韩国的学者联合举办了关于“慰安妇”问题的研讨会，并且建立了共同研究的组织。[5] 在这样的情况下，一部分企图掩盖日军战争责任的人说日军设立“慰安所”的目的，是防止日本军队在战场上的强奸行为。这是当年日军华北方面军参谋长冈部直三郎在 1938 年 6 月 27 日的“通牒”中最早的辩解。但是，新的研究证明，所谓“防止部队强奸”的目的并不是出自保护女性人权这一普遍的价值观，而是为了防止各地反日情绪的形成以及防止日本士兵感染性病而影响战斗力，所以完全是出于使军队顺利进行作战的目的。[6]

另外，日本进步学者的调查还指出了一个重要的现象，即日军对女性的有组织的性暴力不止强征“慰安妇”一种情况，他们将其区分为“慰安所”类型和南京类型。南京类型即日军对女性进行“集团强奸”的类型，

---

① 有众多著作、论文、评论、报告，其中最重要的研究成果有：吉見義明编・解说『従軍慰安婦資料集』大月書店、1992；吉見義明『従軍慰安婦』岩波書店、1995；吉見義明・林博史編著『日本軍慰安婦：共同研究』大月書店、1995。

② 粟屋憲太郎「従軍慰安婦問題と『补偿后进国』日本」『未決の戦争責任』。

③ 吉見義明「陆軍中央と『従軍慰安婦』政策——金原节三『陆軍省业务日誌摘录』を中心に」『季刊・戦争責任研究』創刊号、1993 年。

④ 『季刊・戦争責任研究』創刊号、1993 年；『季刊・戦争責任研究』第 5 号、1994 年。

⑤ 林博史「『従軍慰安婦』問題日韩合同研究会の報告」『季刊・戦争責任研究』第 3 号、1994 年。

⑥ 吉見義明编・解说『従軍慰安婦資料集』202—211 頁。

以及在日军占领区对女性随时实施强奸的类型。这种区分更加证明日本国家和军队对集团性的、有组织的性暴力有不可推卸的责任。为证明后者的存在及严重性，他们在山西进行了多次调查。在调查中他们发现：以“强奸”形式表现出来的对女性的暴力犯罪比以“慰安所”和“慰安妇”的形式表现出来的问题更为广泛，更为严重。

所以，将日军性暴力犯罪简单地表述为“慰安妇问题”是不准确的。日本军队对妇女的强奸行为“不仅仅在中国，在亚洲战场的所到之处都极为广泛、频繁发生着，从总数来说，可以认为超过了‘慰安所’的被害者和攻陷南京时集团强奸的被害者”。这种发生在前线农村地区战场上的性暴力，是有别于攻陷南京时集体性的对妇女的暴行与设立“慰安所”强征“慰安妇”的暴行的，是介于两者之间的一种类型，也可以说是大后方的“慰安所”的前线型或末端型。①

如果说强征“慰安妇”是日军有组织的性暴力行为的一种形式，则在战争中不分时间和场合对妇女的强暴是日军性暴力行为中更普遍的现象。本来，“慰安所”和“慰安妇”的概念就是从当时日本军人的角度提出的，带有极大的侮辱性和很大的欺骗性；被日军强暴的处于前线农村的妇女就是日军的性暴力受害者，而不应被称为“慰安妇”。

在韩国和日本有关人士的积极活动下，日军的性暴力问题也引起了国际社会的关注。1992 年 2 月，在联合国人权委员会上，来自日本民间团体的代表报告了日军在战争期间强征“慰安妇”的情况，许多国家的政府和非政府组织对日本军队的性暴力行为进行了强烈的谴责。5 月，联合国人权委员会的现代奴隶制讨论会通过了致联合国秘书长的文件，要求基于国际法的立场关注日军的性暴力问题。② 1993 年 6 月，在维也纳召开的联合国世界人权大会通过了《关于废除对女性暴力的宣言》，其中谴责侵犯女性人权的行为并提出有效追究的原则，宣言中所说的“战争中对女性的奴隶制”，实际就是对日军的性暴力问题的间接批评。接着，联合国人权委员会废除种族歧视专门委员会在日内瓦召开的会议上，主席、荷兰代表

---

① 〔日〕石田米子、内田知行主编《发生在黄土村庄里的日军性暴力》，赵金贵译，社会科学文献出版社，2008，第 3 页。

② 户冢悦朗「国連の最近の議論と仲裁裁判所——『従軍慰安婦』問題解決のために」『季刊・戦争責任研究』第 5 号、1994 年。

芬・包边教授做了报告，他从国际法的角度提出日军的性暴力问题违背国际法的性质，认为日军的性暴力受害者属于人权和基本的自由权遭到了重大侵害的受害者，她们有获得赔偿、补偿和恢复名誉的权利。[①] 他的报告还要求日本政府应在一年内就赔偿问题提出解决措施，调查事件真相，公布资料，并且向被害者正式谢罪。

根据《维也纳宣言》的决议，联合国人权委员会中专门设立了关于女性人权的专门机构，责成斯里兰卡著名法律专家库马拉斯瓦米就日军性暴力犯罪提出报告。她在 1996 年 4 月 1 日联合国人权委员会会议上就在朝鲜、韩国和日本的调查做了“关于战时军事性奴隶”的报告。19 日，56 个国家提案的会议决议采纳了她的报告。这一报告明确向日本政府提出：（1）应当对违背国际法设立“慰安所”的行为负法律责任；（2）应当对被作为性奴隶受害的每个人予以赔偿；（3）应当公布一切有关资料；（4）正式向被害者谢罪；（5）在教科书中正确反映这一历史事实；（6）对于战争犯罪进行惩罚。[②]

由于上述日本进步学者的努力，加上来自国际方面的批评，日本政府不得不改变原来的态度，承认了日军的性暴力问题与政府和军队的关系。1991 年，日本政府也着手就该问题进行调查。1992 年 7 月和 1993 年 8 月，日本政府在民间调查的基础上，两次公布了对“慰安妇”资料的调查结果，承认在日本的确存在有关“慰安妇”的资料，承认那些资料无可争辩地证实了日本政府和军队与“慰安妇”问题的直接关系，而且证明“慰安妇”的确是被强制征用的。[③] 1992 年 1 月 17 日，访问韩国的日本首相宫泽喜一曾经向卢泰愚总统道歉。但是，关于对日军性暴力受害者的赔偿，日本政府坚持认为在“旧金山和约”中已经明确了被害国放弃要求赔偿的权利；而对未参加“旧金山和约”的国家，战后日本与之签订了有关经济援助的双边协议，也等于履行了赔偿的义务，所以日本政府不准备向日军性暴力受害者给予赔偿。1992 年 12 月，日本内阁官房长官加藤纮一发表谈

① 荒井信一「『従軍慰安婦』补偿問題で、新たな報告书作成」『季刊・戦争責任研究』創刊号、1993 年。

② 上杉聪「国連人権委員会クマラスワミ報告采择」『季刊・戦争責任研究』第 12 号、1996 年。

③ 『季刊・戦争責任研究』創刊号、1993 年。

话，介绍了关于调查结果的第一次报告，称调查还不充分，要继续深入调查，还要听取来自韩国首尔 16 个人的证言。到 1993 年 8 月 4 日，官房长官河野洋平再次发布了调查结果：

（1）根据政府的资料证明：为了防止日本军队在其占领区对民众有强奸等不法行为导致反日感情的形成，也为了防止性病影响军队的战斗力，以及从防谍的角度考虑，在各地开设了“慰安所”。

（2）资料证明自 1932 年上海事件（一・二八事变）后开始开设“慰安所”，直到战争结束，设置“慰安所”的地方随战争的规模而扩大。

（3）确认设置了“慰安所”的国家与地区有：日本、中国、菲律宾、印度尼西亚、马来亚、泰国、缅甸、新几内亚及印度支那等。

（4）从目前的资料中难以确定“慰安妇”的数量，但可以肯定，由于在广大地区存在“慰安所”，因此“慰安妇”数量也是很多的。

（5）从资料中能够确认的“慰安妇”来自日本、朝鲜半岛、中国、菲律宾、印度尼西亚及荷兰等地。被运送到战场上去的“慰安妇”以朝鲜半岛的贫困女性为最多。

（6）“慰安所”的经营者多数为民间从业者，但是会得到军队的开设许可，军队也直接参与“慰安所”的设置与管理。平时，“慰安妇”在军队的管理下，与军队一起行动，没有自由，生活痛苦。

（7）“慰安所”的经营者根据军队的要求募集“慰安妇”，为确保募集，或使用花言巧语，或威胁恫吓，或直接要求地方当局提供。

（8）“慰安妇”一般以军队附属人员的身份随军队行动，由军队船只、车辆运输，但在战败或混乱的时候，“慰安妇”则被随意丢弃。

据此，河野洋平明确指出：日本军队征用“慰安妇”的时候，无论是用“甜言蜜语”还是强制手段，都是违背妇女本人意愿的。[①] 这就是被称为“河野谈话”的日本关于“慰安妇”问题的表态。

在赔偿问题上，日本政府仍然坚持不能向被害者个人予以赔偿的原则，但表示可以寻求其他的办法。

1995 年 7 月，日本政府提议建立针对补偿“慰安妇”的亚洲妇女基金，但是同时要求这一基金会以民间组织的面目出现，声明政府向基金提

① 吉見義明、川田文子編著『「従軍慰安婦」をめぐる30のウソと真実』大月書店、1997。

供的近5亿日元用于医疗福利事业而不用于对“慰安妇”的直接补偿。很明显，日本政府的这一姿态一方面表示承认对“慰安妇”在道义上的责任，但是另一方面又表明拒绝承担法律上的义务，而把责任转移到民间。[①]

由于亚洲妇女基金表面上以民间组织的面目出现，并没有得到日本市民团体的认可和支持，所以在建立时就遇到了问题，募集经费一直没有达到政府原来设想目标，而后来提出的“慰安妇”名单，则大大超过了政府的预想。而更严重的是，大部分日军的性暴力受害者要求日本政府的真正谢罪和赔偿，拒绝以接受民间组织金钱的方式了结历史问题，从而使日本政府处于十分尴尬的境地。[②]

二　就日军性暴力的罪行在日本提出的诉讼

从1990年代开始，以韩国的日军性暴力受害者为首，陆续有一些战争被害国的日军性暴力受害者在日本向日本政府提出赔偿的要求，在得不到答复的情况下，她们陆续提起了诉讼。到目前为止，在日本提起的诉讼如表7－3所示。

表7－3　日军性暴力受害者在日本提起的诉讼

事件提出时间	上诉法院	国籍及姓名	诉讼内容及要求
1991.12	东京地方法院	韩国	3名原“慰安妇”，每人要求赔偿2000万日元（1992年6人追加诉讼）
1992.12	山口地方法院	韩国河顺女等	7名原“慰安妇”要求各赔偿1.1亿日元，3名“挺身队员”要求3300万日元赔偿
1993.4	东京地方法院	菲律宾	18名原“慰安妇”，每人要求赔偿2000万日元
1993.4	东京地方法院	韩国日本人宋神道等	要求日本政府正式谢罪
1994.1	东京地方法院	荷兰	1人，要求2.2万美元赔偿
1995.8	东京地方法院	中国山西李秀梅	日军性暴力受害者4名，每人要求赔偿2000万日元（1996年增加2人起诉）

资料来源：根据福岛瑞穗制作的『「慰安婦」問題Q&A:「自由主義史観」へ女たちの反論』。

① 内田雅敏等「戦後補償裁判が私たち問いかけるものは」『私たちの戦争責任:「常識」に挑む』。

② 上杉聡「国民基金の支給をめぐつて」『季刊・戦争責任研究』第13号、1996年。

上述诉讼不过是战后在日本进行的有关战争受害诉讼的一部分，虽然起诉的一方基本上是日本以外的国家的国民，但是她们都得到了日本方面市民团体、律师组织以及媒体的后援支持，没有这些支持，诉讼几乎是不可能进行的。不过根据日本的法律程序，每一诉讼从开始到结束，可能要花上 10 年或 20 年的时间。因此，这些诉讼是对日本的战争责任认识的考验，对于日本国民认识侵略战争的性质和日本的“加害”起到了积极的宣传作用。

本来，日本军队在侵略战争中对中国妇女的蹂躏和残害是特别严重的，所以在“慰安妇”问题被提出后，中国方面关于日军性暴力受害者的证明资料也特别为人所关注。事实上，日本学者早已经注意到这一情况，他们根据中国方面的资料就日军性暴力受害者问题进行了研究。在吉见义明教授等编著的关于“慰安妇”问题研究资料里，就收录了日本军队在中国强征“慰安妇”和设立“慰安所”的情况。[①]

都留文科大学教授笠原十九司利用中国方面的资料统计和分析了日本军队在河北和山西的性犯罪情况，[②] 又专门以山西盂县的性犯罪为例专门研究分析日本军队残暴的罪行。[③] 在这样的研究促动下，日本的和平团体和人士陆续到中国调查。1994 年，日本法律家调查团在律师尾山宏的带领下听取了李秀梅等二人的控诉，1995 年他们 4 次来中国，直接到山西省进行调查，终于帮助四名日军性暴力受害者在日本提起诉讼。[④] 在上述律师对中国的日军性暴力受害者家庭进行调查的同时，日本从事和平运动和日军性暴力受害者问题研究的医生也来到中国，她们两次到山西省，从医学和心理学的角度（PTSD 检查）对遭到日本军人性暴力蹂躏的中国妇女的情况进行调查。她们在后来提交的报告中，不仅对日军的暴行进行了强烈的抨击，而且对于日军滥施暴力造成的伤害在 50 多年后仍然对被害人有着深刻影响感到震惊。[⑤]

---

① 参见吉見義明・林博史編著『日本軍慰安婦：共同研究』。

② 笠原十九司「中国戦線における日本軍の性犯罪——河北省・山西省の事例」『季刊・戦争責任研究』第 13 号、1996 年。

③ 笠原十九司「日本軍の残虐行為と犯罪——山西省盂县の事例」『季刊・戦争責任研究』第 17 号、1997 年。

④ 大森典子「中国人『慰安婦』诉讼」『季刊・戦争責任研究』第 15 号、1997 年。

⑤『季刊・戦争責任研究』第 18 号、1998 年；『季刊・戦争責任研究』第 25 号、1999 年。

上述诉讼从法律的角度来看，面临的困难很多，难度相当大。从目前诉讼中出现的问题来看，大体有两个方面：一是关于诉讼援用的法律问题，包括外国人如何援用日本国内法律要求赔偿和如何应对战前日本的“国家无答责”法理；二是所谓的“时效”问题，因为日本民法对于不法行为请求权的时效是3年，20年后则失去任何请求的权利。

三　战后索赔诉讼与日本的战争责任认识

从1980年代开始的对日本战争暴行的追究发展到战后索赔诉讼，是战后国际政治顺理成章的发展方向，是符合国际化和全球一体化发展潮流的。但是，这一追究开始后即遭到了日本右倾势力的全力抵抗，在日本遇到了重重困难。特别是近年来，日本的右倾势力为否认侵略罪责掀起了一次次逆流。

日本的右派政治家是否定侵略事实逆流中的首领，他们首先直接提出种种挑衅的观点，挑起争论，继而组织和领导、操纵日本社会的右倾势力攻击进步力量，向政府发难。

1996年5月，自民党参议员、日本遗族会顾问、战争罪犯板垣征四郎的儿子板垣正在自民党的总务会议上攻击了记载南京大屠杀和日军性暴力犯罪的日本历史教科书，说它们“不是基于历史事实”，要求重新编写。6月，由自民党160名国会议员组成的“光明的日本”议员联盟召开成立会议；会后，该联盟会长奥野诚亮对记者宣称：“（在战争中）只有从军记者、从军护士，根本没有‘从军慰安妇’。所谓的‘慰安妇’，实际是出于商业目的，也不存在强制的问题。”担任该联盟秘书长的板垣正也再次强调：“教科书把慰安妇描写为性虐待是不可接受的。”[①]

板垣正、奥野诚亮等人在日本是众所周知的右派政治家，他们否认日军的性暴力问题并不奇怪，但是，还有一些政治家从狭隘的民族主义立场出发也发表了“暧昧”的言论，对否认日军性暴力问题的战争责任起了推波助澜的作用。例如曾经担任过总务厅长官的自民党议员江藤隆美在1997年1月讲演中竭力否认日本侵略朝鲜历史的同时，也对教科书中记载“慰

---

① 『朝日新聞』1996年5月28日、6月5日。

安妇”问题表示不理解。[①] 同年 1 月 24 日，担任官房长官的梶山静六在谈到“慰安妇”问题的时候，一再要求人们了解日本历史上的所谓“公娼”制度，显然是企图否认“慰安妇”的强制的性质。在引起国际社会的强烈不满后，首相桥本龙太郎不得不站出来进行解释。[②]

这些右派政治家在发表言论的同时，还竭力支持、资助政治态度右倾的媒体和学者，并进行大肆的宣传和鼓动，成立了所谓的历史研究委员会，制造种种否认侵略罪行的理由。1995 年 2 月出版的《大东亚战争的总结》对“慰安妇”问题进行了全面的否认。

在日本政治家关于“慰安妇”问题一再发表狂妄言论的鼓动下，右翼团体纷纷发表声明，响应从教科书中删除关于“慰安妇”问题的记述的倡议。首先表态的是“保卫日本国民议会”，他们为引起人们的关注，发起了从日本北部北海道到南部鹿儿岛的纵贯全日本的长途旅行，联络各地的右派团体向政府和出版教科书的出版社施加压力。

政治态度右倾的教育研究团体“日本教师会”，以及由保守的大学教师和历史研究者组成的“昭和史研究所”等也纷纷向日本文部省提出从教科书中删除“慰安妇”问题的要求。1996 年 12 月，冈山县议会率先通过了将“慰安妇”问题从历史教科书中删除的决议，以后又有神奈川、宫崎县以及一些市、町的议会也陆续做出了同样的决议。

这些团体和议会之所以把攻击的目标确定在历史教科书问题上，是缘于自 80 年代后期以来日本社会对侵略战争责任的反省和觉悟。因为家永三郎的教科书诉讼促进了日本社会对战争责任的认识，日本的高中教科书在 1994 年开始已经有一部分记载了“慰安妇”问题，而从 1997 年开始，7 家出版社出版的初中历史教科书也直接介绍了“慰安妇”问题。这 7 家出版社是：教育出版、东京书籍、帝国书院、日本书籍、大阪书籍、日本文教出版和清水书院。[③] 当然，作为全面介绍历史的教科书，在日军性暴力问题上所着的笔墨是相当少的，大部分教科书中只有一两句话，但就是这样的介绍，也不能为右派的政治家和团体所接受。他们上下呼应，针对新

① 『朝日新聞』1997 年 1 月 14 日。

② 『朝日新聞』1997 年 1 月 25 日。

③ 俵義文「歴史を改竄する右派勢力の最近の動向」『季刊・戦争責任研究』第 25 号、1999 年。

教科书的出版在日本社会发起废除原有历史教科书，而代之以新教科书的运动。在这个运动中起重要作用的就是前已述及的成立于 1995 年的“自由主义史观研究会”。

“自由主义史观研究会”关于“慰安妇”问题的主要观点可以基本归纳如下。

第一，所谓从军“慰安妇”这一名词在战争中是不存在的，当时的日本军队没有“从军慰安妇”的制度，而“慰安所”只是在军队的保护下经营的民间企业。

第二，战时的日本在法律上是允许卖淫的，日本军队为维护战斗力“保护”和承认在战场上的卖淫并不违背法律；不仅没有资料证明“慰安妇”是被强制的，而且她们可以获得较高的收入，是属于商业行为；军队中开设“慰安所”与在文部省楼内设立民营食堂是同样性质。

第三，在军队中设立“慰安所”的制度不仅不违法，而且不限于日本，但是教科书没有向学生讲明这一点，使他们误解为只有日本人才那样淫乱和愚劣，使他们敌视自己的国家和军队。

第四，向尚没有进行充分性教育的中小学学生灌输关于“慰安妇”问题的知识没有意义，会产生不好的影响。①

从上述自由主义史观研究会的基本观点可以看出：他们否认的已经不仅仅是“慰安妇”问题的存在，也不仅仅是否认向战争受害者赔偿，更重要的是从否认“慰安妇”问题入手，企图从根本上否认日本应当承担的战争责任。所以，解决“慰安妇”问题的核心仍然是日本能否承认侵略战争责任的问题。

第三节　中日关系的结构性变化与历史问题的复杂化

1972 年中日邦交正常化后直到 80 年代，中日关系发展相对顺利。其间中国开始实行改革开放政策，而中国与美国也于 1979 年 1 月正式建

① 自由主義史観研究会「『緊急アピール』中学教科書から『従軍慰安婦』記述の削除を要求する」『あごら』第 227 号、1997 年。

立外交关系，结束了长达30多年的不正常状态。这一时期的世界经济特别是日美经济及亚洲太平洋经济也在顺利发展，对中日关系的影响是积极的。到2012年，即中日邦交正常化40周年的时候，中日关系虽然历经风雨，但从未停止前进，成就也是前所未有的。四个政治文件确立了两国间的战略互惠关系。中日双边贸易额从邦交正常化开始时的10亿美元上升到3400多亿美元，从邦交正常化开始时的人员相互往来每年不到1万人次，至今已经超过了每年500万人次。两国间建立友好关系的省县和城市达到250多对。中日两国利益深度融合，联系空前紧密，已经成为谁也离不开谁的“利益共同体”。中日关系的长足发展，给两国人民带来了实实在在的利益，有力促进了两国各自的发展，也为地区和世界的发展和繁荣做出了重要贡献。但是，80年代中期以后，一方面中日经济关系顺利发展，另一方面围绕战争历史认识问题的争论在日本内部及在中日两国间开始发生。挑起历史问题争议的本来是在日本社会不占主流地位的极端民族主义的右翼势力，一直受到批判和抵制，但是随着中日两国关系发生结构性变化，历史问题开始越来越复杂，中日两国关系进入了重新调整的时期。

一 中日两国经济社会发展导致两国关系结构性变化

中日邦交正常化后的一段时间，中国的“文化大革命”尚未结束，政治局面仍然动荡，日本的田中政府在洛克希德事件中下台，政情也处于不稳定状态。但随着周恩来、毛泽东逝世以及“四人帮”下台，到1978年底，在邓小平、叶剑英、陈云等人的主持下，中国共产党第十一届中央委员会第三次全体会议（十一届三中全会）召开，标志着混乱局面的结束，提出了建设农业、工业、国防和科学技术的“四个现代化”政策，中国的新时代开始了，日本政治也走出了混乱的阴影。1978年中日双方重新开始进行《中日和平友好条约》的谈判，于8月12日成功缔结。《中日和平友好条约》规定两国在和平共处五项原则的基础上，“发展两国间持久的和平友好关系”；“两缔约国的任何一方都不应在亚洲和太平洋地区或其他任何地区谋求霸权，并反对任何其他国家或国家集团建立这种霸权的努力”。为了参加《中日和平友好条约》批准书互换仪式，1978年10月，邓小平访问日本，并与天皇会见。访日期间，邓小平考察了日本的各个方面，表示应“向伟大的日本人民学习”,[①] 对接受日本贷款表示了积极的态度。《中日和平友好条约》缔结与邓小平访日，是中日经济关系发展的里程碑。

1979 年 9 月，谷牧副总理访日，与大平首相进行了会谈，第一次提出希望日本提供日元贷款的要求。这是 1949 年后中国第一次向资本主义国家引进资本，特别是政府借款，表明中国做出了重大的抉择。

1972 年，即在《中日联合声明》公布后的记者招待会上，大平外相就赔偿问题进行补充说明的时候就表示：“对中华人民共和国政府放弃赔偿一事，考虑到过去中日间发生了不幸的战争，使得中国人民蒙受了巨大的损害，我们想我们应该对此给予坦率且正当的评价。”[②] 所以，大平首相在 1979 年 12 月访华时，立即表示要支援中国的现代化建设，从优先考虑港湾、铁路、水力发电等 6 个基本建设项目的角度出发，同意 1979 年度即向中国提供 500 亿日元的政府借款，这就是日元贷款的开始。事后在分析日本对中国提供贷款理由的时候，人们一般会提到的是，日本希望通过支持中国的改革开放路线，使之成为稳定势力；同时考虑到应对 1972 年邦交正常化时中国放弃赔偿要求做一些回报。当然，日本政府也想使中国与原来援助的对象国东盟（ASEAN）各国保持平衡。[③] 这些考虑一直强有力地影响了 90 年代中期以前的日本对华政策。

在这之后，中日两国关系在 1980 年代前半期发展得很顺利，日本以低息、长期为优惠条件，累计向中国提供贷款约 3.2 万亿日元（约合 300 亿美元），此外还有无偿援助和科学技术合作，统称为“日本政府对外开发援助”，即 ODA（Official Development Assistance）。

从 1980 年到 2003 年，在日本提供 ODA 的对象国中，中国一直处于第一或第二的位置。而在世界经济合作组织（OECD）开发援助委员会（DAC）提供的援助中，日本也是中国的最大援助国。日本的 ODA 对中国的现代化建设发挥了很大作用。

1998 年 11 月，江泽民主席访日，在《中日联合宣言》中表明感谢日本对中国的经济援助。朱镕基总理于 2000 年 10 月访日，在与森喜朗首相

---

① 《邓副总理发表谈话希望中日永远信守条约的反霸原则　中日友好交往新高潮正在到来》，《人民日报》1978 年 10 月 26 日。

② 毛里和子『日中関係——戦後から新時代へ』岩波新書、2006、109 頁。

③ 毛里和子『日中関係——戦後から新時代へ』110—111 頁。

的会谈中也说道："日本的 ODA 有助于中国经济发展，促进了中日经济关系，对此给予高度评价。特别是要感谢日元贷款。"①

不过，日本经济自 1980 年代开始持续停滞，而中国经济则高速增长，在进入 21 世纪的时候，日本国内开始出现了对对华援助的不同声音，特别是有人对 ODA 是否被用于军事方面，是否助长了国际纠纷提出质疑，强调要注意被援助国家的军费支出及武器进口情况，应留意发展中国家的民主化、市场经济化和人权保障等问题。从这时起，ODA 被强调应主要用于环境与开发方面。这一变化说明了中国在日本眼中的落后形象已经开始改变。

中国经济的高速发展引起的经济地位的结构性变化是不容忽视的现实。其实，自 1990 年代中期开始，中日关系就进入结构性变动期。那时中国经济增长迅猛与日本经济相对低迷形成鲜明的对比（参见表 7－4）。

表 7－4 1981—2014 年中日美三国 GDP

单位：百万美元

年份	中国	日本	美国
1981	189401	1086988	2862500
1982	203181	1116841	3345000
1983	228454	1218106	3638100
1984	257430	1294609	4040700
1985	306668	1384532	4346700
1986	298831	2051061	4590100
1987	270373	2485236	4870200
1988	309532	3015394	5252600
1989	343974	3017052	5657700
1990	356937	3103698	5979600
1991	379469	3536801	6174000
1992	422669	3852794	6539300
1993	440501	4414963	6878700
1994	559224	4850348	7308700
1995	728008	5333926	7664000

① 『朝日新聞』2000 年 10 月 14 日。

续表

年份	中国	日本	美国
1996	856085	4706187	8100200
1997	952653	4324278	8608500
1998	1019462	3914575	9089110
1999	1083279	4432599	9665700
2000	1198475	4731199	10289700
2001	1324807	4159860	10625300
2002	1453828	3980820	10980200
2003	1640959	4302939	11512200
2004	1931644	4655803	12277700
2005	2256903	4571867	13095400
2006	2717951	4356750	13857900
2007	3494056	4357347	14480300
2008	4521827	4849185	14330000
2009	4990234	5035142	14258700
2010	5930502	5495387	14958300
2011	7321892	5905631	15087700
2012	8229490	5937767	15653000
2013	9469024	4898530	16768050
2014	10424215	4685177	17392610

资料来源：根据历年经济统计数字汇总。

1981 年，日本的 GDP 为中国的 5. 74 倍，到 90 年代末，日本仍然是中国的 4 倍。2005 年，中国的 GDP 接近日本的一半；而到 2009 年，中国的 GDP 几乎与日本接近；2010 年，中国与日本的 GDP 比值为 108∶100，即超过了日本；2014 年底，中国的 GDP 已为日本的两倍以上。

于是，中国是竞争对手还是伙伴，日本在亚洲应该怎么行动，日本对此开始产生了迷茫。一部分日本人开始把中国作为竞争对手来看待，甚至认为中国是日本的“威胁”。而中国方面，对于应该如何对待不断增强军事力量和在安全保障方面强化与美国同盟关系的日本，也产生了疑问，双方的“不信任感”越来越深。

这就是中日两国经济社会发展导致的两国关系结构性的变化。

不过，对于中日之间上述结构性变化需要冷静地分析。

其一，中国的人口居世界第一位，中国的国土面积也在地球上名列前茅。这样巨大的经济体，其生产力一旦得到解放，理所应当地会在世界上居于前列。而此前中国的贫困与落后，才是不正常的现象。用这样的思维方式看待中国的崛起，就不会感到惊讶，相反，可能会对中国今后的发展有更大的期待。

其二，仅仅罗列表 7－4 的数据来说明中国的发展并不全面。就人均 GDP 的数据来看，即使到 2014 年，中国大陆人均 GDP 为 6747 美元，日本人均 GDP 为 38491 美元，是中国的将近 6 倍。从 GDP 背后的能源消耗来看，日本的国内生产总值在占世界总值 16% 的时候，其一次能源消费仅占世界能源消费的 5.3%；而中国国内生产总值占世界总值 4%—5% 的时候，其一次能源消费竟超过世界总量的 10%。在研究开发经费支出占 GDP 的比重、研究人员数量等科技竞争力方面，日本仅次于美国，高于德、英、法三国总和，远在中国之上。

因此，总的来看，中国还有很长的路要走，更不用说中国在当前发展过程中仍面临大量的社会问题，大大削弱了中国的软实力。所以，单纯的 GDP 的统计和排名，最多只能说明硬国力增长的一面，并不是综合国力的证明。

但是，中国经济的高速发展与日本经济的长期停滞毕竟带来了中日两国关系结构性的变化，也对东亚国际关系，特别是美国的东亚政策产生了影响。

2003 年，日本决定“改订 ODA 大纲”，强调日本对外援助的目的是“环境与开发并重、避免用于军事的用途”，并且要注意发展中国家的军事开支、武器的开发制造和贸易等，以及要兼顾发展中国家的民主化和市场经济化、人权保障等原则。显然，这是面对中国的发展，日本开始对在 80 年代支撑了中日关系发展的对华援助进行重大调整的信号。

这时的美国也针对“崛起的中国”调整其冷战后的亚洲战略，停止削减在东亚的美军，维持 10 万人的兵力，对日美安保进行了调整，强调日美“面向 21 世纪的同盟”关系，重新确认日美安保存在的必要性，以“周边事态”为由确定了“日美防卫合作新指针”，提出“在日本的周边区域发生的事态对日本的和平与安全产生重大影响时的合作”原则。

日本强调日美同盟关系，加强发挥军事作用和转向攻势的姿态给东亚及世界以向军事大国迈进的印象，中国当然对这一倾向表示担忧，与日本就“周边区域发生的事态”的含义、范围进行了激烈的争论，批判日本“危险的言行”。①而日本国内对华消极因素不断滋长，特别是在钓鱼岛、涉疆、涉藏等敏感问题上，右翼势力接连制造事端，对两国关系造成严重干扰。自1972年两国邦交正常化以来，两国间就钓鱼岛问题已经达成的搁置争议的默契也开始被日本方面破坏。由于日本方面不承认存在争议，右翼团体和右翼势力在钓鱼岛问题上则一再挑衅。

日本方面开始鼓吹“中国威胁论”，中国则批评日本的危险举动，而钓鱼岛问题的发生，则伤害了民众层面的友好关系。于是，中日开始走向政治、经济以及战略上的竞争关系，而且民众层面也开始了极易情绪化的阶段。在这样的背景下，没有得到解决的中日历史问题再次开始被关注。

二　政治层面——在历史问题上的“零和博弈”

进入21世纪后，中日历史问题虽然仍表现在对日本发动的侵华战争性质的认识，对日本军队在战争中暴行的认定，以及靖国神社问题、日本历史教科书问题等方面，但是已经与战后初期及20世纪的情况大不相同。一是中日两国已经实现了邦交正常化，历史问题已经成为国家关系的一部分，是双方政府均必须关注的问题；二是经历战后数十年的变化，现代日本与战争中的日本已经完全不同，大多数历史问题其实是在日本社会正进行激烈争论的问题，不单纯是中日之间的认识对立的问题。

进入21世纪后，人们逐渐意识到，中日之间关于历史问题的对话，主要反映在政治判断、民众感情与学术研究三个不同的但又相互联系的层面，其表现形式有差异，影响范围不同，不能用同一种方式加以处理。而三个层面的问题经常交错在一起，相互影响，呈现复杂的局面。处理这样的问题，更需要清醒的思维和认识。

政治层面的历史问题，主要表现在对日本当年发动的战争性质的判断，以及对日本军队的战争暴行的遣责等问题上。这一层面的历史问题是否能够解决，政治家的态度至关重要。

---

① 《亚太国家担心日军事作用扩大》，《人民日报》1997年8月29日。

在1972年中日邦交正常化之际，日本政府在中日两国的联合声明中明确表示了对当年发动战争的反省，即“日本方面痛感日本国过去由于战争给中国人民造成的重大损害的责任，表示深刻的反省”。这一态度成为中日两国恢复邦交的基础。日本的政治家本来是应严格遵守这一承诺，维护两国关系基础的。事实上，从那以后的一些日本政治家也的确在努力维护当年确立的原则，像宫泽喜一关于日本历史教科书的谈话，河野洋平关于“慰安妇”问题的谈话以及村山富市关于战后50周年的谈话等。

村山富市首相的谈话是战后历届日本首相中态度最明确的，而且其后历届首相都将这一谈话作为代表日本政府对战争责任的正式的历史认识。如果加上在此之前日本首相中曾根1985年10月29日在众议院预算委员会上的表态，[①] 以及细川护熙首相在1993年坦承上一次战争是“侵略战争”，是“错误的战争”，[②] 有人统计了类似的反省与道歉，称已达20多次。[③]

尽管上述日本政治家关于战争责任问题有这样的表态，但关于战争性质的争论在日本并未得到真正的解决。

1960年代，作家林房雄发表了《大东亚战争肯定论》，日本的一些政治家立即接过这一主张，认为那场战争是日本“率领亚洲对英美列强的抵抗”，是在亚洲许多国家对英美几乎没有能力抵抗而成为其殖民地的情况下，由日本单独举起抵抗欧美的旗帜所进行的“东亚百年战争”；而同时发生的日本对亚洲的“进出”，其目的是东亚的“解放”，而不是对亚洲的政治支配与经济掠夺，所以是“解放亚洲的战争”。[④] 很明显，《大东亚战争肯定论》把日本的近代历史完全定位在反抗西方列强侵略的“正当性”上，完全抛开了亚洲各国的历史体验，当然也不考虑国际社会的公论。

到了1980年代中期，即战后40周年之际，对“大东亚战争”的肯定典型地表现在对战后40年进行的“政治总决算”上，特别是表现在对东

① 中曾根康弘称：“我说过所谓太平洋战争，也称为大东亚战争，是不应该进行的战争，是错误的战争。另外，我也说过对中国有侵略的事实。这一点没有变化。”

② 『朝日新聞』1993年8月20日。

③ 杉本信行『大地の咆哮：元上海総領事が見た中国』PHP研究所、2007、328—329頁。

④ 林房雄「大東亜戦争肯定論」，先在1963—1965年『中央公論』上连载，后在番町书房出版。

京审判的批判中，首相中曾根康弘提出了所谓“东京审判史观”的概念。[①]也就是在这时，先后发生了历史教科书中取代“侵略”概念的问题、首相带领内阁大臣“正式参拜”靖国神社等问题。而这些问题刺激了战争被害国民众的感情，使政治层面的历史认识问题国际化。[②] 尽管当时发表谬论的一些政治家有的提出了辞职，日本政府也就教科书问题提出了在今后教科书审查的时候要参考顾虑近邻国家国民感情的“近邻诸国条款”,[③] 并且表示停止首相对靖国神社的参拜,[④] 但是，关于战争侵略性质的判断，越来越严厉地检验着日本政治家的立场。

进入 90 年代后，先是针对细川护熙首相关于“侵略战争”的见解，接着是针对 1995 年国会的《不战决议》，日本部分政治家的表现令国际社会十分担心。

一批学者撰写的完全否认日本侵略战争责任的《大东亚战争的总结》，就是在 105 名自民党国会议员组成的自民党历史研讨委员会的支持下出笼的。那些国会议员为了阻止在国会通过《不战决议》，还成立了“终战 50 周年国会议员联盟”，提出“必须修正认为我国有罪的自虐的历史认识，基于公正的历史事实解释历史，恢复日本及日本人的荣誉”。这一议员联盟以奥野诚亮为会长，板垣正为事务局长，开始时 57 人，到 1995 年增加到 160 人。

保守派议员及其发行的《大东亚战争的总结》在日本社会引起了相当大的反响。在日本有相当大影响力的保守组织“保卫日本国民会议”受到鼓动，组织了纵贯全日本的“大串联”活动，在各地举行集会、放映电影、开办展览、征集 500 万人的签名，宣传“大东亚战争的真实”，阻止国会通过《不战决议》。“保卫日本国民会议”议长黛敏郎在该组织发行的宣传册上发表文章，提出：导致“支那战争”发生的卢沟桥事变不过是

---

① 中曾根首相批评说：“（东京审判）根据盟国的法律将日本定为被告，并用文明、和平与人道的名义进行审判。”他明确表示不同意让这一审判的结果影响日本的近代历史，呼吁人们应冲破把日本人全都判断为“恶”的“自虐思想”的影响，对东京审判的原则、判决重新做出评价。『週刊朝日』1985 年 12 月 27 日号。

② 「鈴木初中局長に聞は」『朝日新聞』1982 年 7 月 27 日。

③ 『朝日新聞』1982 年 8 月 27 日。

④ 中曾根首相在任职期间，再也没有参拜过靖国神社。参见《中曾根内阁史资料篇（续）》，世界和平研究所，1997，第 248 页。

“中国共产党指挥的学生为挑起反日情绪而制造的事件”。[①]

曾任法务大臣的永野茂门认为：迄今为止关于侵略战争的定义是错误的：“日本所说的大东亚战争，是以侵略为目的吗?”“所谓的南京事件是捏造的。……日本没有将那里作为日本的领土，没有占领那里。”[②] 曾任国土厅长官的奥野诚亮批评日本的媒体迎合中国与韩国的观点，强调说：“作为日本人就要肯定大东亚战争”，而且称“我们的战争是以人种平等为目标，改变了白人优越的状态，在满洲还实现了五族协和。虽然日本不幸失败，但是亚洲独立了，而且波及非洲。所以我们坚决不能同意把我们的前辈作为罪人看待的决议”。[③]

这些政治家的言论证明：虽然战争已经结束50年，但坚持战争时期的历史观的人仍然存在。

进入21世纪后，日本政治家中仍然有坚持这种立场的人。如2007年初，日本首相安倍晋三违背1993年日本官房长官河野洋平承认日本军队曾强制征用从军“慰安妇”并表示道歉的谈话精神，提出所谓“广义”和“狭义”强制性的问题，结果导致美国众议院在7月30日通过了由议员麦克·本田等6人联名提出的新议案（H. Res. 121），要求日本政府承认关于强征“慰安妇”的责任。加拿大、荷兰等国家议会和欧洲议会，甚至日本国内一些地方对此提出了严厉批评。[④] 这一事件引起的风波尚未平息，日本航空自卫队幕僚长田母神俊雄又在2008年11月发表了根本扭曲历史事实的文章，强调日本通过甲午战争和日俄战争取得的在中国的权益是得到国际法的保障的，从而否认对中国的侵略，使沉寂了一段时间的日本社会

---

① 『戦後50年——不再戦の宣言』社会評論社、1995、231頁。

② 『毎日新聞』1994年5月3日。

③ 『戦後50年——不再戦の宣言』257頁。

④ 安倍首相针对美国众议院外交事务委员会2007年1月举行的关于“慰安妇”问题听证会上的证词，公开表示“没有关于强征的证词、证据”，“没有官宪闯入民家将人强行带走这种狭义强制性的证明”，还在国会发表讲话，称即便美国国会通过关于“慰安妇”的决议，日本也不会就此再次道歉。但是在他4月访问美国时，又放低姿态再度就“慰安妇”问题表示抱歉，但认为美国媒体没有正确反映他的说法。于是，美国众议院（2007年7月30日）、荷兰众议院（2007年11月8日）、加拿大众议院（2007年11月28日）、欧洲议会（2007年12月13日）以及日本的宝冢市、清濑市和札幌市的议会等都通过了要求日本政府对强制“慰安妇”问题进行正式反省和道歉的决议。

再度掀起“历史认识风波”。[①] 日本政府虽以快刀斩乱麻的方式开除了“问题军官”，可是向来主张“自由主义历史观”的保守派论客却借此机会大肆鼓吹，发文袒护田母神俊雄，将其捧为“历史英雄”。[②] 这些情况说明：直到今天，关于日本对中国的战争性质问题的政治判断在日本社会仍然是存在相当大争议的问题。

日本的政治家之所以在战争历史的认识上出现这样的局面，正如有人指出的：与欧洲不同，日本那些对这场战争负有责任的人并没有受到彻底的清洗，其中一些人还重新进入政坛，甚至摇身一变成为日本新的主流阶层。这些人对自己参与的侵略战争并没有明确的反省意识，在有机会的时候依然会竭力宣扬军国主义战争观。

综上所述，战后日本国内的和平力量在反省战争、走和平道路方面做了相当积极的努力，但是由于始终存在右翼与保守势力否认侵略战争责任，坚持战争时期历史认识的言行，日本在国际社会广泛受到质疑。原新加坡总理李光耀曾指出：“尽管日本首相屡次进行深刻道歉，但亚洲各国对日本的所谓‘误解’总是不能消除，其原因就在于日本的右翼政治家们的言行。”[③] 这就是所谓的“零和博弈”现象。不过，也正是“零和博弈”现象提醒人们：不能因为存在保守派与右派政治家的言论就完全否认日本战后的思考与反省，当然也不能认为反省战争责任的政治判断任务已经完全结束。对于亚洲及世界爱好和平的国家与人民来说，今后的任务是同日本社会的和平力量一起，共同抵制保守派与右派政治家关于战争责任的错误的政治判断。这是中日历史问题在政治层面始终需要面对的任务。

三　民众层面——认识战争“被害”与“加害”的困难

与上述在政治层面需要对侵略战争性质做出明确的判断不同，中日两国民众层面关于历史问题虽然也需要对话，但在这一层面的对话的主题则是围绕战争“被害”与“加害”的讨论。这是因为民众在历史认识方面的分歧主要缘于不同的战争体验。当然在政治层面分歧的影响下，民众层面的认识容易带有明显的感情因素。解决融入感情因素的民众层面的历史认

---

① 参见渡部昇一、田母神俊雄『日本は「侵略国家」ではない！』海竜社、2008。

② 『産經新聞』2008 年 11 月。

③ 〔日〕若宫启文：《和解与民族主义》，吴寄南译，上海译文出版社，2007，第 63 页。

识的差异，与在政治判断层面坚持原则的斗争方式不同，主要应是促进两国间民众的相互理解。

无论是在中国还是在日本，民众层面关于战争历史记忆最深刻的问题都是战争被害。例如，在中国，关于侵略战争的关键词有“南京大屠杀”“七三一细菌部队”“三光作战”等概念，而在日本，则主要有“广岛长崎原子弹爆炸”“东京大空袭”“冲绳作战”等。这一情况与两国民众的战争体验有直接的关系。

对于日本民众来说，“唯一的原子弹被爆受害者”的认识已经成为其关于战争的集体记忆的一个重要组成部分，“反核”是战后日本和平运动的出发点。

人类历史上第一次在战争中使用的原子弹在爆炸后给日本民众造成的灾难无疑是相当深重的。1952 年“旧金山和约”签署后，媒体开始大量报道原子弹爆炸引发的巨大灾难，广岛、长崎被害者的遭遇开始为世界各国民众所了解，引起了人们对使用核武器的担忧。此后每年的 8 月前后，关于“原爆”的报道便充斥了日本的所有媒体，有关的图片、连载、白皮书、报告书及影片与录像更是令人目不暇接。① 战后的日本人通过广岛、长崎的原子弹爆炸认识到了核武器的威力，同时也认识到了限制以核武器为代表的大规模杀伤性武器的重要性。以广岛、长崎“反对使用原子弹氢弹”运动为出发点的日本的和平运动也从此成为世界和平运动的重要组成部分。② 战后日本的民众积极参加了 50 年代的反核运动、60—70 年代的反对越南战争和要求归还冲绳运动、80 年代呼吁废除核武器和建立非核自治体运动等，这些反对以武力和军事行动解决国际纷争的努力体现了日本民众战后始终不渝地追求和平主义的精神。③

从和平与人道的角度，这样记述“原爆”的逻辑似乎并无不妥，但是由此形成的战后日本战争文学的风格，固化了历史学者及一般人记录战争体验的思维模式，即“战争是从外部被强加的，日本人是悲惨的被害者的

① 宇吹暁「核兵器廃絶の世紀へ」中国新聞社編著『年表ヒロシマ：核時代 50 年の記録』1995、1993 頁。

② 松江澄『ヒロシマから：原水禁運動を生きて』青弓社、1984、16 頁。

③ 安斎育郎、池尾靖志編『日本から発信する平和学』法律文化社、2007、48—52 頁。

形象"[①] 则显然强化了日本人的战争被害意识，所以，日本人从反核运动出发的和平运动的合理性也受到了挑战，在许多场合甚至遭到质疑和批评。战后50周年的时候，以反映广岛原子弹爆炸伤害与呼吁和平为主题的展览计划在美国受到抵制被迫搁置，原因就是当年的美国军人完全不能接受日本人从战争受害的立场所做的控诉。[②] 在战争中遭受到严重伤害的中国及亚洲其他一些国家的民众，也不能理解日本人的战争被害感情。这一现实情况说明：日本民众与遭受日本侵略的国家民众之间虽建立了沟通的桥梁，但还存在着严重的障碍。

如果跳出广岛、长崎原子弹被爆的受害视角，而从更广阔的角度对原子弹爆炸的情况进行考察，则会发现不同的历史记忆。例如，对于饱受以"南京大屠杀""七三一细菌部队""三光作战"等为代表的侵略战争的灾难的中国民众来说，当时对美国向日本投放原子弹基本持欢迎态度，认为"新发明的原子炸弹"的投放将"完全击毁日本之作战能力，日本不投降即遭毁灭矣"。[③] 当时中国《中央日报》社论明确提出：使用原子弹可以提早结束对日作战，如果不使用原子弹的话，则战争将陷入僵局，不知何时能结束。[④]

当时的《新华日报》的报道也反映了中国共产党对原子弹爆炸的基本态度，即首先认为日本侵略者遭到具有"人类史上空前"破坏力和杀伤力的巨大的原子弹的攻击是"对法西斯侵略者当然的报应"；在表示对日本军阀不寄予任何怜悯之情的同时，认为受到欺骗的没有罪过的日本人民应另当别论；强调应为了人类的福利而使用原子力，如果必须将其作为武器使用，应受到联合国安全保障理事会的管制。[⑤]

尽管受美苏两个大国的影响，国民党与共产党对原子弹爆炸的态度有

---

① 战后日本著名的关于战争的文学作品有『ビルマの竪琴』『二十四の瞳』，火野苇平的战争记录小说『麦と兵隊』『花と兵隊』『土と兵隊』是关于战争伤感三部曲，都是以战争被害为题材的作品。参见 手塚千鶴「日中相互理解道に探索」法政大学国際日本学研究所編『相互理解としての日本研究：日中比較による新展開』2007。

② 1993年4月，美国史密森学会下属的航空宇宙博物馆希望广岛的原子弹爆炸资料馆提供展品举办特别展览，但是由于与广岛原子弹爆炸资料馆强调日本人的受害立场有分歧，最终未能成功举办。当时在日美两国内部也有种种讨论。

③ 《新发明原子炸弹袭倭时首次应用》，《中央日报》1945年8月7日。

④ 《原子炸弹之威力》，《中央日报》1945年8月9日。

⑤ 《从原子弹所想起的》，《新华日报》1945年8月9日。

所差异，但将原子弹爆炸与日本的加害责任结合起来的认识是一致的，均认为日本遭到原子弹攻击是“罪有应得”，这也是当时绝大多数中国国民的感觉。显然，这种感觉源于战争中始终遭受日本军队伤害的体验，与广岛、长崎民众遭受原子弹伤害的体验并不相同。

在对战争期间因空袭而造成的无差别伤害的历史记忆问题考察时，也可以发现有与上述原子弹爆炸问题同样的情况。

二战期间，美国空军对日本的空袭，除了军事目标外，还包括东京在内的 67 个日本的城市。日本内务省防空本部在 1945 年 8 月 23 日曾公布在战争中因美军空袭而被害的平民的情况：死亡 26 万人，负伤 42 万人。[①]这一数字后来不断被充实，到 1995 年 8 月，《东京新闻》特集公布的在日本 47 个都道府县的 400 个市区町村中，因空袭死亡的有 95 万人，这还不包括在冲绳作战中死亡的人数。[②]

战后，日本各地受到过空袭的城市相继建立记忆“大空袭”历史的组织，开展了许多活动。如东京地区在空袭中阵亡者的家属在 1995 年集合起来，组织了“要求记录东京空袭死亡者姓名”的运动。他们搜集被害人的资料，了解空袭与战争的事实，一方面形成资料传之后代；另一方面还要求政府对其受害予以承认。运动还逐渐向东京各区、町扩展，1999 年列为东京都政府的工作。到 2005 年末，已经形成了有 77762 名空袭遇害人信息的名册，而遭受空袭的情况，也形成了大量的回忆资料。[③]

显然，从人道主义的立场看，这种记忆历史的活动有其存在的合理意义。但是对于处在同一战争中的中国人来说，他们对空袭的历史记忆是来自日本军队的飞机在中国进行的无差别轰炸。

在战后进行的关于中国人民在战争中遭受空袭的伤亡统计中，死亡 33.6 万人，受伤 42.6 万人。[④] 另外，根据 1944 年国民政府航空委员会航空总监部使用统计调查方法在全国范围内进行的初步调查，大后方各都市被害情况是：死亡 94522 人，负伤 114506 人（不包括在战场及其周围的伤害）。在这些空袭中，中国国民印象最深刻的莫过于日军飞机从 1938 年 2

① 荒井信一『空爆の歴史：終わらない大量虐殺』岩波書店、2008、138—139 頁。

② 荒井信一「空襲の世紀の法理と日本」『季刊・戦争責任研究』第 53 号、2006 年。

③ 星野ひろし「東京空襲遺族会の集団訴訟」『季刊・戦争責任研究』第 53 号、2006 年。

④ 参见韩启桐编著《中国对日战事损失之估计（1937—1943）》，中华书局，1946。

月到 1943 年 8 月对重庆的大轰炸，其中仅 1941 年 6 月 5 日的一次空袭就造成了数千人（确切数字需要进一步查证）的死亡，被称为“六五隧道大惨案”。至今，重庆市民仍然在为纪念空袭的遇难者而进行各种活动。

中国民众关于空袭的历史记忆与日本军队的加害责任有直接关系。也就是说，作为发动了侵略战争的国家的国民，日本人一方面受到空袭的伤害，同时另一方面也扮演了战争加害者的角色，认识战争被害与战争加害的重层性，是建立正确历史认识的基础。而如果缺少加害者意识，忽视中国人民的历史感觉，难免会被认为是对战争责任缺乏反省意识，难以形成共同受害的战争历史记忆。

同样追求和平目标的中日两国民众由于战争体验的不同而产生历史认识差异，难以形成关于战争历史的共同记忆，原因是日本人从战争受害出发的关于和平的思考虽然并非有意忽视对其他民族的战争责任，但是被局限在“本国内部的狭隘的视野”中，[①] 不可能了解同一历史过程中对于战争被害国国民的体验，因此也难以得到其他民族的理解。这与上述政治家有意否认侵略战争责任的情况有根本的区别，日本民众层面关于战争加害意识缺失的主要原因除了基于自身的战争体验外，还缘于“狭隘的视野”。

缺乏加害意识是日本国民的战争责任感迟钝的社会原因，也是难以同中国民众在感情上得到真正沟通的原因。[②]

但是，我们也要看到，战后的日本和平运动对这一问题是有所自觉的。

日本的和平运动对战争加害责任的自觉开始于 1960 年代后期，即大规模反对美国发动对越南战争的时期。那时，和平力量在组织反战运动的同时，逐渐意识到两个问题：一是原子弹爆炸的受害者不仅是日本人，而且还有包括韩国人在内的亚洲各国的民众，甚至还有成为俘虏的美国士兵；二是原子弹爆炸的原因是日本的战争责任。[③] 从这一刻起，一些经历过战争而有觉悟的日本人开始从自己战争受害的意识中跳出来，克服一国和平主义的“狭隘的视野”，与亚洲邻国的民众一起思考战争责任与和平问题。[④] 应

① 大沼保昭『東京裁判、戦争責任、戦後責任』144 頁。

② 姜克实：《日本人历史认识问题的症结点》，《抗日战争研究》2007 年第 1 期。

③ 吉川勇一『市民運動の宿題：ベトナム反戦から未来へ』思想の科学社、1991、206 頁。

④ 石田雄「『反戦・平和思想/運動』における歴史認識」高橋哲哉編『〈歴史認識〉論争』作品社、2002、79 頁。

当说这是日本民众战争责任认识的重大飞跃，正是由于这个原因，日本进步的知识分子开始致力于让日本人了解日本军队在战争中的加害事实。

90 年代以来，伴随日本国内市民运动的高涨，追究侵略战争责任的活动也相当活跃。日本的历史教科书在叙述日本战争责任的问题上，整体出现了“改善”的趋势；积极思考日本加害责任的社会团体越来越多；理解战争被害国民众的体验甚至支持他们赔偿诉讼要求的市民团体陆续建立。而 90 年代中期出现的在政治层面的保守势力鼓吹历史修正主义的风潮，其实是出于对上述民众历史认识觉悟的紧张与对抗。

不过，随着体验过战争的老一代人的逐渐逝去，中日两国的民众都需要共同面对新的问题的挑战，那就是在进入 1990 年代，特别是进入 21 世纪后，关于战争的历史记忆逐渐淡化。对于完全没有战争经历的中日两国的年青一代人，尽管表现形式不同，但所谓的战争记忆都有“空洞化”与“抽象化”的倾向。

尽管存在这些问题，但在人们了解了战后日本和平运动的种种努力后，还是应当思索如何在感情层面与日本民众对话的问题。日本民众关于战争被害与加害重层性的认识表明了民主主义与和平运动的发展与成熟，对于促进与中国民众的相互理解也在做积极的努力。这一情况为我们思考解决民众感情层面的历史问题提供了基础。

第四节　学术层面对历史问题的共同研究

日本政治家关于战争性质与战争责任的政治表态上的“零和博弈”，民众建立在自身战争体验基础上的集体历史记忆理解战争“被害”与“加害”的困难，都向研究中日历史问题的学者提出了严峻的课题。而事实上，战后日本社会的变化，中日邦交正常化后两国关系的发展，的确为中日两国学者之间的交流和共同研究创造了机会与条件。中国在实施改革开放政策后，中日学术交往的深度与广度都获得了空前的发展，从而在进入 21 世纪后两国的学术交流直接介入了最为敏感的历史问题。

一　东亚三国历史学者共同编写东亚历史读本的努力

2002 年 4 月，中国、日本和韩国的学者、教师和市民团体的代表在南京召开研讨会，批判日本文部省审定通过的右翼学者编写、扶桑社出版的历史教科书。之所以能够召开这样的研讨会，有赖于中日邦交正常化后东亚各国学者间的密切交往。参加集会的三国学者的学术领域，在中国主要是抗日战争史、日本侵华史范围；在日本则是十五年战争史、昭和史范围；在韩国是韩国近代史、日本殖民统治史范围。由于上述研究领域相对接近，三国学者关注共同的问题，特别是1990年代中期开始的日本“历史修正主义”的倾向，以及日本的自由主义史观研究会和新历史教科书编纂会的动向。

在这次研讨会上，三国学者一致认为与日本“历史修正主义”的斗争是长期的任务，不可能一蹴而就。但是三国学者即使共同批评“历史修正主义”，也需要相互的理解，所以决定建立关于历史问题的对话机制，即“历史认识与东亚和平论坛”，并决议论坛每年一次，在三国轮流召开，目的在于首先建立三国学者对话的环境，促进相互了解和理解，同时促进东亚各国民众建立正确的关于战争历史的认识。论坛围绕构建东亚和平共同体的目标讨论面临的实际问题，特别是讨论学者与民众在共同谴责侵略战争和建设东亚和平共同体中的作用。

在第一届论坛上，三国学者在批判日本扶桑社历史教科书的同时，也意识到一个重要问题：虽然三国的学者能够坐在一起共同总结战争的历史教训，共同谴责军国主义和战争，共同批判“历史修正主义”，但对于东亚地区来说，缺少的是面向青少年介绍不同国家民众战争体验的历史教材。迄今为止的三国历史教材，基本是站在本国立场对东亚历史的叙述，包括对战争历史的叙述，但是在促进各国青少年的相互了解与理解方面尚存在缺陷。因此，三国学者都有愿望共同编写面向东亚青少年的历史读本。

论坛结束后，三国立即组成了共同编写委员会，首先讨论并拟定了如下的编写大纲：

序章　开港前的中、日、韩三国

东亚三国的国内情况与国际关系概况。

第一章　三国的开港与近代化

东亚三国面临欧美列强压力的反应，东亚国际关系的激荡，各国的改革运动。

第二章 日本帝国主义的扩张与中、韩两国的抵抗

日本在成为亚洲强国后与中国和朝鲜关系的变化，特别是强行吞并朝鲜，迫使中国与之签订不平等条约激起的激烈抗争。

第三章 侵略战争与民众的被害

日本侵略与占领中国东北，进而扩大侵略和步入亚洲太平洋战争的过程，以及中国、朝鲜民众的战争被害与日本的战争加害责任。

第四章 战后的东亚——走向和解与合作

战后东亚三国关系的新起点，即日本对殖民地统治与侵略责任的思考和战后处理，三国关系的恢复与发展。

终章 战后责任与历史认识

在设计上述大纲的时候，首先考虑的是希望在该书中相对完整地介绍近代东亚三国而不是一国的历史，所以在每一部分几乎都分别说明了三国的情况，其内容也分别由本国学者执笔。这样的安排是考虑到编写队伍的知识构成，因为总体是以研究本国历史的学者构成，对另外两个国家的历史把握不够。但是这样的分工也存在缺陷，即本国学者写本国历史的倾向比较明显，不容易体现东亚史的观察角度。

在随后的三年多时间里，由中日韩三国数十位学者组成的共同编撰委员会进行了紧张的编写和研究、讨论。初稿写出来后，三国学者相互交换，对其他两国学者的初稿提出意见与修改建议。这一过程是最烦琐和最困难的。一是因语言文字的差异，每一部分原稿均需翻译为其他两种文字，修改意见也需逐一翻译，相当耗费时间与精力。二是各部分执笔者分布在三国各地，虽然可以通过电子邮件联络，但当面交换意见是必不可少的，所以，在2003年和2004年，三国学者召开讨论会近10次，每次两天左右，但每天都几乎讨论和争论到深夜。

经过认真的讨论，在基本的历史认识问题上达成了一致，于2005年5月正式出版了《东亚三国的近现代史》一书，日本与韩国的书名为《开创未来的历史》。

《东亚三国的近现代史》主要记录了西方列强入侵东亚之前到二战后中日韩三国的历史，并涉及日本战后遗留问题，如靖国神社、民间赔偿

等。各国的历史由本国学者完成，涉及历史交叉的章节，按照分工由三国学者共同执笔。该书运用了大量插图，还设有专栏，解释一些概念（小名词），并附有历史文献作为佐证，客观公正地记录了中日韩三个国家在近代共同经历的那段历史。

在三年多的编写、讨论工作中，我们获得了不少新的认识。

首先，三国学者对东亚历史问题的认识的确有很大的不同，但是，这一层面的共同研究与一般人理解的日本右翼或保守势力就历史问题的争论又有很大不同。特别是参与共同研究的日本方面的学者，对日本的战争责任有清醒的认识，其中相当多的学者受马克思主义历史观的影响，在对基本问题的判断上与中国学者并不存在对立。

其次，三国学者在针对日本“历史修正主义”的批判方面有共同认识和共同立场，但三国学者之间更需要的是找到观察历史问题的东亚视角。所谓东亚视角，不是三国视角的简单组合，也不是肯定一国视角而否定其他国家学者的视角，而是在整理自己的历史认识的同时，了解对方的历史认识，力图使历史认识跨越国境。

《东亚三国的近现代史》在2005年甫一出版，即在中日韩三国产生了相当大的反响。其一，这本书的发行量大大超过了预计，也大大超过此类书的平均发行量。在中国达13万册，在日本超过6万册，在韩国也达到5万册。其二，三国都有部分学校以之作为历史教材的补充，在学生中也得到很好的评价。特别是在一本书中介绍三国同一时期历史体验的做法得到了充分肯定。

但是，《东亚三国的近现代史》出版后，也有一些批评意见。主要的意见是：本国学者撰写本国历史的痕迹仍然比较明显，在建立跨越国境历史认识方面仍有缺陷；叙述内容偏重于战争历史，缺少对社会变化的全面的观察与分析。

三国学者认为上述批评很中肯，有必要对《东亚三国的近现代史》的编写工作进行总结和提高。考虑到解决上述问题需要对有关问题进行深入研究，因此决定在全面修订前，先尝试对东亚历史问题进行深入全面的共同研究，力图在一些重要问题的认识上寻求东亚视角。于是，从2006年起，三国学者再次确定编写新书，正式出版时的书名为《超越国境的东亚近现代史》。

为了解决内容偏重于战争历史，缺少对社会变化的观察与分析的问题，新书设计为上下两卷，上卷主要从国际关系变动的角度对东亚近现代史进行叙述，下卷通过8个专题观察中日韩三国民众的生活和交流。

为了解决本国学者撰写本国历史痕迹过重，跨越国境历史认识不突出的问题，这一次的编写分工突破了每一部分均按照三国平均分配和本国学者写本国历史的局限，完全根据章节安排执笔者，要求执笔者力图从东亚的角度进行观察和编写。

新书的目录如下：

超越国境的东亚近现代史（上）

国际秩序的变迁

第一章　西方冲击与东亚传统秩序动摇

第二章　中日甲午战争与东亚传统秩序的解体

第三章　列强争夺东亚霸权与日俄战争

第四章　第一次世界大战与华盛顿体系

第五章　第二次世界大战与东亚

第六章　冷战体制的形成与东亚的裂变

第七章　冷战体制在东亚的演变

第八章　冷战体制瓦解后的东亚

超越国境的东亚近现代史（下）

制度·人·社会

第一章　宪法——国家的构造与民众

第二章　东亚的城市化——上海·横滨·釜山

第三章　铁路——现代化与殖民地统治、民众生活

第四章　移民和留学——人员流动和人员交流

第五章　家庭与性别——男女关系、亲子关系

第六章　学校教育——国民塑造

第七章　传媒——被制造的大众意识与感情

第八章　战争与民众

第九章　克服过去，面向未来

《超越国境的东亚近现代史》的编写难度更大，因为需要执笔者不仅介绍本国的情况，而且要介绍其他国家的情况，更重要的是需要站在东亚的视角进行观察与分析。对本国历史相对熟悉，习惯于从本国视角观察问题的学者，实现突破是有一定困难的。所以新书的编写时间大大超过了预计的 3 年，到 2012 年才出版，事实上用了 6 年的时间。

提出“历史认识跨越国境”的命题，并非脱离现实的乌托邦，国际社会在历史认识的对话方面已有一些积极成果，德国与法国共同编写教科书（《1945 年后的欧洲与世界》*Europe and the World since 1945*）的努力和成果被认为是这一方面的典范。[①] 德国与波兰之间，以及前南斯拉夫各加盟共和国之间也在进行同样的努力。甚至在战火频仍的以色列和巴勒斯坦之间，历史教师也在锲而不舍地尝试共同编写教材。与那些地方的情况相比，亚洲，特别是东亚地区的中国、日本、韩国，除了上述共同历史读本的编撰外，三国学者间还在为跨越国境的历史认识的建立而进行着其他诸多有意义的尝试与努力。

1990 年代后期，日本一些大学分别组织了由日本、美国、中国（包括台湾）、韩国学者参与的关于“东亚的相互认识与误解”的研究，就东亚历史认识的问题点进行讨论，并提交了研究报告。[②]

同一时期，日本与韩国的教育机构及学术团体分别建立了共同研究的机制，如首尔市立大学历史教科书研究会与日本东京学艺大学历史教育研究会组织的“日韩历史教科书讨论会”；两国历史学与历史教育的 10 个团体建立的“日韩历史学会共同历史研究讨论会”等。这些研讨会以日本在 90 年代中后期出现的“历史修正主义”思潮和编写“新历史教科书”的狭隘民族主义的动向，以东亚各国民众历史认识的相互理解为目标，进行了积极的讨论，提出了东亚的共生与历史教科书的问题，[③] 并分别提出了

① Claudia Schneider, *The Japanese History Textbook Issue-Viewed through the Prism of European Experiences and the Current Situation in East Asia.*

② 山室信一編『日本・中国・朝鮮間の相互認識と誤解の表象：国際シンポジウム：討議集』京都大学人文科学研究所、1998；浅倉有子、上越教育大学東アジア研究会編『歴史表象としての東アジア：歴史研究と歴史教育との対話』清文堂出版、2002；二谷貞夫編『21 世紀の歴史認識と国際理解：韓国・中国・日本からの提言』明石書店、2004。

③ 歴史学研究会編『歴史教科書をめぐる日韓対話：日韓合同歴史研究シンポジウム』大月書店、2004。

以共同研究为基础的成果。[①]

进入21世纪后，东亚各国学者与教师的共同研究有了新的进展，并且出现了新的成果。

2001年，东京大学教授三谷博等日本学者与在日中国学者刘杰教授等成立了“日中青年历史学者会议”，讨论以历史问题为背景的中日两国的社会变动情况。经过数年努力，2006年在日本与中国同时出版了《超越国境的历史认识》一书，就中日历史认识中涉及近现代史方面的突出问题，进行了深入的讨论与研究。[②]

2007年，在召开了多次日本与韩国学者、教师间的共同研讨会后，东京学艺大学教授君岛和彦与韩国学者共同出版了研究成果《日韩交流的历史——从古代到现代》。[③] 此外，日本广岛县教职员工会与韩国大邱市教职员工会还组成了日韩共同历史教材制作组，共同编写了《朝鲜通信使：从丰臣秀吉侵略朝鲜到友好》；[④] 日韩两国的妇女团体组成共同历史教材编纂会，联合编写了《从女性的角度看日韩近现代史》等。

二　中日两国政府层面的历史问题对话——中日共同历史研究

2006年8月15日，日本首相小泉纯一郎参拜了靖国神社，不久即宣布辞职。这是他自当选以来第6次参拜，并且特地选择在8月15日，所以再次引起日本与亚洲各国关系紧张。2006年10月，刚刚上任的日本首相安倍晋三表示：作为首相个人将遵循“两个谈话”的精神，即明确承认日本殖民统治及侵略行为的1995年“村山谈话”以及承认日军强制妇女充当“慰安妇”的1993年河野洋平官房长官谈话，向中国发出了和解的信号，接着，为了打开中日关系的僵局而访华。在访华过程中，安倍与中国

---

① 君島和彦『教科書の思想：日本と韓国の近現代史』すずさわ书店、1996；鄭在貞『韓国と日本— 歴史教育の思想』すずさわ书店、1998。

② 劉傑、三谷博、楊大慶編『国境を越える歴史認識：日中対話の試み』東京大学出版会、2006。该书中文版《跨越国境的历史认识》由社会科学文献出版社2006年出版。

③ 〔日〕歴史教育研究会、〔韓〕歴史教科書研究会編『日韓歴史共通教材：日韓交流の歴史—先史から現代まで』明石書店、2007。

④ 日韓共通歴史教材制作チーム編『朝鮮通信使—豊臣秀吉の朝鮮侵略から友好へ』明石書店、2005。

政府首脑就“年内启动中日学术界共同历史研究”达成了协议。①

2006 年 11 月，根据中日两国领导人之间达成的共识，正在越南河内参加亚太经合组织第 18 届部长级会议的中国外交部部长李肇星会见了日本外相麻生太郎，就中日共同历史研究问题达成了如下一致：

中日两国外长在亚太经合组织会议期间举行会晤，根据两国领导人达成的有关共识，就中日共同历史研究的实施框架交换了意见。

双方一致认为，应基于中日联合声明等三个政治文件的原则及正视历史、面向未来的精神，开展中日共同历史研究。

双方一致认为，中日共同历史研究的目的在于，通过两国学者对中日 2000 多年交往史、近代不幸历史以及战后 60 年中日关系发展史的共同研究，加深对历史的客观认识，增进相互理解。

双方一致同意，各自成立由 10 名学者组成的委员会，设置“古代史”和“近现代史”两个小组，由中日双方轮流主办会议。双方确认，委托中国社会科学院近代史研究所和日本国际问题研究所负责具体实施。

双方一致同意，年内举行第一次会议，争取在《中日和平友好条约》缔结 30 周年的 2008 年内发表研究成果。②

在实施框架确立后，中日两国政府各选择 10 名学者组成共同研究委员会。

中方委员会的构成为：

首席委员　步　平　中国社会科学院近代史研究所所长、教授

古代与中世纪史组

蒋立峰　中国社会科学院日本研究所所长、教授

汤重南　中国社会科学院世界史研究所教授

王晓秋　北京大学历史系教授

王新生　北京大学历史系教授

近现代史组

步　平　中国社会科学院近代史研究所所长、教授

① 《中日发表联合新闻公报》，《人民日报》2006 年 10 月 9 日。

② 《中日外长就中日共同历史研究达成一致》，《人民日报》2006 年 11 月 17 日。

王建朗 中国社会科学院近代史研究所副所长、教授

荣维木 中国社会科学院近代史研究所《抗日战争研究》杂志执行主编

陶文钊 中国社会科学院美国研究所教授

徐 勇 北京大学历史系教授

臧运祜 北京大学历史系副教授

日方委员会的构成为：

首席委员 北冈伸一 东京大学大学院法学政治学研究科·法学部教授

古代与中世纪史组

山内昌之 东京大学大学院综合文化研究科·教养学部教授

川本芳昭 九州大学大学院人文科学研究院教授

鹤间和幸 学习院大学文学部教授

菊池秀明 国际基督教大学教养学部教授

小岛 毅 东京大学大学院人文社会系研究科·文学部准教授

近现代史组

北冈伸一 东京大学大学院法学政治学研究科·法学部教授

小岛朋之 庆应义塾大学综合政策学部教授

波多野澄雄 筑波大学大学院人文社会科学研究科教授

坂元一哉 大阪大学大学院法学研究科教授

庄司润一郎 防卫省防卫研究所战史部上席研究官兼第一战史研究室长

2006 年 12 月 26—27 日，在北京中国社会科学院召开了中日共同历史研究委员会第一次全体会议和古代与中世纪史组、近现代史组的分组会议。

在全体会议上，双方委员就共同研究的范围和议题的设定进行了坦率且广泛的意见交换。委员会根据此前开展的日韩共同历史研究（第一阶段）工作经验，确定了此次共同研究的基本方法，即由中日双方共同确定

研究的题目（分为部与章）及其涵盖的范围，双方各成员就上述题目分别执笔撰写论文；鉴于近代历史问题更受关注，该部分的论文题目之下还需以关键词的方式确定双方学者均应在论文中涉及的问题，以便有针对性地共同对这些问题进行学术研究。会议上初步酝酿了将在下一次全体会议上讨论确定具体研究题目。会议还确定了此后的工作日程：以 2008 年秋季作为第一阶段研究成果完成的时间；第二次全体会议计划于 2007 年 3 月 19 日至 20 日在日本召开；第三次全体会议拟定于 2007 年 12 月前后召开；第四次即第一阶段最后一次全体会议拟定于 2008 年 6 月前后召开。在四次全体会议之间，古代与中世纪史组和近现代史组可根据需要分别举行分组会议。此外，双方还讨论了根据研究和撰写论文的需要，委托适当的合作研究者参与论文撰写的问题。

中日共同历史研究委员会第二次全体会议于 2007 年 3 月 19 日至 20 日在日本东京召开，双方就研究题目、均应在研究中涉及的问题点及关键词，撰写论文的基本原则等达成了共识：(1) 古代与中世纪史组确定三个大题目，每一大题目下有两个题目，即分为 3 部 6 章撰写论文，包括序章，双方各自形成 7 篇论文。(2) 近现代史组确定了战前、战争中与战后三个历史时期，每一时期设三个题目，即分为 3 部 9 章撰写论文，双方各自形成 9 篇论文。(3) 双方委员分别针对上述题目从各自视角撰写论文，即就每一题目分别形成中日各一篇论文，完成后相互交换，开展讨论，就对方论文坦率地提出学术性的批评意见，并在听取意见的基础上对论文进行修改，同时把存有异议的地方记录下来。(4) 在充分讨论的基础上，汇总双方论文形成研究报告，古代与中世纪史和近现代史各为一卷，双方首席委员负责撰写共同序言。(5) 初步确定以 2008 年 6 月为研究报告完成时间，8 月向两国政府提交并对外发表。

会议上确定的古代与中世纪史部分和近现代史部分的研究题目分别为：

古代与中世纪史部分

序章　古代东亚世界中的中日关系

第一部　东亚国际秩序与体系的变革

第一章　七世纪东亚国际秩序的创立

第二章 十五世纪至十六世纪东亚国际秩序与中日关系

第二部 中国文化的传播与日本文化的创造性发展的诸形态

第一章 思想、宗教的传播与变化

第二章 人与物的移动

第三部 中日社会的相互认识与历史特质的比较

第一章 中国人与日本人的相互认识

第二章 中日政治社会构造的比较

近现代史部分

第一部 近代中日关系的开端与演变

第一章 近代中日关系的开端

第二章 对立与合作：走上不同道路的中日两国

第三章 日本向大陆的扩张政策与中国国民革命运动

第二部 战争的年代

第一章 从九一八事变到卢沟桥事变

第二章 日本的全面侵华战争与中国的全面抗日战争

第三章 中日战争与太平洋战争

第三部 战后中日关系的再建与发展

第一章 从战争结束到中日邦交正常化

第二章 新时期的中日关系

第三章 中日历史认识与历史教育

第二次全体会议结束后，双方开始了论文的撰写与讨论，同时各自聘请部分学者作为“外部执笔者”参与工作。

2008 年 1 月 5 日至 6 日，中日共同历史研究第三次全体会议于中国社会科学院近代史研究所举行，同时举行了分组会议。本次会议进行的工作为：（1）近现代史组对已提交的双方共 16 篇论文进行了讨论，交换了意见。（2）古代与中世纪史组对已提交的双方共 12 篇论文进行了讨论，交换了意见。（3）为争取 2008 年 6 月至 7 月完成报告，双方决定了下一步的工作计划。

2008 年 7 月，经中方委员会提议，推迟发表时间。此后，经过反复的传阅与讨论，双方学者对论文进行了多次必要的修改，同时也进行了必要的技术性筹备。最初，双方打算把对对方论文的批评意见及双方论文的分歧点总结整理出来附在论文之后，但在进行这一工作的时候发现：将过于简要概括的论点向非专业人员进行解释并非易事，因此双方决定把这些已经归纳整理的结果用于下一阶段的共同研究，现阶段暂不发表。同时，鉴于近现代史部分最后3篇论文的研究还不够成熟，也决定推迟发表时间。

最后，分别由双方委员撰写古代与中世纪史卷及近现代史卷的序言，两国首席委员又共同撰写了研究报告的总序言，从而完成了研究报告的整理工作。

2009年12月24日，中日共同历史研究委员会第四次会议在日本东京举行，双方委员最后确认了共同研究报告。当晚通过记者招待会宣布第一阶段研究工作告一段落，并于2010年1月31日向国际社会公开了由双方学者分别撰写的论文构成的报告书。

共同研究报告公布后，国际社会的舆论普遍对共同历史研究目前取得的成果做了积极的评价，有的给予高度肯定。多数学者认为：中日两国学者能够各抒己见，对存在认识分歧的历史问题进行共同研究，这一过程本身就具有特别的意义；虽然是各自发表论文，而且有许多不同见解，但是能够就侵略战争的性质取得共识，即使对有的观点和主张不同意，但也能够理解对方的态度，不仅增进了相互了解与理解，而且还为解决中日关系中的历史问题提供了新的思路。

日本的进步学者包括一般市民本来对日方委员的构成有很大的意见，认为他们的政治倾向趋于保守，不相信他们能够推进共同研究。不过在看到日方委员的文章能够承认日本侵略中国的战争性质，承认存在“南京大屠杀”的事实，舆论的反应还是积极的。进步学者认为：尽管对许多人来说，日本的侵略是常识性的认识，但是由两国政府委托的学者提出一致的认识，对于引导普通日本人的历史认识，抵制右翼和保守政治家的荒诞理论具有特别的意义，对右翼保守的政治家和学者也是沉重的打击。

多数日本学者认为：由于此次共同研究涉及的时间长，范围广，特别是战争留给两国人民以深刻的历史记忆，如何把握平衡，抓住要领，实属不易。他们认为中方学者的论文涉及了包括“日俄战争”、“近代中日文化交流”等许多议题，是以前日本方面没有看到的。中国方面的论文引用了相当充分的历史资料，是学术研究论文，不是政治性的文章，具有很强的说服力。有的日本媒体提出，看了中国学者的论文，才发现与日本方面的认识确实有很大的差异。但是，从现在开始正视这些差异，进行历史认识方面的交流，才能逐渐缩小差异，加深相互理解的程度。

过去对中国的学术研究持负面评价的一些日本学者，这次在读了中国方面的论文后也改变了认识。被认为是日本研究中国现代史的专家秦郁彦认为："关于南京事件，中国方面的报告书始终是有根有据地以事实讲话，与以往从一开始就谴责日本的宣传色彩很强的历史论文有很大的改变。关于事实经过与日本方面的叙述大致相同，最大的不同是被害者的数量"，"中方提出这样的学术报告，说明其历史研究与自由度是相当高的"。

针对日本右翼与保守媒体和学者强调中日历史认识分歧的议论，日本一些有正义感的历史学者认为：学术研究存在分歧是正常现象，但并不等于两国关系的分歧。共同历史研究作为缩小认识差距的第一步是成功的，需要坚持不懈的努力。多数日本学者并不认可媒体在南京大屠杀人数问题上的鼓噪，认为"大多数报纸的报道专注于尚存的分歧点（包括有争议的死难者人数），但往往忽略了该报告的真正意义：两国委派的历史学家首次一致认为日军在战争期间犯有暴行，认为日本侵华的非法行为是两国间存在敌意的主要原因，这才是共同研究的主要成果"。①

《产经新闻》等政治态度保守的报纸从中日共同历史研究开始就持明显的批评态度，认为中国没有学术自由，称这是中日历史问题产生摩擦的温床，是影响中日关系发展的根源。右翼与保守势力还散布舆论，称以中国社会科学院学者为主的中方委员不可能与具有自由研究环境的日方学者进行学术讨论，所以也不可能期待有任何结果。在研究过程中，这些报纸也借发表时间的推迟而一再发表议论，称中日两国间分歧很大，无法进行正常的共同研究，煽动日本方面对中方学者和中国政府的不满。

右翼与保守势力本来对日方学者抱有很大的期待，但中日双方的论文发表后，发现与他们预计的差别很大，于是在依然批评中方学术研究的同时，也将批评的矛头指向了日方学者，声称现在的研究结果"只是一部分日本学者的意见，不能代表我们的主张"。为了掩盖其失望，右翼与保守

---

① 笠原十九司編『戦争を知らない国民のための日中歴史認識：「日中歴史共同研究〈近現代史〉」を読む』勉誠出版、2010、7頁。

派的媒体故意在两国学者间就历史认识的学术分歧做文章，将学术分歧夸大为两国间不可调和的对立。日本有的报纸歪曲两国首席委员在记者招待会上的讲话精神，将两国首席委员对研究情况的客观介绍报道为“辩论”，而且以《中日两国间历史认识的鸿沟无法填平》为题，称关于南京大屠杀被害者数量的问题是双方不可逾越的鸿沟。[①] 为了煽动更多的人对共同历史研究不满，这些媒体还针对发表时间的推迟和战后部分的文章没有发表做文章，称出于中国方面的政治考虑，共同历史研究不可能有积极结果。

日本方面的部分舆论还竭力挑起关于南京大屠杀遇难人数问题的争论。日本自由主义史观研究会的发起人、呼吁彻底修正战后日本历史教育的拓殖大学（原东京大学）教授藤冈信胜对日方学者的论文明确承认存在南京大屠杀表示了强烈不满，批评日方报告书在介绍日本方面关于南京大屠杀被害人数的研究时，提到了“多的认为 20 万，少的也有认为 4 万、2 万”，却没有介绍还存在“南京大屠杀是虚构”的观点，认为“这是无视 10 年来的学术研究的进展，是问题很大的论文”。藤冈还说：“日本方面 10 年前就提出：南京大屠杀是中国国民党宣传部雇佣西方记者进行的宣传，是虚构的……而日方的报告书对此不予理睬，相反却大量采用了主张存在大屠杀的学者的文章”，就此，他提出日方学者的论文“不能不说是政治性、妥协性的政治文章，是‘伪’论文”。[②]

国际教养大学校长中嶋岭雄也对日方的论文表示不满，认为承认日本对中国进行了侵略，制造了屠杀事件是向中国方面做出妥协。他说：“从日方委员的构成上就能够想象（不可能产生好的结果），大体上是罗列了平时学术界主流的各种说得过去的意见。”

但是，日本以外的外国媒体则显示了相对冷静的态度。美国的一些媒体评论说：人们只要认真阅读新闻报道就会发现：关于南京死难人数的分歧并非完全意义上的政治僵局。相反，这在很大程度上反映了中国和日本方面对数据可靠性的学术疑虑。如果因为在死难人数的问题上存在分歧而忽视了新达成的重要共识，那就太令人遗憾了。美国与日本的媒体围绕该报告展开报道时，往往集中关注中日在大屠杀死难人数方面持续存在的分

---

① 『読売新聞』2009 年 12 月 25 日。

② 『産経新聞』2010 年 2 月 1 日。

歧。相比之下，中国的报纸一方面注意到了围绕死难人数问题存在的不同看法；另一方面突出报道了更重要的内容——日本在官方报告中承认，战争的起因是日本的侵略行为。

参加共同历史研究的个别日方委员虽然不得不承认目前的学术研究成果，但迫于右派的压力，私下仍然迎合来自右派的攻击，也在上述问题上向中国方面发难。有的学者在表示承认日本对中国的侵略和存在南京大屠杀事件的同时，一再向日本媒体强调“日本的对华战争不是有计划的”，多次向媒体表示在研究过程中承受了来自中国方面的“压力”，日方做出了“苦涩的让步”。一名不肯透露姓名的日方委员甚至向媒体表示共同历史研究的学术进展是“零”，原因是“中国还不懂得尊重学术”。

三 共同历史研究的报告及其意义

中日共同历史研究虽然属于两国政府推动的历史问题的对话机制，但毕竟属于学术性研究活动，所以，对共同研究报告的分析，不仅仅需要政治的角度，更重要的是学术的角度。

共同研究这一形式开创了在不同国家间解决有争议的历史问题的新局面，所以，无论其结果如何，其过程本身都应重视和肯定。

一些媒体和一些人习惯将日本方面否认侵略战争责任和侵略罪行的右翼及极端保守势力的意见提出来，作为日本方面的代表性观点，由此提出不存在与日本进行共同历史研究的可能。其实那是没有区分政治、感情与学术三个不同层面历史问题的差异。共同历史研究的前提是中日之间的三个基本文件，而这三个文件是政治层面判断历史问题的原则，所以，共同研究可以注重学术层面历史问题的探讨与研究。在这样的条件下，建立冷静、客观的研究环境是首先需要解决的问题。

在共同报告的“前言”中有如下的说明：

> 在持续三年的共同研究中，中日两国学者本着发展两国关系的积极愿望，对同一历史题目所涵盖的历史问题的研究史进行了归纳整理，阐述了对普遍认为有争议的问题的基本观点，坦率交换了意见，进行了学术性的并且是冷静客观的讨论，在讨论与争论中加深了相互间的理解，消除了一定的认识的分歧，尽量缩小了认识方面的差异，

> 开始了相互了解与理解的第一步，共同研究始终是在认真、坦率和友好的气氛中进行的。双方学者均认为：在学术研究领域存在意见分歧是正常现象；在就战争责任的认识取得基本共识的前提下，通过学术讨论，资料交换与观点的交流，可以加深相互间的理解，缩小认识的差异。迄今为止的共同历史研究，双方学者已经在学术研究领域进入了“即便不赞成对方的意见，但也可以有一定程度的理解”的阶段。从这一意义上看，迄今为止进行的中日共同历史研究取得了积极的成果，对于促进今后的中日相互理解有建设性意义。
>
> 当然，共同研究刚刚进行了三年，对于解决积累了数十年甚至百年以上的历史认识的分歧，这仅仅是开端，许多问题仍需要更进一步交换意见，深入研究。目前发表的论文是第一阶段的初步研究结果，尚有一部分论文将留待下一阶段发表，尚有许多问题有待下一阶段继续进行研究。[①]

总之，进行中日共同历史研究的本意是希望通过中日两国学者间讨论历史认识的尝试，为促进两国民众的相互理解和感情沟通，建立稳固的东亚各国间的关系做努力。现在看来，这一目标得到了初步的实现，这是评价共同研究成果的主要标准。但日本一些报纸、杂志的评论则令人感到遗憾。

日本的一些媒体和一些人还“锲而不舍”地追究共同研究的报告为何推迟一年发表。其实，由政府出面组织学者进行的共同研究，在中日两国间是第一次，也可以说是没有先例可循的开创性的工作。许多人推崇欧洲历史和解的经验，但是德国与法国之间共同编写历史教科书的工作从战后初期就开始了，而第一本教材的出版是近 60 年后的 2006 年；开始于 1970 年代的德国与波兰的教科书共同编写工作也历经了近 40 年。欧洲经历数十年才产生成果的共同研究，在中日之间仅仅开展了几年。即使研究报告的发表比原计划延迟了一些也是可以理解的。一些媒体故意追究所谓“波折”，不是出于其寻找轶闻鄙事的职业毛病，就是出于“唯恐天下不乱”的不良动机。其实，正是那些媒体，在项目刚刚开始的时候就给共同研究

---

① 《中日共同历史研究报告》，社会科学文献出版社，2014，前言。

大泼冷水，告诉人们不要对共同研究抱有希望，如今共同研究的报告发表，表明了有一定的希望，那些媒体不仅不反省自己的言论，反而就推迟发表一事挑起事端。如果听任这些媒体翻云覆雨，中日关系就永远没有希望。

共同历史研究报告由古代与中世纪史卷和近现代史卷两部分组成，采取“同一题目，交换意见，充分讨论，各自表述”的方式，每一部分均包括中方研究论文与日方研究论文。虽然作为学术研究，论文最终体现的是撰写者本人的认识，而不是双方认可的共同认识，但在研究过程中经过讨论形成的共识，可以认同的对方的主张，在各自的论文中均得到了体现。所以，只有在对同一题目下的两方论文均进行充分阅读和研究后，才可以得出相对科学准确的结论。

那么，综观中日双方的论文，其中最主要的不同在哪里？

第一，在学术层面，中日双方学者的差异主要表现在研究方法上，其实也就是思维逻辑差异。即对历史发展过程中体现出来的历史必然性与具体历史事件反映出的偶然性的关系的把握之差异。

关于这一差异，参与共同历史研究的日方学者庄司润一郎有如下的概括：“日本方面侧重于在对一个一个具体的‘事实’进行研究的基础上，分析其客观的原因及决定的过程。所以，其研究结果认为在日中之间不仅仅只是战争，还存在各种各样的选择与可能性。而中国方面则侧重于近代中日关系的必然的发展趋势，从近代日本的‘侵略’的计划性、一贯性与中国的抵抗的模式来理解历史。”①

那么，具体是如何表现的？我们不妨举例说明。首先看双方学者关于九一八事变的表述。

日方的研究报告重在叙述关东军参谋、司令部、陆军中央、日本政府与内阁在事变发生前后的活动。如作战参谋石原莞尔与高级参谋板垣征四郎的周密计划和构想；日本政府对军队的行动开始不同意，“甚至连陆军指导层的激进分子也没有同意占领满洲的方案”，但最终又不得不无奈地承认当地军队的行动；政府并不支持“在满洲建立独立国家”的石原等人

---

① 庄司潤一郎（日本防衛庁防衛研究所戦史部上席研究官兼第1戦史研究室長）「『日中歴史共同研究』の展望」『防衛研究所ニュース』2008年12月号。

的设想，却尝试“以直接交涉来解决事变”。但是，对于和平的努力囚受到日本国内强硬派的阻挠而毫无成效。[①]

中方的研究报告则首先指出“九一八事变，是日本实施其大陆政策之‘满蒙政策’的必然产物”，其理由是日本早已将中国的“满蒙地区”划在其利益线之内；接着则关注关东军及军部分别拟订的武力侵占中国东北的计划：从 1930 年到 1931 年，关东军参谋部就“占领满蒙地区的文件”进行研究，1931 年 4 月陆军参谋本部制定《昭和六年度情势判断》，同年 6 月 11 日，在陆相南次郎的同意下，陆军省、参谋本部秘密组成以建川美次为首的“五课长会”，研讨上述情势判断的对策，并制定《解决满蒙问题的方策大纲》等，证明了日本占领中国东北是早有预谋的。中方的研究还叙述了日本军队为实施上述计划而在中国东北发动的战争及对于日本军队行动的抵抗。[②]

其次，再看双方关于卢沟桥事变的表述。

日方的研究报告在叙述了枪击事件后，指出卢沟桥最初的枪击事件是“偶然发生的”，参谋本部为防止事件扩大向驻屯军司令官下令“应避免继续行使武力”，而且在最初的几天里，还通过外交途径来进行接触。但当时陆军内部存在“不扩大派”和“扩大派”的对立。军事课长田中新一和作战课长武藤章等“扩大派”自事件爆发后持“一击论”，主张趁机给国民政府军一次打击，迫使国民政府转换抗日的姿态，一举解决日中问题。由于“一击论”者超过“不扩大派”，属于多数派，所以开始采取“不扩大”方针的近卫文麿内阁最终还是同意陆军省部要求派遣 3 个师团的提议。鉴此，日方的研究认为对于事态的扩大，“政府和舆论都有责任”。“无视当地的停战努力就早早地决定派兵、与之同样论调的近卫首相和‘膺惩暴支’一边倒的媒体的论调等，都是助长日军趋向于侵略华北的综合因素。”[③]

中方的研究报告同样叙述了枪击事件，指出“表面上看来，卢沟桥事变的发生是由日军演习时的‘枪声’而引发的……作为个案，它的发生可能具有偶然性”，但是日本驻屯军在丰台驻兵，本身就引发了与当地中国

---

① 《中日共同历史研究报告》（近代史卷），第 242—244 页。

② 《中日共同历史研究报告》（近代史卷），第 81—83 页。

③ 《中日共同历史研究报告》（近代史卷），第 270—272 页。

军队的矛盾和冲突，构成卢沟桥事变发生的动因。虽然日本内部存在着“扩大派”与“不扩大派”的争论，但从7月11日内阁公布《向华北派兵声明》后，所谓“不扩大派”的声音完全被“扩大派”的声音湮没，陆海军均做出了扩大战争的准备。卢沟桥事变发生后，中日两国虽然进行了短暂的交涉，但交涉期间，日本不间断地向中国派兵，同时，国民政府也派兵北上，很快日本发动了全面侵华战争。因此，“从历史的演变过程来看，卢沟桥事变的发生又带有必然性”。[①]

从上述双方对两起事件的描述中可以看出：日本方面的研究确实对两次事件中日本方面的决策过程有相当详尽的描写，使人们了解了其中的曲折性与复杂性。对于历史研究来说，这样的工作是必要的。当然，这一工作与日本学者对于日方历史资料较为熟悉有关，就像中方学者对这一过程中中方的决策过程有较多的描述是一样的。不过，将这两个事件作为历史研究的对象，最重要的目的是从中找到真正的经验与教训。

九一八事变的发生与日本对中国东北的政策，与中日甲午战争、日俄战争、日本与俄国在东北利益的争夺等都有十分密切的关系；卢沟桥事变也确实发生在日本在华北地区驻兵及九一八事变发生后围绕东北局势的宏观背景下，只有将这些表面看来似乎孤立、偶然的事件联系起来，才能够解释中日战争之所以不断扩大的内在逻辑性，才能对问题的性质有所把握，从而总结出有益的经验与教训。而且，这也是中日共同历史研究首先需要回答的问题。当然，如果篇幅允许，则可再充分利用日本方面的档案资料，描述日本军队基层、军队中央及政府的具体决策过程。无论对于具体的历史事实做多么详尽的叙述，都不能忽略那些看起来似乎并不相关的，表面上似乎孤立的事件之间的内在联系，当然更不应强调某些事件之间的非连续性、偶然性与外因，由此忽略了对构成历史进程发生的根本性质的研究与分析。

那么，忽视事件的连续性会有什么样的危险呢？

我们注意到，战后无论是在日本复兴和高速成长的社会背景下，还是在经济停滞和社会矛盾复杂化的社会背景下，描写日本光明时代，特别是明治时代伟业的文学作品及历史研究成果都颇受欢迎。根据司马辽太郎的

---

① 《中日共同历史研究报告》（近代史卷），第110—111页。

《坂上风云》拍摄的电视连续剧从2009年起在日本连续上映了3年，就是例证。但是，人们也发现，尽管对明治维新时期的历史过程进行了那么细致入微的描写，但却难以理解“光明的明治”是如何转入“黑暗的昭和”的，甚至不相信历史进程能产生那样的分裂。问题在哪里呢？因为，明治宪法与西方的基于立法主义的宪法并不一致，“明治维新是未完成的近代革命”[①] 这一点并没有被强调。而大力弘扬亚洲黄种人击败欧洲白种人的《坂上风云》，虽然让人们了解了日本政治家和军人领袖卓越不凡的能力，认识了地方出身的青年知识分子和学生为国家尽忠献身的行动，但是“对于中国、朝鲜等因甲午战争、日俄战争而蒙受灾难”的一面，则几乎没有言及。[②] 以这样的历史知识培育的民族自尊心和国家荣誉感，逐渐在国民中形成了普遍的、根深蒂固的历史认识。如果不把明治维新后日本军国主义的形成及发动的扩张战争放在一定历史背景下加以分析，如果不研究各个行动间的前因后果的逻辑关系，无视事件的必然性与必然的因果关系，而是强调各行动之间的非连续性、偶发性、外因性，甚至美化歌颂其中的一部分行动，确实是一种很危险的“无构造的历史观”。[③]

但是，对于中国方面的一些研究者来说，过去仅仅以1929年曾在中国的报纸上披露出来的“田中奏折”来说明日本侵略的计划性和目的性，也是不科学的。

1927年日本“东方会议”后，在中国披露出来一份首相田中义一呈给天皇的文件，当时被称为“田中奏折”。该奏折将日本的积极扩张政策归纳为“东北—华北地区—中国—世界”的步骤。当时披露的“田中奏折”，由于在行文格式及所涉事件的叙述方面存在许多漏洞，学界产生了对该文书文本的疑问，对其真实性的讨论一直持续到战后。从学术研究的角度对于该文件是否存在、是真是伪以及来龙去脉的讨论，存在多种意见。有相信“田中奏折”是完全可信的“存在说”，也有认为“田中奏折”是完全不可信的“伪造说”，有的认为那是对某些主张与意见改写基础上形成的

---

① 中村政則「明治維新の世界史的位置」中村政則編『日本の近代と資本主義』東京大学出版会、1992。

② 中村政則『「坂の上の雲」と司馬史観』岩波書店、2009、3—5頁。又见作者在韩国“日本强制吞并朝鲜100周年国际学术讨论会”上的发言稿。

③ 姜克实：《日本人历史认识问题的症结点》，《抗日战争研究》2007年第1期。

文件，也有的认为可能是日本军部极端论者的计划或意见被改写后进行宣传的结果，是“左右两种极端分子合作的产物”。

战后，有较多的日本学者基于对日本战时政治体制特征及文书的行文格式等日本学的知识，对“田中奏折”的存在与真伪提出了质疑。而日本学背景并不深厚的部分中国学者在其研究中则将“田中奏折”作为日本有计划有目的地实施对华扩张政策的证明，其论证过于武断，尽管也有的中国学者提出了质疑，但没有得到重视。

其实，无论文件是否存在还是其真伪如何，在那之后东亚事态的演变及日本的行动都是与“田中奏折”中的计划是一致的，这才是问题的本质。对这种“一致”的判断，在中日两国学术界基本不存在根本的分歧。“田中奏折”作为文件是否存在当然是需要进行实证研究的问题，但是对于认定日本的扩张活动，它并不是绝对必要的证据。

即使认为“田中奏折”作为文件本身不存在的日本学者中，许多人其实是注意到了历史发展的事实的。如认为“田中奏折本身是假的”的江口圭一先生就明确提出：“议论当然应以伪造说为前提，然后再讨论其真正的作者是谁。”但是，他又清醒地指出了问题的所在：“否定田中奏折的本意在于否定田中外交的侵略性，想利用田中奏折伪造说免除田中义一的罪责。”① 而也有比较熟悉日本方面情况的中国学者对“田中奏折”作为文书的来源的真实性从实证研究角度提出了质疑，甚至持否定意见。② 连后来担任日本外相的重光葵都认为从事后历史发展的过程中“难以拭去外国对此文书的疑惑”。③

从东亚近代国际关系演变的视野中分析观察中日战争，不难发现自1889年首相山县有朋在帝国议会第一次通常会议上提出“主权线”和

---

① 江口圭一『日本帝国主義史論：満州事変前後』青木書店、1975、297—301 頁。

② 如俞辛焞《中国的日本外交史研究》，《爱知大学国际问题研究所纪要》第 73 号，1983 年，第 177 页；邹有恒《〈田中奏折〉真伪论》，《外国问题研究》1994 年第 1 期；邹有恒《如何看待中日关系史上的这桩公案——再论〈田中奏折〉之真伪》，《外国问题研究》1995 年第 2 期。另外，也有的学者从不同的角度进行了分析，如章伯锋《〈田中奏折〉的真伪问题》，《历史研究》1979 年第 2 期；沈予《日本东方会议和田中义一内阁对华政策——评〈田中奏折〉伪造说》，《近代史研究》1981 年第 1 期；沈予《关于〈田中奏折〉若干问题的再探讨》，《历史研究》1995 年第 2 期；沈予《关于〈田中奏折〉抄取人蔡智堪及其自述的评价问题》，《近代史研究》1996 年第 3 期。

③ 重光葵『昭和の動乱　上巻』中央公論社、1952、33 頁。

"利益线"的概念，[①] 以及1893年提出"军备意见书"后，日本已经确立了向外扩张的政策基石。而在1927年以研究对华政策为目的的"东方会议"上，以"满蒙"为日本国防和经济上的生命线的思想则更加明确起来。主导这次会议的外务次官森恪总结说："……满洲的主权属于支那，但是，它不仅为支那所有，日本也拥有参与的权利。因为满洲是国防的最前线，所以日本要进行保卫。"[②] 在这期间相继发生的一系列宣示"满蒙"为日本"生命线"的事件，如1928年皇姑屯事件，1931年万宝山事件、九一八事变，正是这样的指导思想的具体体现。而在1931年通过九一八事变实现了对中国东北的占领后，日本便越过长城一线，进一步实施"华北分离"措施，进而在1937年卢沟桥事变后，将战火燃烧到中国大部分地区，直到1945年战败，其对中国的侵略扩张步伐明显是一步步加剧。这样步步加剧的侵略过程，即使没有"田中奏折"的证明也是毫无疑问的历史事实。

第二，双方的重要差异表现在对实证研究与价值判断的把握上。

实证研究作为一种历史学的研究方法，是指研究者通过历史遗留下来的材料与痕迹进行的研究。其实，实证研究也是中国历史学的传统，传统的考据、训诂等学问与实证研究并不矛盾。当然，西方历史学自19世纪以来出现了被称为"实证主义"的研究方法，对史学研究有极大的影响，但并不是只有受"兰学"影响的日本历史学才重视实证研究。

对于包括数量等问题在内的诸多历史问题，为了使论证更具说服力，扎实的实证性研究是十分必要的。根据实证研究得出的论据可给予研究论点以最重要的学术支撑，也可以使价值判断毋庸置疑。有学者认为：20世纪，特别是该世纪下半叶，西方历史学的社会功能发生了重大变化。传统的道德教化和为统治阶级提供经验的功能大为弱化，一种全新的西方人称为"理解"的功能则全面兴起。这是史学史上从未有过的转折，是史学家努力追求史学的有用性，探索适应时代需要的历史学的产物。[③] 显然，在这样的"新史学"中，实证研究占有重要的地位。

---

① 山县有朋内阁总理大臣在日本帝国议会第一次通常会议上的施政方针演说，参见东京大学"日本议会演说资料库"。

② 読売新聞戦争責任検証委員会編著『検証戦争責任2』中央公論新社、2006、8頁。

③ 王加丰：《"理解"：二十世纪西方历史学的追求》，《历史研究》2001年第3期。

重视实证研究并不等于实证研究可以取代所有的研究方法。如果对个别“事实”的详细分析陷入了微观的实证主义研究，则影响了从宏观上对问题基本性质的把握，特别是回避了战争责任中的“侵略”等原则问题，那就成为伤害国民感情的“历史修正主义”了。给实证研究方法以合理的科学的地位，历史学才具有活力与生命力。

无论是在中国还是在日本，“南京大屠杀”问题都被许多人认为是中日历史认识分歧中代表性的问题之一，在中日共同历史研究开始之际，两国的媒体都很关注两国学者对这一问题的意见，甚至有的媒体把中日历史问题简单归结为对南京大屠杀中被害人数量的认定问题，认为两国学者将会就数量问题进行激烈的争论。

媒体关注的南京大屠杀遇难人数问题，在两国学者的共同研究中并未作为主要课题。这是因为：南京大屠杀中被害人数，其实早在1946年开始的东京审判与南京审判中均有判断。在日本投降后，在东京与南京对战犯进行的审判中，均涉及南京大屠杀的问题，两个法庭的判决书分别认定南京大屠杀遇难人数为“20万以上”和“30万以上”，这是后来认定南京大屠杀遇难者人数的重要历史依据。①

当然，双方学者也都注意到：大屠杀事件发生时，处于现代人很难想象的战争混乱状态，加上记录不完整，状况很难复原。在进行上述东京与南京审判之际，尽管已经尽力搜集了种种资料与证据，但仍不具备进行学术性的实证研究的时间与条件。从理论上讲，追求更精确的数字，更严密的实证性研究是必要的，但是能够进行那样实证研究的条件至今仍无大的改善。有的日本学者根据他们认为能够认定的资料而对被害者数量进行了统计，结果有的认为有20万，也有的认为有数万。② 对于实际数字的研究与追究，可能是今后长期的任务，不可能一蹴而就。

① 远东国际军事法庭判决书（1948年11月）指出：“后来的估计显示，在日军占领后的最初六个星期内，南京城内和附近地区被屠杀的平民和俘虏的总数超过20万。这一估计并不夸大其词，而是可以通过埋尸团体和其他组织提供的证据加以证实的。”南京军事法庭判决书（1947年3月10日）指出：“二十六年十二月十二日至同月二十一日，亦即在谷寿夫部队驻京之期间内，计于中华门外花神庙、宝塔桥、石观音、下关草鞋峡等处，我被俘军民被日军用机枪集体射杀并焚尸灭迹者，有单耀亭等十九万余人。此外，零星屠杀、其尸体经慈善机构收埋者十五万余具。被害总数达三十万人以上”。

② 秦郁彦『南京事件：「虐殺」の構造』中央公論新社、2007、317—319頁。

在具备进行充分的实证研究的条件下，继续对遇难者数量进行研究固然是应当的，但是，即使暂时没有精确的统计数据，也并不妨碍对南京大屠杀性质的判断。无论如何，南京大屠杀都是一场巨大的浩劫，是严重违背人道的暴戾行为。从战后国际关系发展的大局出发，数量问题并不能成为日本反省战争责任的障碍，当然更不应成为日本战后走和平道路的障碍。

那么，对南京大屠杀这一事件需要研究的是什么问题呢？从学术研究的角度考虑，重要的问题是：是否承认历史上发生过日本军队对中国受害人（包括对平民的伤害、对妇女的性暴力、对俘虏的集体屠杀、对城市建筑与居民房屋的破坏）的残暴的屠杀行为；产生这样的暴戾事件的原因与教训是什么；围绕这一事件的历史认识为什么产生分歧，争论的过程与问题点。事实上，中日共同历史研究基本上是围绕这样三个问题展开的。

有人对研究上述三个问题提出质疑，认为这是以价值判断取代实证研究，他们认为实证研究是唯一的科学的方法，在历史学研究中不应有明显的价值判断。所以，日本学者往往对中国学者使用“以史为鉴，面向未来”这句话感到不好理解，因为他们觉得所谓“以史为鉴”是指要从“侵略”带来的教训中学习。而那一“教训”是具有政治性的、道德性的价值判断的概念。他们认为这一点与重视实证主义的日本之间有微妙的差异。

其实，历史学是否需要价值判断，是一个讨论了相当长时间的问题。历史研究不是一般的历史资料的堆砌，而是历史学研究者利用其判断力进行思考的结果。历史研究者对历史资料进行实证研究这一过程本身，也包含了研究者的分析与判断。将实证研究与价值判断截然分开，甚至将其对立起来都是不科学的。对于在中日两国近代历史上都产生了重大影响的那一场战争，如果历史学者给民众的知识仅仅是一些所谓事件发生的时间、地点、参与人员及人数等实证性研究的数据，而对战争的性质、对战争给人类造成的灾难却毫不理会，毫无批判意识，难道就是真正的历史学的研究成果吗？正如有的学者指出的：“历史认识是和价值判断联系在一起的。没有价值判断的历史认识是不完整的历史认识。”①

以南京大屠杀的问题来看，对该问题的历史学研究真的不需要价值判断吗？当然不是。其实，那些将南京大屠杀事实的认定转移到数字讨论的

---

① 于沛：《关于历史认识的价值判断》，《历史研究》2008 年第 1 期。

人，真正的目的并不在提倡实证研究，而是为从根本上否认南京大屠杀的事实故意设置的陷阱，为所谓“南京大屠杀虚构论”制造舆论。而“虚构论”仍然是一种价值判断。

关于这一点，中日共同历史研究报告公布后日本右翼学者的活动就是典型。在他们发表的文章中，对参与共同研究的日方学者表示了极大的不满，称：（日本学者）“承认发生了大屠杀，这是很大的问题。最新的研究证明，大屠杀这样的事件是绝对不可能发生的。”[①] 这就暴露了否认南京大屠杀存在其实才是其价值判断的核心。

中日共同历史研究的意义表现在以下三个方面：

第一，共同历史研究确实推动了两国学者间的相互理解，开创了不同国家间的历史学者进行深入交流的新局面。

两国学者就历史认识进行的对话是坦率与公正的。两国学者都认为不能把古代与中世纪的中日两国关系简单地定位于和平相处，而把近代中日关系简单地定位于战争与冲突，而要进行学术的科学的分析。不排斥双方学者对某一问题具有不同的关注点和处理方法，而出现分歧时，则遵循唐代史家刘知幾提出的“他善必称，己恶不讳”的原则[②]，遵循以实事求是的原则分析历史事实，不能满足于主观推测和判断。对于中日文化的相互影响与发展，日方学者重视中国文化的传播与影响，而中方学者对日本文化的独特性与创造性给予充分的评价，从而能够共同关注两国文化相互影响与相互激励的历史进程。

双方学者对中日战争的性质进行了讨论，在各自的论文中都明确指出：自 1931 年开始到 1945 年中日间的战争是日本对中国的侵略战争，阐述了侵略战争给中国人民造成的巨大的伤害与损失，表达了谴责侵略战争和维护和平的愿望。中方委员会认为：对侵略战争性质的认定是中日之间大是大非的原则问题，必须首先形成共识，然后才能开始学术研究。日方学者在研究成果中明确承认了日本军国主义对中国的侵略和给中国人民造成的巨大伤害，战争中因日军的种种非法行为而造成了大量中国平民的牺

① 茂木弘道「日中历史共同研究的问题是什么?」新しい歴史教科書をつくる会編印『史』2010。

② 刘知幾在《史通》（卷七《曲笔篇》）中说：“古者诸侯并争，胜负无恒。而他善必称，己恶不讳。”

性，由此刻下了深深的战争伤痕，是构筑战后新的中日关系的障碍。他们的论文还认为：近年关于遗弃化学武器、强制征用劳工、对妇女的暴行等问题的诉讼，都是战争给中国人民留下深刻伤痕的表现。

在研究中，双方学者有一点共同的体会，那就是由于中日两国文化背景、历史经历和国情有很大不同，所以对历史的叙述和认识也存在差异。这些差异，需要通过加强两国学术界及民间的交流来解决，从而保持理性与冷静的学术气氛，使双方在历史认识的交流中达到相互理解，获得更多的一致，从而“前事不忘，后事之师”的丰富历史内涵才得以实现。

第二，共同历史研究为民众间超越国境历史认识的形成提供了样板。

从学术研究的角度来看，双方有关具体历史过程描述、认识与判断，还存在相当多的分歧。不过，这些基本属于学术研究层面的问题，需要在扎扎实实的实证研究的基础上提出结论。如果没有分歧和差异，学术研究也就失去了存在的价值。在实证研究不充分，或者实证研究的基础条件不具备的情况下，存在不同认识是可以理解的。具体来说，在对侵略战争性质有基本共识的前提下，对具体过程的认识与判断，如战争原因的分析等问题，双方观察的角度及研究方法存在差异。在搞清历史事实的基础上，需要进一步就观察问题的角度和研究方法等进行交流。在这样的学术研究过程中，存在问题和差异是很正常的。

但是，包括部分媒体在内，民众对于学术研究的这种尊重客观事实和重视实证研究的方式，在理解上还需要时间。如果媒体能够从积极的角度对共同研究的成果加以介绍，则必定能够促进两国民众间的相互理解，促进消除不必要的误解，缩小认识的差距，对中日关系的发展起积极作用。

第三，共同历史研究为从政治层面定位影响中日关系的历史问题，提供了重要的学术根据。

中日历史认识中的分歧，大致可分为三类。一是大是大非的原则问题，例如对侵略战争性质的认定问题，必须形成基本的共识，否则共同研究便失去了基础。二是对一些具体历史事件的描述，由于各自掌握资料不同而有差异。但对于这样的分歧，通过资料的交换与交流，可以本着一切皆以史料为依据，有几分证据说几分话的原则，逐渐接近。三是对历史进程或历史事件的宏观分析，受各种因素影响，双方的研究方法，可能历史观都有很大差异。我们对这样的分歧以交换意见、促进相互理解为目标，不强求取得共识。

比如，中国民众普遍认为从 1931 年开始到 1945 年期间一直是以日本军国主义为对手进行的反侵略的抗日战争，但是在日本，由于随着战争的进展，日本的战争“对手”有中国、美国与苏联，对于作战对象不同的各个时期的战争性质，在日本学术界与民间有种种不同的认识：有的认为是日本对外的“十五年战争”，也有的认为应将对华、对美、对苏的战争性质区分。根据近年来多次舆论调查的结果，大多数人（一般认为在七成左右）承认对中国战争的侵略性质，但是对同美国、苏联战争性质的认识，则相对复杂。在共同研究中，中方学者也了解了日本社会关于战争历史认识的复杂状况。

中方委员会从一开始就认为必须在共同研究中明确日本在近代向中国发动战争的侵略性质，同时指出部分日本政治家否认侵略战争性质是中日历史问题产生的根本原因，这是涉及大是大非的原则问题。在共同研究中，日本学者理解了正是由于中国民众有痛苦的战争受害经历，所以非常关注对战争性质的判断，并且明确承认了侵略战争的性质，同时也提出双方因战争期间历史体验不同而产生历史认识差异的现实问题。

按照中日共同历史研究在开始时日本方面的主张，今后政治家关于中日历史问题的表态，应当根据历史学家的结论。那么，此次共同研究的成果，理所当然地应成为今后日本政治家政治表态时应遵循的原则。

主要参考文献

一　档案

台北“国史馆”藏战争罪犯处理委员会对日本战犯处理政策会议记录、赔偿委员会档案

中国第二历史档案馆藏国民政府军政部档案

国立公文書館所蔵『公文雑纂　昭和二十年　第七巻　内閣・次官会議関係（一)』

国立公文書館所蔵『公文類聚　第六十九編　昭和二十年　第六十五巻　交通・通信（郵便、電信電話）・運輸（鉄道、航空、船舶)』

国立公文書館所蔵『公文類聚　第六十九編　昭和二十五年　第五十三巻　軍事二　海軍・防空・国民義勇隊・終戦関係・雑載』

二　报刊

《大公报》、《东北日报》、《解放日报》、《前进报》、《侨声报》、《人民日报》、《山西日报》、《申报》、《新华日报》、《中央日报》

『AERA』『愛知大学国際問題研究所紀要』『アゴラ』『朝日新聞』『偕行』『季刊・戦争責任研究』『季刊・中国』『産経新聞』『三田学会雑誌』『新潮』『週刊朝日』『諸君!』『世界』『政経研究』『正論』『前衛』『ゼンボウ』『東京経済新聞』『日本遺族通信』『国際政治』『日本の息吹』『文藝春秋』『防衛研究所ニュース』『読売新聞』『読売報知』

三 资料汇编、日记、年谱、回忆录等

北京市档案馆编《日本侵华罪行实证》，人民出版社，1955。

《陈诚先生回忆录——抗日战争》（下），台北，“国史馆”，2005。

《德黑兰、雅尔塔、波茨坦会议记录摘编》，上海人民出版社，1974。

《杜鲁门回忆录》，三联书店，1974。

《改造战犯纪实》，中国文史出版社，2000。

〔日〕宫泽喜一：《东京－华盛顿会谈秘录》，谷耀清译，世界知识出版社，1965。

《顾维钧回忆录》，中华书局，1989。

《国际关系史资料选编》，武汉大学出版社，1983。

《国际条约集（1953—1955）》，世界知识出版社，1961。

韩启桐编著《中国对日战事损失之估计》，中华书局，1946。

河北省日侨集中管理处编印《河北省日侨集中管理处工作概况汇编》，1946。

洪朝辉编校《海桑集——熊式辉回忆录》，香港，明镜出版社，2008。

《蒋中正总统档案·事略稿本》，台北，“国史馆”，2012。

《今井武夫回忆录》，天津市政协编译委员会译，中国文史出版社，1987。

梅小璈等编《梅汝璈东京审判文稿》，上海交通大学出版社，2013。

秦孝仪主编《先总统蒋公思想言论总集》，台北，中国国民党党史会，1984。

秦孝仪主编《中华民国重要史料初编——对日抗战时期》，台北，中国国民党党史会，1981。

上海交通大学东京审判研究中心编《东京审判文集》，上海交通大学出版社，2011。

沈云龙主编《近代中国史料丛刊》，台北，文海出版社，1966。

沈云龙主编《近代中国史料丛刊续编》，台北，文海出版社，1980。

天津市临时参议会编印《天津市临时参议会第一次大会会刊》，1946。

田桓主编《战后中日关系文献集（1945—1970）》，中国社会科学出版社，1996。

外交部政策研究司：《中国外交史上的今天》，世界知识出版社，2005。

吴学文：《风雨阴晴——我所经历的中日关系》，世界知识出版社，2002。

《现代国际关系史参考资料（1950—1953）》，人民教育出版社，1960。

向隆万编《东京审判·中国检察官向哲浚》，上海交通大学出版社，2010。

熊向晖：《历史的注脚——回忆毛泽东周恩来及四老帅》，中共中央党校出版社，1995。

〔英〕休·博顿等：《国际事务概览1939—1946年：1942—1946年的远东》，复旦大学外文系英语教研组译，上海译文出版社，1979。

《在蒋介石身边八年——侍从室高级幕僚唐纵日记》，群众出版社，1991。

张宪文主编《南京大屠杀史料集》，江苏人民出版社、凤凰出版社，2005—2007。

中共中央文献研究室编《周恩来年谱（1949—1976）》，中央文献出版社，1997。

中国第二历史档案馆编《中华民国史史料长编》，南京大学出版社，1993。

中国红十字总会编《中国红十字会历史资料选编：1950—2004》，民族出版社，2005。

《中华人民共和国实录》，吉林人民出版社，1994。

《中美关系资料汇编》，世界知识出版社，1960。

《中日外交史料丛编》，台北，“中华民国外交问题研究会”，1966。

中央档案馆、中国第二历史档案馆、吉林省社会科学院合编《日本帝国主义侵华档案资料选编》，中华书局，1995。

中央档案馆编《中共中央文件选集（1921—1949）》，中共中央党校出版社，1989。

中央日报社译印《蒋总统秘录：中日关系八十年之证言》，台北，1986。

朱汇森主编《中华民国史事纪要（初稿）》，台北，“国史馆”，1988。

『荒正人著作集』三一書房、1983。

有末精三『有末精三機関長の手記』芙蓉書房、1976。

粟屋憲太郎編集『資料　日本現代史2　敗戦直後の政治と社会1』

大月書店、1984。

粟屋憲太郎編『東京裁判資料・田中隆吉尋問調書』大月書店、1994。

粟屋憲太郎・吉田裕編集・解説『国際検察局（IPS）尋問調書　第48巻』日本図書センター、1993。

粟屋憲太郎・吉見義明・松野誠也編『毒ガス戦関係資料』不二出版、1989。

安齋育郎・池尾靖志編『日本から発信する平和学』法律文化社、2007。

井口和起・木坂順一郎・下里正樹『南京事件　京都師団関係資料集』青木書店、1989。

石井明・朱建栄・添谷芳秀・林暁光编『記録と考証　日中国交正常化・日中平和友好条約締結交渉』岩波书店、2003。

石田雄『一身にして二生、一人にして両身：ある政治研究者の戦前と戦後』岩波書店、2006。

石田雄『記憶と忘却の政治学：同化政策・戦争責任・集合的記憶』明石書店、2000。

石田勇治編集・翻訳、編集協力笠原十九司・吉田裕『資料ドイツ外交官の見た南京事件』大月書店、2001。

石堂清倫『大連の日本人引揚の記録』青木書店、1997。

稲葉正夫『岡村寧次大将資料・上　戦場回想篇』原書房、1970。

江藤淳編集『占領史録　第2巻　停戦と外交権停止』講談社、1982。

大蔵省財政史室編『昭和財政史：終戦から講和まで』東洋経済新報社、1981。

大岳秀夫編・解説『戦後日本防衛問題資料集　第1巻　非軍事化から再軍備へ』三一書房、1991。

小田実『「ベ平連」・回顧録でない回顧』第三書館、1995。

小野賢二・藤原彰・本多勝一編『南京大虐殺を記録した皇軍の兵士たち——第13師団山田支隊兵士の陣中日記』大月書店、1996。

『海外引揚関係資料集成』ゆまに書房、2002。

鹿島平和研究所編『日本外交主要文書・年表　第1巻（1941—1960）』原書房、1985。

韓国挺身隊問題対策協議会・挺身隊研究会編、従軍慰安婦問題ウリヨソンネットワーク訳

木戸日記研究会校訂『木戸幸一日記』東京大学出版会、1966。

木戸日記研究会編集校訂『木戸幸一日記：東京裁判期』東京大学出版会、1980。

『近衛日记』共同通信社、1968。市民連合編『資料・「ベ平連」運動』河出書房新社、1974。

下田武三『戦後日本外交の証言：日本はこうして再生した』行政問題研究所、1984。

出版労連教科書対策委員会編集『教科書レポート N0.45（2001）』日本出版労働組合連合会、2001—2002。

『証言－強制連行された朝鮮人軍慰安婦たち』明石書店、1993。

『昭和天皇独白録　寺崎英成御用掛日記』文藝春秋、1991。

世界平和研究所編『中曽根内閣史　資料篇　続』世界平和研究所、1997。

『戦後日本教育史料集成』三一書房、1982—1983。

鈴木一編『鈴木貫太郎自伝』時事通信社、1985。

竹内実・21世紀中国総研編『「必読」日中国交文献集』蒼蒼社、2005。

田中正明編『松井石根大将の陣中日誌』芙蓉書房、1985。

中国新聞社編著『年表ヒロシマ：核時代50年の記録』1995。

鶴見俊輔『鶴見俊輔著作集　5　時論・エッセイ』筑摩書房、1976。

東京裁判ハンドブック編集委員会編『東京裁判ハンドブック』青木書店、1989。

東郷茂徳『時代の一面：大戦外交の手記』中央公論社、2004。

東條英機［述］、東條由布子編『大東亜戦争の真実：東條英機宣誓供述書』ワック、2005。

豊田隈雄『戦争裁判余録』泰生社、1986。

731・細菌戦裁判キャンペーン委員会編印『裁かれる細菌戦：資料

集シリーズ no. 8』、2002。

南京事件調査研究会編訳『南京事件資料集』青木書店、1992。

『日中戦争史資料』河出書房新社、1973。

『敗戦の記録：参謀本部所蔵』原書房、1967。

浜井和史編『復員関係資料集成　第四巻　支那関係復員処理に関する記録綴』ゆまに書房、2009。

反戦同盟記録編集委員会編『反戦兵士物語』日本共産党中央委員会出版部、1963。

東久邇稔彦『一皇族の戦争日記』日本週報社、1957。

引揚援護局編印『引揚援護の記録』、1950。

日高六郎編集・解説『戦後日本思想大系：戦後思想の出発 1』筑摩書房、1968。

古川万太郎『中国残留日本兵の記録』岩波書店、1994。

洞富雄編『日中戦争南京大残虐事件資料集』青木書店、1985。

松尾章一編『中国人戦争被害者の証言』皓星社、1998。

『丸山真男集』岩波書店、1995—1996。

『南原繁著作集』岩波書店、1973。

『満洲国史』編纂刊行会編『満州国史』総論、謙光社、1973。

森川方達編著『帝国ニッポン標語集：戦時国策スローガン・全記録』現代書館、1995。

吉田茂『回想十年　第3巻』東京白川書院、1983。

吉見義明编・解说『従軍慰安婦資料集』大月書店、1992。

若槻泰雄『戦後引揚の記録』時事通信社、1991。

四　著作

步平、王希亮：《战后五十年日本人的战争观》，黑龙江人民出版社，1999。

陈焜旺主编《日本华侨・留学生运动史》，东京，日本侨报社，2006。

迟景德：《中国对日抗战损失调查史述》，台北，“国史馆”，1987。

〔日〕大久保传藏：《以德报怨——一页不可忘的历史》，台北，正文书局，1972。

〔菲〕格雷戈奥、F. 赛义德：《菲律宾共和国》，温锡增译，商务印书馆，1979。

〔日〕吉田裕：《日本人的战争观——历史与现实的纠葛》，刘建平译，新华出版社，2000。

〔日〕吉泽清次郎主编《战后日本同亚洲各国的关系》，上海外国语学院日语专业译，上海人民出版社，1976。

〔日〕笠原十九司：《南京事件争论史——日本人是怎样认知史实的》，罗萃萃、陈庆发、张连红译，社会科学文献出版社，2011。

辽宁省葫芦岛市政府新闻办公室、辽宁省社会科学院编《葫芦岛百万日侨大遣返》，五州传播出版社，2005。

林代昭：《战后中日关系史》，北京大学出版社，1992。

梅汝璈：《亲历东京审判：远东国际军事法庭》，法律出版社，2005。

梅汝璈：《远东国际军事法庭》，法律出版社，1988。

〔日〕若宫启文：《和解与民族主义》，吴寄南译，上海译文出版社，2007。

沈志华主编《中苏关系史纲》，社会科学文献出版社，2007。

〔美〕J. 斯帕尼尔：《第二次世界大战后美国的外交政策》，段若石译，商务印书馆，1992。

〔日〕石田米子、内田知行主编《发生在黄土村庄里的日军性暴力》，赵金贵译，社会科学文献出版社，2008。

宋成有、李寒梅：《战后日本外交史（1945—1994）》，世界知识出版社，1995。

〔日〕藤原彰：《日本近现代史》，伊文成等译，商务印书馆，1983。

〔日〕五百旗头真等：《战后日本外交史：1945—2010》，吴万虹译，世界知识出版社，2007。

余先予、何勤华：《东京审判始末》，浙江人民出版社，1986。

〔美〕约翰·W. 道尔：《拥抱战败：第二次世界大战后的日本》，胡博译，三联书店，2008。

正义的审判编辑组编著《正义的审判》，人民法院出版社，1990。

《中日共同历史研究报告》（近代史卷），社会科学文献出版社，2014。

浅倉有子・上越教育大学東アジア研究会編『歴史表象としての東アジア：歴史研究と歴史教育との対話』清文堂出版、2002。

アジア女性資料センター編『「慰安婦」問題Q&A:「自由主義史観」へ女たちの反論』明石書店、1993。

新しい歴史教科書をつくる会編『新しい日本の歴史が始まる:「自虐史観」を超えて』幻冬舎、1997。

新しい歴史教科書をつくる会編印『史』、2010。

荒井信一『空爆の歴史: 終大量虐殺』岩波書店、2008。

荒井信一『戦争責任論: 現代史からの問い』岩波書店、1995。

荒井信一『歴史和解は可能か—東アジアでの対話を求めて』岩波書店、2006。

阿羅健一『聞き書　南京事件—日本人の見た南京虐殺事件』図書出版社、1987。

粟屋憲太郎『東京裁判への道』講談社、2006。

粟屋憲太郎『東京裁判論』大月書店、1989。

粟屋憲太郎『未決の戦争責任』柏書房、1994。

家近亮子『日中関係の基本構造: 2つの問題点・9つの決定事項』晃洋書房、2003。

五百旗頭真『米国の日本占領政策: 戦後日本の設計図』中央公論社、1985。

五十嵐武士『対日講和と冷戦: 戦後日米関係の形成』東京大学出版会、1986。

板倉由明『本当はこうだった南京事件』日本図書刊行会、1999。

入江通雅『戦後日本外交史』嵯峨野書院、1987。

岩川隆『孤島の土となるとも: BC級戦犯裁判』講談社、1995。

殷燕軍『日中講和の研究: 戦後日中関係の原点』柏書房、2007。

尹贞玉等『朝鲜女性がみた「慰安妇」问题』明石書店、1993。

江口圭一『日本帝国主義史論: 満州事変前後』青木書店、1975。

大井満『仕組まれた“南京大虐殺”: 攻略作戦の全貌とマスコミ報道の怖さ』展転社、1995。

大江志乃夫『靖国神社』岩波書店、1984。

大熊信行『国家悪—戦争責任は誰のものか』中央公論社、1957。

大谷敬二郎『皇軍の崩壊』図書出版社、1975。

大沼保昭『東京裁判・戦争責任・戦後責任』東信堂、2007。

岡部牧夫編著『十五年戦争史論：原因と結果と責任と』青木書店、1999。

小熊英二『「民主」と「愛国」』新曜社、2002。

小田実『「難死」の思想』岩波書店、2008。

『小田実全仕事1・8・9』河出書房新社、1978。

笠原十九司『アジアの中の日本軍——戦争責任と歴史学・歴史教育』大月書店、1994。

笠原十九司編『戦争を知らない国民のための日中歴史認識：「日中歴史共同研究〈近現代史〉」を読む』勉誠出版、2010。

笠原十九司『南京事件』岩波書店、1997。

笠原十九司『南京事件論争史——日本人は事実をどう認識できたか』平凡社、2007。

笠原十九司『南京難民区の百日——虐殺を見た外国人』岩波書店、1995。

笠原十九司・吉田裕編『現代歴史学と南京事件』柏書房、2006。

神田文人『昭和史の歴史8—占領と民主主義』小学館、1989。

神谷不二『戦後史の中の日米関係』新潮社、1989。

君島和彦『教科書の思想：日本と韓国の近現代史』すずきわ書店、1996。

清瀬一郎『秘録　東京裁判』中央公論社、1986。

金文淑『朝鮮人軍隊慰安婦：韓国女性からの告発』明石書店、1993。

国友俊太郎『洗脳の人生：三つの国家と私の昭和史』風濤社、1999。

久野収・鶴見俊輔・藤田省三『戦後日本の思想』岩波書店、1995。

国民文化会議［ほか］編『知るや「靖国」知らずや「英霊」：公式参拝・国家護持とは何か？子どもがねらわれている』国民文化会議、1985。

古関彰一『新憲法の誕生』中央公論社、1989。

小室直樹・渡部昇一『封印の昭和史——「戦後五〇年」自虐の終焉』徳間書店、1995。

小森陽一『天皇の玉音放送』五月書房、2003。

作田高太郎『天皇と木戸』平凡社、1948。

迫水久常『大日本帝国最後の四か月』オリエント书房、1973。

産経新聞社『蒋介石秘録1』産経新聞社出版局、1975。

重光葵『昭和の動乱　上巻』中央公論社、1952。

下里正樹『隠された聯隊史:「20i」下級兵士の見た南京事件の実相』青木書店、1987。

下村海南『終戦秘史』講談社、1985。

杉原達『中国人強制連行』岩波書店、2002。

杉本信行『大地の咆哮: 元上海総領事が見た中国』PHP研究所、2007。

鈴木明・山本明編『秘錄・謀略宣伝ビラ』講談社、1977。

『戦後50年——不再戦の宣言』社会評論社、1995。

添谷芳秀『日本外交と中国』慶應通信、1995。

袖井林二郎『マッカーサーの二千日』中央公論社、1974。

曽根一夫『私記南京虐殺: 戦史にのらない戦争の話　続』彩流社、1984。

『続・隠された聯隊史: MG中隊員らの見た南京事件の実相』青木書店、1988。

『続私記南京虐殺—戦史に載らない戦争の話』彩流社、1984。

台湾史研究部会編『台湾の近代と日本』中京大学社会科学研究所、2003。

高橋哲哉編『〈歴史認識〉論争』作品社、2002。

竹前栄治『対日占领政策の形成と展开』『岩波講座日本歴史22　現代1』1977。

田中明彦『安全保障: 戦後50年の模索』読売新聞社、1997。

田中明彦『日中関係1945－1990』東京大学出版会、1991。

田中伸尚『遺族と戦後』岩波書店、1995。

田中伸尚『ドキュメント昭和天皇』緑風出版、1988—1990。

田中宏・中山武敏・有光健『未解決の戦後補償: 問われる日本の過去と未来』創史社、2012。

田中正明『“南京虐殺”の虚構: 松井大将の日記をめぐって』日本

教文社、1984。

田中正明『南京事件の総括：虐殺否定十五の論拠』謙光社、1987。

田中正明『南京大虐殺——「幻」化工作批判』現代史出版会、1975。

田中正明『パール博士の日本無罪論』慧文社、1963。

田原総一朗『日本の戦後：私たちは間違っていたか』講談社、2003。

俵義文『徹底検証あぶない教科書：「戦争ができる国」をめざす「つくる会」の実態』学習の友社、2001。

中国帰還者連絡会『帰ってきた戦犯たちの後半生——中国帰還者連絡会の四十年』新風書房、1996。

常石敬一『医学者たちの組織犯罪：関東軍第七三一』朝日新聞社、1994。

鄭在贞『韓国と日本—歴史教育の思想』すずきわ書店、1998。

陈肇斌『戦後日本の中国政策—1950年代東アジア国際政治の文脈』东京大学出版会、2000。

鶴見俊輔『戦時期日本の精神史：1931—1945年』岩波書店、1982。

東京大学社会科学研究所編『戦後改革　第1巻　課題と視角』東京大学出版会、1974。

徳武敏夫『教科書の戦後史』新日本出版社、1995。

豊田副武『最後の帝国海軍』国本隆、1984。

中村政則『「坂の上の雲」と司馬史観』岩波書店、2009。

中村政則『象徴天皇制への道：米国大使グル－とその周辺』岩波書店、1999。

中村政則『占領と改革』岩波書店、1995。

中村政則編『日本の近代と資本主義』東京大学出版会、1992。

永井陽之助『冷戦の起源』中央公論社、1978。

『南京虐殺と戦争』泰流社、1988。

日韓共通歴史教材制作チーム編『朝鮮通信使—豐臣秀吉の朝鮮侵略から友好へ』明石書店、2005。

西尾幹二『国民の歴史』産業新聞社、1999。

西里扶甬子『生物戦部隊731：アメリカが免罪した日本軍の戦争犯

罪』草の根出版会、2002。

二谷貞夫編『21世紀の歴史認識と国際理解：韩国・中国・日本からの提言』明石書店、2004。

日本遺族会編『英霊とともに三十年：靖国神社国家護持運動のあゆみ』日本遺族会、1976。

Neil Boister, Robert Cryer 著、粟屋憲太郎・藤田久一・高取由紀監訳『東京裁判を再評価する』日本評論社、2012。

秦郁彦『南京事件：「虐殺」の構造』中央公論社、1986。

原彬久『岸信介：権勢の政治家』岩波書店、1995。

半藤一利『昭和史』平凡社、2006。

東中野修道『「南京虐殺」の徹底検証』展転社、1998。

東史郎『わが南京プラトーン：一召集兵の体験した南京大虐殺』青木書店、1987。

平塚柾绪・森山康平・平塚敏克・馬場隆雄『東条英機と東京裁判—日本及び日本人の原点』徳間书店、2013。

藤岡信勝『近現代史教育の改革：善玉・悪玉史観を超えて』明治図書出版、1996。

藤岡信勝・自由主義史観研究会『マンガ教科書が教えない歴史1』扶桑社、1996。

藤岡信勝・東中野修道『「ザ・レイプ・オブ・南京」の研究——中国における「情報戦」の手口と戦略』祥伝社、1999。

富士信夫『「南京大虐殺」はこうして作られた：東京裁判の欺瞞』展転社、1995。

藤原彰『天皇の軍隊と日中戦争　南京攻略戦の展開』大月書店、2006。

藤原彰『南京大虐殺』岩波書店、1985。

藤原彰『南京の日本軍——南京大虐殺とその背景』大月書店、1997。

細谷千博『サンフランシスコ講和への道』中央公論社、1984。

洞富雄『南京大虐殺：決定版』徳間書店、1982。

洞富雄『南京大虐殺の証明』朝日新聞社、1986

洞富雄『南京事件』新人物往来社、1972。

洞富雄・藤原彰・本多勝一编『南京大虐殺の研究』晚声社、1992。

洞富雄・藤原彰・本多勝一編『南京大虐殺の現場へ』朝日新聞社、1988。

本多勝一『戦場の村』朝日新聞社、1981。

本多勝一『中国の旅』朝日新聞社、1981。

本多勝一『南京への道』朝日新聞社、1987。

本多勝一編『ペンの陰謀：あるいはペテンの論理を分析する』潮出版社、1977。

本多勝一『本多勝一集 23 南京大虐殺』朝日新聞社、1997。

本多顕彰『指導者』光文社、1955。

増田弘編著『大日本帝国の崩壊と引揚、復員』慶應義塾大学出版会、2012。

松江澄『ヒロシマから：原水禁運動を生きて』青弓社、1984。

松尾章一編『中国人戦争被害者と戦後補償』岩波書店、1998。

松下芳男『三代反戦運動史』黑潮出版、1960。

村上重良『慰霊と招魂』岩波書店、1974。

村上重良『靖国神社：1869－1945－1985』岩波書店、1986。

毛里和子『日中関係——戦後から新時代へ』岩波新書、2006。

森川金寿『教科書と裁判』岩波書店、1990。

森田芳夫『朝鮮終戦の記録—美ソ両軍の進駐と日本人の引揚』巌南堂、1964。

靖国神社問題特別委員会編『国家と宗教：「靖国」から「津」、そして大嘗祭へ』日本基督教団出版局、1978。

柳田邦男『日本は燃えているか』講談社、1983。

山極晃、中村政則編『資料日本占領 1　天皇制』大月書店、1990。

山住正己『教科書』岩波書店、1970。

山室信一『キメラ—満洲国の肖像』中央公論社、1993。

山室信一編『日本・中国・朝鮮間の相互認識と誤解の表象：国際シンポジウム：討議集』京都大学人文科学研究所、1998。

吉川勇一『市民運動の宿題：ベトナム反戦から未来へ』思想の科学

社、1991。

吉田裕『昭和天皇の終戦史』岩波書店、1992。

吉田裕『天皇の軍隊と南京事件』青木書店、1986。

吉見義明・川田文子編著『「従軍慰安婦」をめぐる30のウソと真実』大月書店、1997。

吉見義明『従軍慰安婦』岩波書店、1995。

吉見義明『毒ガス戦と日本軍』岩波書店、2004。

吉見義明・林博史編著『日本軍慰安婦：共同研究』大月書店、1995。

読売新聞戦争責任検証委員会編著『検証戦争責任 1』中央公論新社、2006。

劉傑・三谷博・杨大慶編『国境を越える歴史認識：日中対话の試み』東京大学出版会、2006。

歴史学研究会編『歴史教科書をめぐる日韓対话：日韓合同歴史研究シンポジウム』大月書店、2004。

歴史教育研究会、歴史教科書研究会編『日韓歴史共通教材：日韓交流の歴史—先史から現代まで』明石書店、2007。

歴史・検討委員会编『大東亜戦争の総括』展転社、1995。

『私たちの戦争責任：「常識」に挑む』システムファイブ、1996。

渡辺昭夫編『戦後日本の対外政策：国際関係の変容と日本の役割』有斐閣、1985。

渡辺昭夫・宮里政玄編『サンフランシスコ講和』東京大学出版会、1986。

渡部昇一『かくて昭和史は甦る：人種差別の世界を叩き潰した日本』クレスト社、1995。

渡部昇一・田母神俊雄『日本は「侵略国家」ではない』海竜社、2008。

Albert C. Wedemeyer, *Wedemeyer Reports!*, The Devin-Adair Company, 1958.

C. Whitney, *MacArthur's Rendezvous with History*, New York: Knopf, 1956.

Foreign Relations of the United States, Washington, D. C.: U. S. Government Printing Office, 1969 - 1994.

G. Mejimsey, ed., *Documentary History of the Franklin D. Roosevelt Presidency*, *Vol. 41*, University Publications of America, 2009.

Larry I. Bland and Sharon Ritenour Stevens, *The Papers of George Catlett Marshall: Volume 5 "The Finest Soldier" January 1, 1945 - January 7, 1947*, The Johns Hopkins University Press, 2003.

Michael Bazyler and Roger Alford, eds., *Holocaust Restitution*, New York: New York University Press, 2006.

William Burr, ed., *The Beijing-Washington Back-Channel and Henry Kissinger's Secret Trip to China— September 1970 - July 1971*, *National Security Archive Electronic Briefing Book*, *No. 66* (Feb. 27, 2002).

人名索引

E

F

G

K

L

M

N

P

T

Y

Z

图书在版编目（CIP）数据

中国抗日战争史：全八卷／步平，王建朗主编. --北京：社会科学文献出版社，2019.11（2025.8 重印）

ISBN 978 - 7 - 5097 - 8253 - 8

Ⅰ.①中… Ⅱ.①步… ②王… Ⅲ.①抗日战争史 - 中国 Ⅳ.①K265

中国版本图书馆 CIP 数据核字（2018）第 181180 号

中国抗日战争史（全八卷）

主　　编／步　平　王建朗

出 版 人／冀祥德
组稿编辑／宋荣欣
责任编辑／宋荣欣　李丽丽　邵璐璐 等
责任印制／岳　阳

出　　版／社会科学文献出版社 · 历史学分社（010）59367256
地址：北京市北三环中路甲 29 号院华龙大厦　邮编：100029
网址：www.ssap.com.cn
发　　行／社会科学文献出版社（010）59367028
印　　装／南京爱德印刷有限公司

规　　格／开　本：787mm × 1092mm　1/16
印　张：269.75　字　数：4393 千字
版　　次／2019 年 11 月第 1 版　2025 年 8 月第 7 次印刷
书　　号／ISBN 978 - 7 - 5097 - 8253 - 8
定　　价／1580.00 元（全八卷）

读者服务电话：4008918866